O PRIMEIRO ANO DE VIDA

René A. Spitz
O PRIMEIRO ANO DE VIDA

Tradução EROTHILDES MILLAN BARROS DA ROCHA
Revisão MONICA STAHEL

wmf **martinsfontes**

SÃO PAULO 2018

Esta obra foi publicada originalmente em inglês com o título
THE FIRST YEAR OF LIFE
por International Universities Press.
Copyright © International Universities Press, Inc. 1965.
Copyright © 1979, Livraria Martins Fontes Editora Ltda.,
São Paulo, para a presente edição.

1ª edição *1979*
4ª edição *2013*
3ª tiragem *2018*

Tradução
EROTHILDES MILLAN BARROS DA ROCHA

Revisão da tradução
Monica Stahel
Revisões gráficas
Marise Simões Leal
Ivete Batista dos Santos
Produção gráfica
Geraldo Alves
Paginação
Studio 3 Desenvolvimento Editorial

Dados Internacionais de Catalogação na Publicação (CIP)
(Câmara Brasileira do Livro, SP, Brasil)

Spitz, René Arpad, 1887-1974.
 O primeiro ano de vida / René A. Spitz ; tradução Erothildes Millan Barros da Rocha ; revisão Monica Stahel . – 4.ª ed. – São Paulo : Editora WMF Martins Fontes, 2013. – (Textos de psicologia)

Título original: The first year of life
ISBN 978-85-7827-650-8

1. Bebês 2. Mães e filhos 3. Psicanálise infantil 4. Psicologia do desenvolvimento I. Título. II. Série.

12-15411 CDD-155.422

Índices para catálogo sistemático:
1. Bebês : Psicologia infantil 155.422

Todos os direitos desta edição reservados à
Editora WMF Martins Fontes Ltda.
Rua Prof. Laerte Ramos de Carvalho, 133 01325-030 São Paulo SP Brasil
Tel. (11) 3293.8150 Fax (11) 3101.1042
e-mail: info@wmfmartinsfontes.com.br http://www.wmfmartinsfontes.com.br

Índice

Prefácio   **XIII**
Prólogo   **XV**
Agradecimentos   **XVII**

PRIMEIRA PARTE
Definições e metodologia   1

1. **Introdução teórica   3**
   Proposições psicanalíticas   6
   Fatores congênitos   10
   Fatores ambientais, seu alcance e complexidade   11
   O objeto libidinal   14

2. **O método   17**
   Construção e validação dos testes   18
   Descrição sumária dos testes   22
   Lugar e limitações dos testes em nosso
   projeto de pesquisa   22
   Análise através de filmes e material de casos   23
   População estudada   25
   Descrição das instituições   27

SEGUNDA PARTE
A constituição do objeto libidinal   33

3. **O estágio não-objetal**   35
   Primeiros protótipos de reações afetivas   37
   Primeiras reações cognitivas   40
   Dados neurofisiológicos subjacentes ao
   comportamento   43
   Modificação do comportamento através
   da experiência   46

4. **A origem da percepção**   53
   O trabalho de M. von Senden sobre a aprendizagem
   perceptual e outros resultados experimentais   55
   A cavidade primária: considerações psicanalíticas   61
   Da percepção por contato à percepção a distância   65
   O ato perceptivo e os três órgãos de percepção
   primitiva   69
   A experiência perceptual   73
   Fenômenos perceptuais regressivos no adulto   75
   Afetos e percepção emergente   82

5. **O precursor do objeto**   87
   A reação de sorriso   87
   Resultados experimentais   89
   Da recepção passiva às relações objetais ativas   97
   O papel do afeto na relação mãe-filho   99
   Significado teórico do estabelecimento do pré-objeto   102

6. **A plasticidade da psique na primeira infância**   109
   Estágios de transição   110
   Mudanças de significado e de reação   111
   Uma diferença básica entre bebê e adulto   116
   O aparecimento do primeiro organizador e suas
   conseqüências   118
   O papel do ego   120

7. O papel das relações mãe-filho no desenvolvimento do bebê   *123*
   Intercâmbio de ações na díade mãe-filho   *123*
   Comunicação na díade mãe-filho   *129*
      Comunicação animal e comunicação humana   *130*
      Elementos de comunicação   *132*
   O papel da recepção e da percepção: formas cenestésicas e diacríticas de funcionamento   *134*
   Afetos, percepção e comunicação   *138*
      Órgãos corporais, comunicação e evolução   *141*
   A história natural dos afetos de desprazer e sua dinâmica   *143*
   Armazenamento na memória e experiência marcada pela afetividade   *145*
   O papel da frustração na aprendizagem e no desenvolvimento   *147*

8. O estabelecimento do objeto libidinal   *151*
   A ansiedade dos oito meses   *151*
   Uma objeção à nossa explicação da ansiedade dos oito meses   *158*
   O segundo organizador   *161*
   Os determinantes culturais da díade   *165*

9. Papel e evolução das pulsões instintuais   *169*
   O objeto "bom" e o objeto "mau" e sua fusão   *170*
   Horários de alimentação: seu impacto sobre os cuidados maternos   *172*
   Tolerância à frustração e o princípio de realidade   *173*

10. Desenvolvimento posterior ao estabelecimento do segundo organizador   *177*
   Progresso nos setores perceptual, motor e afetivo   *178*
   Imitação e identificação   *181*

11. Origens e início da comunicação humana: o terceiro organizador da psique *185*
  O impacto da locomoção sobre as relações da díade *185*
  Meneio negativo da cabeça: o primeiro gesto semântico do bebê *187*
  Imitação, identificação e meneio negativo da cabeça: três proposições *188*
  O terceiro organizador da psique *192*
  Origens biológicas e neurofisiológicas do meneio negativo da cabeça *195*
    Mudança na função: aspectos biológicos e psicológicos *197*
    Um protótipo do gesto afirmativo *198*

TERCEIRA PARTE
Patologia das relações objetais *201*

12. Desvios e distúrbios das relações objetais *203*
  Relações objetais normais *204*
  Fatores quantitativos e qualitativos nos distúrbios das relações objetais *209*
    Relações inadequadas entre mãe e filho *210*
    Relações insuficientes entre mãe e filho *211*

13. Distúrbios psicotóxicos *213*
  Rejeição primária manifesta *213*
    Rejeição primária ativa *213*
    Rejeição primária passiva *213*
  A superpermissividade ansiosa primária (A cólica dos três meses) *216*
    O trabalho de Weil, Finkelstein, Alarcon e Spock *217*
    Os resultados experimentais de Levine e Bell *218*
    Considerações teóricas *220*
    Considerações práticas *223*

*Observações conclusivas sobre a cólica dos três
    meses* **226**
    *Hostilidade disfarçada em ansiedade manifesta
    (Eczema infantil)* **227**
        Descobertas e dados clínicos **227**
        O papel da identificação primária **234**
        Processos psicodinâmicos **237**
        Uma explicação pavloviana **238**
        *Observações conclusivas sobre o eczema
        infantil* **243**
    *Oscilação entre mimo e hostilidade (O balanço
    no bebê)* **245**
        Dados clínicos e outros **245**
        Processos dinâmicos **248**
    *Oscilações cíclicas de humor da mãe (Manipulação
    fecal e coprofagia)* **252**
        Observações clínicas **252**
        Esclarecimentos sobre a personalidade da mãe **255**
        Relações mãe-filho **256**
        O estado afetivo da criança coprofágica **257**
        *Dinâmica do relacionamento mãe-filho na
        coprofagia* **259**
        *Objeto "bom" e objeto "mau": a indução pela mãe
        de estados afetivos na criança* **261**
        O papel da especificidade do estágio **264**
        Comentários **266**
    *Hostilidade materna conscientemente compensada
    (A criança hipertímica)* **268**

14. **Doenças de carência afetiva do bebê** **271**
    Privação afetiva parcial (Depressão anaclítica) **272**
        O quadro clínico e sua natureza progressiva **272**
        Os fatores etiológicos **276**
    Privação afetiva total (Hospitalismo) **282**

15. **Os efeitos da perda do objeto: considerações psicológicas** *289*

16. **Conclusão** *299*

Apêndice
  A escola de psicologia genética de Genebra e a psicanálise: paralelos e equivalências *307*
  Algumas afirmações básicas de Piaget e seu conceito de psique *311*
  O conceito de estágios na ontogênese *320*
  O método de Piaget *324*
  Mecanismos de desenvolvimento no sistema de Piaget *326*
  O contato de Piaget com a psicanálise *329*
  Os três conceitos de objeto na psicologia contemporânea *332*
  A descoberta do não-eu *336*
  Formação do objeto e relações objetais *342*
  Indicadores de formação do objeto *345*
  Conclusão *361*

Bibliografia *365*

A meus filhos

Prefácio

Ao contrário do que comumente acontece com as publicações de psicanalistas, esta descrição minuciosa e cuidadosa das inter-relações emocionais entre mãe e filho destina-se a um amplo círculo de leitores. A linguagem usada pelo autor, apoiada em importantes ilustrações, é direta e bastante simples, podendo ser compreendida pelas mães e pelos que trabalham com crianças, mesmo que não tenham conhecimentos em Psicologia. O modo de observação empregado, a documentação reunida nas fotografias e filmes, bem como os testes utilizados pelo autor, são suficientemente precisos para atrair a atenção dos especialistas. Suas premissas teóricas e conclusões são tão estritamente psicanalíticas, que não podem deixar de atrair a atenção de todos os analistas – e dos analistas de crianças – favoráveis a uma abordagem factual da idade que ainda é a mais desconhecida do ser humano.

Em seu livro, o dr. Spitz menciona inúmeros assuntos controvertidos na teoria psicanalítica atual e não hesita em tomar posição sobre cada questão. Para mostrar o que acontece no primeiro ano de vida, ele recomenda o uso da observação direta e dos métodos de psicologia experimental, ao contrário dos autores psicanalíticos que preferem confiar somente na reconstrução dos processos de desenvolvimento a partir da análise dos estágios posteriores. Realmente, suas exposições iniciais sobre hospitalismo e depressão analítica permitiram-lhe chegar a estabelecer o valor dos métodos de observação, mesmo para muitos psicanalistas até então relutantes.

Ao discutir a personalidade infantil, no período pré-verbal, o dr. Spitz opõe-se a todos os autores psicanalíticos que atribuem à criança, logo após o nascimento, uma vida mental complexa, da qual fazem parte o conteúdo de fantasia, os conflitos entre pulsões opostas, sentimentos de culpa, tendências e reparação, etc. Em vez disso, ele defende o ponto de vista, compartilhado por muitos, da existência de um estado inicial indiferenciado e do desenvolvimento lento e contínuo das funções, pulsões distintas, estruturações sucessivas, isto é, de processos psicológicos que emergem gradualmente dos protótipos fisiológicos que lhes são subjacentes.

Ele segue a mesma teoria do desenvolvimento lento, das formas primitivas para as mais complexas, com a qual se relaciona o principal tema deste livro: o desenvolvimento das primeiras relações objetais. Novamente, neste ponto, o dr. Spitz rejeita o conceito de uma relação objetal com a mãe, desde o nascimento, o que é defendido por outras escolas psicanalíticas.

Finalmente, ao fazer uma revisão dos distúrbios das primeiras relações entre mãe e filho e de suas conseqüências prejudiciais, o dr. Spitz vai além da maioria dos autores, ao atribuir distúrbios psicotóxicos específicos da criança a distúrbios emocionais específicos da mãe – hipótese interessante, que seria menos controvertida se, no caso das personalidades complexas das mães, a avaliação de seus comportamentos se baseasse, não em métodos de observação, mas em análise.

Os leitores queixam-se com freqüência de que os livros sobre o desenvolvimento da criança, escritos por analistas, costumam ser esquemáticos, assistemáticos e mais explícitos a respeito dos processos patológicos de crescimento do que dos processos normais. O valioso estudo do dr. Spitz certamente irá sanar tais acusações e preencher uma lacuna há muito existente.

Anna Freud, LL.D.

Prólogo

Em 1935, quando iniciei minhas investigações sistemáticas em psicologia psicanalítica infantil servindo-me de observações diretas, eu era um elemento isolado. Dez anos mais tarde, outros estudiosos se interessaram pelo assunto – e, desde então, o número dos que estudam os processos psíquicos neste campo e em campos afins, com métodos similares e melhores, tem aumentado exponencialmente a cada ano. Conseqüentemente, tem surgido uma verdadeira avalanche de publicações, tanto psicanalíticas como de psicologia experimental, às quais nem mesmo um compêndio conseguiria fazer justiça. A seleção de publicações a serem tratadas de modo mais extenso neste livro é, portanto, arbitrária. Foram escolhidas porque as considerei como as mais convenientes para ilustrar minha tese. A natureza interdisciplinar de minha abordagem introduziu uma outra dificuldade. Quando uma primeira versão resumida deste livro foi publicada em francês, em 1954, muitos ramos da ciência que agora influenciam meu pensamento nem existiam, ou estavam apenas no início. A teoria da comunicação é um bom exemplo. Apresento portanto minhas desculpas a todos os autores que possa ter omitido. Tal omissão não se deve à má-fé ou à ignorância, mas às limitações de meu objetivo. Não tenho talentos para escrever um compêndio, nem creio que tenha chegado o momento para isso.

Assim como me vi forçado a ampliar o escopo deste livro, em razão da extraordinária expansão dos conhecimentos nos últimos anos, também não pude mais limitar-me somente ao primeiro ano de vida. Ultrapassarei os limites desse período em muitos pontos, levando o leitor, aqui e ali, a avançar pelo segundo ano de vida.

Embora incompleto e inadequado, este livro pretende introduzir o leitor no estudo de vários métodos de exploração do estágio não-verbal da vida humana, sob o ponto de vista psicanalítico. Neste campo, que só recentemente se abriu, as relações objetais nos fornecem a melhor orientação.

Mas, dito isso, este livro continua baseado nas proposições e conceitos estabelecidos por Sigmund Freud em sua obra *Three Contributions to the Theory of Sex*. A segunda dessas contribuições contém, em linhas gerais, a maior parte do que fui capaz de observar durante muitos anos de pesquisa com centenas de crianças. O gênio de Freud concebeu uma série de idéias originais que várias gerações de seus discípulos se empenham agora em confirmar e elaborar. É com profunda satisfação que tive a oportunidade de participar desse empreendimento, aplicando o método de observação direta ao trabalho de meu mestre, Sigmund Freud.

R. A. S.
Denver, outubro de 1963.

Agradecimentos

A primeira versão resumida deste livro foi publicada em francês, em 1954. Consistia principalmente em um relatório sucinto, uma visão geral dos resultados de minhas pesquisas, observações e descobertas com centenas de bebês. Hoje essa pesquisa está fazendo quase trinta anos. Um empreendimento dessa magnitude não pode ser realizado ou delineado por uma só pessoa. Eu não poderia ter realizado as observações, os experimentos, a organização de dados coletados por meio de observação direta e de filmes, e depois tê-los processado estatisticamente, ou ter coordenado esta abordagem multidisciplinar, sem o auxílio de meus inúmeros colaboradores, que sempre se mostraram capazes e dedicados. Desejo expressar-lhes aqui os meus agradecimentos, embora perceba a impossibilidade de atribuir a cada um a importância de sua contribuição.

Mas, em primeiro lugar, desejo expressar meus agradecimentos à Universidade de Colorado, a seu Departamento de Psiquiatria e, especialmente, ao dr. Herbert S. Gaskill, diretor desse Departamento. Sua sólida amizade e compreensão, sua liberalidade em garantir auxílio e meios para meu trabalho, as instalações de laboratório para os numerosos filmes e gravações em que este livro se baseia, deram-me a oportunidade de prosseguir e de concluir o presente trabalho.

Durante os últimos dez anos, meu colaborador mais constante nesta tarefa particular foi W. Godfrey Cobliner, Ph.D. A ele, meu imenso reconhecimento e gratidão. Contribuiu, por um lado, com o capítulo de conclusão, uma monografia acadêmica sobre Piaget e a Escola de Genebra em suas relações com o sistema psicanalítico; por outro, para minhas próprias descobertas e conclusões. Mas a contribuição do dr. Cobliner a este trabalho foi ainda mais profunda e extensa. Desde o modesto início do primeiro livro, a edição francesa, contribuiu com inúmeras referências bibliográficas e elucidou algumas das formulações ao discuti-las comigo. Ampliou os dois tipos de participação, nos dez anos que se passaram entre a publicação da citada edição e esta, atuando como um crítico paciente e inteligente, embora severo, das sucessivas edições do original e de sua tradução para vários idiomas. Desejo agradecer, com satisfação, sua participação verdadeiramente efetiva na redação deste livro.

Foi ocupando este lugar que a falecida Katherine M. Wolf, Ph.D., deu-me assistência durante os primeiros anos de meu trabalho e, por isso, deve ser lembrada. Sua morte prematura é uma perda para a ciência, particularmente para a psicologia e a psicanálise. Sua assistência ao longo das observações e experimentos, sua intuição e inteligência, foram, para mim, um constante estímulo durante os oito anos de nossa colaboração. Minhas publicações durante esse período levam a marca de suas contribuições.

Meus agradecimentos aos chefes das instituições que, generosamente, possibilitaram minhas observações e meu trabalho; aos pais que me permitiram acompanhar e filmar seus filhos; a meus colaboradores e auxiliares, que me ajudaram nas observações e experiências, no processamento dos dados, na elaboração e desenho de gráficos, curvas e perfis; na edição, correção, leitura das provas e datilografia do manuscrito; na filmagem, processamento, revelação, intitulação e catalogação de meus filmes. Seus nomes, em seqüência cronológica, são:

Annemarie von Leutzendorff
Josef Bohmer
Margarete Dengler, Ph.D.
Gilbert Haak
Rose Laub Coser, Ph.D.
Anneliese Riess, Ph.D.
Lilly Bernstein, Ph.D.
Angela Yaron
Alexandra Hendee
Eva Gruening
Paul R. Polak, M.D.
Robert N. Emde, M.D.
Sally Bondy
Elisabeth Root
Laura Powel

À srta. Henrietta Additon, cujo espírito de compreensão e de profunda humanidade permitiu a mim e a meus colaboradores fazer pesquisas junto a seus alunos, livremente, durante muitos anos, sou profundamente agradecido.

Mas é com um sentimento especial de gratidão que me dirijo à última pessoa de minha lista de agradecimentos: sra. Lottie Maury Newman. Afinal foi ela que possibilitou a conclusão desta tarefa, por sua dedicação e encorajamento durante os períodos de dificuldade pessoal, e pela sabedoria de seus conselhos.

Primeira Parte
Definições e metodologia

Capítulo 1
Introdução teórica

Desde que a psicologia do ego tornou-se assunto de investigação psicanalítica, os interesses começaram a se concentrar no objeto libidinal. Freud havia introduzido o conceito de escolha de objeto muito antes, em 1905, em seu *Three Essays on the Theory of Sexuality*. Na realidade, é provável que seja esta a única vez em que ele discute detalhadamente as relações recíprocas entre mãe e filho. Só muito raramente ele voltou a tratar deste tópico, no decorrer de seu trabalho subseqüente (entretanto, ver Freud, 1931). Sempre que fala do objeto libidinal, ele o faz principalmente do ponto de vista do sujeito. Fala de catexia de objeto, de escolha de objeto, de descoberta de objeto, e só excepcionalmente de relações de objeto.

Nas páginas seguintes, estudaremos essas relações recíprocas e tentaremos apreender o que acontece entre mãe e filho. Baseando-nos em observações diretas e experimentos com crianças, pretendemos apresentar nossos resultados e idéias sobre relações objetais – início, desenvolvimento, estágios e certas anomalias. Tentaremos, também, esclarecer um pouco mais o modo como essas relações asseguram a sobrevivência e como contribuem para o desenvolvimento dos setores psíquicos e somáticos da personalidade.

A maior parte do primeiro ano de vida é dedicada ao esforço de sobrevivência e à formação e elaboração dos instrumentos de adaptação que servem a esse objetivo. Freud volta sempre a nos lembrar que a criança, durante este período de sua vida, é indefesa e incapaz de sobreviver por meio de seus próprios recursos. O que falta a uma criança é compensado e suprido pela mãe. Esta provê a satisfação de todas as suas necessidades. O resultado é uma relação complementar, uma díade. Na medida em que, no decorrer do primeiro ano de vida, as potencialidades da criança se desenvolvem, ela se torna independente de seu ambiente. Este processo, obviamente, ocorre tanto no setor somático, como no setor psicológico da personalidade da criança. Neste estudo, trataremos sobretudo deste último. Mostraremos como o crescimento e o desenvolvimento do setor psicológico são essencialmente dependentes do estabelecimento e progressivo desdobramento das relações objetais, cada vez mais significativas, isto é, das relações sociais.

Com a finalidade de organizar minha pesquisa e de interpretar meus resultados, utilizei inúmeras teses psicanalíticas. Entretanto, antes de discutir detalhadamente essas teses, desejo declarar minha posição diante de certas controvérsias, que ocorrem em alguns círculos psicológicos e psicanalíticos, sobre os recursos psicológicos do recém-nascido. Meu pensamento baseia-se no conceito que Freud tinha do recém-nascido como um organismo psicologicamente indiferenciado, nascido com um equipamento congênito e certas *Anlagen* (tendências). A esse organismo ainda faltam consciência, percepção, sensação[1], e todas as outras funções psicológicas, sejam elas cons-

---

1. Estou usando o termo percepção (e também sensação) tal como foi definido em meu artigo "Diacritic Coenesthetic Organizations" (1945b). Este também é o sentido em que os termos são compreendidos de um modo geral em psicologia, em que a percepção é definida como uma tomada de *consciência*; e sensação é definida como um *elemento de consciência* (veja Warren, 1935; English e English, 1958). Aceito a opinião de Freud de que não existe consciência, ao nascer; de acordo com isso, não pode haver experiên-

cientes ou inconscientes. Esta opinião é compartilhada pela maioria dos cientistas que estudaram o recém-nascido com o auxílio da observação e da experimentação. Portanto, não usei aqui nenhuma hipótese referente à operação de processos intrapsíquicos na criança, ao nascer. Basicamente, considero o recém-nascido como uma totalidade indiferenciada em muitos aspectos. Várias funções, estruturas, mesmo as pulsões instintuais, serão diferenciadas progressivamente a partir desta totalidade. Essa diferenciação se inicia como resultado de dois processos distintos. De acordo com Hartmann, Kris e Loewenstein (1946), chamaremos um desses processos de maturação, o outro de desenvolvimento, e os definiremos da seguinte maneira:

Maturação: o desdobramento de funções filogeneticamente desenvolvidas e, portanto, inatas das espécies, que emergem no curso do *desenvolvimento embrionário* ou aparecem após o nascimento, como *Anlage*, e se tornam manifestas nos estágios posteriores de vida.

Desenvolvimento: a emergência de formas, de função e de comportamento, que constituem o resultado de intercâmbios entre o organismo, de um lado, e o ambiente interno e externo, de outro. Isto é freqüentemente denominado "crescimento", termo que não usarei, pois dá margem a confusão.

Desta proposição referente ao estado de não-diferenciação do recém-nascido decorre também que, ao nascer, não existe ego, pelo menos no sentido usual do termo. Isto foi especificamente estabelecido por Freud em *The Ego and the Id* (Freud, 1923). Obviamente, podemos falar menos ainda da existência de um complexo de Édipo ou de um superego no momento do

---
....
cia consciente ou consciência. Não estou inclinado a considerar respostas a estímulos *per se* como "elementos de consciência". Obviamente, visto que os estímulos provocam respostas desde o nascimento (e até antes), está ocorrendo na criança algo que produz respostas aos estímulos externos. Mas este processo não é de natureza psicológica; portanto, considero-os mais como processos de recepção, pelo menos até que se desenvolva uma consciência rudimentar, no decorrer das primeiras semanas após o nascimento.

nascimento. Do mesmo modo, o simbolismo e o pensamento simbólico não existem e as interpretações simbólicas (psicanalíticas) são inaplicáveis. Os símbolos são mais ou menos contingentes à aquisição da linguagem. Entretanto, a linguagem não existe durante todo o primeiro ano de vida. Os mecanismos de defesa também estão ausentes, pelo menos na forma como o termo é usado em nossa literatura. Podemos detectar apenas traços de seus protótipos em uma forma mais fisiológica do que psicológica. Tais protótipos fisiológicos servirão, por assim dizer, como uma base sobre a qual a psique erigirá, subseqüentemente, uma estrutura de natureza inteiramente diferente (Freud, 1926a; Spitz, 1958, 1959, 1961).

Proposições psicanalíticas

As proposições que enumeramos a seguir não pretendem ser completas nem mesmo coerentes. Foram escolhidas arbitrariamente em razão de sua utilidade para este livro. Nos pontos em que as definições aceitas na literatura psicanalítica são ambíguas, citei Freud (e, em alguns casos, também outros psicanalistas) para explicar o sentido em que estou usando os conceitos. Essas citações são do texto original, porém partes de alguns períodos foram deixadas de lado, para não sobrecarregar o texto. O termo "pulsões" (*drives*) foi colocado entre parênteses onde a *Standard Edition* insiste no uso errôneo do termo "instinto" (*instinct*)[2].

---

2. Em toda a *Standard Edition*, o organizador da obra usa o termo latino anglicizado *instinct*, enquanto Freud usou o termo alemão *Trieb* no original. O organizador afirma (*Standard Edition*, vol. XIV, p. III e seguintes) que as razões para esta escolha serão discutidas na "Introdução Geral" ao próximo volume I da *Standard Edition*. Aguardando a oportunidade para examinar esses argumentos, continuaremos a usar a expressão inglesa "instinctual drive" em lugar do termo latino "instinct", pelas seguintes razões: (1) Freud, em suas obras, usa principalmente o termo *Trieb*; raramente usa o termo *Instinkt*. (2) O uso generalizado do termo "instinct" em biologia, com uma definição diferente da

Definições e metodologia

1. *Os princípios reguladores básicos do funcionamento psíquico*, postulados por Freud são: a) o princípio do Nirvana (princípio de constância); b) o princípio do prazer (este é uma modificação do anterior); c) o princípio da realidade.
2. *A divisão descritiva da psique*: em consciente e inconsciente (Freud, 1912).
3. *O ponto de vista tópico*: consiste na divisão do mecanismo psíquico nos sistemas Ics., Pcs., Cs. (inconsciente, pré-consciente e consciente) (Freud, 1915a).
4. *O ponto de vista dinâmico*: afirma que, em sua essência, os processos mentais derivam do interjogo de forças que existem "originalmente na natureza dos *instintos* [pulsões instintuais]; assim, têm uma origem orgânica. Eles são... representados mentalmente como imagens ou idéias com uma carga afetiva... Uma análise empírica conduz à formulação de dois grupos de instintos [pulsões instintuais]" (Freud, 1926c). Em nossa apresentação, faremos referência a duas pulsões, libido e agressão, com o significado que Freud lhes atribuiu em suas últimas publicações (1920, 1923).
5. *O ponto de vista econômico*: "Tenta estudar amplamente as vicissitudes de quantidades de excitação e chegar pelo menos a uma estimativa *relativa* de sua magnitude" (Freud, 1915a). "Do ponto de vista *econômico*, a psicanálise supõe que as representações mentais dos instintos [pulsões instintuais] têm uma carga (catexia) de quantidades definidas de energia" (Freud, 1926c). Estas catexias são *quanta* deslocáveis de energia.

....
que é usada na psicanálise, é geralmente aceito em ciência. (3) Um uso também geral do termo "instinct" com ainda uma outra definição, basicamente diferente, na realidade praticamente oposta à que é usada na psicanálise, tem sido aceita em etologia. (4) Devido a isso, como salientou Waelder (1960), "a compreensão da psicanálise em países de língua inglesa tem sido seriamente ameaçada pela falta de uma palavra da língua inglesa que corresponda ao termo alemão *Trieb*; a palavra inglesa *instinct*, que aparece na maioria das traduções, tem implicações que são alheias à idéia de *Trieb*". *Instinctual drive* será, nesta edição, traduzido por pulsão instintual.

6. *A abordagem metapsicológica*: nas palavras de Freud: "Quando conseguimos descrever um processo psíquico em seus aspectos dinâmico, tópico e econômico, devemos nos referir a ele como uma apresentação *metapsicológica*" (1915a). Freud concebe esta apresentação como uma visão tridimensional de um fenômeno psíquico. Ele expressa isto explicitamente em outro lugar (1925b), falando dos três pontos de vista como das três coordenadas do processo mental.

7. *O ponto de vista estrutural*: nesta tríade metapsicológica, Freud substituiu posteriormente o ponto de vista tópico pelo *estrutural*, "baseado na visão analítica dos fatos patológicos" (1925b). O ponto de vista estrutural estabelece que o aparelho mental divide-se em *ego*, *id* e *superego*.

8. *O ponto de vista genético*: desde suas primeiras publicações, Freud postulou que os processos psíquicos obedecem às leis do determinismo. No final, considerou isto como um dos elementos essenciais da teoria psicanalítica, mencionando-o especificamente como tal em *A Short Account of Psycho-Analysis* (1924b). O ponto de vista genético estabelece que qualquer fenômeno psicológico, além dos seus aspectos contemporâneos e experienciais, pode ser reconstituído, através de sua ontogênese, até sua origem psicológica. Quanto às vicissitudes do desenvolvimento, isto nos leva de volta ao nascimento. Quanto aos fatores de maturação e congênitos, leva-nos de volta, através da ontogênese, para a embriologia e filogênese.

9. *Teoria da libido e zonas erógenas*: a aplicação do ponto de vista genético ao desenvolvimento sexual conduz à descoberta do papel fundamental das zonas erógenas. "A satisfação resulta da excitação sensorial apropriada dessas zonas" (Freud, 1905b). No decorrer da maturação, as zonas oral, anal e genital são ativadas, marcando os estágios sucessivos do desenvolvimento da libido.

a) Neste ponto, parece oportuna uma definição das pulsões instintuais. Entretanto, esta não é uma tarefa fácil. Em 1924, Freud assinalou: "a teoria da libido proposta pela psica-

Definições e metodologia

nálise não é absolutamente completa... sua relação com a teoria geral dos instintos ainda não é clara, por ser a psicanálise uma ciência recente, bastante incompleta e em estágio de rápido desenvolvimento" (1924b). E continua, com a seguinte definição de libido: "Libido significa, em psicanálise, no primeiro exemplo, a força (considerada como variável e mensurável quantitativamente) dos instintos sexuais dirigidos para um objeto – 'sexual' no sentido amplo exigido pela teoria analítica."

b) Freud concebeu a agressão como a outra pulsão fundamental que atua na psique. Menos característica, ela indica principalmente pressão, assim como direção em relação ao objeto. Esta agressão serve para aproximar, medir, manter, vencer, ou destruir o objeto – e por extensão as coisas. É expressa ou realizada "através da instrumentalidade de um órgão especial. Este órgão especial pareceria ser o sistema muscular" (Freud, 1923).

c) A proposição de Erickson (1950a) sobre os modos zonais amplia esta teoria. O modo de cada zona, sua função de receber ou expelir, faz parte dos determinantes da qualidade distintiva da pulsão parcial e do determinado estágio libidinal. Esta qualidade é então generalizada para outras zonas, órgãos e comportamento, adquirindo uma função adaptativa. Salientei a qualidade sensorial específica da musculatura voluntária e involuntária do esfíncter e seu papel na economia e dinâmica das pulsões instintuais como parte integrante, da maior importância de todas as zonas erógenas, encontrada apenas em poucos outros pontos do corpo humano (Spitz, 1953a).

10. *A série complementar*: esta é uma hipótese que Freud primeiro esboçou em *Three Essays on the Theory of Sexuality* (1905b), a qual aplicou então à definição da etiologia da neurose (1916-17). Afirma que um fator *experiencial* (psicológico) interage com um fator congênito para produzir o distúrbio. Em minha opinião, esta hipótese aplica-se a todos os fenômenos da psicologia humana (e animal); pois todos os fenômenos psicológicos são, certamente, o resultado da influência mútua e da interação dos fatores inatos com os eventos experienciais.

11. *O ponto de vista adaptativo*: esta idéia foi estudada e elaborada, há relativamente pouco tempo, por Hartmann (1939), Erickson (1950a) e Spitz (1957). Sem usar o termo, Freud formulou o conceito em *Instincts and Their Vicissitudes* (1915b). A melhor definição é a de Rapaport e Gill (1959): "O ponto de vista adaptativo requer que a explicação psicanalítica de qualquer fenômeno psicológico inclua proposições que se refiram a seu relacionamento com o ambiente."[3] Não cabe aqui uma discussão detalhada das afirmações que fundamentam o ponto de vista adaptativo. Discutirei, posteriormente, as afirmações que se aplicam aos processos aloplástico e autoplástico (Freud, 1924a), às proposições de Erickson (1950a) e às minhas próprias (Spitz, 1957) sobre o papel e as funções dos afetos no relacionamento diádico.

Fatores congênitos

Cada um de nós nasce como um indivíduo distinto. Cada um de nós é diferente de qualquer outro indivíduo, primeiro devido ao que existe nele – e que se pode observar – já no nascimento; segundo, em razão das potencialidades estabelecidas como *Anlage* na célula germinal. Aquilo com que o recém-nascido é dotado e que o torna único, denominarei *equipamento congênito*. Este equipamento é composto de três partes:

1. Equipamento hereditário, determinado pelos genes, cromossomos, DNA, RNA, etc.
2. Influências intra-uterinas que atuam durante a gestação.
3. Influências que passam a operar durante o parto.

---
3. Desejo agradecer a Rapaport e Gill (1959) por certas formulações contidas neste capítulo, particularmente a ênfase que atribuem aos diferentes pontos de vista em psicanálise. Suas formulações definitivas (veja também Gill, 1963) foram publicadas após este manuscrito estar concluído e, portanto, não puderam ser consideradas em pormenores.

Daremos um simples exemplo de cada um destes três componentes. O equipamento hereditário é constituído de elementos óbvios, como o fato de nascermos com duas pernas, dois olhos mas apenas uma boca. Ao mesmo tempo, componentes menos evidentes, como as leis e seqüências da maturação, são também parte do equipamento hereditário. Essas leis e seqüências envolvem não só o desenvolvimento progressivo de órgãos e funções, como também a seqüência irreversível das fases pelas quais os órgãos e funções devem passar. Isso se aplica tanto à fisiologia quanto à psicologia, pois é tão verdade que os dentes de leite precedem os permanentes, como o fato de que o estágio oral precede o anal e este, por sua vez, a fase fálica.

As influências intra-uterinas podem ser exemplificadas pela descoberta relativamente recente de que a rubéola contraída por uma mulher grávida pode ter efeitos nocivos sobre os órgãos óticos do feto (Swan, 1949).

Finalmente, com respeito às possíveis influências *durante* o parto: é claro que estamos familiarizados com os graves danos físicos que podem ser infligidos ao bebê durante o parto. Outros danos, menos evidentes, têm chamado nossa atenção, através de inúmeras investigações, como, por exemplo, as de Windle (1950), que demonstrou a influência destrutiva da anoxia cerebral durante o processo de nascimento, ou as de Brazelton (1962), que estudou o efeito, sobre o comportamento da criança, da medicação administrada à mãe antes do parto.

Fatores ambientais, seu alcance e complexidade

O assunto desta investigação é a gênese das primeiras relações objetais, isto é, das relações entre mãe e filho. Também poderia ser considerada como uma investigação de relações sociais, não fosse a relação a ser examinada fundamentalmente diferente de todas aquelas que interessam habitualmente aos psicólogos sociais. Poderíamos nos perguntar por que os sociólogos ignoraram o fato de que, na relação mãe-filho, teriam a oportunidade de observar o início e a evolução das relações sociais, por assim dizer, *in statu nascendi*.

Entre as peculiaridades desta relação está a de que, ante nossos próprios olhos, uma situação de não-relacionamento social, um vínculo puramente biológico, é transformado, passo a passo, no que acaba se tornando a primeira relação social do indivíduo. O que testemunhamos é a transição do fisiológico para o psicológico e social. Na etapa biológica (*in utero*) as relações do feto são puramente *parasíticas*. Porém, no decorrer do primeiro ano de vida, a criança passará por um estágio de *simbiose* psicológica com a mãe, a partir do qual a criança estará preparada para o próximo estágio, em que são desenvolvidas inter-relações sociais, isto é, hierárquicas.

Um aspecto igualmente peculiar e talvez único da relação mãe-filho é que a estrutura psíquica da mãe é fundamentalmente diferente daquela de seu filho. A relação entre parceiros tão acentuadamente desiguais só pode ser assimétrica; assim, a contribuição de cada um para o relacionamento mútuo será desigual. A não ser na relação um tanto comparável de um ser humano com um animal doméstico (de estimação, por exemplo), um tão alto grau de disparidade entre dois indivíduos intimamente interdependentes e relacionados não é encontrado em nenhuma outra parte de nossa organização social. Creio que o primeiro sociólogo que chamou a atenção para as possibilidades de investigação sociológica do grupo mãe-filho (que ele denominou "díade") foi Georg Simmel (1908). Ele salienta que nessa relação pode-se achar o germe de todo desenvolvimento subseqüente das relações sociais de ordem superior. Independentemente de Simmel, e treze anos antes, Freud (1895) já havia sugerido esta linha de pesquisa.

Em nossa investigação das relações objetais e sua origens, distingui nitidamente a abordagem clínica no estudo das crianças daquela aplicada aos adultos. As razões dessas diferenças são duplas: estruturais e ambientais. É evidente que a estrutura rudimentar da personalidade da criança é, de fato, muito diferente da estrutura madura da mãe; mas geralmente não percebemos com a mesma evidência que o ambiente da criança é também bem diferente daquele do adulto.

Comecemos pela estrutura da personalidade: a personalidade do adulto é uma organização claramente definida e hierarquicamente estruturada; essa personalidade se manifesta através de atitudes individuais e de iniciativas específicas, as quais entram numa série de interações circulares com o meio ambiente. Para o recém-nascido, é o contrário. No nascimento, embora as diferenças individuais sejam claramente demonstráveis, falta à criança uma personalidade organizada, comparável à do adulto: não estão presentes iniciativa pessoal ou intercâmbio, além do fisiológico, com o meio ambiente. Isso quer dizer que temos aqui um organismo de natureza bastante diferente – o organismo infantil –, que discutiremos mais adiante.

A segunda diferença entre a criança e o adulto, a diferença quanto ao meio ambiente, é talvez a mais notável, se considerada objetivamente. O meio que cerca o adulto constitui-se de fatores numerosos e extremamente diversos, de inúmeros indivíduos, grupos e coisas inanimadas. Estes e muitos outros fatores, em sua multiplicidade, assim como em suas constelações dinâmicas variáveis, sua dignidade, duração, peso, significado, variáveis, etc., formam campos de força mutáveis, que incidem sobre, e influenciam, a personalidade organizada do adulto enquanto em interação com ela.

Para o recém-nascido, o meio ambiente consiste, por assim dizer, em um único indivíduo, a mãe ou um substituto dela. Mesmo este único indivíduo não é percebido pelo recém-nascido como uma entidade distinta dele mesmo. É simplesmente parte da totalidade de suas necessidades e de suas gratificações. É óbvio que esta situação muda no decorrer do primeiro ano de vida. Entretanto, durante todo este período a criança que se desenvolve normalmente e seu meio ambiente formam o que poderíamos chamar de "sistema fechado", que consiste em apenas dois componentes conhecidos: a mãe e o filho. Portanto, uma exploração psiquiátrica da infância tem de pesquisar o padrão da dinâmica e do mecanismo deste sistema fechado.

Quero agora ressaltar aqui, e retornarei a esta proposição mais tarde, que o universo da criança, entretanto, está inserido no contexto total da realidade. Está misturado com os papéis inter-relacionados e os relacionamentos das várias pessoas que constituem a família da criança ou, conforme o caso, da instituição na qual a criança está sendo criada. Entretanto, este universo e suas forças são transmitidos para a criança pelo indivíduo que satisfaz suas necessidades, ou seja, pela mãe ou substituto dela. Por isso, nas páginas seguintes, a personalidade da mãe, por um lado, e a personalidade da criança, por outro, suas interações e influências recíprocas serão exploradas mais minuciosamente.

O objeto libidinal

Como este livro trata da gênese das relações objetais, algumas palavras devem ser ditas sobre o conceito psicanalítico de objeto libidinal. Em seu estudo *Instincts and Their Vicissitudes*, Freud (1915b) definiu o objeto libidinal como:

> O objeto de um instinto[4] é algo em relação a que ou através de que o instinto é capaz de alcançar seu objetivo. É o que é mais variável quanto a um instinto, e que não está originalmente associado a ele, mas acaba sendo atribuído a ele apenas por ser peculiarmente adequado para tornar possível a satisfação. O objeto não é necessariamente algo estranho: pode ser igualmente uma parte do próprio corpo do sujeito. Também pode ser mudado inúmeras vezes no decorrer das vicissitudes às quais o instinto é submetido durante sua existência; e funções muito importantes são exercidas por este deslocamento do instinto. Pode ocorrer que o mesmo objeto sirva simultaneamente para a satisfação de vários instintos... [pp. 122 s.]

....
4. E nós lemos pulsão instintual, em vez de instinto.

Definições e metodologia

De acordo com esta definição, o objeto libidinal pode mudar no decorrer da vida – para ser mais exato, ele muda inevitável e freqüentemente. Tais mudanças são previsíveis na maturação e na diferenciação progressiva das pulsões instintuais, no interjogo dinâmico entre elas, na estrutura das pulsões parciais e em outros fatores, alguns dos quais, como os mecanismos de defesa do *ego*, têm sido investigados, e outros que, até agora, foram pouco explorados em detalhe.

O fato de o objeto libidinal mudar freqüentemente (e, às vezes, rapidamente) distingue-o, em princípio, do conceito de objeto na psicologia acadêmica. O objeto da psicologia acadêmica, que chamaremos "coisa", permanece constante, idêntico a ele mesmo, podendo ser descrito por um sistema de coordenadas espaço-temporais.

O objeto libidinal é um conceito de ordem bem diferente. Não pode ser descrito em coordenadas espaciais e temporais, pois não permanece constante ou idêntico a si mesmo. Devemos excetuar dessa afirmação os períodos durante os quais não há maior redistribuição dos *quanta* de pulsão com que o objeto libidinal é catexiado. Portanto, o objeto libidinal é principalmente descrito em termos conceituais de suas origens, isto é, de sua história. As coordenadas espaço-temporais que definem o objeto da psicologia acadêmica desempenham um papel menor no caso do objeto libidinal. Em vez disso, o objeto libidinal é caracterizado por, e pode ser descrito em termos de, estrutura e vicissitudes das pulsões instintuais e pulsões parciais dirigidas a ele[5].

Relações objetais são relações entre um sujeito e um objeto. Em nosso caso particular, o recém-nascido é o *sujeito*. Como já mencionei, no início o recém-nascido está em estado de não-diferenciação. Até o momento, não pôde ser demonstrada a existência de psique ou de funcionamento psíquico em recém-nascidos. De acordo com nossa definição, não há objeto em relações objetais no universo do recém-nascido. Desenvol-

---
5. Para uma exposição detalhada, veja Apêndice.

ver-se-ão progressivamente, passo a passo, no decorrer do primeiro ano, e no seu final o próprio objeto libidinal será estabelecido. Distingui três estágios neste desenvolvimento, que denominei:

1. O estágio pré-objetal ou "sem objeto".
2. O estágio do precursor do objeto.
3. O estágio do próprio objeto libidinal.

Antes de discutir estes estágios do desenvolvimento, apresentarei, no Capítulo 2, nossos métodos de coleta e de processamento de dados, assim como as informações relevantes sobre nossos sujeitos. O leitor que não estiver interessado nos detalhes em relação à coleta e processamento de dados poderá, sem perda de continuidade, omitir este capítulo.

Capítulo 2
O método

> *Ita, Domine, Deus meus, metior et quid metior, nescio.*
>
> Santo Agostinho

Como já foi dito, o método psicanalítico, como tal, não se aplica ao período pré-verbal. Portanto, para a investigação de nossos sujeitos resolvemos escolher a observação direta e utilizamos instrumentos da psicologia experimental. Aplicamos os critérios de fidelidade e de validade: usamos testes e métodos de observação padronizados, com um número estatisticamente significativo de crianças. Eliminamos as possibilidades de desvios devidos ao sexo, utilizando observadores homens e mulheres, em semanas alternadas. Durante todo o nosso estudo, utilizamos o método longitudinal[1], observando as crianças de nossa população durante períodos relativamente longos, com duração máxima de dois ou dois anos e meio. Durante o estudo foram administrados testes de personalidade a intervalos mensais, foram realizados numerosos experimentos e foram observadas crianças individualmente, durante quatro horas por dia, em média. Estas observações foram protocoladas e constituíram o histórico de caso do sujeito. Este projeto de pesquisa per-

---

1. Para fins de um estudo do primeiro ano de vida, definimos como "longitudinal" o método que compreende um período suficiente para detectar mudanças de desenvolvimento significativas no sujeito. No primeiro ano de vida, tais estudos requerem pelo menos dois meses, e de preferência três.

mitiu-nos combinar as vantagens do método longitudinal com as do método transversal. Não poupamos esforços para incluir um grande número de crianças a fim de chegar a resultados estatisticamente significativos.

Para a parte principal do nosso estudo, não nos limitamos ao assim chamado método clínico, em que poucos sujeitos selecionados são estudados intensivamente. Entretanto, em alguns casos especiais, em que a complexidade do problema o exigia, investigamos cada sujeito profunda e extensivamente. Estudos de caso desta natureza serão mencionados especificamente nesta apresentação. Em vez de um uso geral do método clínico, escolhemos uma abordagem experimental, trabalhando com um elevado número de sujeitos e realizando uma grande variedade de mensurações.

Diante da natureza dos problemas a serem investigados, estabelecemos como uma das regras fundamentais de nosso método que, em qualquer caso, a população total *não selecionada* de um determinado meio ambiente devia ser observada. Tal procedimento assegurou que um máximo de fatores e condições permanecessem constantes, no ambiente em questão. Isto nos permitiu estudar o efeito de uma única variável de cada vez. A constância do contexto assegurou um máximo de uniformidade de condições para todos os sujeitos da experiência na população em questão.

Obtivemos nossas populações em uma série de contextos que diferiam quanto a elementos básicos, como bagagem cultural, raça dos sujeitos, condição socioeconômica dos pais, assim como outros fatores, que relatamos em nossas várias publicações anteriores.

Construção e validação dos testes

Sem dúvida, os fatores mais importantes que determinam as relações objetais são a personalidade da mãe e a do filho. Entretanto, as relações objetais também são influenciadas por inúmeros outros fatores, tais como influências culturais, condições econômicas e geográficas, bem como tradição histórica. Essa diversidade obrigou-nos a estudar as relações objetais em várias populações e ambientes, de maneira que pudéssemos verificar se certos fenômenos são universais no homem e em que extensão seus padrões e conteúdo são submetidos a modificações por variáveis ambientais tais como cultura, classe social, procedência, etc. Para isso, tivemos de obter as normas dos fenômenos determinados, as quais extraímos dos resultados de estudos prévios realizados em ambientes típicos "normais" da cultura ocidental. Para poder efetuar medidas, selecionamos o teste infantil de Bühler-Hetzer, teste padronizado de personalidade e de desenvolvimento, amplamente empregado, que permitiu comparações interindividuais, assim como intra-individuais. A posição de uma determinada criança pôde ser apresentada sob a forma de quocientes ou índices. Finalmente, o instrumento permite as medidas de diferentes setores da personalidade, além de uma avaliação global. A validade e a fidelidade deste teste foram verificadas previamente na Europa e nos Estados Unidos (Herring, 1937; Hubbard, 1931; Reichenberg, 1937; Simonsen, 1947; Wolf, 1935).

O teste Bühler-Hetzer, também conhecido como Teste Vienense, foi elaborado, padronizado e validado por Charlotte Bühler e Hildegard Hetzer (1932) e suas colaboradoras, a falecida Katherine M. Wolf e Liselotte Frankl (ver Hetzer e Wolf, 1928). Os passos preliminares consistiram em 24 horas contínuas de observação de 69 crianças em sete níveis de idade sucessivos, durante o primeiro ano de vida, com o propósito de estabelecer um inventário da média do comportamento esperado durante esse período. Testes construídos com base neste inventário foram submetidos a provas e padronizados em uma amostra de 20 sujeitos por nível de idade. Os intervalos entre os níveis de idade durante os primeiros oito meses de vida foram mensais. Durante os últimos quatro meses do primeiro ano, os intervalos foram bimestrais. Deste modo, o teste para o primeiro ano de vida foi padronizado com um total de 220 sujeitos.

Esta padronização do teste com 20 sujeitos por nível de idade não foi arbitrária, como vimos em minhas últimas observações de crianças. Certos padrões de comportamento emergem na criança em certos níveis de idade e não antes. A linha divisória entre a ausência e a presença generalizada de tais padrões de comportamento é bastante nítida. Assim, é raro encontrar a *reação* de sorriso antes do terceiro mês de vida; mas igualmente raro é não obter essa reação em crianças de três, quatro e cinco meses. Até os dois meses de idade, apenas três de nossos 145 sujeitos apresentavam a reação de sorriso. Entre dois e seis meses, 142 deles apresentaram essa reação e três não. Verificamos que, no momento em que vinte de nossos sujeitos produziam um determinado padrão de comportamento, podíamos esperar com segurança que a maioria de todos os nossos sujeitos neste nível de idade também a mostrassem. Quando o número de sujeitos observados quanto a este comportamento ultrapassava 20, aqueles que não manifestavam o comportamento passavam a representar uma porcentagem rapidamente decrescente do total de nossa população experimental.

O Departamento de Psicologia da Universidade de Viena aplicou extensivamente o teste padronizado durante dez anos, de 1928 a 1938. Foi utilizado sistematicamente em todas as crianças confiadas ao *Kinderübernahmestelle der Stadt Wien* [Centro de Crianças Dependentes da Cidade de Viena]. Uma média de 400 a 500 crianças de zero a 12 meses foram recebidas anualmente por essa instituição. Em outras palavras, o teste foi aplicado, durante essa década, em aproximadamente 5.000 crianças, o que permitiu à equipe corrigir as deficiências do teste.

Restava observar qual a contribuição desse teste para a pesquisa psiquiátrica e clínica. Por isso, administrei-o sistematicamente no mesmo contexto, isto é, no *Kinderübernahmestelle der Stadt Wien*, em aproximadamente 100 crianças abrigadas ali. Verifiquei que o teste era um útil complemento psicométrico para nossa avaliação clínica. Seu valor reside no fato de que indica, em termos numéricos, a posição de um dado bebê, tanto em termos gerais como nos subsetores específicos da personalidade em relação à posição média de crianças provenientes do mesmo meio.

Com a finalidade de estabelecer a validade destes testes no hemisfério ocidental, selecionamos duas populações no Estado de Nova York. A primeira era constituída de filhos de intelectuais da classe média (*white collar*), na maioria profissionais, criados no ambiente familiar. Foram observadas nesse ambiente e os resultados aparecem na Tabela II (coluna: Família). Dezoito dessas crianças foram estudadas, a maioria durante o primeiro ano de vida e mais tarde. Essas crianças foram criadas por seus próprios pais, em condições que eu poderia considerar ótimas, a maior parte residindo em apartamentos modestos, mas confortáveis. As medidas obtidas com estas crianças geralmente concordavam com as normas dos testes Bühler-Hetzer, embora deva ser dito que elas eram todas um tanto avançadas em Q.D. (quociente de desenvolvimento), acima das médias estabelecidas em Viena.

A segunda população utilizada para a coleta de dados normativos foi obtida em uma agência de lares adotivos, em que as crianças colocadas pela agência eram examinadas a intervalos de quatro semanas. Aqui testamos e observamos 23 crianças durante as visitas. O *background* dessas crianças era bastante diversificado, sendo a maioria proveniente de níveis socioeconômicos inferiores, como se poderia esperar em uma tal agência, numa cidade grande. Estas crianças alcançaram, reiteradamente, escores inferiores em todos os níveis de idade do primeiro ano de vida, comparados com a primeira população, constituída de crianças criadas na própria família. Elas tendiam a se aproximar do nível dos resultados médios, estabelecidos na clínica de bebês de Viena, onde iniciei meu trabalho e onde o teste foi elaborado. A dificuldade cada vez maior de acesso aos sujeitos impediu-nos de realizar a pesquisa que havíamos planejado. Estes resultados sugeriram que as normas do teste para bebês de Bühler-Hetzer poderiam servir para minha pesquisa como um guia prático e um instrumento de orientação para avaliação psicométrica da personalidade de crianças provenientes de camadas econômicas média e baixa, nos Estados Unidos e no hemisfério ocidental.

Descrição sumária dos testes

Os testes permitem a quantificação mensal de seis setores da personalidade. São os seguintes:

1. Desenvolvimento e maturação da percepção.
2. Desenvolvimento e maturação das funções corporais.
3. Desenvolvimento e maturação das relações interpessoais.
4. Desenvolvimento e maturação da memória e imitação.
5. Desenvolvimento e maturação da manipulação dos objetos.
6. Desenvolvimento intelectual.

A avaliação quantitativa dos testes fornece uma série de quocientes de desenvolvimento. A partir destes, constrói-se um perfil do desenvolvimento para determinado período – em outras palavras, obtemos um corte transversal do desempenho da criança em um determinado estágio de desenvolvimento, relativo à norma ou ao desenvolvimento médio.

Lugar e limitações dos testes em nosso projeto de pesquisa

Como já foi dito, os resultados de nosso teste não devem ser considerados como uma medida-padrão nem para avaliação nem para diagnóstico individual de crianças e de seu desenvolvimento. Quando passamos a julgar a personalidade total de nossos sujeitos, baseamo-nos principalmente na observação clínica prolongada e em históricos de casos de cada criança. Entretanto, os testes forneceram as seguintes informações complementares:

1. Quando se considerou a criança individualmente, o resultado do teste mensal informou-nos se e quanto esse desenvolvimento progrediu, se foi interrompido ou se regrediu. Em outras palavras, o escore indicou a tendência do desenvolvimento, seu grau e direção.

2. Também indicou assimetrias quanto ao grau e à direção do desenvolvimento de vários setores da personalidade de uma mesma criança.

3. Além disso, o teste permitiu comparações intergrupais e intragrupais de inúmeras crianças. Tais comparações mostraram uniformidades que apareceram nos gráficos de perfil de grupos inteiros ou subgrupos de crianças.
4. O teste também forneceu dados que serviram de apoio para nossas descobertas clínicas.
5. Finalmente, os gráficos de perfil forneceram uma ilustração gráfica para nossas descrições.

Por outro lado, o teste não forneceu, e não poderia fazê-lo, informações clínicas como presença ou ausência de emoções, e sobre sua natureza. Não nos deu informações sobre a dinâmica dos impulsos, sobre a disposição de ânimo ou sobre se uma criança era extrovertida ou retraída, ansiosa ou agressiva, ativa ou apática. Resumindo, não nos deu informações clínicas nem comportamentais, e nos revelou muito pouco sobre as relações objetais da criança. Embora sem dúvida alguma os testes fossem úteis, o quadro resultante deles foi, como Anna Freud ressaltou em uma das suas palestras, um quadro irrelevante; não tem valor em si mesmo, deve tornar-se significativo e ganhar vida através do quadro clínico.

Análise através de filmes e material de casos

Esforçamo-nos por assegurar um registro objetivo e permanente de nossas observações e impressões visuais, que nos permitisse repetir, comparar e analisar, em detalhe, nossa observação de um determinado fenômeno comportamental. Com essa finalidade, filmamos o comportamento individual de crianças, utilizando um processo introduzido por mim em 1933, que denominei "análise através de filmes", e que consiste em filmar a um ritmo de 24 quadros por segundo, permitindo-nos, por meio de uma projeção normal, repetir nossas observações algum tempo depois, tanto quanto necessário, e também reduzir a seqüência de observação visual para oito quadros por segundo. Deste modo, obtém-se um ritmo três vezes mais lento dos movimentos, assim como das expressões faciais. Em outros termos, a observação do comportamento pode ser triplicada.

Cada criança foi filmada o mais cedo possível, isto é, logo depois do nascimento e, em alguns casos, no estágio de expulsão durante o parto. Também filmamos todos os comportamentos da criança que se desviassem do comportamento médio das outras crianças no mesmo nível de desenvolvimento, assim como todos os experimentos realizados com bebês.

O histórico de caso de cada criança inclui, além dos filmes, os registros de dados clínicos, protocolos feitos durante a observação e um relatório escrito do conteúdo de entrevistas com os pais das crianças, bem como com o pessoal do berçário. Em um grande número de casos, o prontuário das crianças incluía os resultados dos testes de Rorschach e Szondi, aplicados às mães.

A Tabela I ilustra o procedimento experimental.

Tabela I
PROCEDIMENTO EXPERIMENTAL DE OBSERVAÇÃO DO BEBÊ

Duração da observação por criança	4 horas por semana	200 horas por ano	Estes protocolos de observação formam o histórico de caso.	
Testes	Testes para bebês de Hetzer-Wolf aplicados a intervalos mensais. Quocientes e perfis de desenvolvimento.			
Desvio (devido ao sexo) do entrevistador	Alternância semanal entre observador homem e mulher.			
Exploração do meio ambiente	Entrevista com os pais e pessoal do berçário.		Aplicação dos testes de Rorschach e Szondi em grande número de mães.	
Filmagem a 24 quadros por segundo para análise posterior, através de projeção. Cada criança foi filmada:	Quando vista pela primeira vez.	Quando apresentou comportamento desviante.	Durante as experiências.	

População estudada

1. A distribuição de nossa população é apresentada na Tabela II. As crianças enumeradas nas colunas "Família" e "Lares adotivos" já foram mencionadas. Estes grupos serviram-nos no início para a validação do Teste Bühler-Hetzer, no hemisfério ocidental.

2. Um de nossos principais problemas era investigar algumas hipóteses amplamente aceitas sobre a natureza da "personalidade" do recém-nascido, no momento do nascimento e logo após, como por exemplo as proposições de Otto Rank (1924) sobre o trauma do nascimento, ou a afirmação de Watson (1928) de que o comportamento afetivo do recém-nascido consiste em amor, medo, raiva, etc. Discutiremos estes pontos nos capítulos subseqüentes.

Estudamos detalhadamente um total de 35 partos em uma pequena maternidade, semigovernamental, filiada a uma universidade, no hemisfério ocidental, cuja clientela era constituída por mães de *status* econômico modesto. Selecionamos esse hospital porque os partos eram feitos por meios naturais, sem anestésicos (exceto nos raros casos em que a intervenção cirúrgica se fazia necessária), sob a supervisão de excelentes obstetras, assistidos por enfermeiras treinadas. Destes 35 partos, 29 foram filmados durante os primeiros cinco minutos após o nascimento; em dois casos iniciamos a filmagem durante o próprio parto. Em princípio, esses recém-nascidos e suas mães voltavam para casa depois de dez dias. Tive a oportunidade, no entanto, de acompanhar 29 deles no decorrer de três meses após o parto, na ocasião de suas visitas ao hospital.

3. Tendo em vista as freqüentes controvérsias sobre as influências culturais, raciais e outras, na personalidade humana, desejávamos testar até que ponto essas diferenças existem e podem afetar a personalidade no decorrer do primeiro ano de vida. Com este problema em mente, empenhamo-nos para incluir, em nossa população, bebês de várias culturas e raças. Tínhamos condições de estudar crianças de ascendência branca, negra e indígena. Estas últimas foram observadas em um povoado

Tabela II
POPULAÇÃO INFANTIL TOTAL OBSERVADA

Duração da observação	Creche	Família	Lares adotivos	Casa da Criança Abandonada	(ENFERMARIA) Sala de obstetrícia	Vila indígena	Bebês criados em clínica	TOTAL
Mais de 6 meses	185	9	–	62	–	–		256
Pelo menos 3 meses	18	3	–	–	29	–	Várias centenas de crianças observadas durante três semanas	50
Menos de 3 meses	–	6	23	2	6	23		60
Mortos no primeiro ano	–	–	–	27	–	–		27
TOTAL	203	18	23	91	35	23		393
Número de crianças filmadas	138	14	10	25	29	3	27	246*

*Este total representa 14.369 m de filme de 16 mm.

indígena situado na América Latina, onde tivemos a oportunidade de examinar bebês nos seus três primeiros meses de vida. A primeira observação era feita quando elas eram levadas à igreja para serem batizadas; nós as víamos na sacristia. Posteriormente nós as visitávamos novamente em seus lares. Estas 23 crianças foram observadas até os três meses. Assim sendo, esta parte do estudo é de natureza transversal. O comportamento observado nelas não diferiu do comportamento das crianças do mesmo nível de idade, observadas nos outros ambientes.

4. Finalmente, nosso projeto exigiu a investigação de grandes grupos infantis sob condições em que se pudesse assegurar a máxima medida de constância do ambiente. Com esta finalidade, selecionamos primeiramente duas instituições, que serão designadas como Creche e Casa da Criança Abandonada.

Descrição das instituições

As duas instituições eram similares quanto a certos aspectos importantes. Ambas estavam situadas fora da cidade, em jardins grandes e espaçosos. Em ambas, as condições de higiene eram cuidadosamente mantidas. Em ambas, os bebês, ao nascer, eram isolados dos bebês mais velhos, mantidos em berçário especial, onde só eram admitidos visitantes que tivessem lavado as mãos e vestido aventais esterilizados. Após dois ou três meses, os bebês eram transferidos para a sala dos bebês mais velhos e colocados em cubículos individuais. Estes eram completamente fechados por vidro, na Creche; fechados por vidro em três lados e abertos em uma extremidade, na Casa da Criança Abandonada. Na Creche, as crianças eram transferidas, após seis meses, para quartos com quatro a cinco berços cada um. Na Casa da Criança Abandonada permaneciam nos cubículos até 15 ou 18 meses, às vezes mais. Nessa Casa, cerca da metade das dependências era um pouco menos iluminada do que a outra metade, embora as duas partes fossem bastante iluminadas. Na Creche, todas as crianças possuíam cubículos bem iluminados. Embora a Creche fosse a instituição que tinha mais recursos, a Casa da Criança Abandonada era também adequadamente equipada, exceto sob um aspecto, sobre o qual falarei depois. Na Creche, as paredes eram pintadas de cores neutras, claras, dando uma impressão alegre, enquanto a Casa da Criança Abandonada, com suas paredes claras e cubículos pintados de verde-acinzentado, dava uma impressão triste. Não sei dizer se essa impressão é fruto de minha reação pessoal.

Nas duas instituições a comida era bem preparada, adequada e variada, de acordo com as necessidades de cada criança, em cada idade. As mamadeiras e utensílios eram esterilizados. Nas duas instituições uma grande porcentagem das crianças mais novas era amamentada ao peito; mas, na Creche, esta porcentagem parecia que estava diminuindo e a mamadeira passava a ser usada, levando logo a criança a deixar de mamar no peito. Na Casa da Criança Abandonada, a maioria das crianças era amamentada ao peito até os três meses. Em ambas as instituições, as roupas e a temperatura eram apropriadas.

Quanto aos cuidados médicos, a Casa da Criança Abandonada era visitada no mínimo uma vez por dia pelo médico-chefe e pela equipe médica, que durante seus turnos examinavam cada criança e seu prontuário. Um laringologista e outros especialistas também faziam turnos diários. Na Creche, não eram feitas visitas diárias, mas os pediatras da instituição viam as crianças quando chamados.

No todo, a Casa da Criança Abandonada mostrou uma leve vantagem sobre a Creche, na seleção das crianças admitidas. A Creche era uma instituição penal para a qual eram enviadas jovens delinqüentes, já grávidas ao serem admitidas. Elas davam à luz numa maternidade próxima. Após o período de parto, as crianças eram criadas na Creche, desde o nascimento até o primeiro ano. Como as mães eram, na maioria, menores delinqüentes, até certo ponto socialmente desajustadas, às vezes débeis mentais, algumas vezes portadoras de problemas psíquicos, psicopatas ou criminosas, a hereditariedade e o *back-*

ground representaram uma seleção negativa do ponto de vista das crianças. Na Casa da Criança Abandonada não existia esta seleção negativa. As crianças representavam uma amostra de crianças dependentes numa cidade grande; uma parte delas tinha um *background* não muito diferente do das crianças da Creche, mas muitas eram filhas de mães normais, socialmente bem ajustadas, mas incapazes de sustentarem a si mesmas e a seus filhos.

A diferença básica entre a Creche e a Casa da Criança Abandonada estava no cuidado dedicado às crianças. A Creche, que abrigava de 40 a 60 crianças de cada vez, era dirigida por uma enfermeira-chefe e suas assistentes; seus deveres consistiam em ensinar às mães das crianças os cuidados simples e eficientes de higiene e os cuidados para com a criança, supervisionando-as e aconselhando-as. Cada criança era alimentada, assistida e cuidada por sua própria mãe. Se por alguma razão a mãe tivesse de se separar do filho, era substituída pela mãe de outra criança ou por uma jovem grávida que, dessa maneira, adquiria a experiência necessária para os cuidados de seu futuro bebê. Assim, cada criança, na Creche, era cuidada todo o tempo por sua própria mãe ou, no mínimo, por uma substituta escolhida por uma enfermeira-chefe competente, que tentava achar uma substituta que gostasse da criança.

As crianças na Creche tinham sempre pelo menos um brinquedo e, na maioria das vezes, vários brinquedos. Seu alcance visual incluía não apenas a paisagem agradável em frente das janelas mas, além disso, as divisórias eram mantidas suficientemente baixas para que cada criança pudesse olhar, através das vidraças, para vários cubículos. As crianças mais velhas observavam com ávido interesse, tentando participar das atividades do lado de fora de seus cubículos, e também observavam, visivelmente fascinadas, as atividades das mães, carregando seus filhos no corredor, atendendo, alimentando, brincando com as crianças nos cubículos e conversando umas com as outras, com seus bebês nos braços.

A Casa da Criança Abandonada era o tipo de instituição que se usava para crianças dependentes, há cinqüenta anos. Era dotada de recursos financeiros insuficientes, mas possuía um edifício agradavelmente situado. As crianças pertenciam a duas categorias: a primeira, de filhos de mulheres casadas, impossibilitadas de sustentar suas famílias por uma ou outra razão, e que pagavam uma modesta quantia para a criação de seus filhos. A outra categoria era de filhos de mães solteiras admitidas sob condição de cuidarem de seu próprio filho e de uma outra criança, durante os três primeiros meses de sua estada, ajudando no preparo e distribuição da alimentação dos bebês mais velhos.

Como mencionei, a Casa da Criança Abandonada era dirigida por uma enfermeira-chefe e cinco enfermeiras assistentes. Após o terceiro mês, cada criança era removida para o cubículo individual da divisão geral, onde ela partilhava com as outras crianças a atenção das cinco enfermeiras. Em termos puramente matemáticos, significava que cada enfermeira devia cuidar de aproximadamente sete crianças; mas isso não ocorria na prática, porque as enfermeiras tinham de supervisionar o preparo da alimentação dos bebês, organizá-la e distribuí-la; tinham de lavar, limpar e trocar as fraldas dos bebês. Inevitavelmente, usava-se o recurso de mamadeira fixada no berço, e, também inevitavelmente, no mínimo uma enfermeira era tirada de circulação durante o período de alimentação ou de pesagem dos bebês, etc. Como resultado, cada criança recebia, no máximo, um décimo do tempo de uma enfermeira, um décimo da mãe-substituta, um décimo da mãe. Quando fui pela primeira vez à Casa da Criança Abandonada, era difícil encontrar um brinquedo. Talvez como resultado de minha atividade e da atividade dos meus colaboradores, após poucos meses muitos brinquedos começaram a aparecer e, quando deixei a Casa da Criança Abandonada, cerca de metade das crianças tinha um brinquedo.

Outro aspecto notável do tratamento das crianças na Casa da Criança Abandonada foi o do alcance visual. A Casa da Criança Abandonada era fria e deserta, com exceção do momento em que as enfermeiras e suas ajudantes, mães que cuidavam dos bebês, vinham, no período da alimentação, atender às necessidades das crianças. A este quadro deve-se acrescentar uma prática peculiar à Casa da Criança Abandonada e a várias instituições e hospitais: para manter as crianças quietas, as enfermeiras penduravam lençóis ou cobertas sobre as grades dos pés e dos lados de cada berço, ocultando efetivamente a criança do mundo e de todos os outros cubículos, confinando-a, deixando visível apenas o teto. Como conseqüência disso, os bebês permaneciam deitados de costas por muitos meses. Formava-se uma concavidade nos colchões e essas crianças eram incapazes de se virar para fora dela, enquanto bebês normais se viram para os lados por volta do sexto ou sétimo mês.

Segunda Parte
A constituição do objeto libidinal

Capítulo 3
O estágio não-objetal

No Capítulo 1, defini o conceito psicanalítico de objeto libidinal e mostrei que no mundo do recém-nascido não existe objeto, nem relação objetal. Denominei este primeiro estágio pré-objetal ou não-objetal. Este capítulo, como o subseqüente, são dedicados à discussão deste primeiro estágio. Neles focalizarei as reações do bebê e apresentarei algumas reflexões sobre a natureza da percepção do recém-nascido e seu papel na teoria psicanalítica.

O estágio não-objetal coincide mais ou menos com o estágio de narcisismo primário. Hartmann (1939) refere-se a esse estágio como fase indiferenciada[1]. Prefiro falar em estágio de

....
1. O conceito de Hartmann sobre fase indiferenciada refere-se à falta de diferenciação entre o ego e o id, o consciente e o inconsciente da personalidade do recém-nascido. Dentro dessa personalidade indiferenciada, consciente e inconsciente e, mais tarde, ego e id, se separarão um do outro. Assim sendo, o conceito de Hartmann fornece essencialmente dados que encontraremos na teoria e prática psicanalítica; é um conceito descritivo.

Meu conceito de não-diferenciação inclui os postulados de Hartmann; é o termo principal, pois inclui também descrição e aspectos não-psicanalíticos observáveis, como os aspectos neuromuscular, fisiológico, comportamental, dos quais são exemplos a percepção e a ação. No estágio de não-diferenciação, não há distinção clara entre psique e soma, entre dentro e fora, entre pulsão e objeto, entre "eu" e "não-eu", e nem mesmo entre diferentes regiões do corpo.

não-diferenciação porque a percepção, a atividade e o funcionamento do recém-nascido estão insuficientemente organizados em unidades, exceto, até certo ponto, em áreas que são indispensáveis à sobrevivência, tais como metabolismo e consumo alimentar, circulação, função respiratória, etc.

Neste estágio o recém-nascido não consegue distinguir uma "coisa" de outra; não consegue distinguir uma coisa (externa) de seu próprio corpo e não experimenta o meio que o cerca como sendo separado dele mesmo. Portanto, ele também percebe o seio materno, que satisfaz suas necessidades e lhe fornece alimento, como parte de si mesmo – se é que ele percebe o seio materno[2]. Além do mais, o recém-nascido *em si* mesmo também não é diferenciado e organizado, mesmo em aspectos fundamentais como a relação entre centros neurais distintos, de um lado, e seus órgãos efetores musculares, de outro; apenas pouquíssimas áreas privilegiadas parecem estar separadas em unidades funcionais (Tilney e Kubie, 1931).

Um grande número de observações, entre as quais estão as nossas, confirmam que o aparelho perceptivo do recém-nascido é protegido do mundo exterior por uma barreira do estímulo extremamente alta. Essa barreira protege a criança, durante as primeiras semanas e meses de vida, da percepção dos estímulos ambientais. Conseqüentemente, parece-nos possível afirmar que certamente, durante os primeiros dias e por mais um mês aproximadamente, em medida decrescente, o mundo exterior praticamente inexiste para a criança. Neste período, toda a percepção passa pelos sistemas interoceptivo e proprioceptivo; as reações da criança ocorrem a partir da percepção de necessidades comunicadas por esses sistemas. Os estímulos vindos de fora só são percebidos quando seu nível de intensidade excede o limiar da barreira do estímulo. Eles rompem então a barreira do estímulo, destruindo a quietude do recém-nascido, fazendo-o

....
2. "Um bebê de peito não distingue ainda seu ego do mundo externo como fonte das sensações que afluem sobre ele" (Freud, 1930, p. 66).

reagir violentamente com desprazer. Reações de desprazer podem ser observadas desde o nascimento.

Entretanto, desejo salientar categoricamente que discordo das suposições de alguns autores que afirmam que, já no útero, antes de nascer, o bebê expressa desprazer. Não temos meios de saber o que o comportamento do feto "expressa". Considero igualmente inaceitáveis especulações sobre a percepção sensorial da criança durante o parto, ou sobre a atividade psíquica do recém-nascido, e sobre a atividade mental nas primeiras semanas e meses subseqüentes ao nascimento. Tais especulações são da mesma categoria que a afirmação de especialistas dos tempos idos sobre o chamado "grito do nascimento" do recém-nascido, que seria a expressão de seu desespero ao ser confrontado, pela primeira vez, com nosso triste mundo. Todas essas noções ingênuas honram a imaginação de seus inventores, mas não podem ser provadas nem negadas. Nas palavras incisivas de Freud: "Ignorância é ignorância; nenhum direito de acreditar em algo é derivado dela" (1927).

Primeiros protótipos de reações afetivas

Também não estou inclinado a concordar com interpretações formuladas em linguagem mais "científica" sobre o trauma do nascimento, considerado como primeira manifestação de ansiedade propriamente dita e como determinante decisiva do destino de cada homem (por exemplo, Rank, 1924). Toda uma doutrina psicológica foi baseada no impacto deste "trauma" ao qual foi atribuído um papel desproporcional, tornando-o o vilão responsável por todos os distúrbios psíquicos posteriores.

Freud, com característica prudência científica, ressalta que não há consciência no nascimento; que o chamado trauma do nascimento não deixa lembrança; que "o perigo do nascimento não tem ainda conteúdo psíquico" (Freud, 1926a).

Em vista do retorno periódico desta controvérsia, decidi realizar várias observações diretas para obter registros objetivos do comportamento do bebê, ao nascer, em seus mínimos detalhes. Com este propósito, acompanhei e registrei cuidadosamente 35 partos realizados sem anestésicos ou sedativos. Em 29 destes casos, o comportamento do recém-nascido foi filmado durante o período de expulsão ou imediatamente após o parto. Continuamos a observar os recém-nascidos durante as duas semanas seguintes e filmamos seu comportamento repetidamente durante as mamadas, e também suas reações a uma série de estímulos padronizados.

Estes registros mostram que a reação do recém-nascido ao nascer dificilmente pode ser chamada traumática. Nas crianças nascidas normalmente – e esta é a grande maioria, pois só menos de um por cento delas não nasce desta maneira – a reação é extremamente passageira, pouco violenta, durando apenas poucos segundos. Imediatamente após o parto, a criança mostra breves dificuldades respiratórias e manifesta uma excitação de aspecto negativo. Se a criança é deixada sozinha, isso passa dentro de *segundos* e é substituído por total quietude. O chamado trauma do nascimento, ao qual as pessoas que não conhecem bem Freud deram muita importância, destaca-se por sua curta duração e inexpressividade. O que pode ser observado é um breve estado de excitação, que parece ter característica de desprazer (ver Spitz, 1947a)[3]. Ao contrário, a instilação de nitrato de prata nos olhos do recém-nascido (feita imediatamente após o corte do cordão umbilical) provoca uma reação vocal de desprazer muito mais forte e prolongada, que pode durar mais de meio minuto.

Estas observações mostraram também que durante as primeiras horas, e mesmo durante os primeiros dias de vida, ape-

----
3. As várias manifestações vocais do bebê, ao nascer, tais como se apresentam, podem ser atribuídas em parte a razões mecânicas, como o início da respiração, e, em menor proporção, ao real desprazer. Em sua maioria, essas manifestações são o resultado de esforços bem-intencionados do obstetra e da parteira para acelerar o início da respiração, dando fortes palmadas no traseiro do bebê.

nas uma manifestação semelhante à emoção podia ser detectada. Tratava-se de um estado de excitação, que parecia ter qualidade negativa. Esta excitação negativa ocorria quando o recém-nascido era exposto a estimulação suficientemente forte para sobrepujar seu alto limiar perceptivo (ex., o tapa mencionado na nota 3). Uma excitação desse tipo também é experimentada como desagradável, mesmo quando a criança é mais velha. Para simplificar, usaremos o termo desprazer também para descrever a excitação negativa do bebê. Entretanto, a contrapartida das manifestações de desprazer no recém-nascido não são as manifestações de prazer, que nesta idade não podem ser observadas. A contrapartida da manifestação de desprazer no recém-nascido é a *quietude*. A excitação negativa no recém-nascido, em resposta à estimulação excessiva, deve ser considerada como um processo de descarga, de acordo com a descrição de Freud (1895). Assim sendo, é um processo especificamente fisiológico; exemplifica a regra do princípio do nirvana, segundo a qual a excitação é mantida em nível constante e qualquer tensão que ultrapasse este nível deve ser descarregada sem demora. A partir desse início, o funcionamento psicológico irá se desenvolver e consolidar no devido tempo. Uma vez estabelecida, a função psicológica será governada, por algum tempo, pela regra do princípio de prazer-desprazer, até que o princípio de prazer seja por sua vez atenuado, embora nunca completamente, pelos mecanismos reguladores do princípio de realidade.

É do maior interesse notar que, no início, o organismo opera fisiológica e psicologicamente como um sistema binário, de acordo com o princípio de "exclusão do terceiro" (lei da contradição), uma "das chamadas três leis do pensamento" (Baldwin, 1940). Temos boas razões para indagar se as origens fisiológicas, nas quais subseqüentemente se baseiam a função psíquica e finalmente os processos do pensamento, não têm efeitos inimagináveis, de longo alcance e duradouros, e se eles também não determinam a estrutura final das leis da lógica.

Examinaremos a reação do recém-nascido quanto à percepção e ao comportamento.

Primeiras reações cognitivas

Pode-se indagar como o recém-nascido percebe qualquer dos estímulos vindos do mundo externo, necessários para seu funcionamento. Para responder a esta questão, como uma tentativa, é preciso dizer algo sobre a natureza da percepção. É difícil tentar falar de percepção no recém-nascido partindo dos dados fornecidos pela fisiologia e pela psicologia experimentais, e mais ainda em termos do conceito freudiano de aparelho mental. Não posso discutir aqui o vasto campo da percepção e suas implicações sob nenhum desses pontos de vista. Do mesmo modo não posso nem mesmo começar a me referir às numerosas e recentes experiências sobre percepção (tais como as realizadas por George Klein, E. von Holst, W. Rosenblith, Selig Hecht, Riley Gardner e muitos outros), particularmente pelo fato de nenhuma delas ter sido realizada com crianças, e muito menos com bebês.

Prefiro limitar-me aqui, arbitrariamente, à discussão das investigações de M. von Senden (1932), que são comparáveis aos resultados experimentais obtidos com chimpanzés, por Riesen (1947); ambos abriram vastas áreas de percepção, até então negligenciadas.

Em resumo, von Senden investigou 63 sujeitos nascidos cegos e posteriormente operados de suas cataratas congênitas, entre as idades de três e quarenta e três anos. Von Senden relata que as reações à "bênção" que lhes era concedida, isto é, o dom da visão, foram, no mínimo, inesperadas. Nenhum deles percebeu o benefício recebido como uma bênção. Isto revelou que, embora tivessem *visão*, não podiam *ver*. Literalmente, eles tiveram de aprender a ver através de um longo processo, arrancado, trabalhoso e doloroso, que lhes causava interminável angústia mental. Quando dizemos "longo processo, arrancado" isto significa meses e anos; muitos deles nunca aprenderam a ver – alguns expressaram, de fato, o desejo de ficarem cegos novamente.

Qual é o significado destes resultados? Tornou-se claro que estes pacientes tinham se organizado para levar a vida sem utilizar a visão. Suas relações com o ambiente, tanto animado como inanimado, eram estabelecidas com a ajuda das modalidades não-visuais de que dispunham – tato, audição, odor, e outras modalidades menos familiares. Utilizando estas modalidades sensoriais não-visuais, adquiriram um código substancial de perceptos sensoriais significativos, isto é, signos e sinais significativos. Estes signos e sinais tornaram-se inter-relacionados e produziram uma trama complexa de traços de memória, dos quais era formada a "imagem" que esses pacientes tinham do mundo. Com a ajuda desta "imagem" eles se orientavam, realizavam processos de pensamento, livravam-se dos obstáculos para atingir seus objetivos, comunicavam-se e relacionavam-se.

O influxo súbito e maciço de incontáveis estímulos visuais, que eles não podiam regular nem controlar, não podia ser transformado em indicações significativas. Pelo contrário, os estímulos visuais eram completamente sem significado; na realidade, perturbavam o uso do código significativo de sinais que já existia e que até então havia constituído o mundo deles; ou, em linguagem de teoria da comunicação, estes estímulos visuais ininteligíveis foram experienciados como "ruídos" confusos e insuportáveis.

A experiência "perceptiva" do cego de nascença, para o qual a visão foi restaurada na idade adulta ou na adolescência, pode ser aplicada, *mutatis mutandis*, ao recém-nascido, ou melhor, aos primeiros seis meses de vida do bebê. Naturalmente, existe uma diferença fundamental entre os dois. A imagem do mundo do cego de nascença que foi operado consiste em um sistema de sinais já coerente e organizado, derivado de todas as modalidades sensoriais, exceto a visual. Após a operação de catarata, uma saraivada de estímulos visuais estranhos, nunca antes experimentados e sem significado, irrompe e desintegra este sistema coerente. O infeliz cego de nascença tem de enfrentar uma enorme tarefa de reorganização e de processamento mental. Suas capacidades mental e emocional são insuportavelmente sobrecarregadas, fazendo-o sentir-se desorientado e abandonado.

Ao contrário, o recém-nascido não tem nenhuma imagem do mundo, nem estímulos de qualquer modalidade sensorial que ele possa reconhecer como sinais; mesmo com a idade de seis meses, apenas muito poucos sinais foram estabelecidos e formulados como traços de memória. Portanto, os estímulos que incidem sobre o sensório do bebê são estranhos à modalidade visual, como a todas as outras modalidades sensoriais. Todo estímulo deverá ser primeiro transformado em uma experiência significativa; somente então ele pode tornar-se um sinal ao qual outros sinais são acrescentados, gradativamente, para construir a imagem coerente do mundo da criança.

Uma diversidade de condições torna o recém-nascido capaz de desempenhar essa extraordinária façanha:

1. O primeiro fator é a barreira do estímulo que protege a criança da maioria dos estímulos aos quais estamos comumente expostos. Esta proteção consiste de várias partes. Primeiro, as estações receptoras, ao nascer, ainda não estão em atividade (Spitz, 1955b, 1957). Segundo, o bebê passa a maior parte do dia dormindo ou dormitando (Bühler, 1928). Finalmente, o processo mental de entrada de estímulos desenvolve-se gradualmente, durante muitos meses, em relação direta com a capacidade de maturação da criança para a ação voluntária.

2. Um segundo fator está implícito no anterior: isto é, como resultado dessa filtragem, o processo de dotar os estímulos com significado é também extremamente gradual.

3. Um terceiro fator é o ambiente peculiar, um mundo em si mesmo, com o qual a mãe cerca o bebê, e que ela amplia em muitas direções. Para começar, a mãe de fato protege o bebê fisicamente para não ser sobrecarregado com estímulos de qualquer espécie. Muitas de nossas práticas de criação, o cesto, o berço, o aquecimento, as roupas, etc., servem para protegê-lo dos estímulos externos.

4. Ela dá assistência à criança no que se refere aos estímulos internos, proporcionando-lhe descarga de tensão. Alimen-

tando o bebê quando está faminto, trocando-o quando está molhado, cobrindo-o quando está com frio, etc., modifica estas condições e alivia a tensão desagradável.

5. Sem dúvida, o fator mais importante para tornar a criança capaz de construir gradualmente uma imagem coerente de seu mundo advém da reciprocidade entre mãe e filho. É esta a parte das relações objetais que denominei "diálogo" (Spitz, 1963b). O diálogo é o ciclo seqüencial de ação-reação-ação, no quadro das relações mãe-filho. Esta forma muito especial de interação cria para o bebê um mundo exclusivo, que é bem dele, com um clima emocional específico. É este ciclo de ação-reação-ação que torna o bebê capaz de transformar gradualmente os estímulos sem significado em signos significativos.

Nossa ênfase sobre a importância primordial das relações objetais para a emergência de afetos e para a organização da percepção está bem de acordo com os resultados de von Senden. Seus dados mostram que a percepção deve ser aprendida, coordenada, integrada e sintetizada através da experiência dos fluxos incessantes e em constante movimento; das águas calmas e das corredeiras das relações objetais.

Por isso, não estamos inclinados a falar de percepção no bebê enquanto os estímulos que incidem sobre o sensório e são processados centralmente não se tenham tornado significativos por meio da experiência do bebê. Neste sentido, o recém-nascido não percebe; neste sentido, a percepção propriamente dita é baseada na apercepção. Isto não significa que os traços de memória não sejam estabelecidos enquanto a percepção está sendo adquirida.

Dados neurofisiológicos subjacentes ao comportamento

Ainda, mesmo neste período inicial, no período neonatal, o bebê apresenta manifestações que se assemelham a reações e ações, algumas delas bastante estruturadas e complexas. Parecem ser reações inatas, como os padrões de comportamento que envolvem o fuçamento. Compreende a seqüência dos movimentos de orientação que são seguidos pelo ato de segurar e sugar o bico do seio e que termina com o ato de engolir, de modo que toda a série forma um complexo comportamental coerente e bem definido. Na realidade, deveríamos incluir neste complexo comportamental os movimentos de preensão das mãos, braços e pernas – relacionados, como parecem estar, com o grau em que o estômago é preenchido. Outros padrões são menos óbvios e estão ainda sendo explorados.

Como o recém-nascido "percebe" os estímulos que desencadeiam estes padrões de comportamento? Alguns destes caminhos perceptivos que os desencadeiam parecem ser intrínsecos, isto é, inatos, como foi demonstrado pelas investigações de Tilney e Kubie (1931).

Entretanto, na minha opinião uma grande proporção dos referidos caminhos pertence a um sistema de "sensações", basicamente diferente do sistema de percepção que opera em uma idade mais adiantada, e com o qual estamos familiarizados. Discuti a natureza destes dois sistemas e as diferenças entre eles em outro estudo (Spitz, 1945b) e denominei o sistema presente, no momento do nascimento, *organização cenestésica*. Neste caso, a sensação é extensiva, principalmente visceral, centrada no sistema nervoso autônomo, manifestando-se sob a forma de emoções. Por isso, prefiro falar desta forma de "percepção", que difere fundamentalmente da percepção sensorial, como *recepção*[4]. É um fenômeno do tipo tudo-ou-nada, operando como um sistema binário.

Contrastando com isto, permanece o desenvolvimento posterior do que chamei *organização diacrítica*, em que a percepção se processa através dos órgãos periféricos dos sentidos e é localizada, circunscrita e intensiva; centraliza-se no córtex, manifesta-se por processos cognitivos, entre os quais os processos conscientes de pensamento.

4. Ver Capítulo 1, nota 1.

Ao discutir inúmeros aspectos da organização psíquica no nível cenestésico (1955b), salientamos que, já no nascimento, a sensibilidade visceral está ligada a algumas das modalidades sensoriais periféricas, tais como a superfície da pele. Além disso, parece existir na criança, ao nascer, certas zonas e órgãos sensoriais que considero transicionais, servindo de mediadores entre os órgãos sensoriais periféricos e os viscerais, entre o interior e o exterior. Descrevi um deles, a região oral, que se estende, pela laringe, faringe, palato, língua e interior das bochechas e, por outro lado, inclui os lábios, o queixo, o nariz e a parte externa da superfície da bochecha, em uma palavra, o "focinho" (veja também Rangell, 1954). Aqui a transição é, na realidade, demonstrável anatomicamente, nas mudanças sucessivas do revestimento desses órgãos, indo da cútis à mucosa. Um outro desses órgãos de transição está situado no ouvido interno.

É de notar que esses órgãos de transição, que servem de mediadores entre a recepção interna e a percepção externa, têm todos uma função fundamental no processo de consumo de alimentação centralizado na sobrevivência; nos termos de Freud, eles têm uma função anaclítica. Graças a isso, realmente se tornam adequados para formar a ponte entre recepção cenestésica e percepção diacrítica.

Ao mesmo tempo, não devemos esquecer que, embora diferentes uma da outra, as organizações cenestésica e diacrítica estão contidas num mesmo organismo. No Capítulo 7 mostraremos que, por mais que tenha sido emudecida a organização cenestésica na consciência do homem ocidental, ela continua a funcionar dissimuladamente. Além disso, desempenha um papel muito determinante em nossos sentimentos, pensamentos, ações – embora tentemos mantê-la encoberta.

Tudo isso é familiar ao leitor bem informado em psicanálise; no fundo, estamos acostumados a pensar sobre os atributos da organização cenestésica, em termos de inconsciente. Porém, do ponto de vista do desenvolvimento, seu papel na economia total do "sistema-pessoa" é forçosamente evidente por duas razões:

1. Como já foi mencionado, a organização diacrítica deriva da cenestésica. Não só ela apresenta os traços desta origem, como também os canais ligando as duas organizações nunca estão completamente obstruídos – nem mesmo neurologicamente.

2. A organização cenestésica continua a funcionar durante toda a vida, poder-se-ia dizer poderosamente, como fonte inesgotável da própria vida, mesmo quando nossa civilização ocidental procura silenciar-lhe as manifestações. Em situações de emergência, sob tensão, as forças arcaicas quebram esse silêncio, irrompendo com terrível violência, por não estarem sob controle racional consciente. Somos então confrontados com a descarga explosiva mais ou menos acidental de emoções primárias, com as doenças psicossomáticas ou com certas formas de surtos psicóticos.

Se nos referimos, de passagem, ao terrível espetáculo da emoção nua e crua no adulto, foi para tornar o leitor consciente de que as manifestações "normais" de afeto no recém-nascido não são tão insignificantes quanto geralmente nos convém julgá-las. Nós as percebemos como pouco importantes porque o bebê é pequeno e frágil. Portanto, estas manifestações não são nem tão ruidosas nem tão espetaculares como são no adulto. Acabamos aceitando que esta é a maneira de ser do bebê e que isto é perfeitamente "normal".

É verdade. Mas precisamos lembrar todas as outras implicações dessa "normalidade". Precisamos lembrar que não apenas os afetos são caóticos e indiferenciados no bebê, mas também a "percepção"; que a percepção diacrítica está ausente; que o recém-nascido não pode distinguir uma coisa de outra e, muito menos, identificar o objeto libidinal; e que o bebê reage principalmente aos estímulos interoceptivos. Por volta do oitavo dia de vida aparece uma certa especificidade de resposta. É claro que só algum tempo depois do nascimento a aprendizagem pode ocorrer.

Modificação do comportamento através da experiência

É por volta do fim da primeira semana de vida que o bebê começa a responder aos estímulos. Aparecem os primeiros traços de comportamento dirigido para um alvo, isto é, a atividade, presumivelmente associada ao processo psíquico, que parece se estabelecer segundo reflexos condicionados.

No início, esses estímulos atingem a sensibilidade profunda. A primeira que desencadeia uma reação é a mudança de equilíbrio. Se, após o oitavo dia, retiramos do berço uma criança que é alimentada no peito e a colocamos nos braços de alguém, na posição de ser amamentada (isto é, na posição horizontal), ela vira a cabeça em direção ao peito da pessoa, homem ou mulher, que a está segurando (Bühler, 1928). Ao contrário, se o mesmo bebê é retirado do berço em posição vertical, o movimento de virar a cabeça não ocorre (Fig. 1)[5].

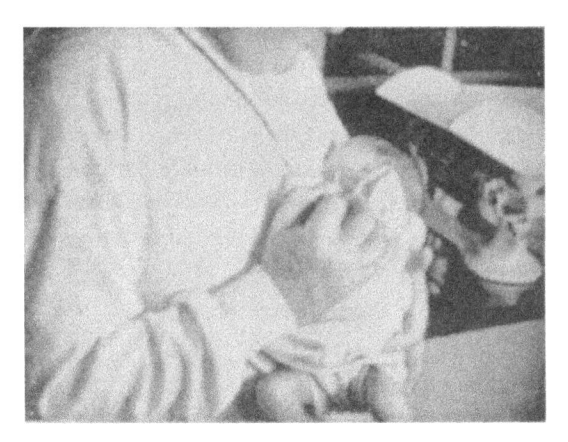

Figura 1 – Reação do recém-nascido ao ser colocado na posição de ser amamentado.

O reconhecimento desses estímulos e a reação a eles tornam-se cada vez mais específicos no decorrer das oito sema-

---

5. Mead e McGregor (1951) relataram que as balinesas alimentavam os filhos na posição vertical. Pode-se supor que a resposta de equilíbrio do bebê balinês seja o oposto da resposta do bebê ocidental.

nas seguintes. Volkelt (1929) e Ripin e Hetzer (1930) examinaram pormenorizadamente os sucessivos estágios da percepção desses estímulos durante os dois primeiros meses de vida. Esses estudos foram seguidos pelos estudos de Rubinow e Frankl (1934), que demonstraram, em uma série de experiências, os passos que finalmente conduzem ao reconhecimento do objeto alimento como tal.

Rubinow e Frankl mostraram que, até o início do segundo mês de vida, o bebê só reconhece os sinais de alimento quando está faminto. Realmente ele não reconhece o leite como tal, nem a mamadeira, nem o bico de borracha, nem o peito, nem qualquer outra coisa. Ele "reconhece", se é que se pode falar assim, o bico do seio quando o recebe na boca e, em resposta a este estímulo, geralmente começa a sugar. Entretanto, mesmo esta forma elementar de percepção deve ser qualificada. Se acontece de o bebê estar preocupado com outra coisa[6], se, por exemplo, ele está chorando porque sua necessidade de alimento não foi imediatamente satisfeita, não reagirá ao bico, mesmo quando este estiver introduzido em sua boca, e continuará chorando. Será necessária uma prolongada estimulação oral para fazê-lo dirigir sua atenção novamente ao alimento pelo qual está chorando, e que estava à sua disposição durante todo o tempo. Para recapitular, vamos examinar aqui duas seqüências comportamentais:

1. Neste caso, o bebê reconhece o estímulo de alimento apenas *quando está faminto*.

2. Quando está chorando de fome, ele *não* reconhece o bico do seio em sua boca e continua chorando (Fig. 2).

O que têm em comum estas duas seqüências comportamentais? Embora as duas situações pareçam diferentes, a sua origem fundamental é a mesma. Para tornar o bebê capaz de perceber um estímulo externo neste nível de idade (entre a segunda e a sex-

---

6. Veja Escalona (1962) para uma excelente discussão sobre a extensão em que o estado do bebê afeta sua capacidade de reagir e a necessidade de considerar este fator essencial ao planejar e interpretar estudos experimentais de bebês.

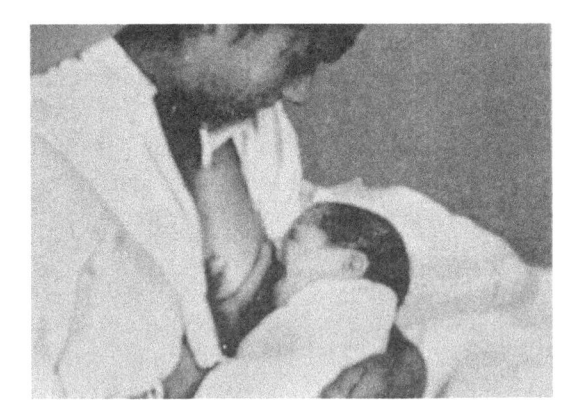

Figura 2 – Quando está chorando de fome, o recém-nascido não percebe o bico do seio em sua boca.

ta semana de vida), dois fatores devem estar presentes *ao mesmo tempo* e combinar-se. O primeiro é um estímulo externo, o estímulo que o bebê associa com a necessidade iminente de satisfação; o segundo estímulo é de origem proprioceptiva: é a condição de fome do bebê, sua necessidade de alimento.

A colocação do bico do seio na boca da criança é a condição necessária, mas não suficiente, para que ela o perceba. A prova desta tese é fornecida pela segunda experiência. Nesta, o sistema proprioceptivo do bebê está envolvido pela experiência de desprazer; conseqüentemente, o bebê é incapaz de perceber o estímulo de satisfação de necessidade na sua boca.

Todavia, nesta idade o bebê perceberá o estímulo do bico do seio em sua boca se as seguintes condições forem preenchidas: 1) se o aparelho proprioceptivo não estiver desativado, "saturado", pela tensão maciça de desprazer; e 2) se o bebê estiver faminto, o que faz com que o aparelho fique de prontidão para a percepção externa.

A segunda experiência – a de não-percepção do bico do seio na boca, quando o bebê está chorando de fome – ilustra a ação do princípio de nirvana: assim que o desprazer (tensão) surge, ele deve ser eliminado através de descarga (motora, vocal, etc.). Enquanto a tensão continua, a percepção externa não está atuando. Para que haja percepção, o desprazer e a descarga devem cessar, isto é, a operação autoperpetuadora do princípio de nirvana deve ser detida, por meio de intervenção externa. Só quando isso ocorre, a percepção externa pode ser retomada e o estímulo de satisfação de necessidade pode ser percebido.

Um excelente exemplo desta operação inexorável do princípio de nirvana foi apresentado, há muito tempo, em uma experiência de Wolfgang Köhler (1925). Oferecia-se a um cão um pedaço de carne, do qual ele estava separado por uma cerca de arame comprida, alta, aberta em ambas as extremidades. Em circunstâncias normais, o cão era capaz de resolver o problema sem dificuldade alguma, circundando a cerca e apoderando-se da carne. Entretanto, quando o cão estava faminto há muitos dias, não conseguia afastar-se do pedaço de carne. Ficava em conflito entre afastar-se da carne para circundar a cerca e voltar correndo para ficar perto da carne – conflito que terminava em exaustão, após tentativas inúteis e desesperadas para pular a cerca.

A incapacidade do bebê para perceber o mundo que o cerca dura várias semanas. No início do segundo mês, a aproximação de um ser humano começa a adquirir um lugar especial entre as "coisas" que rodeiam o bebê. Neste estágio, o bebê começa a perceber visualmente a aproximação do adulto. Se você se aproxima do bebê que chora, faminto, na hora de ser alimentado, ele ficará quieto, abrindo a boca ou fazendo movimentos de sucção. Nenhuma outra "coisa" produzirá tal resposta nessa idade, exceto a percepção intra-oral e tátil do alimento. Entretanto, a reação verifica-se apenas na hora da alimentação, quando o bebê está com fome. Em termos de percepção, neste segundo mês, o bebê reage ao estímulo externo apenas quando este coincide com a sua percepção interoceptiva de fome. Neste estágio a percepção do ambiente baseia-se na tensão gerada por uma pulsão.

Duas ou três semanas mais tarde, notamos um outro progresso: quando o bebê percebe um rosto humano segue seus movimentos com atenção concentrada (Fig. 3). Nenhuma outra "coisa" pode provocar este comportamento no bebê dessa idade. Gesell e Ilg (1937) explicam que isto ocorre porque o rosto humano se oferece ao bebê em inúmeras situações de expectativa. Realmente, durante o primeiro mês de vida, o ser humano aparece no campo visual do bebê todas as vezes que uma de suas necessidades é satisfeita. Dessa forma, o rosto humano se torna associado à supressão do desprazer assim como à experiência de prazer.

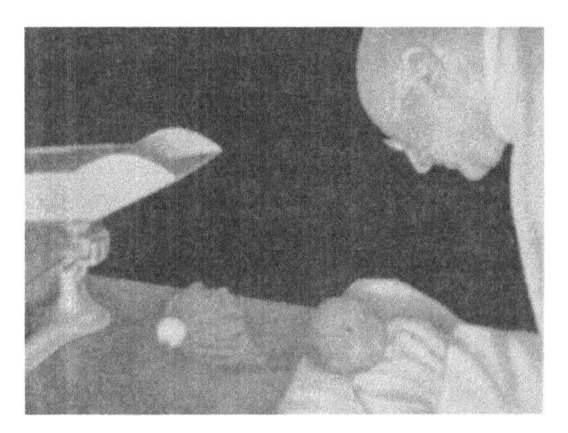

Figura 3 – No segundo mês de vida, o bebê segue com os olhos os movimentos do rosto do adulto.

Em nossos estudos pudemos acrescentar um importante elemento à hipótese de Gesell. Observamos que, na maioria dos casos, o bebê de peito olha fixamente para o rosto da mãe, de modo constante, durante o ato de amamentação, sem desviar os olhos, até adormecer no seio (Fig. 4). Em bebês alimentados com mamadeira este fenômeno não é constante nem regular.

Evidentemente, a amamentação não é o único trabalho de assistência da mãe durante o qual o bebê olha fixamente para

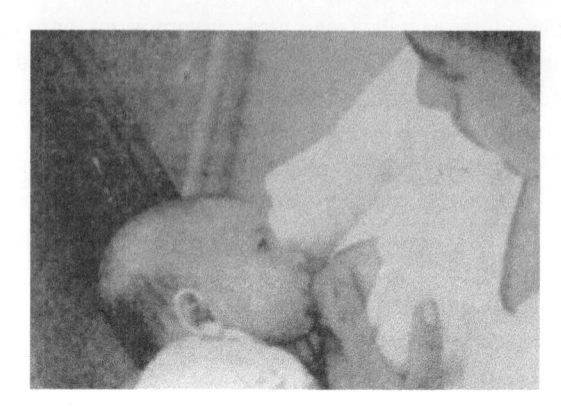

Figura 4 – Durante a amamentação, o bebê olha, fixa e constantemente, o rosto de sua mãe.

seu rosto. Raramente estamos conscientes do fato de que em qualquer coisa que estejamos fazendo com o bebê, se o levantamos, lavamos, trocamos as fraldas, etc., sempre oferecemos nosso rosto diretamente à inspeção da criança, fitando-a nos olhos, movendo nossa cabeça e, na maioria das vezes, dizendo alguma coisa. Isso significa que o rosto, tal como se apresenta, é o estímulo visual mais freqüentemente oferecido ao bebê, durante os primeiros meses de vida. No decorrer das primeiras seis semanas de vida, um traço mnemônico do rosto humano é estabelecido na memória infantil, como primeiro signo da presença de uma satisfação das necessidades. O bebê acompanhará com os olhos todos os movimentos deste signo.

Capítulo 4
A origem da percepção

> *Para o ego, a percepção desempenha a parte que, no id, cabe ao instinto.*
>
> Freud (1923)

No Capítulo 3, descrevi uma abordagem experimental do problema da origem da percepção. Utilizando dados objetivos, tais como observação direta do comportamento, experiências e dados neurofisiológicos, seguimos passo a passo o progresso do bebê na cognição e no reconhecimento de um percepto. Tornou-se evidente que a satisfação das necessidades (isto é, as experiências de prazer-desprazer) desempenha um papel fundamental no reconhecimento deste primeiro percepto.

A abordagem genética é o princípio orientador da metodologia deste estudo. Vamos, portanto, voltar ao período que, na minha opinião, precede os eventos apresentados no capítulo anterior. É um período em que o sistema cenestésico predomina de modo absoluto na existência do bebê: é a idade da mais profunda não-diferenciação, na qual o afeto e o percepto ainda são, por assim dizer, um só. Entretanto, o método experimental, neste caso, não nos serve e somos forçados a usar uma abordagem reconstrutiva, na esperança de que futuros observadores sejam sistematicamente encorajados para explorar a situação e os dados presentes nestes verdadeiros primórdios do ser humano. Pois, se tais dados puderem ser obtidos, alcançaremos uma compreensão muito melhor do papel desempenhado pelos afetos na percepção, em idades subseqüentes. Geralmente, não dou muita ênfase à aplicação do método de interpretação reconstrutivo, introspectivo, para estudar o comportamento de sujeitos que não falam e que, portanto, estão impossibilitados de fornecer dados que confirmem ou neguem nossas conclusões. No caso da criança no estágio pré-verbal, temos acesso à observação direta, assim como a experiências. Nenhuma delas fornece muita informação sobre o recém-nascido, pois seu comportamento é casual, não-estruturado e suas respostas são incoerentes.

Assim, escolhemos um procedimento mais complexo. Primeiro, nós nos colocaremos na situação subjetiva do bebê e tentaremos fazer conjecturas sobre como e o que ele percebe. Relacionaremos então essas suposições com os dados observáveis existentes e com os dados da neurofisiologia. Segundo, examinaremos nosso constructo à luz dos conhecimentos de certos fenômenos regressivos no adulto, especialmente aqueles que ocorrem às vezes ao adormecer, ao acordar, no sonho e na psicose. Finalmente, observações como as que foram feitas por von Senden (1932), de cegos de nascença que foram operados, contribuirão para nossa compreensão de experiências perceptuais mais arcaicas, que podemos comparar às do bebê, nas primeiras semanas de vida. Na falta de acesso a outros dados objetivos, levarei em consideração a convergência de dados obtidos por estas diversas abordagens (se estas convergências puderem de fato ser demonstradas) como o equivalente de uma validação de nossas proposições obtidas por meio da reconstrução. Quero deixar claro que este procedimento não deve ser confundido, de maneira nenhuma, com o de E. Bibring (1947), denominado "retrojeção" (*retrojection*) – termo apropriado, embora um tanto depreciativo, que descreve a atribuição das fantasias e desejos do adulto ao bebê.

Começando com uma tentativa de reconstituição, indaguemos: como é o mundo perceptual do bebê antes do início da diferenciação? Se pensarmos na nossa própria infância, obteremos um primeiro indício. Lembremo-nos de como as ruas pareciam largas, a casa tão grande, o jardim tão vasto. E quando vemos isso vinte anos depois, é surpreendente como tudo diminuiu. A redução é resultado do nosso próprio crescimento. "O homem é a medida de todas as coisas", disse Protágoras.

Freud estava bem consciente destas distorções aperceptivas; em *The Interpretation of Dreams* (1900), já mencionava que Swift ilustrou essa distorção em *As viagens de Gulliver*. Posteriormente, Lewin (1953a) referiu-se à distorção na percepção do recém-nascido e descreveu, especificamente, seu aspecto neurofisiológico quando falou do "bebê diplópico, amblíope, com fraco poder de acomodação e confusas percepções de profundidade e de cor" (Lewin, 1953a, p. 183).

O trabalho de M. von Senden sobre a aprendizagem perceptual e outros resultados experimentais

... e os vê realmente, mas não percebe.

Isaías, 6,9.

De fato, mesmo hoje não sabemos se o recém-nascido percebe alguma coisa. O que ele percebe – *se* realmente percebe – deve ser inferido. Tais inferências podem basear-se no já citado trabalho de von Senden (1932). Ele investigou o início e o desenvolvimento da percepção visual em indivíduos que haviam nascido cegos, com catarata congênita, e cuja catarata havia sido removida em idade posterior.

A maneira pela qual estes pacientes descrevem sua primeira experiência de percepção visual é extremamente elucidativa. No caso n.º 65, uma garota de 18 anos: "via, mas não significava mais do que muitos tipos diferentes de brilho. *Ela nem tinha certeza de que estas novas sensações estranhas vinham através de seus olhos*, até que teve a prova, fechando as pálpebras e verificando que isso interrompia as sensações..." (os grifos são meus).

Esta descrição, típica da maioria dos casos examinados, parece-nos um documento extremamente sugestivo para a compreensão do que o recém-nascido pode sentir quando vê a luz do dia pela primeira vez – ou melhor, quando abre os olhos pela primeira vez. Não apenas *formas* nunca vistas – a própria sensação não foi reconhecida como tendo origem nos olhos; no fundo, ela podia ser atribuída, pelo sujeito, a qualquer outra modalidade sensorial. O relato do caso n? 65 nos fornece muitas informações essenciais:

1. A percepção parece se iniciar como uma totalidade, e as várias modalidades perceptivas devem ser isoladas uma das outras no decorrer do desenvolvimento. Talvez até mesmo a maturação desempenhe um papel nesse processo.

2. A percepção, no sentido em que os adultos percebem, não está presente desde o início; ela precisa ser adquirida, precisa ser aprendida.

Esta suposição apóia-se na seguinte citação sobre o paciente n? 17, de 18 anos, filho de um médico, sobre o qual o cirurgião afirma: "Quando abriu os olhos pela primeira vez, no terceiro dia após a operação, perguntei ao paciente o que ele conseguia ver; respondeu que via um vasto campo de luz em que tudo parecia embaçado, confuso e em movimento. Ele não conseguia distinguir objetos."

Percepção profunda e localização também estão ausentes. Sobre o paciente n? 49, um garoto de 15 anos, o cirurgião relata: "Os pacientes recém-operados não localizam suas impressões visuais. Não as relacionam com um ponto, nem com o olho ou com qualquer superfície, nem mesmo com uma superfície esférica"; e a desorientação entre as várias modalidades sensoriais dificilmente poderia ser mais bem descrita do que pelas declarações do mesmo cirurgião: "Eles vêem cores assim como nós sentimos um cheiro de tinta ou verniz que nos envolve ou nos incomoda, mas sem ocupar nenhuma forma específica de extensão que possa ser definida mais precisamente."

Os exemplos fornecidos repetidamente pelo livro de von Senden chamam a atenção para o fato de que o homem adquire a percepção visual pela aprendizagem. O comportamento dos pacientes operados, o conteúdo das impressões por eles relatadas, são essencialmente similares, independentemente da faixa de idade. Um exemplo entre muitos: cartões diferentes quanto a formato e cor foram apresentados sucessivamente aos olhos de um menino de 7 anos, recém-operado. Pedia-se que ele distinguisse os cartões. Este exercício foi repetido diariamente, com o seguinte resultado: "Ele havia melhorado tão pouco em 13 dias, que não conseguia dizer quais eram os formatos, se não contasse os cantos um por um. Isso ele fazia com grande facilidade, contornando com os olhos rapidamente cada cartão, de modo que ficava evidente que ele ainda estava aprendendo, exatamente como uma criança aprende a ler."

Isto está bem de acordo com a observação direta do bebê. Um dos itens do teste de Bühler consiste em colocar uma bola de borracha de 13 cm, com listras de cor, na frente do bebê e observar os movimentos de seus olhos. Por volta do quarto mês, o bebê contorna com os olhos, cuidadosamente, a bola (Bühler e Hetzer, 1932).

Nos primeiros dias após a operação, os problemas não são simples: "De fato, existem inúmeros exemplos, mesmo a respeito do primeiro exercício de visão, em que, apesar do nistagmo, os pacientes em confronto *simultâneo* com duas ou mais figuras *relatam incontestavelmente diferenças de forma*, embora não possam estabelecer a forma de nenhuma das figuras apresentadas" (os grifos são meus). Tomemos o caso n.º 17, um rapaz de 18 anos, filho de um médico, que no quinto dia após a operação "conseguiu, pela primeira vez, perceber uma diferença, mas *meramente uma diferença*, nos objetos que o rodeavam" (os grifos são meus).

Alguns dos problemas levantados por estes relatos clínicos foram recentemente estudados, de modo experimental, por Fantz (1957, 1958a, 1958b). Ele realizou uma série de observações e experiências com pintos recém-chocados e com bebês de uma a quinze semanas de vida. Suas observações, em oposição às de von Senden, são transversais, como são em geral as experiências *ad hoc*. Suas experiências destinam-se essencialmente a validar ou invalidar a proposição de que a percepção da forma, tanto no animal como no homem, já está presente ao nascer e, portanto, é inata e hereditária. Ele foi capaz de confirmar esta tese no caso dos pintinhos. Desde o primeiro segundo de vida, o pintinho é realmente capaz, de modo inato, sem aprendizagem, de perceber forma, tridimensionalidade e tamanho. Esta capacidade tem um óbvio valor de sobrevivência. O pintinho, sendo um precocial[1], deixando o ninho logo após ter saído do ovo, tem de encontrar alimento desde o início e, portanto, deve ser dotado desde o nascimento de uma capacidade, inata e não aprendida, para perceber o objeto alimento.

Entretanto, o homem é sobretudo um animal altricial, nidícola, imaturo e indefeso ao nascer. Ele não é capaz de locomover-se ou de qualquer comportamento volitivo dirigido, indispensável à autopreservação. A discriminação visual não é necessária para assegurar sua sobrevivência. A sobrevivência do homem ao nascer depende dos cuidados dispensados pelos pais, como acontece com outros animais nidícolas que exigem esses cuidados (ex.: gatos, cachorros, etc.). Por isso, na evolução humana não houve pressão seletiva para a transmissão filogenética da capacidade de discriminação visual já ao nascer. Portanto, não é provável que, no homem, essa capacidade algum dia tenha sido parte e parcela de seu equipamento hereditário inato.

Por esta razão é surpreendente saber que Fantz, ao testar a intervalos semanais trinta bebês com idade de uma a quinze semanas, descobriu que, como nos pintos recém-saídos do ovo, a

....
1. *Altricial* (do latim *altrix*, criar, também conhecido como "nidícola") é o termo zoológico referente às espécies cujos filhotes nascem em uma condição imatura e desamparada, de modo que exigem cuidados de criação durante algum tempo após o nascimento; *precocial* (do latim *praecox*, prematuro, também conhecido como "nidífugo") designa animais cujos filhotes ao nascer são cobertos de penugem e capazes de se locomover livremente.

percepção da forma, nos bebês, era inata. Isto parecia contradizer diametralmente as observações verificadas por von Senden nos cegos de nascença que foram operados posteriormente. Entretanto, uma observação mais profunda do material de von Senden revela que esta contradição é apenas aparente. Os pacientes estudados por von Senden eram incapazes de ver formas, não viam padrões, não conseguiam distinguir tamanho. Mas, desde o início, distinguiam visualmente *diferenças* e conseguiam declarar que dois objetos eram diferentes. Portanto, poderia parecer que as experiências de Fantz não provam que o bebê ao nascer, ou mesmo nas primeiras semanas de vida, distingue formas ou padrões; as experiências simplesmente mostram que o bebê nota *diferenças*.

A discrepância entre as afirmações de Fantz e meus resultados (assim como os de von Senden) deve-se à diferença de abordagem conceitual. O que von Senden e eu chamamos de "visão" refere-se a um ato de percepção que compreende um processo aperceptivo sem o qual a "visão" (no sentido em que o adulto percebe visualmente) não pode ser alcançada. Isto é bem diferente daquilo que Fantz designa como "visão", e não é uma colocação arbitrária; baseia-se em dados neuroanatômicos e fisiológicos, apoiado pelos trabalhos experimentais de von Holst (1950), na esfera visual, e de Rosenblith (1961), na esfera auditiva. Devido a este processo aperceptivo, o homem tem, entre outras capacidades, a de estabelecer traços mnemônicos adequados para serem reativados como apresentações, isto é, como memórias e como imagens; e também de ativar tais traços sem o estímulo de uma percepção externa correspondente. O trabalho de Fantz ignora a apercepção.

Ainda, quando Fantz afirma que "demonstrou ser errônea a noção amplamente difundida de que bebês muito novos são *anatomicamente* incapazes de ver qualquer coisa além de manchas de luz e de escuridão" (os grifos são meus), ele está perfeitamente certo. *Anatomicamente* eles são capazes, de fato, de ver mais do que meras manchas. O olho existe, pronto e à disposição; neuroanatômica e fisiologicamente ele funciona. Porém, esta função não se estende aos processos centrais, particularmente ao processo mental. A função *aperceptiva* ainda não está disponível. Ela será adquirida através de experiências fornecidas no decorrer de trocas afetivas com uma outra pessoa, ao se estabelecerem as relações objetais.

O relato de von Senden confirma isto. Em todos os seus históricos de caso encontramos relatos comprovando que, ao aprender a ver, os pacientes operados devem estar envolvidos emocionalmente. Naturalmente, é preciso compreender que o quadro de referência conceitual de von Senden é basicamente diferente do nosso. Ele apresenta seus resultados como fenômenos; mostra uma forte tendência contra a psicologia introspectiva, o que transparece nestas palavras: "Inevitavelmente, os argumentos destes dois autores me parecem muito ligados à *psicologia introspectiva,* de modo que não se pode esperar muito de uma discussão com eles" (os grifos são meus). Acho que devemos acreditar que von Senden esforçou-se para permanecer objetivo a todo custo. Contudo, refere-se de modo dedutivo às emoções como "desejo de ver", "coragem e disposição", e declara: "... seu *querer* [do paciente] deve então ser ativado o mais intensamente possível nesta direção. Essa direção será, em geral, muito mais facilmente mantida pela reformulação da *satisfação de suas necessidades diárias*" (os grifos são meus). Ou, em sua conclusão: "... a adaptação do paciente a seus novos ambientes quase sempre assume uma forma altamente dramática e conduz a conflito violento". E, continuando: "Pois o paciente necessita desta atividade e de tensão emocional."

O trabalho de von Senden inspirou uma interessante série de estudos feitos por Riesen (1947) sobre as conseqüências da privação visual no homem e no chimpanzé[2]. Tanto nas obser-

....
2. Estas experiências fascinantes levaram a muitos outros resultados relevantes e interessantes. Verificou-se, por exemplo, que macacos privados da visão durante várias semanas mostraram menos interesse por objetos padronizados do que os filhotes da mesma espécie, ao nascer (Riesen, 1947). Para uma discussão desses resultados no quadro de referência de períodos críticos, veja Spitz (1959).

vações e experiências de Riesen como nas de Fantz, o papel da emoção na percepção é ignorado. O leitor recordará que, de nossa parte, consideramos a emoção, dentro do quadro das relações objetais, como o mais potente incentivo para a aprendizagem. É óbvio, por exemplo, que nos casos citados por von Senden a capacidade de ver teve de ser adquirida lentamente através de um processo de aprendizagem em um ambiente de experiência afetiva propiciado pelas relações objetais.

As várias experiências e observações sobre o início da percepção, discutidas por nós (incluindo as de von Senden e a nossa), referem-se à conjunção de processos mentais arcaicos com apenas uma modalidade sensorial, isto é, a visão. E quanto às outras modalidades? Ao examinarmos material de casos de von Senden já dissemos que outras modalidades sensoriais também foram envolvidas. De fato, nos primeiros dias após a operação, os pacientes eram incapazes de distinguir as sensações visuais das sensações originadas em outros setores do sensório. Mas, se isso acontece, onde realmente começa a percepção como tal?

A cavidade primária: considerações psicanalíticas

Nas páginas precedentes afirmamos que, ao nascer, o bebê só reage, de fato, às sensações originadas dentro de seu próprio corpo (isto é, sensações cenestésicas proprioceptivas); que ele é protegido da intrusão de estímulos externos pela barreira do estímulo. O estudo de von Senden mostra que, quando os estímulos incidem sobre o olho *antes* de este aprender a *ver*, não são significativos. Além do mais a sensação é tão generalizada, extensiva e não-localizada quanto as percepções cenestésicas internas e, na verdade, não se distingue delas.

Entretanto, existe uma zona perceptiva que opera com grande especificidade desde o nascimento. Nessa zona, os órgãos sensoriais para os estímulos externos encontram-se com receptores sensoriais para os estímulos internos. Essa zona é a boca e a cavidade oral. Já no nascimento, e mesmo no feto (Minkowski,

1922, 1924-1925, 1928; Hooker, 1939, 1942, 1943, 1952), uma reação à estimulação pode ser demonstrada na boca e em torno dela. A estimulação da parte externa da região bucal provoca regularmente um comportamento específico, que consiste na rotação da cabeça em direção ao estímulo, seguida por um movimento de estalar a boca. No bebê de peito, esta resposta resulta em abocanhar o mamilo. Já falei deste comportamento como sendo o reflexo de fuçamento, e o discuti em muitas de minhas publicações; minha hipótese é de que este comportamento baseia-se num mecanismo inato de liberação com valor de sobrevivência.

Nenhum reflexo é completamente certo no nascimento. Entretanto, a resposta de fuçamento é menos incerta do que as demais, sendo ultrapassada apenas pelo reflexo de preensão, que consiste em fechar a mão ao receber estimulação palmar. É importante notar que o reflexo de fuçamento combinado com o reflexo de sucção representa o único comportamento *dirigido* do bebê ao nascer. Isto inclui o chupar o dedo e apóia as proposições de Hoffer (1949, 1950) sobre a relação mão-boca. Talvez todos os reflexos conhecidos (incluindo o de fuçamento e de preensão) sejam tão inconstantes ao nascer porque são provocados por estímulos externos, contra os quais a barreira do estímulo ainda está atuando (ver Capítulo 3). Porém, quando o bico do seio preenche a boca do recém-nascido e o leite flui através da faringe, os receptores sensoriais externos e os internos são estimulados simultaneamente. Tal estimulação somatória e composta parece provocar uma resposta muito mais certa e constante: o bebê começa a sugar e a engolir o que sugou.

Sob o aspecto perceptual, a cavidade oral, incluindo a faringe, representa o interior e o exterior; é equipada como interoceptor e como exteroceptor e opera de acordo com isso. Porque, ao nascer, os reflexos localizados dentro da cavidade oral são os mais específicos e regulares; porque esses reflexos desencadeiam o único comportamento humano dirigido, embora não-intencional, propus a hipótese de que toda percepção começa na cavidade oral, que serve como a ponte primordial da recepção interna para a percepção externa.

Estas suposições foram corroboradas pela convergência com certas proposições apresentadas e elaboradas por Lewin (1946, 1948, 1950, 1953a, 1953b) e com as que foram propostas por Isakower (1938, 1954). Isakower (1938) estudou a psicopatologia do adormecer. Concluiu, com base em suas observações clínicas de adultos, que a combinação da cavidade oral com a mão representa provavelmente o modelo de estrutura pós-natal mais primitiva do ego. Além disso, afirmou que as sensações da cavidade oral estão possivelmente fundidas com as do revestimento cutâneo externo. Considero que esta tripla fonte de sensação e experiência constitui um núcleo do ego em termos do oportuno conceito introduzido por Glover (1930, 1932, 1933, 1943).

Lewin (1953a) cita um outro autor para afirmar que "a cavidade original poderia bem ser o interior da boca, tal como a descobre e percebe o dedo do bebê" (p.188). Concordo com essa formulação na medida em que diz respeito à sensação mediada pela parte interna da boca. Não posso concordar com a opinião de Lewin de que o dedo do bebê seja capaz de descobrir ou de perceber neste estágio. Como foi afirmado acima, nas primeiras semanas de vida o único órgão no qual a percepção atua (e mesmo aqui é duvidoso se se trata da percepção *como tal* ou se da recepção, isto é, um precursor da percepção) é a cavidade oral. O bebê reage com uma seqüência de comportamento específica quando algo é introduzido na cavidade oral, seja o bico do seio, o alimento, seja o dedo. Isto coincide com as observações clínicas de Isakower a respeito das sensações experimentadas pelos adultos que passam por uma regressão do ego enquanto adormecidos. É razoável supor que as sensações persistentes e instáveis (experimentadas ao adormecer) representam traços de memória arcaicos de um primitivo início da percepção. São análogas à indefinição e à inexatidão das sensações visuais descritas por von Senden a respeito dos cegos de nascença operados. Supõe-se que as primeiras sensações externas percebidas no campo tátil podem ser tão incorretas quanto as sensações, no campo visual, dos cegos de nascença operados, que von Senden estudou. É tão convincente ver os sujeitos de Isakower descreverem sensações orais como "sensação de areia" quanto ouvir os sujeitos operados de von Senden descreverem sensações visuais como sendo "comparáveis ao cheiro de verniz"[3].

Em nossa opinião a cavidade oral com seu equipamento – língua, lábios, face e nasofaringe – é a primeira superfície a ser utilizada na vida para a percepção e exploração táteis. É bem adequada para essa finalidade, pois nela são representados os sentidos do tato, do gosto, da temperatura, do odor, da dor e mes-

....
3. Acredito que algumas proposições contidas em meu artigo "The derailment of dialogue" (1964) podem contribuir para a compreensão dessas sensações. Por exemplo, poderíamos especular se a "sensação de ter areia na boca" (Isakower, 1938), ver cores "como se sentisse um odor de verniz" (von Senden, 1932) não representam a percepção de uma sobrecarga de estimulação nas duas diferentes modalidades sensoriais, a tátil e a visual. A sensação de areia e o odor de verniz evocam algo desagradável. Isso se evidencia de forma extrema no relato do paciente n.º 17, que, quatro dias após a operação, não podia conservar os olhos abertos em razão de sua intolerância à luz.

Indivíduos sensíveis ao som reconhecerão prontamente as sensações desagradáveis (de natureza não-musical) que acompanham um volume excessivo de som, tal como o de um grande coral em ambiente fechado. Simultaneamente com a música, eles ouvem algo como seixos batendo ruidosamente, ou sons sibilantes de ondas batendo estrondosamente na praia. O fenômeno pertence à categoria denominada "recrutamento", em neurologia. Suponho também que o "fotoma", na enxaqueca, a linha luminosa serrilhada percebida durante a crise pelas pessoas que padecem dessa enfermidade, pertence à mesma ordem de fenômenos. Esse "fotoma" pode ser concebido como uma resposta a uma sobrecarga de estimulação sensorial? É possível que o processo sensorial apareça como uma apresentação visual sem conteúdo de idéia ou de representação, tal como o som ruidoso dos seixos e a sensação de areia na boca, vistos nos dois exemplos anteriores? Nos três casos, no exemplo tátil, auditivo e visual, a sensação é de não-representação; a qualidade sensorial real é distorcida e vivida como algo desagradável, semelhante à parestesia. Mais uma vez, a reminiscência do formigamento que sentimos em um membro no qual a condução nervosa foi interrompida através de pressão. Sente-se o membro como frio e entorpecido. O formigamento prenuncia o retorno da sensação. Indica que a condução nervosa não está completamente restabelecida e, portanto, não pode enfrentar adequadamente os estímulos com os quais lida em circunstâncias normais; mas, devido à condução interrompida, os estímulos, que em outras circunstâncias são normais, tornam-se uma sobrecarga.

mo da sensibilidade profunda, uma vez que esta última será envolvida no ato da deglutição. Deve-se salientar que toda percepção que ocorre através da instrumentalidade da cavidade oral é ainda percepção por contato e, assim, basicamente diferente da percepção a distância, tal como a percepção visual e auditiva.

Da percepção por contato à percepção a distância

É evidente que a mudança da percepção por contato para a percepção a distância, da percepção tátil para a visual, tem fundamental significado para o desenvolvimento do bebê. Tal mudança é mediada pela instrumentalidade das relações objetais. Mencionei como o bebê fixa o olhar no rosto da mãe *durante a amamentação*[4]. Portanto, quando o bebê é amamentado ele *sente* o bico do seio em sua boca ao mesmo tempo que *vê* o rosto da mãe. Aqui, a percepção por contato mistura-se com a percepção a distância. As duas tornam-se parte e parcela de uma única experiência. Esta combinação abre caminho para uma mudança gradual da orientação através do contato para a orientação através da percepção a distância. O fator experimental nesta mudança é que, durante a amamentação, por exemplo, quando o bebê deixa escapar o bico do seio e o recupera, o contato com o percepto satisfação de necessidade é perdido e recuperado inúmeras vezes. Durante o intervalo entre a perda e a recuperação de *contato*, o outro elemento da unidade de percepção total, a *percepção a distância* do rosto, permanece inalterado. No decorrer dessas experiências repetitivas, a percepção visual mantém-se, pois não sofre interrupção. Ela mostra ser a mais constante e, portanto, a mais recompensadora das duas[5].

....
4. Ao nascer e nas semanas seguintes, a amamentação assegura a sobrevivência e é a ação mais bem integrada de todas as ações dirigidas — realmente, podemos dizer que é a *única* ação dirigida e integrada, embora não seja uma ação volitiva. Acreditamos que a ligação entre o principal *ato* assegurador de sobrevivência, o ato de amamentar, e a primeira situação de aprendizagem para a percepção visual no homem é de fundamental importância.

5. Erikson fala da experiência de contato oral como um modo zonal de funcionamento, cujo atributo essencial é a ingestão. É também digno de nota que este

Essa discrepância entre as duas modalidades de percepção (o contato oral descontínuo *versus* a percepção visual certa, contínua, mas não contígua) provavelmente tem um significado ainda mais fundamental do que o estabelecimento da percepção visual como a modalidade perceptiva mais importante no homem. Creio que temos aqui as primeiras origens da constância objetal (Hartmann, 1952) e da formação de objeto. A partir deste modesto início, as relações objetais, tanto conscientes como inconscientes, desenvolvem-se progressivamente nos meses e anos seguintes envolvendo não apenas as outras modalidades de percepção, mas também a grande variedade de funções psicológicas.

A compreensão de que as várias modalidades de percepção (a que geralmente nos referimos como os cinco sentidos) são, em grande medida, inoperantes no início *da percepção como tal* e devem ser aprendidas abre novos caminhos de investigação. Vimos, no caso da percepção visual, que as modalidades de percepção seguem-se umas às outras em seqüência genética, de modo que a percepção a distância (visual) desenvolve-se depois da percepção por contato (oral, tátil). Isso poderia ser (e de fato é, em alguns mamíferos) uma função de maturação. Entretanto, no homem, pudemos demonstrar esta seqüência genética, começando com a situação de amamentação, bem como demonstrar o papel da aprendizagem, do desenvolvimento, das relações objetais, no decorrer da transição da percepção por contato para a percepção a distância.

Esta descoberta levou-me a considerar a proposição heurística de que o desenvolvimento (tanto no campo da percepção como em outras áreas do desenvolvimento psicológico) está sujeito à "lei biogenética fundamental" de Haeckel (formulada por Fritz Müller, 1864). De acordo com essa lei, o organismo, em seu desenvolvimento desde o óvulo até a condição de adul-

---

atributo zonal se torna a característica distintiva de cada função durante a fase oral. Discuti em parte este aspecto (1955b) e denominei-o percepção de cavidade ou percepção primeira. Aplica-se também à percepção visual.

to, recapitula os estágios percorridos por seus antepassados no curso da filogenia.

Sabe-se que o olho e a visão têm um desenvolvimento relativamente tardio na evolução e que foram precedidos pela percepção por contato e pela orientação de contato. Compreendendo que tal princípio pode atuar também no desenvolvimento psicológico humano, devemos propor o estudo da seqüência, superposição e entrelaçamento no desenvolvimento das outras modalidades de percepção: audição, paladar, e também olfato. Existem muitas outras possibilidades a serem investigadas, como por exemplo a de que algumas destas modalidades sensoriais possam ter subclasses. Para o observador atento de crianças isto fica particularmente claro no campo da percepção visual, em que algumas dessas subclasses são evidentes à primeira vista. Entre elas encontramos, por exemplo, a categoria da visão da cor, a da percepção espacial ou de profundidade. Provavelmente uma das primeiras a tornar-se atuante é a percepção do movimento e, possivelmente, ela é simultânea à percepção de variações de luminosidade. Essas subclasses têm sido investigadas extensamente no animal e no adulto. Até agora há muito pouco conhecimento sobre a seqüência genética dessas subclasses no homem.

Sob minha orientação e supervisão, meus colaboradores P. Polak e R. Emde (1964a, b) empreenderam um estudo piloto sobre o início da discriminação visual tridimensional (percepção de profundidade *versus* percepção gestáltica). Estabelecemos que, após o terceiro mês de vida, a percepção de profundidade começa a desempenhar um papel significativo. Entre as idades de 0; 2 + 0 e 0; 2 + 20 (idades médias) o bebê responde aos estímulos que preenchem certas características gestálticas que estão em movimento, sejam elas bi ou tridimensionais. Após o terceiro mês de vida, o bebê mostra por suas reações que já distingue uma projeção gestáltica tridimensional da mesma projeção gestáltica bidimensional.

Nossos resultados também sugerem que a progressão de uma subclasse de percepção para a seguinte está intimamente ligada e dependente das condições particulares da situação de amamentação individual. Pois a amamentação é a função que assegura a sobrevivência nessa idade precoce; portanto, variações relativamente pequenas das condições dessa função exercerão um alto grau de pressão adaptativa. Este exemplo tão simples indica as numerosas linhas possíveis de investigação dentro do campo *visual*. Vários destes aspectos estão sendo estudados por outros pesquisadores (Fantz, 1961; Gibson e Walk, 1960; Wallach, 1959, entre outros).

Também têm sido desenvolvidas pesquisas sobre as outras modalidades sensoriais. Iremos nos referir aqui apenas ao sentido da audição. Goldfarb (1958), trabalhando com crianças esquizofrênicas, expôs essas crianças a um *feedback* auditivo retardado. Elas entraram em um estado de pânico correspondente ao que Mahler (1960) denominou "desintegração". Parecia que as crianças experimentavam essa estimulação particular como uma ameaça à sua integridade pessoal. É de se perguntar se o desenvolvimento e a integração de modalidades de percepção teriam sido perturbados nessas crianças durante um "período crítico", de modo que a integração das várias modalidades de percepção entre si não foi alcançada ou foi alcançada apenas parcialmente. Tenho a impressão de que, nessas crianças, a mudança da percepção por contato para a percepção a distância e, mais especificamente, para a percepção auditiva, pode ter sido retardada ou gravemente perturbada no decorrer do desenvolvimento infantil.

A mudança para a percepção a distância não substitui, e muito menos anula, o papel da percepção por contato; apenas o limita. A adição da percepção a distância enriquece o espectro dos setores de percepção, facilita a orientação e o controle, expande as funções autônomas do ego e, finalmente, contribui de forma importante para a primazia do princípio de realidade.

Até agora examinamos mais detalhadamente apenas um dos vários centros de percepção primordiais, isto é, a cavidade oral. Neste nível do desenvolvimento, ele supera todos os outros centros, tais como a mão, o labirinto e a superfície da pele, porque é o único que está realmente integrado e é, portanto, operacional. Pode-se dizer com certa razão que, como muitos outros animais, o homem também inicia sua abordagem à percepção do ambiente através do rosto.

Não se deve esquecer que as qualidades emocionais, isto é, prazer e desprazer, participam dessa experiência perceptual. Além disso, também existem qualidades dinâmicas envolvidas: as de atividade e passividade. Todas elas surgem em resposta a uma necessidade que produz tensão. Esta tensão é reduzida pela satisfação da necessidade, que leva, então, à quietude.

Nosso trabalho com recém-nascidos e nossos resultados sobre estágios sucessivos do desenvolvimento da percepção motivaram-nos a introduzir uma ligeira modificação nas proposições psicanalíticas geralmente aceitas. Supunha-se que o primeiro "objeto" fosse o seio; Lewin (1946) concluiu que a "tela do sonho" é seu resíduo visual e o mesmo foi tacitamente aceito por muitos, considerando o fenômeno de Isakower. Creio que o recém-nascido não está capacitado para a percepção a distância, apenas para a percepção por contato através da cavidade oral. Conclui-se que o seio é, realmente, o primeiro percepto, mas não é um percepto visual; é um percepto de contato – mais especificamente, é um percepto de contato oral.

O ato perceptivo e os três órgãos de percepção primitiva

Freud (1925a) referia-se à percepção como uma ação concebida em termos orais. Propôs que a percepção ocorre através do ego que investe periodicamente o sistema perceptivo de pequenas quantidades de catexia que lhe permite fazer uma amostragem do ambiente. O termo no original alemão é *verkostet*, que em inglês seria *tastes* (paladar); é um modelo claramente oral; e Freud considera a percepção como um processo ativo. Podemos, desta forma, considerá-la uma ação, assim como é considerado o comportamento, e descrevê-la nos termos introduzidos por Craig (1918), dividindo-a em comportamento apetitivo e consumatório. Entretanto, o recém-nascido não distingue percepção primária de satisfação de necessidade. Ambas ocorrem simultaneamente e constituem parte do mesmo acontecimento, de modo que comportamento apetitivo e consumatório coincidem – principalmente, talvez, devido à natureza da percepção por contato. Em um estágio posterior, através da aquisição da percepção a distância, um intervalo se intercala entre o ato da percepção e o ato consumatório. A partir de então, a percepção será primeiramente limitada às funções apetitivas. Muito mais tarde, acrescentam-se as funções defensivas. Entretanto, nesse período, a percepção se torna a auxiliar do comportamento consumatório e atinge valor de sobrevivência.

Como esta relação entre o caráter apetitivo da percepção e o caráter consumatório do comportamento que serve à satisfação de necessidade atua nos três órgãos ancilares da percepção rudimentar presentes por ocasião do nascimento?

Comecemos pela mão. Quem já observou um bebê sendo amamentado sabe o quanto a mão participa ativamente do ato da amamentação. A mão do bebê repousa sobre o seio, movimentando os dedos vagarosa e continuamente, segurando, afagando, arranhando e coçando[6]. Nos meses seguintes, esta atividade torna-se cada vez mais organizada e poderia parecer que o ritmo de fechamento e abertura da mão do bebê em torno do dedo da mãe está, de alguma forma, relacionado ao ritmo de sua sucção. É impressionante observar como o ritmo destes movimentos da mão torna-se cada vez mais organizado no decorrer dos primeiros seis meses.

Inevitavelmente a autopercepção será também aqui envolvida, embora seu papel possa, no início, não ser claro. É possível que no recém-nascido que está sendo amamentado os movimentos das mãos sobre o seio sejam apenas uma resposta re-

....
6. É, no homem, o correspondente ao que nos outros mamíferos é conhecido como "movimentos de pressão" (Spitz, 1957).

flexa à estimulação palmar. Entretanto, logo a atividade de ingestão, da boca, transbordará para a atividade da mão. Podemos supor que esta atividade logo será percebida proprioceptivamente. Mencionei acima que Hoffer (1949) discutiu longamente esta relação entre mão e boca no bebê. Sua abordagem teórica é confirmada pelos dados clínicos, experimentais e neuroanatômicos reunidos por Tilney e Kubie (1931), e Tilney e Casamajor (1924). Eles demonstraram que no homem as vias neurais que ligam estômago, boca, extremidades superiores e ouvido interno com o sistema nervoso central estão ativas por ocasião do nascimento. Conseqüentemente, a estimulação de qualquer destes órgãos, dos quais a boca é o principal, iniciará padrões específicos de comportamento.

Os resultados de Hoffer referem-se a um estágio posterior ao da percepção da cavidade. Em um segundo artigo sobre este assunto, Hoffer (1950) introduziu o conceito de "boca-eu". Postula que esta é a primeira organização do eu. Em sua opinião, esta primeira organização do eu irá se desenvolver progressivamente através da atividade da mão. Hoffer afirma que a mão, desta forma, libidiniza várias partes do corpo, de modo que se tornam o "corpo-eu". Não concordo com esta opinião. Considero a mão apenas *um* dos meios através dos quais esta libidinização é alcançada. Em um capítulo subseqüente discutiremos alguns dos outros meios que servem para separar o eu do não-eu.

Entretanto, estamos de acordo com a proposição de Hoffer sobre a função da primeira coordenação entre mão e boca e sua contribuição para o desenvolvimento das funções do ego e da integração do ego. Sob esse aspecto, ela representa um dos núcleos do ego descritos por Glover (1932).

Também não é fácil distinguir o comportamento apetitivo e consumatório nos outros órgãos perceptivos que atuam na amamentação. Por exemplo, no caso do labirinto, experiências mostram que, por volta do oitavo dia de vida, uma mudança de posição irá provocar no recém-nascido uma resposta de fuçamento e sucção. Antes disso, a resposta só poderia ser provocada por um toque na face do recém-nascido. A mudança do bebê para a posição de amamentação induz um processo no labirinto que só pode ser percebido proprioceptivamente. É evidente que não é uma percepção consciente neste estágio inicial. É um objeto de percepção ao qual o organismo reage como um reflexo condicionado.

Sabe-se menos ainda a respeito do desempenho do terceiro órgão da percepção – a superfície externa da pele. Que ela tem papel importante no comportamento adaptativo, dirigido para a sobrevivência, parece provável, de acordo com as proposições de M. F. Ashley Montagu (1950, 1953, 1963). A partir de uma série de observações realizadas em animais mamíferos (Reyniers, 1946, 1949 e Hammett, 1922), ele concluiu que a pele tem um indiscutível significado funcional, até então ignorado, para o desenvolvimento fisiológico e psicológico. Provas de laboratório têm mostrado que, em animais mamíferos, o fato de a mãe lamber o filhote ativa os sistemas geniturinário, gastrintestinal e respiratório. Nos experimentos realizados com os chamados ratos "estéreis" (ratos criados em um ambiente estéril, livre de bactérias), todos os animais morreram, até que se descobriu que os pais tinham de lamber as partes genitais dos filhotes pois, do contrário, o filhote não poderia nem urinar nem defecar. Esta descoberta tornou possível criar ratos "estéreis" desde o nascimento, usando uma mistura de algodão e lã molhada, para substituir as lambidas dos pais dos animais. Não foi investigado se esses resultados são também relevantes para os problemas de cuidado do bebê na espécie humana. Mas deveremos ter em mente essas observações quando discutirmos nossos resultados sobre o "eczema infantil", no Capítulo 13.

Parece que as sensações nos três órgãos ancilares de percepção presentes no nascimento (mão, labirinto, pele) estão subordinadas ao sistema central perceptual da cavidade oral. Além disso, no recém-nascido, eles operam em conjunto porque ainda não ocorreu diferenciação entre as várias modalidades sensoriais. Isto significa que as sensações por eles mediadas incorporam-se e combinam-se, de maneira a serem "sentidas" pelo recém-nascido como uma experiência situacional unificada com o caráter de "ingerir", de incorporar. Cada um dos órgãos mencionados participa desta experiência.

A experiência perceptual

Esta experiência unificada é de natureza consumatória. Propicia satisfação de necessidade e redução de tensão logo após um período de excitação desagradável; também leva a um período de quietude marcado pela ausência de desprazer.

Além disso, é uma experiência iterativa. Porque estamos tratando de uma realidade em que esse mesmo conjunto de sensações se repete na mesma seqüência: manhã, tarde e noite, todos os dias, cinco ou mais vezes por dia, no decorrer dos primeiros meses de vida do bebê; e, de uma maneira ou de outra, até o fim do primeiro ano de vida, e além desse período[7].

É razoável supor que essa experiência iterativa deixará, desde o início, algum vestígio, um "registro" na mente incipiente do bebê. No momento, não se sabe de que forma esse registro é armazenado, como é modificado, se e como influencia ou acentua as experiências ou satisfações perceptuais posteriores. Porém, o fato de que esta situação idêntica irá se repetir durante a maior parte do primeiro ano do bebê, deve necessariamente levar a alguma forma de registro psíquico; falaremos mais adiante sobre os dois fenômenos que parecem apoiar esta suposição.

Freud já afirmara, em 1900 (ver também Freud, 1925a), que os primeiros traços mnemônicos só são estabelecidos quando uma experiência de satisfação interrompe a excitação advinda de uma necessidade interna. Esta experiência de satisfação acaba com o estímulo interno que causara uma elevação da tensão.

---

7. A essência desses argumentos deriva da tese de Freud sobre o desamparo inicial do bebê como fonte original de todos os motivos morais (Freud, 1895). Isto foi elaborado em várias áreas por Bernfeld (1925), A. Balint (1954), Benedek (1952) e outros.

No adulto, os quatro órgãos separados espacialmente, boca, mão, labirinto e pele, são veículos de modalidades perceptivas diferentes. No recém-nascido não acontece o mesmo. No Capítulo 3, já me referi à minha proposição de que as organizações sensoriais, efetoras, emocionais, etc. do homem são compostas de dois sistemas, que (parafraseando Head, Wallon e outros) denominei sistemas cenestésico e diacrítico. As sensações do sistema cenestésico são *extensivas* e em grande parte viscerais; seus órgãos efetores são, basicamente, a musculatura lisa; sua organização nervosa compreende, entre outros, os sistemas simpático e parassimpático. As sensações do sistema diacrítico são *intensivas* e envolvem os órgãos sensoriais; sua musculatura é estriada e sua organização nervosa é subordinada ao sistema nervoso central. Entretanto, no recém-nascido, o sistema diacrítico não começou a funcionar de maneira perceptível. Percebe e funciona basicamente no nível cenestésico.

No adulto, o funcionamento cenestésico produz sensações de natureza protopática. O adulto é capaz de experimentar muitas (embora não todas) sensações protopáticas de maneira muito desagradável – é prova disto a estimulação do labirinto quando do movimento de um navio em uma tempestade, o que pode levar à vertigem, tontura, náuseas e até ao vômito. Não acontece o mesmo com o bebê; ele tolera quantidades muito maiores de estimulação vestibular. Como veremos mais tarde, para ele estimulação vestibular pode servir como um estímulo condicionador. Mas, no adulto que fica enjoado, temos um exemplo impressionante da conexão entre labirinto, aparelho gastrintestinal, superfície da pele, mão e boca – pois os sintomas de enjôo são vômito, diarréia, transpiração e palidez da pele, transpiração palmar e salivação forte.

Para o recém-nascido, as sensações simultâneas nos quatro órgãos sensoriais (cavidade oral, mão, labirinto e estômago) constituem uma experiência proprioceptiva completa. Para ele, os quatro órgãos são mediados pela percepção por contato. Mesmo as mudanças labirínticas, embora ocorram no interior do corpo, estão próximas da superfície corporal e ocorrem em resposta a um estímulo comparável ao do tato. Portanto, também devem ser consideradas como sendo da mesma natureza de todas as outras percepções por contato.

No item precedente discuti como a maturação e desenvolvimento combinam-se para causar a mudança da percepção por contato para percepção a distância. Ressaltei o papel da frustração (na situação de amamentação) neste processo e como a percepção do rosto da mãe a distância torna-se diferenciada da experiência unificada de percepção por contato durante a amamentação.

Esta proposição pode ser confirmada pela observação; começando na quarta semana de vida, há apenas um objeto de percepção que o bebê segue com os olhos, a distância, e esse objeto é o rosto do adulto. Nenhum outro objeto de percepção visual produzirá essa reação. Assim, a experiência de amamentação, a situação de amamentação, não é simplesmente uma experiência de satisfação. Ela inicia a transição da percepção exclusivamente por contato para a percepção a distância. Essa experiência ativa o sistema perceptual diacrítico, que gradualmente substitui a organização cenestésica original e primitiva.

Fenômenos perceptuais regressivos no adulto

Estas observações sobre o início da função perceptiva no bebê estão de acordo com – e realmente confirmam – certas conclusões teóricas a respeito dos fenômenos perceptivos regressivos observados no adulto, especialmente com as descobertas feitas por Lewin e Isakower. Lewin (1946) propôs um modelo para a estrutura do sonho, que não só foi bastante original, como também se mostrou clinicamente útil. Ele pressupôs que a memória visual do peito constitui uma "tela do sonho" na qual o conteúdo do sonho é projetado. Discuti em outro trabalho (1955b) esta contribuição pioneira juntamente com a importante descoberta, por Isakower, dos fenômenos que levam seu nome. Lewin baseia sua proposição na natureza do sonho – realização de um desejo e desejo de assegurar a continuidade do sono. Propõe que a realização do desejo é atingida através de uma regressão ao estado emocional do bebê que vai dormir no peito da mãe após ter sido saciado[8]. Lewin acrescenta que, no denominado "sonho em branco", a "tela do sonho-peito" realmente torna-se o conteúdo do sonho. Apóia esta proposição em numerosos exemplos de sonhos de pacientes. Sua teoria encontrou confirmação clínica extraordinariamente ampla.

A tela do sonho se origina de um percepto visual, de uma percepção a distância. Realmente, em várias de suas publicações sobre a tela do sonho, Lewin sugere isso. Como ele estava interessado no sonho, que se compõe sobretudo de traços de memória de objetos de percepção visual, era de se esperar que a tela do sonho fizesse uso de um traço de memória visual ainda que fosse um traço arcaico.

A abordagem de Isakower é diferente. Os fenômenos que ele relata são, de modo geral, percepções por contato; e sensações visuais são exceções. Isto também era de se esperar, pois

....
8. São reconstruções hipotéticas. Stern, em artigo de 1961, considera improvável que o fenômeno de Isakower (e, por implicação, a tela do sonho de Lewin) possa ser uma regressão à lembrança feliz de uma situação de amamentação. (Eu preferiria falar de um estado de redução de tensão e quietude.) Ao contrário, ele propõe que se trata de uma regressão a traços mnemônicos de privação na mesma situação. Esta é uma idéia plausível, se não por outra razão, porque as experiências catexiadas com desprazer têm mais probabilidade de deixar traços na memória do que as experiências catexiadas com prazer. Entretanto, uma regressão a esses estados de memória catexiados com desprazer implica um ponto de fixação. Não vejo nenhuma objeção a uma interpretação como esta – o que me parece essencial é a regressão à situação de amamentação. Será difícil determinar se a regressão ocorre em relação ao estado de felicidade ou em relação ao estado de privação, pela simples razão de que o fenômeno de Isakower, a tela do sonho de Lewin e as observações mencionadas por Stern referem-se ao adulto, de modo que a elaboração secundária referente à história individual do sujeito já ocorreu. Nessas circunstâncias, a ocorrência de ansiedade e terror intensos não é surpreendente – vemos o mesmo fenômeno nos sonhos culpabilizantes, tais como os que envolvem incesto. Além disso, uma regressão à situação de amamentação não será um mero retorno fantasiado à situação incestuosa original?

as observações de Isakower referem-se ao estágio que precede o sono, no qual a catexia ainda não foi retirada totalmente da representação dos órgãos sensoriais periféricos (isto é, da pele, da mão, da boca) e das representações dos processos hápticos mediados por estes órgãos (Spitz, 1955b). Alguns de seus pacientes relataram que, no estágio que precede o sono, vivenciaram sensações que envolviam a boca, a superfície da pele e as percepções táteis da mão, sensações essas que também apareciam quando tinham febre alta. As sensações eram vagas e pareciam ser de algo enrugado ou talvez seco e arenoso, ou mole, como se enchesse a boca; ao mesmo tempo isto era sentido na superfície da pele do corpo e também como se estivesse sendo manipulado pelos dedos. Estas sensações poderiam ser às vezes percebidas visualmente como sombreadas, indefinidas, redondas, aproximando-se e crescendo até ficarem enormes – e depois reduzindo-se a praticamente nada!

As observações de Isakower sugerem que ocorrem dois tipos diferentes de representação psíquica durante a percepção. Um é a forma de representação que, em psicologia, denominamos "percepto"; é mediado por nossos órgãos dos sentidos, tem um conteúdo objetivamente descritível, gráfico, e pode ou não incluir a representação do próprio órgão do sentido.

A outra representação é mais vaga e mais da natureza de uma sensação; talvez contenha uma apresentação do próprio *processo* do sentido e do que deriva dele. Esta segunda categoria de representação torna-se consciente quando circunstâncias especiais dirigem a atenção mais para o processo do que para o percepto do órgão sensorial. Tais processos são discutidos por W. Hoffer (1949), assim como por M. B. Bender (1952)[9].

Características deste tipo de experiência são as sensações estranhas que acompanham a anestesia dental. O setor anestesiado (ex., a dobra nasolabial, o lábio, o interior da bochecha, o

---

9. Ver Apêndice para a explicação de Piaget sobre "permanência afetiva".

palato duro) é percebido como aumentado e como um corpo estranho. Estas sensações estranhas, análogas às parestesias, nos tornam conscientes do processo perceptivo através de sua disfunção. Quando a dobra nasolabial, o palato, o lábio, se tornam insensíveis e nós os tocamos com o dedo ou a língua, os processos hápticos que ocorrem no órgão não-anestesiado não reconhecem a configuração anatômica familiar dos lábios ou do palato. Isto se dá porque o toque nos lábios, etc., é registrado em nossa memória como uma experiência combinada do processo de sentir tanto o dedo quanto o lábio. Quando o lábio está anestesiado, um elemento da sensação, o que deve surgir na região labial, está faltando ou está distorcido.

Creio que os experimentos de von Holst e Mittelstaedt (1950) sobre o princípio de reaferência são ilustrações experimentais excelentes da representação psíquica de processos perceptivos.

Estas considerações sugerem que traços de memória, pelo menos os de percepções corporais, são estabelecidos na forma de uma configuração com qualidades gestálticas. Deve-se recordar que nos termos da psicologia gestáltica não é apenas a *Gestalt* visual que é dotada de tais qualidades; por exemplo, os psicólogos gestálticos mencionam a melodia como tendo esses atributos.

Se esta proposição (que apresentei há trinta anos em relação à natureza da associação livre psicanalítica) é correta, então a memória de um percepto só se torna consciente quando ocorre conclusão. Quando, como no caso de anestesia, a conclusão é impedida através da supressão de uma porção suficientemente grande da *Gestalt*, não ocorre reconhecimento. Em vez disso, mais um traço de memória é estabelecido, o de uma experiência até então desconhecida.

Este processo tem um paralelo óbvio na associação livre em psicanálise. As memórias do paciente continuam sem significado até que a reconstrução ou interpretação analítica propicie a parte que falta da *Gestalt*. Todo analista está familiarizado com o súbito aparecimento do *insight* e reconhecimento que acompanha estas interpretações. É bem natural que o paciente perca a sensação de descoberta dentro de dias; a *Gestalt* reconstruída realmente sempre esteve lá, parte inconsciente, mas efetiva, de sua essência psicológica. A "conclusão de interpretação" reintegra a porção que faltava em seu legítimo lugar e perspectiva, como se nunca tivesse faltado. Antes da reintegração, ela exercia sua influência fora das verificações e controles do ego consciente, sujeita apenas à regulação do princípio do prazer-desprazer. Reintegrada na reserva de memórias conscientes, ficará agora sujeita à regulação do ego e do princípio de realidade. Essa proposição, embora longe de abranger a totalidade do processo terapêutico, parece-me uma explicação válida da eficácia da interpretação analítica emocionalmente correta.

Além disso, a proposição da qualidade gestáltica dos traços de memória (e entre estes, de associação livre) e a necessidade de conclusão para propiciar-lhes a qualidade de conscientização retomam uma antiga proposição de Freud, a do registro diferente do mesmo conteúdo em diferentes localizações psíquicas (Freud, 1915a). Freud abandonou esta sugestão em favor da proposição dinâmica de hipercatexia de representação-de-coisa. Porém, como muitas de suas sugestões semi-abandonadas, parece-me que, com alguns novos esclarecimentos sobre isso, ela será não apenas viável, mas também útil para nossa compreensão da percepção, da memória, do processo de pensamento e da eficácia terapêutica.

Alguns desses novos esclarecimentos derivam do fenômeno de Isakower. As sensações relatadas por seus pacientes têm muito em comum com as que descrevi para a anestesia dental. Mas, sem anestesia, como explicamos o desaparecimento de uma parte da memória gestáltica durante o processo do adormecer? Em um artigo sobre o adormecer e o despertar (Spitz, 1936b), desenvolvi a tese de que, durante o processo do adormecer, a catexia é retirada progressivamente da periferia e dos órgãos periféricos. Nesse artigo utilizei um modelo hidrostático para explicar o que ocorre quando o nível geral de investimento pulsional é reduzido. Certos setores do aparelho sensorial permanecem investidos, porque o nível de investimento pulsional ainda é suficientemente alto para supri-los com catexias. Outros, no mesmo momento, já perderam suas catexias, surgindo como ilhas "secas" do fluxo decrescente do investimento pulsional. Desta forma, enquanto certos setores do sensório, como o visual ou o do olfato, já perderam sua sensibilidade, outros permanecem ativos durante algum tempo. Na realidade, estes últimos podem aparecer para mediar sensações de natureza diferente e reagir mais intensamente (isto é, a estímulos mais fracos) do que quando estamos acordados; estes setores sensoriais ainda ativos aparecem modificados em sua sensibilidade tanto qualitativa quanto quantitativamente. Utilizei posteriormente esta suposição para explicar o aumento de sensibilidade em certas áreas da percepção sensorial; isto é característico, por exemplo, do estágio de excitação da anestesia geral. As áreas que mencionei na ocasião foram percepção da dor e percepção auditiva. Poder-se-ia investigar se estas áreas se referem a modalidades sensoriais mais primitivas, mais arcaicas, que, no decorrer desta retirada regressiva de catexia, serão as últimas a serem abandonadas.

Deve-se acrescentar que a discussão de representação do processo perceptual no estágio que precede o sono não se refere ao trabalho de Silberer (1911) sobre representação simbólica; ele postulava que a representação *simbólica* de processos mentais quase sempre forma o conteúdo manifesto de alucinações hipnagógicas e hipnopômpicas. A representação simbólica não desempenha nenhum papel no fenômeno de Isakower; consiste em traços de sensações experimentadas durante o processo de amamentação. A própria sensação rudimentar repete-se sem nenhum esforço por parte da censura psíquica no sentido de prepará-la e realizar uma elaboração secundária, conformando-a aos requisitos de inteligibilidade e lógica, e por último, ao princípio de realidade. Na tela do sonho de Lewin, tais esforços são discerníveis quando a experiência visual é traduzida em algo que "faz sentido".

Minhas observações sobre o desenvolvimento infantil sugerem uma modificação tanto nas suposições de Lewin como nas de Isakower. Eles chegaram às suas conclusões através da extrapolação a partir da análise dos sonhos de adultos e das sensações hipnagógicas ou que precedem o sono. Em minha opinião, estas extrapolações e as conclusões extraídas delas são corretas, exceto quanto ao grau de regressão que estes fenômenos indicam. Lewin e Isakower basearam suas proposições na suposição de Freud de que o primeiro objeto na vida é o peito. Concluíram que, no sonho, a regressão ao peito seria indicada pelo conteúdo do sonho. De modo geral, o sonho tem um conteúdo visual e os exemplos de Lewin, com exceção do sonho em branco, são visuais. Entretanto, a observação direta mostra que o primeiro percepto visual estruturado na vida a ser cristalizado fora "dos vários tipos de manchas de luz – sem nenhuma forma para coisa ou distância alguma" (von Senden, 1932) é o rosto humano.

Como já mencionei, até os três meses de vida (e mais) um bebê que está sendo amamentado não olhará para o peito, mas para o rosto da mãe. É um fato de observação. Ele não olha para o peito quando a mãe se aproxima dele, ele olha para o seu rosto e continua a olhar para o rosto dela enquanto está com seu mamilo na boca e enquanto está manipulando seu seio. Desde o momento em que a mãe entra no quarto até o fim da amamentação ele fixa o olhar no rosto da mãe.

Assim, eu modificaria também a proposição de Isakower como se segue: do ponto de vista *visual*, o fenômeno de Isakower não representa o peito que se aproxima, mas sim o rosto humano *visualmente* percebido. Os fenômenos *táteis* relatados por Isakower – a boca sentindo algo que também é sentido na superfície da pele do corpo e manipulado pelos dedos – correspondem à experiência que o bebê tem do contato *tátil* com o peito, *boca, cavidade oral, mão* e *superfície da pele*. O fenômeno de Isakower deve ser considerado uma experiência de totalidade, a sinestesia de vários órgãos dos sentidos.

Assim, no início a cavidade oral constitui a origem da percepção. Os traços de memória destas percepções que não se modificam formarão a essência e a principal parte do fenômeno de Isakower. Modificados e expandidos, eles também serão instrumentais na mediação de traços de memória, que mais tarde irão se tornar o molde da tela do sonho de Lewin. Na tela do sonho, temos a percepção ambliópica que o bebê tem do rosto; no fenômeno de Isakower temos a percepção sinestésica por contato que o bebê tem na cavidade oral, na mão e na pele[10].

Embora o fenômeno de Isakower seja uma reativação do registro da primeira percepção infantil por contato, a tela do sonho evoca novamente o início da percepção a distância. Como esses inícios são elaborados, desenvolvidos e estabelecidos, será o assunto dos capítulos seguintes.

Afetos e percepção emergente

Até aqui esforcei-me por familiarizar o leitor sobretudo com o material de observação pouco compreendido deste estágio de desenvolvimento arcaico, tal como foi reunido por mim

---

10. Esta explicação, embora modifique ligeiramente a proposição de Lewin sobre a tela do sonho, ao mesmo tempo desestimula qualquer discussão. Pois, em nossa época de amamentação automatizada, poder-se-ia objetar que a maioria dos bebês nunca viu o peito, apenas a mamadeira. Mas o conceito que Lewin tem do "peito" realmente é um símbolo de código para a totalidade da experiência oral como a elaborei acima. Seja o objeto de alimento realmente mediado pelo peito da mãe ou pelo bico de borracha de uma mamadeira plástica descartável, o elemento essencial da experiência de cavidade permanece (embora o bico de borracha não transmita a resposta extraordinariamente humana de reciprocidade). Além do mais, mesmo quando o filho é alimentado com mamadeira, o rosto da mãe ainda propicia o fator visual, suas mãos e seu corpo a experiência tátil, que também entram na tela do sonho de Lewin e no fenômeno de Isakower. Mas o "progresso moderno", inexorável, conseguiu sobrepujar estes últimos vestígios das relações da pessoa com o próprio filho, inventando um porta-mamadeira e amarrando o bebê à grade do berço. Gostaria de saber o que acontece com os sonhos de uma geração cuja criação tem sido assim automatizada.

e por outros autores no decorrer dos anos. Até agora, deliberadamente, não tratei do papel dos afetos neste desenvolvimento precoce, embora afetos, observáveis e diversificados, figurem proeminentemente no conteúdo deste livro.

É verdade que no recém-nascido os afetos são observáveis apenas em sua forma mais rudimentar; dificilmente se justifica chamá-los de "afetos", razão pela qual falei de excitação de qualidade negativa e de sua contrapartida, a quietude – ambas da natureza de precursores de afetos.

No entanto, a forma rudimentar desses precursores de afetos não os torna menos eficientes. A pressão exercida por essas experiências arcaicas pode ser brutal, mas impõe, com efeito, a adaptação. Apenas em casos extremos imagina-se o quanto essa pressão pode ser brutal. Visto que todos os recém-nascidos produzem o "grito do nascimento", nós o consideramos um detalhe do parto, normal e sem importância. Raramente paramos para pensar que esta primeira vocalização do recém-nascido é ao mesmo tempo seu arfar aflito para ingerir ar, para não sufocar.

Neste exemplo, a necessidade e a satisfação da necessidade são tão evidentes que é impossível ignorá-las. Ao examinar a origem das primeiras percepções do bebê, tornamo-nos conscientes de que elas surgem como uma função da necessidade e da satisfação da necessidade. No ritmo do ciclo biológico diário da vida do recém-nascido, necessidades se repetem constantemente a intervalos breves, de uma ou de outra forma. Elas nem sempre recebem satisfação imediata.

Entre a sensação de necessidade e seu desaparecimento através de satisfação da necessidade, são freqüentes as demoras. Essas demoras desempenham um papel primordial no desenvolvimento adaptativo. A frustração resultante da demora está na origem do comportamento adaptativo e de um dos instrumentos de adaptação mais importantes, isto é, dos traços mnemônicos e da memória.

Ao discutir o teste da realidade, Freud (1925a) ressalta o problema de saber "se alguma coisa que está no ego como uma representação pode ser também redescoberta na percepção (realidade)"; ele prossegue, linhas adiante: "é evidente que uma precondição para que se faça o teste de realidade é que os objetos que alguma vez trouxeram real satisfação tenham sido perdidos".

No início do desenvolvimento da percepção, no que eu denominaria percepção primária mediada pela cavidade oral, presenciamos um constante refluxo e fluxo dos dois afetos primários, o afeto de desprazer e o afeto de prazer, seguindo-se ao aumento da necessidade a sua satisfação.

No recém-nascido, a região oral e a cavidade oral têm duas funções muito diferentes, ambas de suprema importância para a sobrevivência. Uma é a *ingestão*, que assegura a sobrevivência física imediata do *indivíduo*. A segunda função é a *percepção*, que no recém-nascido também começa na extremidade rostral, a região oral, e na cavidade oral. A partir daqui a percepção se subdividirá em suas cinco modalidades executivas: tato, paladar, olfato, visão e audição. Por isso, a representação central da região oral e perioral torna-se a organização adaptativa primordial, servindo para a sobrevivência da *espécie*. Não é de admirar que se torne o campo de operação para os primeiros processos dinâmicos, para a primeira atividade pulsional – os indicadores observáveis desta atividade são os afetos que mencionei acima.

Decorre logicamente que o desenvolvimento posterior da percepção também estará intimamente ligado com o afeto. Que isto é assim fica evidente a partir de uma série de marcos de desenvolvimento na gênese da percepção a distância, da discriminação diacrítica, da reação de sorriso, e na seqüência de desenvolvimento. Como mostraremos adiante, é o afeto que abre caminho para o desenvolvimento; isto é válido para o desenvolvimento da percepção, assim como de todas as outras funções.

Contudo, independentemente de nossos resultados, experiências com adultos (Bruner e Goodman, 1947; Levine, Chein e Murphy, 1942; Sanford, 1936, 1937) mostraram que a necessidade (que, naturalmente, provoca o afeto) impõe-se, deturpa a percepção e deforma a realidade em algo que se aproxima da realização do desejo. No entanto, isto é apenas o extremo do espectro da influência do afeto sobre a percepção. Todo psicanalista confirmará que a percepção é constantemente influenciada pela tendência afetiva predominante do sujeito. Não precisa alcançar de fato a realização do desejo. O afeto influencia a percepção, torna-a importante ou sem importância, dota os vários objetos de percepção com valências; por exemplo, na escotomização (Laforgue, 1930), exclui alguns perceptos, enquanto acentua outros. Por último, os afetos determinam a relação entre percepção e cognição.

É por isso que, em ciência, tentamos excluir o papel dos afetos e tentamos reduzir a percepção à leitura de uma escala. Este método, que considero reducionista, produziu resultados extraordinários nas ciências físicas; de fato, foi intitulado "*o método científico*". Mas quando este método de mensuração, de quantificação, é aplicado indiscriminadamente ao sujeito vivo, e particularmente ao homem, ele acaba por deter o progresso do conhecimento. Lembramos o lamento de Agostinho, citado no início do Capítulo 2. No sujeito vivo, e particularmente no homem, afetos, agora e sempre, servem para explicar comportamentos e acontecimentos psicológicos. E os afetos até hoje têm desafiado a mensuração.

Capítulo 5
O precursor do objeto

> *Incipe. parve puer, risu cognoscere matrem!*
>
> Virgílio, *Geórgica.*

A reação de sorriso

No início do segundo mês de vida, o rosto humano torna-se um percepto visual privilegiado, preferido a todas as outras "coisas" do ambiente do bebê. Agora o bebê é capaz de isolá-lo e distingui-lo do plano de fundo. Investe nele sua atenção completa e prolongada. No terceiro mês, este "voltar-se para", em resposta ao estímulo do rosto humano, culmina em uma resposta nova, claramente definida, e específica da espécie. Nessa ocasião, o progresso da maturação física e do desenvolvimento psicológico do bebê permite-lhe coordenar pelo menos uma parte de seu equipamento somático e usá-lo para a expressão de uma experiência psicológica; ele agora responderá ao rosto adulto com um sorriso. Excetuando-se o fato de o bebê seguir com os olhos o rosto humano no segundo mês, este sorriso é a primeira manifestação comportamental, ativa, dirigida e intencional, o primeiro indicador da transição de completa passividade do bebê para o início do comportamento ativo que, de agora em diante, desempenhará um papel cada vez mais importante.

No terceiro mês de vida, o bebê responde ao rosto do adulto sorrindo, se forem preenchidas certas condições: o rosto deve se apresentar de frente, de maneira que o bebê possa ver os dois olhos, e deve mover-se. É indiferente que seja uma ou outra parte do rosto ou da cabeça que se mova, que se trate de um meneio da cabeça, ou de um movimento da boca, etc. Nesta idade, nada mais, nem mesmo o alimento, provoca essa resposta. É certo que se você der a uma criança, criada com mamadeira, a mesmíssima mamadeira cheia de leite, bico e tudo o mais, ocorrerá freqüentemente uma mudança visível em seu comportamento. Bebês, com desenvolvimento maior do que o de sua idade cronológica, interromperão suas atividades, às vezes fazendo movimentos de sucção com a boca. Às vezes, tentarão esticar os braços em direção à mamadeira; mas não sorrirão diante da mamadeira. Bebês mais atrasados podem até nem mudar seu comportamento; mas responderão com um sorriso ao rosto do adulto.

Fizemos um estudo experimental detalhado desse fenômeno (Spitz e Wolf, 1946). Pesquisamos uma população de 145 crianças, desde o nascimento até doze meses de idade. Como mostramos na Tabela III, esta população era diversificada segundo a origem étnica, social e nacional. Cada uma das crianças foi observada, de acordo com o método descrito no Capítulo 2. Além disso, os bebês foram expostos, em intervalos regulares, a inúmeros estímulos e situações experimentais.

Estabeleceu-se que a reação de sorriso aparece como uma manifestação comportamental numa etapa específica do desenvolvimento do bebê, entre dois e seis meses de idade.

Tabela III
REAÇÃO DE SORRISO DE ACORDO COM AMBIENTE E RAÇA

Reação	Instituição			Lar		
	Branca	Negra	Indígena	Branco	Indígena	Total
Sorriso	53	26	23	14	26	142
Não-sorriso	1	1	–	1	–	3
Total	54	27	23	15	26	145

Sob as condições acima especificadas, 98% dos bebês sorriram durante este período, em reação ao rosto de qualquer indivíduo, amigo ou estranho, independentemente de sexo ou cor (significativo ao nível de confiança acima de 0,1%).

Cronologicamente, esta reação é estritamente limitada. Antes dos dois meses, isto é, entre o nascimento e o fim do segundo mês, apenas 2% de nossa população sorriu em *reação* à apresentação de *qualquer* estímulo (significativo ao nível de confiança acima de 0,1%).

No outro extremo, após a idade de seis meses, a grande maioria de nossa população não mais sorria quando o estímulo, que provocara sorriso entre dois e seis meses, lhes era apresentado por um *estranho*. Assim, na segunda metade do primeiro ano, reações indiscriminadas de sorriso diante do rosto do adulto cessaram em mais de 95% de nossa população. Em menos de 5% dos bebês por nós observados, manteve-se essa reação de sorriso. Em outras palavras, crianças com menos de dois meses seguramente não sorrirão diante de ninguém, nem de nada; as mesmas crianças, após atingirem a idade de seis meses, reservarão sua reação de sorriso para as mães, os amigos, em resumo, para seus objetos de amor, e não sorrirão para estranhos.

Resultados experimentais

Delineamos e estudamos os elementos e significado do estímulo que provoca o sorriso do bebê entre o fim do segundo mês e o fim do sexto mês. Examinamos se e como este sorriso está relacionado às relações objetais do bebê. Estabeleceu-se que a reação de sorriso do bebê, no terceiro mês de vida, seu reconhecimento do rosto humano, não indicam uma verdadeira relação objetal. Realmente, nesta reação, o bebê de três meses não percebe um parceiro humano, nem uma pessoa, nem um objeto libidinal, mas apenas um sinal[1].

---
1. A definição do termo "sinal" será dada posteriormente.

Certamente, este sinal é fornecido pelo rosto humano, mas, como demonstraram nossas outras experiências, não é a totalidade do rosto humano, com todos os detalhes, que constitui o sinal, mas uma *Gestalt* privilegiada que existe nele. Esta *Gestalt* privilegiada consiste na testa, olhos e nariz, o todo em movimento. Este resultado tem sido, desde então, confirmado pelas pesquisas de Rolf Ahrens (1954).

Está provado que o bebê responde, de fato, à *Gestalt*, e não a uma pessoa em particular, pelo fato de que sua resposta não se limita a um indivíduo (tal como a mãe), mas os indivíduos a quem ele responde com um sorriso são livremente intercambiáveis. Não apenas a mãe do bebê, mas qualquer pessoa, homem ou mulher, branca ou negra, pode, neste estágio, provocar a reação de sorriso se preencher as condições exigidas pela *Gestalt* privilegiada, que age como um desencadeador da resposta.

Uma experiência extremamente simples pode ser realizada para mostrar que o que desencadeia o sorriso é um sinal gestáltico, que consiste de uma parte circunscrita do rosto. Nesta experiência estabelece-se contato com um bebê de três meses, sorrindo para ele e fazendo movimentos com a cabeça; o bebê reage sorrindo, tornando-se ativo e movimentando-se (Fig. 5).

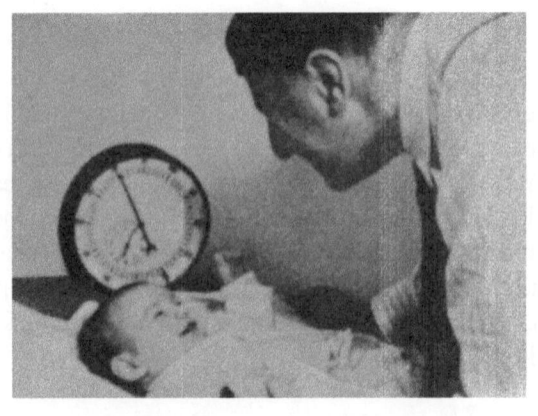

Figura 5 – Reação ao rosto sorridente.

Em seguida, a pessoa vira a cabeça, ficando de perfil, continuando a sorrir e a menear a cabeça; o bebê pára de sorrir, sua expressão se torna perplexa (Fig. 6). Bebês mais desenvolvidos parecem procurar freqüentemente com o olhar algum ponto, na região do ouvido do experimentador, como se estivessem procurando pelo olho que desapareceu; crianças sensíveis parecem responder com um tipo de choque e levam tempo para restabelecer contato. Esta experiência demonstra que o bebê de três meses é ainda incapaz de reconhecer o rosto humano, de perfil; em outras palavras, o bebê não reconhece, de forma alguma, seu parceiro humano; ele apenas percebe o sinal gestáltico de testa, olhos e nariz. Quando esta *Gestalt* se modifica pela posição de perfil do rosto, o percepto não é mais reconhecido; perdeu sua tênue qualidade objetal.

Figura 6 – Reação ao rosto de perfil.

Estudamos as propriedades da *Gestalt* que consideramos ser o estímulo disparador. Fizemos isto eliminando um ou outro de seus elementos componentes (por exemplo, cobrindo um olho, apresentando ao bebê um rosto imóvel, etc.). Substituímos, depois, o rosto humano por um artefato (uma máscara feita de papelão). Verificamos que isto era tão eficaz quanto o rosto humano para provocar o sorriso do bebê de três meses. Tinha a vantagem adicional de prestar-se muito mais facilmente a modificações, permitindo-nos assim isolar os elementos essenciais que constituem a *Gestalt* privilegiada.

Em conseqüência destas experiências, chegamos à conclusão de que o sorriso do bebê, entre três e seis meses, não é provocado pelo rosto de um ser humano, mas por um indicador gestáltico, uma *Gestalt*-sinal.

Se relacionarmos este resultado ao sistema da teoria psicanalítica, é evidente que a *Gestalt*-sinal não é um verdadeiro objeto; por isso denominei-a *pré-objeto*. O que o bebê reconhece nesta *Gestalt*-sinal não são as qualidades essenciais do objeto libidinal, nem os atributos que motivam o objeto a atender às suas necessidades, protegê-lo e satisfazê-lo. O que ele reconhece durante o estágio pré-objetal são atributos secundários, externos e não essenciais. Reconhece uma *Gestalt*-sinal, que é uma configuração no rosto humano – não num rosto individual específico, mas em qualquer rosto que lhe seja apresentado de frente e em movimento.

O reconhecimento de um rosto individual é um desenvolvimento posterior; levará de quatro a seis meses antes que o bebê se torne capaz de distinguir um rosto entre muitos, dotar o rosto com atributos objetais. Em outras palavras, o bebê então se torna capaz de transformar o que era apenas uma *Gestalt*-sinal em seu único objeto próprio de amor individual. É o indicador aparentemente visível do processo intrapsíquico de formação objetal, a parte observável do processo de estabelecimento de um objeto libidinal.

A *Gestalt*-sinal, que o bebê reconhece na fase dos três meses (como indicado pelo aparecimento da reação de sorriso recíproco) é uma transição da percepção de "coisas" (que é nosso termo para o "objeto" da psicologia acadêmica) para o estabelecimento do objeto libidinal. O último distingue-se das "coisas", e também do pré-objeto, por ter sido dotado com qualidades essenciais no decorrer das trocas mútuas entre mãe e filho. Nestas trocas, o objeto, ou antes, o que se tornará objeto, é progressivamente investido com catexia libidinal. A *história* individual destes investimentos catéxicos, isto é, a origem das qualidades essenciais que caracterizam o objeto libidinal, distingue-o das "coisas". As qualidades essenciais do objeto devem a essa gênese sua relativa imutabilidade através das vicissitudes da vida. Seus atributos externos não são essenciais e, portanto, podem ser modificados, como já mencionei. Por outro lado, só as qualidades externas constituem os atributos das "coisas"; estas não possuem os atributos mais essenciais, desenvolvidos historicamente. Por essa razão, qualquer mudança, qualquer modificação desses atributos externos torna o reconhecimento da "coisa" problemático ou impossível.

Realmente, as *Gestalten*-sinais constituem a marca característica das "coisas", seu atributo integral. Como tal são permanentes, mas sua permanência externa é incompatível com as características do objeto libidinal. Portanto, a *Gestalt*-sinal, à qual o bebê reage na idade de três meses, não permanece. Entretanto, pelo fato de essa *Gestalt*-sinal ser elaborada como sinal no decorrer do desenvolvimento das relações objetais, será dotada com uma qualidade que transcende os atributos das "coisas". Assim ela garante seu lugar na "embriologia" do objeto libidinal, desenvolvido a partir dela.

Para verificar estas afirmações, podem ser realizadas experiências tão convincentes e simples como a do perfil. Apresenta-se ao bebê uma máscara de papelão. Filmes (Spitz, 1948a) dessas experiências mostram que, aos três meses, o bebê sorri tão prontamente para a máscara como o faz para o rosto humano (Fig. 7) e que o sorriso cessa quando a máscara é virada de perfil (Fig. 8).

Empreendemos outras experiências com a finalidade de descobrir que elementos da configuração facial são indispensáveis para desencadear a reação de sorriso.

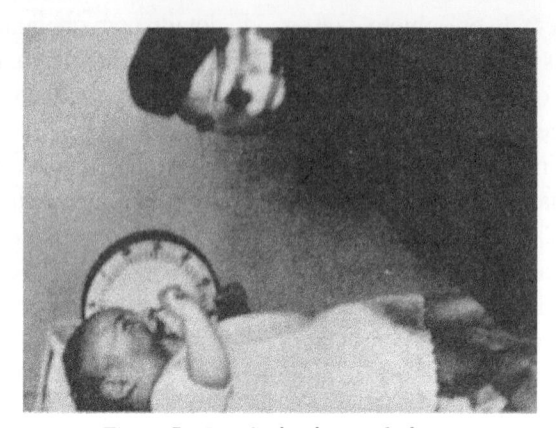

Figura 7 – Reação à máscara de frente.

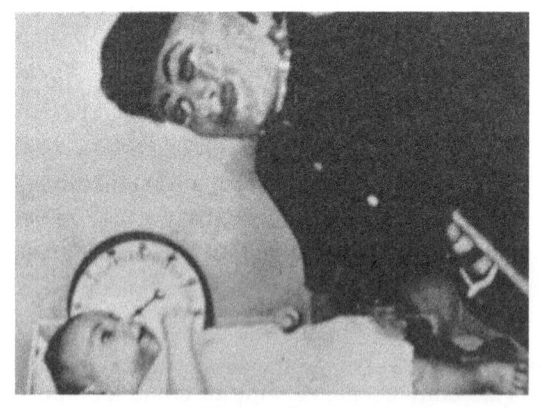

Figura 8 – Reação à máscara de perfil.

Ocultamos sucessivamente várias partes de nosso rosto com um pedaço de papelão branco e, então, a apresentamos (em movimento) ao bebê. Quando a parte inferior do rosto era coberta, a reação de sorriso era provocada como antes. Entretanto, se a parte superior do rosto, inclusive os olhos, ou apenas um dos olhos, era coberta, a reação de sorriso não era provocada. Se um ou os dois olhos eram cobertos enquanto o bebê estava sorrindo para o rosto em movimento do experimentador, a reação de sorriso cessava abruptamente[2].

Estas experiências mostraram definitivamente que não é o rosto humano como tal, ou mesmo o rosto humano como um todo, mas uma configuração específica no rosto que desencadeia a reação de sorriso do bebê. Esta configuração consiste na região testa–olhos–nariz. Essa *Gestalt*-sinal concentra-se em torno dos olhos. Acredito que o elemento olho dessa configuração é da natureza do estímulo-chave de um IRM (Innate Releaser Mechanism, Lorenz) como foi definido antes (Spitz, 1955c, 1957), provavelmente com valor de sobrevivência. Esta opinião foi apoiada pelas experiências realizadas com seres humanos, por Ahrens (1954), e pelas de Harlow, com macacos Rhesus (comunicação pessoal, 1961).

Finalmente, é interessante mencionar aqui que, no decorrer de nossas experiências, conseguimos elaborar um estímulo supernormal (Tinbergen, 1951). Para o bebê, o estímulo supernormal consiste em substituir o sorriso no rosto em movimento por um arreganhar dos lábios, semelhante ao do animal selvagem que mostra os dentes. Este estímulo supernormal provoca a reação de sorriso do bebê mais segura e prontamente do que o rosto sorridente e em movimento. Pode-se supor que temos aqui um estímulo adicional que segue a lei de *adição heterogênea* (Seitz, 1940; Tinbergen, 1951).

Pode-se perguntar por que o estímulo desencadeador deve estar em movimento. Uma discussão pormenorizada desta ques-

---
2. Meus colaboradores e eu continuamos essa experiência a fim de esclarecer outros pormenores na história natural da reação de sorriso. Os resultados essenciais, como a idade de início e declínio da reação, o estímulo que a desencadeia, etc., foram confirmados por estas experiências. Foram obtidos outros resultados, que podem fornecer mais informações sobre o aparecimento e funcionamento da psique infantil. Por exemplo, conseguimos novas informações através de nossas recentes experiências sobre o início da percepção de profundidade (ver Capítulo 4). Para discussão de alguns de nossos resultados, ver Polak, Emde e Spitz, 1964, 1965.

tão poderia nos levar longe, até a filogenia e psicologia animal. Mas, de modo geral, eu proporia uma hipótese provisória. Não é que o estímulo desencadeador deva estar em movimento, mas é o movimento que é parte e parcela do estímulo desencadeador. O movimento é a maneira mais eficaz de separar a figura do fundo. Como foi visto, a partir das experiências relatadas, o estímulo desencadeador tem propriedades gestálticas; o movimento parece intensificá-las. É por isso que acho provável que o movimento seja parte de, e pertença ao estímulo-chave inato do IRM da reação de sorriso.

Tudo isso parece um tanto mecânico: *Gestalten*-sinais, mecanismos disparadores, desencadeando respostas inatas. O leitor bem poderia perguntar: não poderia uma boneca mecânica equipada com a *Gestalt*-sinal, criar nossos filhos? Não, não poderia; e nos capítulos subseqüentes explicarei por que não[3]. Por ora, basta dizer que, embora o equipamento inato exista no bebê desde o primeiro minuto de vida, ele tem de ser ativado; o lampejo vital tem de ser conferido ao equipamento através de trocas com outro ser humano, com um parceiro, com a mãe. Só uma relação recíproca é capaz disso. Só uma relação recíproca pode fornecer o fator experiencial ao desenvolvimento do bebê, consistindo, como consiste, em uma troca circular contínua, em que os afetos desempenham o papel principal. Quando o bebê sente uma necessidade, esta provocará nele um afeto que conduzirá a mudanças comportamentais que, por sua vez, provocam uma resposta afetiva e sua atitude concomitante da mãe; ela se comporta "como se compreendesse" qual necessidade específica do bebê causa sua manifestação afetiva (Spitz, 1962, 1963a, b, c). Uma relação entre uma boneca mecânica, automática, e o bebê seria unilateral. É o mútuo dar e receber, a constante mudança e troca entre esses elementos únicos (embora a soma

....
3. Harlow, em uma série de experiências realizadas com macacos Rhesus, provou exatamente isto (Harlow, 1959, 1960a, b, c, d, e, 1962; Spitz, 1962, 1963a, b, c).

total continue sendo a relação diádica), que representa a essência do que estamos tentando descrever e transmitir ao leitor. O *feedback* recíproco dentro da díade mãe-e-filho, e filho-e-mãe, está em fluxo contínuo. Entretanto, a díade é basicamente assimétrica. A contribuição da mãe para a relação é completamente diferente da contribuição do bebê. Cada um deles é o complemento do outro, e enquanto a mãe fornece o que o bebê precisa, o bebê por sua vez (embora isto geralmente seja menos reconhecido) fornece o que a mãe precisa.

Da recepção passiva às relações objetais ativas

O que ressaltamos nos últimos parágrafos do tópico anterior leva a uma conclusão inevitável. A partir do início da vida, é a mãe, o parceiro humano do filho, que serve de mediador a toda percepção, toda ação, todo *insight*, todo conhecimento. Apresentamos provas disto na área da percepção visual. Quando os olhos do bebê seguem cada movimento da mãe; quando ele consegue isolar e estabelecer uma *Gestalt*-sinal no rosto da mãe, então, através da instrumentalidade da mãe, ele isolou uma entidade significativa no caos de "coisas" sem significado do ambiente. Devido às contínuas trocas afetivas, esta entidade – o rosto da mãe – assumirá para a criança um significado cada vez maior.

O processo de selecionar uma entidade significativa a partir de um universo de coisas sem significado e estabelecê-la como uma *Gestalt*-sinal faz parte da natureza do processo de aprendizagem. É uma transição de um estado em que o bebê percebe apenas emocionalmente para um estado mais diferenciado, em que ele percebe de maneira discriminante ou, como prefiro dizer, diacrítica. Nossos filmes mostram, de modo marcante, como o peito da mãe, seus dedos, oferecem ao bebê que está sendo amamentado inúmeros estímulos táteis; como estes estímulos lhe dão a oportunidade de aprender e praticar a percepção e a orientação; como o bebê experimenta o toque superficial, a sensibilidade profunda e o equilíbrio sobre o corpo da mãe, reagindo aos movimentos dela; e é quase desnecessário acrescentar que é a voz materna que oferece ao bebê estímulos acústicos vitais, que são os pré-requisitos para o desenvolvimento da fala.

De passagem, é preciso dizer que a aquisição da fala, que tem início no decorrer do primeiro ano de vida, é um processo complexo. Envolve percepção e descarga de energia. Como fenômeno psicológico, a aquisição da fala fornece-nos também mais informações sobre a transição do bebê de um estado de passividade (em que a descarga de tensão obedece ao princípio do prazer-desprazer) para o estado de atividade, em que a descarga, como tal, torna-se uma fonte de satisfação. Nessa fase, a atividade sob a forma elementar de atividade lúdica começa a contribuir para o desenvolvimento. A vocalização do bebê, que a princípio serve para descarregar tensão, passa por modificações progressivas até tornar-se um jogo em que a criança repete e imita sons que ela mesma produziu. No início, o bebê não faz discriminação entre os sons vindos do ambiente que a circunda e os produzidos por ele. Em conseqüência da maturação, os vários setores dos órgãos perceptivos separam-se uns dos outros, no decorrer dos primeiros dois meses de vida. Em certo momento deste processo, cronologicamente em torno do terceiro mês de vida, o bebê se torna consciente de que pode ouvir os sons que ele mesmo produz e que estes sons são diferentes daqueles que vêm do ambiente que o cerca. Ele não pode influir nos sons do ambiente, mas tem o poder de entreter-se, produzindo seus próprios ruídos ou parando de produzi-los.

Parece-me que esta deve ser uma das primeiras atividades em que o bebê vivencia sua onipotência. Agora, a criança começa a ouvir sua própria vocalização. A vocalização, como tal, conserva sua qualidade de descarga, de redução de tensão, de prazer. Porém um novo prazer entrou em sua vida: o domínio da produção de algo que pode ser recebido como estimulação em outro setor do sensório. Agora, após o terceiro mês de vida, podemos observar as experiências do bebê quanto a essa habilidade, através de seus monólogos balbuciantes. Logo notamos como o bebê produz sons, geralmente de variedade rítmica, repetitiva, linguais e labiais. Ouve-os cuidadosamente e os repete inúmeras vezes, criando seu próprio eco, a primeira imitação acústica. Seis meses mais tarde, ele utilizará esta experiência ao imitar os sons que ouve de sua mãe.

Esta seqüência também ilustra um detalhe menor da transição do nível narcisista, no qual a criança toma-se como objeto, para o nível das relações objetais propriamente ditas. No final do primeiro ano, quando a criança repete sons (e palavras) procedentes da mãe, ela substitui o objeto autista, sua própria pessoa, pelo objeto do mundo externo, a pessoa da mãe.

Ao mesmo tempo, esses jogos constituem o substrato de um outro aspecto no início do desenvolvimento das relações objetais. A repetição de sons, primeiro os procedentes da criança e posteriormente os da mãe, assumirá passo a passo, de maneira pouco perceptível ao observador, o papel de sinais semânticos. Mas, antes que isto venha a acontecer, devem ocorrer maiores transformações dinâmicas, e estruturas completamente novas devem organizar-se na psique infantil.

O papel do afeto na relação mãe-filho

Mais uma vez somos obrigados a voltar às origens e discutir o papel totalmente abrangente da mãe no aparecimento e desenvolvimento da consciência do bebê e a participação vital que ela tem nesse processo de aprendizagem. Neste contexto, é inestimável a importância dos sentimentos da mãe em relação a ter um filho, o "seu" filho. Sabe-se que estes sentimentos variam dentro de uma escala muito ampla, mas não se tem muita consciência disso, porque quase todas as mulheres se tornam mães meigas, amorosas e dedicadas. Criam na relação mãe-filho o que denominamos *clima emocional* favorável, sob todos os aspectos, ao desenvolvimento da criança. São os sentimentos maternos em relação ao filho que criam esse clima emocional. O amor e afeição pelo filho o tornam um objeto de contínuo interesse para a mãe;

e além desse interesse persistente ela lhe oferece uma gama sempre renovada, rica e variada, todo um mundo, de experiências vitais. O que torna essas experiências tão importantes para a criança é o fato de que elas são interligadas, enriquecidas e caracterizadas pelo afeto materno; e a criança responde afetivamente a esse afeto. Isto é essencial na infância, pois nesta idade os afetos são de importância muitíssimo maior do que em qualquer outro período posterior da vida. No decorrer de seus primeiros meses, a percepção afetiva e os afetos predominam na experiência do bebê, praticamente com exclusão de todos os outros modos de percepção. Do ponto de vista psicológico, o sensório, o aparelho perceptivo e a discriminação sensorial ainda não estão suficientemente desenvolvidos. De fato, grande parte deste aparelho ainda não amadureceu. Portanto, a atitude emocional da mãe, seus afetos, servirão para orientar os afetos do bebê e conferir qualidade de vida à experiência do bebê.

Evidentemente, há infinitas variações de mãe para mãe. Para tornar a questão ainda mais complexa, cada mãe individualmente é, dentro de si mesma, diferente de dia para dia, de hora para hora, de situação para situação. A personalidade individual do bebê influi sobre esse padrão mutante em processo circular, influenciando a gama de afetos da mãe por seu comportamento e por suas atitudes. Dependendo da personalidade da mãe, o fato de o filho ser precoce ou retardado, fácil ou difícil, submisso ou rebelde, fará muita diferença.

Isto é ilustrado pela reação de sorriso que aparece no terceiro mês de vida. Entretanto, essa idade não passa de uma média estatística. A mais precoce reação de sorriso registrada em nossos filmes apareceu em uma criança de apenas vinte e seis dias. Por outro lado, a reação de sorriso também pode aparecer muito mais tarde, em algumas crianças só aos cinco ou seis meses. É evidente que estas diferenças influenciarão, de modo decisivo, o clima emocional da relação mãe-filho. A reação de sorriso é apenas um exemplo menor dentre os vários comportamentos e manifestações comportamentais que governam as múltiplas relações que se desenvolvem entre o bebê e a mãe.

Tomemos um outro exemplo: o comportamento alimentar do bebê. De modo geral, a reação de sorriso permite apenas duas alternativas: existe ou não existe. Ao contrário, as variedades de comportamento alimentar por parte do bebê são inúmeras. Temos aquele que come bem, que toma rapidamente todo o alimento, com satisfação, e adormece após o último gole. Temos aquele que come mal, que tem de ser adulado interminavelmente e não parece comer o quanto deveria; há a criança que se satisfaz com suas quatro ou cinco mamadas diárias e depois dorme a noite inteira e a criança que recusa sua última mamada à noitinha, mas solicita alimento no decorrer da noite; e assim por diante. Evidentemente, estas diferenças na atitude do bebê irão modelar as relações da díade. A reação da mãe permissiva será diferente da reação da mãe rejeitadora ou hostil; a da mãe segura, diferente daquela da mãe ansiosa ou com sentimentos de culpa. É igualmente óbvio que o problema da mãe irá se refletir no comportamento do bebê, levando sob certas condições a um agravamento do conflito. Um exemplo da patologia a que podem chegar os distúrbios da relação mãe-filho é a chamada cólica dos três meses.

Pode-se alegar que a mãe não é o único ser humano no ambiente da criança, nem o único que tem influência emocional; que o ambiente compreende pai, irmãos, parentes e outros, podendo ter todos eles significado afetivo para a criança. Mesmo o ambiente cultural e seus costumes têm uma influência sobre a criança, já no decorrer do primeiro ano de vida. Tudo isto é evidente; entretanto, nem sempre lembramos que em nossa cultura ocidental estas influências são transmitidas à criança pela mãe ou seu substituto.

Por esta razão, concentrei minha pesquisa basicamente no problema das relações mãe-filho. Além do mais, através dos primeiros meses de vida e mesmo nos primeiros anos, a relação mãe-filho é o fator psicológico mais sensível a uma intervenção terapêutica e a uma intervenção profilática, e por isso merece estudo constante e atenção especial.

Na relação mãe-filho, a mãe representa os dados ambientais – ou poderia ser dito que a mãe *é* a representante do ambiente.

Do lado da criança, os dados compreendem o equipamento congênito do bebê, que consiste em *Anlage* e maturação.

De forma alguma podemos ignorar o significado do desenvolvimento neural, tanto embriológico como epigenético, durante os primeiros meses e anos de vida. Sem maturação do sistema nervoso, ações e padrões de comportamento seriam impossíveis. Muitas funções sofrem mudanças como resultado da interação da maturação fisiológica com o desenvolvimento psicológico. Até certo ponto estas mudanças são independentes do ambiente, pois um número considerável de seqüências e séries de maturação é inato. Não discutiremos isto aqui, porque a pesquisa destes problemas não é pertinente ao presente estudo.

Para o nosso objetivo, os fatores relevantes são: de um lado, a mãe com sua individualidade madura e estruturada; de outro lado, a criança cuja individualidade vai-se abrindo, desenvolvendo e estabelecendo progressivamente; os dois estão em contínua inter-relação circular. A mãe e o filho não vivem em um vácuo, mas em um meio socioeconômico cujos referenciais mais diretos são os membros da família imediata, ao passo que seus referenciais mais distantes consistem no grupo étnico, na cultura, na tecnologia, na situação nacional, no período histórico e na tradição. Mais adiante retomaremos a discussão dos dois "fatores" realmente essenciais, que formam o par simbiótico mãe-filho (Benedek, 1938, 1949; Mahler, 1952). Todas essas considerações deixaram bem claro que as relações objetais vão do aparecimento do pré-objeto até o momento em que a mãe é dotada com as qualidades de objeto libidinal. Agora examinaremos as conseqüências do estabelecimento do pré-objeto, e no decorrer dos capítulos posteriores discutiremos com maior detalhe a natureza, a composição e as vicissitudes das relações objetais na preparação destas estruturas psicológicas que, por último, levam ao estabelecimento do objeto libidinal.

Significado teórico do estabelecimento do pré-objeto

As conseqüências e o significado do estabelecimento do primeiro precursor do objeto libidinal são os seguintes:

a. Este é o estágio em que o bebê passa do que denominei *recepção* de estímulos vindos de dentro para a *percepção* de estímulos vindos de fora.
b. Essa transição é possível quando o bebê atinge a capacidade de suspender temporariamente o funcionamento incondicional do princípio do prazer-desprazer, que mobiliza toda a sua atenção para os estímulos que vêm de dentro. Ele pode agora suspender esta solicitação o tempo suficiente para que a apresentação dos estímulos externos transmitidos pelo sensório possa ser catexiada. Em resumo, o princípio de realidade começa a funcionar.
c. O fato de que o bebê é agora capaz de reconhecer o rosto humano e indicar isto, através da reação de sorriso, mostra que foram estabelecidos traços de memória. Isto significa que ocorreu uma divisão do aparelho psíquico. Chamamos suas partes constituintes de Cs., Pcs., Ics. Em outras palavras, podemos agora começar a aplicar o ponto de vista tópico.
d. Isto mostra também que o bebê tornou-se capaz de deslocar cargas de catexia de uma função psíquica para outra, de um traço de memória para o seguinte. O reconhecimento do *Gestalt*-sinal implica uma transferência da catexia da apresentação sensorial do percepto (rosto humano no presente) para o traço de memória do percepto equivalente (rosto humano percebido no passado).
e. A capacidade de transferir a catexia de um traço de memória para outro traço de memória (comparando "o que está registrado no interior como imagem com aquilo que é percebido externamente" [Freud, 1925a]) corresponde à definição de Freud do processo do pensamento[4].

---

4. Em seu artigo "Formulation on the Two Principles of Mental Functioning", Freud (1911) descreveu o pensamento como segue: "É essencialmente um tipo experimental de ação, acompanhado pelo deslocamento de quantidades relativamente pequenas de catexia junto com menos dispêndio (descarga) delas." Em "O homem dos ratos", Freud (1909) definiu pensamento como segue:

f. Todo esse desenvolvimento também marca o início de um ego rudimentar. Ocorreu uma estruturação na somatopsique. Ego e id separam-se e o ego rudimentar começa a funcionar. As ações desajeitadas – na maioria das vezes malsucedidas, ainda que manifestantemente dirigidas e intencionais – que a criança começa a desempenhar são indicadores desse funcionamento. Desde o início elas servem para dominar e defender. A operação de direção do ego rudimentar reflete-se na crescente coordenação e direção da atividade muscular. Freud (1923) denominou este ego rudimentar *ego corporal*. Irá tornar-se parte do que Hartmann (1939) chamou "a esfera livre de conflito do ego".

Ao mesmo tempo podemos já observar, neste precursor arcaico do ego, uma tendência à síntese. Esta tendência foi descrita por vários autores de diferentes pontos de vista. A descrição mais amplamente aceita é a de Nunberg (1930), que a chamou de função sintética do ego. O conceito de Hartmann (1950) da função organizadora do ego representa, creio eu, apenas um aspecto diferente da mesma tendência.

Como já declarei em outra parte (Spitz, 1959), creio que esta tendência é geral na matéria viva. Referi-me a ela pela primeira vez em 1936 e denominei-a "tendência integrativa"; ela conduz da esfera orgânica, isto é, da embriologia, à psicologia e à esfera do desenvolvimento. Minhas idéias foram estimuladas pela proposição de Glover (1933, 1943) do conceito de núcleos do ego. Em sua primeira formulação ele falou de um "modelo ou protótipo de um núcleo primitivo do ego, autônomo e independente" (Glover, 1932). O exemplo dado por ele foi o sistema oral sa-

---

"... processos de pensamento são geralmente conduzidos (por razões de economia) com menores deslocamentos de energia, provavelmente a um nível mais alto [de catexia] do que os atos que pretendem desencadear descarga ou modificar o mundo exterior". Freud apresenta esta proposição em "Project for a Scientific Psychology". Elaborou-a no mesmo livro com maiores detalhes (1895), assim como no Capítulo VII de *A interpretação dos sonhos* (1900).

tisfazendo o instinto no "objeto" (mamilo materno). Este conceito concorda inteiramente com o meu; para mim são partes constituintes do ego, que têm como protótipo funções fisiológicas inatas, em grande parte transmitidas filogeneticamente, bem como padrões de comportamento inatos. Posteriormente, Glover (1943) parece ter revisto o seu conceito eliminando dele toda referência a um protótipo, fisiológico ou outro, definindo-o puramente em termos psíquicos. Entretanto, acrescenta a idéia de que, desde o começo, a psique tem uma função sintética que opera com força progressivamente crescente.

Quanto à função sintética da psique, estou novamente de pleno acordo com Glover, embora eu ache que a formação de um ego rudimentar se dá muito mais cedo, isto é, aos três meses de vida. Ainda estou convencido de que a transição do somático ao psicológico é contínua e que, por isso, os protótipos de núcleos psíquicos do ego devem ser encontrados em funções fisiológicas e comportamento somático. Exemplos disso são a função do tipo IRM do percepto da *Gestalt*-sinal, causando a reação do sorriso; ou o reflexo de fixação e seus diferentes papéis, do ponto de vista do comportamento apetitivo, de um lado, e de outro, do ponto de vista do comportamento consumatório (Spitz, 1957); ou o padrão adormecer-despertar (Gifford, 1960); e muitos outros.

Estes *protótipos* de núcleos do ego, mais ou menos autônomos no nascimento, servirão ao recém-nascido, mais tarde, em suas trocas pré-objetais com a mãe. No decorrer destas interações, modificam-se como um resultado de investimento catético, dotado de conteúdo psíquico e transformado em núcleos *psíquicos* do ego.

Aos três meses, ocorre um importante passo de integração, que reúne os diversos núcleos do ego numa estrutura de maior complexidade, formando o ego rudimentar.

Embora seja ele mesmo o produto de forças integrativas que operam na matéria viva, o ego por sua vez torna-se um centro gravitacional de organização, coordenação e integração. Sua força gravitacional aumenta exponencialmente em função do número crescente de núcleos do ego que consegue integrar em sua estrutura.

Núcleos de ego isolados, a princípio relativamente sem força, cruzando-se a esmo, tornam-se uma força sempre crescente quando trabalham em conjunto, na mesma direção, complementando-se, apoiando-se e reforçando-se um ao outro.

g. A função protetora da barreira do estímulo é assumida pelo ego emergente.

No nascimento, a condição de não catexiado do sensório constitui a barreira do estímulo (Spitz, 1955b)[5]. Conseqüentemente, tanto a maturação progressiva das vias neurais quanto as crescentes catexias da representação central de receptores sensoriais irão reduzir gradualmente este limiar que protege contra a percepção exterior. Concomitantemente, processos catéxicos postos em movimento através da atividade dos núcleos do ego conduzem à sua síntese, resultando em um ego rudimentar, isto é, em uma organização central de direção. O ego rudimentar substituirá agora o primitivo limiar de proteção da barreira do estímulo por um limiar superior e mais flexível de processamento seletivo dos estímulos recebidos.

Cargas de energia evocadas pelos estímulos recebidos podem agora ser fragmentadas, distribuídas, entre os vários sistemas de traços de memória armazenados, ou, eventualmente, descarregadas sob a forma de ação dirigida e não mais apenas como excitação difusa casual. A capacidade para a ação dirigida conduz o bebê a um desenvolvimento rapidamente progressivo de diversos sistemas do ego, começando pelo ego corporal, ao qual outros são acrescentados mais tarde. As ações dirigidas propriamente ditas tornam-se não apenas uma saída para a descarga de energia libidinal e agressiva, como também um recurso para adquirir domínio e controle através da psique, facilitando, desta forma, o desenvolvimento. Esta função de atividade diri-

---

5. Ver também Freud (1917b), "... um completo esvaziamento de um sistema torna-o pouco suscetível à instigação...".

gida, de ações como tais, na promoção do desenvolvimento durante o primeiro ano de vida, não foi devidamente considerada na literatura. Falamos muito freqüentemente da pulsão agressiva; raramente se explica que a pulsão agressiva não está limitada à hostilidade. De fato, é incomparavelmente maior e mais importante a parte da pulsão agressiva que serve como motor de todo movimento, toda atividade, grande e pequena, e afinal da própria vida (Spitz, 1953a).

Esta parte da agressividade que é canalizada na ação dirigida para o alvo terá de transpor obstáculos, mas também poderá encontrar facilidades na consecução do objetivo. A maneira pela qual este objetivo é atingido determina os padrões de ação que irão surgir, bem como a sua estrutura. Dependendo do seu sucesso, tais padrões de ação serão preferidos à descarga indiscriminada de agressão: mais tarde, estes padrões de ação levarão à consolidação de vários aparelhos do ego (ex.: locomoção, fala, etc.). Parece-me desejável fazer um estudo mais minucioso destes primeiros padrões de ação, de como são adquiridos no quadro das relações objetais e de como as influenciam. A dinâmica subjacente ao estabelecimento de tais padrões de ação deve dar uma contribuição significativa à teoria psicanalítica da aprendizagem.

    h. Mesmo o observador ingênuo, isento de teorias, não pode deixar de notar a mudança que ocorre no bebê, da passividade para a atividade dirigida, no estágio em que aparece a reação de sorriso.
    i. Finalmente, o aparecimento da reação de sorriso dá início às relações sociais no homem. É protótipo e premissa de todas as relações sociais subseqüentes.

Relacionei nove aspectos de um fenômeno global que pode ser concebido como marcando o ponto de transição do estágio narcisista primário para o estágio do pré-objeto. Tomaremos como ponto de partida a convergência desses nove aspectos do fenômeno e examinaremos detalhadamente, nas páginas seguintes, alguns deles. Entretanto, não podemos perder de vista o fato de que neste ponto, aos três meses de vida, a estrutura psíquica ainda está em seu início, o ego rudimentar e as relações objetais estão no estágio pré-objetal.

Capítulo 6
A plasticidade da psique na primeira infância

O primeiro ano de vida é o período mais plástico no desenvolvimento humano. O homem nasce com um mínimo de padrões de comportamento pré-formados e deve adquirir incontáveis habilidades no decorrer do seu primeiro ano de vida. Nunca mais na vida tanto será aprendido em tão pouco tempo.

No decorrer deste período, o bebê passa por vários estágios, cada um representando uma transformação superior à do estágio precedente. O aparecimento da reação de sorriso marca o final do primeiro desses estágios, o da não-diferenciação, que é também o estágio de maior desamparo do recém-nascido. Considero o próprio desamparo como uma das razões da plasticidade da psique infantil. Outra razão é a ausência, pelo menos nos primeiros seis meses de vida, de uma organização do ego, solidamente estabelecida e que funcione coerentemente.

Após o estágio de completo desamparo e passividade dos primeiros três meses, o bebê passa por um estágio no qual explora, experimenta e expande o território conquistado até então. Essa exploração continua através de constantes trocas e interações com o pré-objeto. Não é que as interações estivessem ausentes anteriormente, mas, no momento, adquiriram novas características, pois o bebê progrediu para uma atividade dirigida e para uma ação estruturada. Agora, padrões de ação são trocados entre a criança e o que virá a ser objeto libidinal e, nestas trocas, o bebê experimenta e estabelece os limites de suas capacidades atuais. Passo a passo ele expande as fronteiras dentro das quais ele traduz em ações dirigidas a pressão de suas pulsões agressivas e libidinais.

Estágios de transição

Em química, o fenômeno de elementos que se combinam para formar compostos é considerado como *in statu nascendi*, pois nesse estágio a ligação entre os compostos é plástica. Não é mera figura de linguagem dizer que, apesar de nascido, em seu primeiro ano, o bebê ainda está *in statu nascendi*. Após a transição do estágio não-objetal de atividade não-dirigida para a atividade estruturada dirigida para o ego, uma segunda transição será introduzida em nível mais elevado de integração. A passagem de um nível para o seguinte faz-se necessariamente por ensaio e erro e, por isso, a transição é cercada de perigos.

Durante o estágio de transição, as experiências do bebê têm mais conseqüências de longo alcance do que em outros períodos, quando sua organização psíquica é mais estável. Se o bebê for exposto a um trauma durante essas transições, haverá conseqüências específicas e às vezes sérias. Estou usando o termo "específico" de propósito. Cada estágio de transição é vulnerável a alguns traumas, mas não especialmente vulnerável a outros. Em termos mais gerais, é porque, em cada estágio de transição, desenvolvem-se mecanismos adaptativos[1], que são os mais apropriados a ele. Contudo, no início de um estágio de transição, os novos mecanismos não estão totalmente prontos e, portanto, o organismo tem de continuar usando os mecanismos do estágio anterior, embora não sejam mais adequados às novas tarefas. O

---
1. A expressão "mecanismos adaptativos" tem aqui a conotação tanto de padrões de comportamento como de mecanismos psicológicos para o processamento de estímulos; engloba até mesmo os mecanismos de defesa do ego.

resultado é um interregno, um tipo de zona imprecisa em que o organismo, compreensivelmente, será mais vulnerável do que no período que o precede ou naquele que o segue. Dificuldades relativamente menores, que mal seriam notadas, digamos, no estágio dois, e que seriam resolvidas facilmente no estágio quatro, assumirão as proporções de um trauma no decorrer do período de transição. Cada estágio sucessivo de transição tem aparentemente seu próprio conjunto de mecanismos adaptativos específicos da idade.

Retomarei o tópico da vulnerabilidade específica da idade nos capítulos subseqüentes; no momento gostaria de ilustrar o fato de que um mesmo estímulo assume significados inteiramente diferentes, uma mesma experiência é diferentemente percebida, vivenciada, interpretada e respondida, de acordo com o estágio em que se apresenta. Essa diferença é quase sempre fundamental.

Mudanças de significado e de reação

É algo com que o psicanalista está bem familiarizado. A observação de uma cena primordial na fase edipiana, na puberdade ou durante o climatério, tem um significado completamente diferente, tanto do ponto de vista de como é compreendida como de suas conseqüências para o expectador. As diferenças são igualmente grandes para o bebê, se compararmos a mesma experiência nas sucessivas etapas de transição da primeira infância.

Realizamos a seguinte experiência[2]: nosso estímulo padronizado para provocar a reação de sorriso na criança de três meses era a máscara de um rosto sorridente, apresentada em movimento. Mostramos essa máscara a Jessy, quando ela tinha três meses, sete meses e meio, e quatorze meses. Essas idades não foram escolhidas ao acaso: são três períodos sucessivos, nos quais a criança média passa de um nível de integração psicológica para o seguinte, superior e mais complexo. Jessy reagiu da seguinte maneira:

....
2. Esta experiência foi registrada no filme sobre a reação de sorriso (Spitz, 1948a).

1. Aos três meses, a máscara provocou uma reação de sorriso.

2. Quando a máscara foi apresentada a Jessy aos sete meses e meio, a criança riu para a máscara, aproximou-se dela sem medo, tentou arrancar as bolas de gude que serviam de olhos, enquanto procurava subir no joelho da observadora.

3. Aos quatorze meses, Jessy mantinha, como sempre, bom contato com a observadora. A observadora colocou então a máscara no rosto. A expressão da criança tornou-se apavorada; afastou-se gritando e correu para um canto do quarto. Quando a máscara foi retirada do rosto da observadora, a criança pareceu tranqüilizar-se, mas recusou-se a tocar na máscara. Mais tarde, Jessy foi persuadida a tocá-la, manipulou-a e começou a morder os olhos da máscara.

Como interpretar a diferença entre estas três respostas de uma mesma criança normal e saudável, à luz das relações objetais e de desenvolvimento do ego?

Na primeira experiência, vemos uma criança em transição do estágio não-objetal para o estágio pré-objetal. Nesta transição, a *Gestalt*-sinal de dois olhos, testa e nariz, em movimento, assinala a aproximação do objeto que satisfaz a necessidade. A máscara preenche as condições dessa *Gestalt*-sinal. Assim, a resposta à máscara é positiva: a criança sorri.

Neste mesmo período de transição, um primeiro ego rudimentar foi integrado, a partir de inúmeros núcleos dispersos do ego[3].

Na segunda experiência, a criança está exatamente no estágio de transição da reação a uma *Gestalt*-sinal para o estágio

---

3. Tal como os núcleos do ego relacionados com ingestão de alimento, combinando a representação somatopsíquica da região oral, a mão, etc.; os núcleos do ego criados em relação à percepção visual durante a gratificação de necessidade da ingestão de alimento; os núcleos do ego relacionados com a percepção tátil, particularmente em torno da região oral, mas estendidos ao corpo inteiro, ligando-se também com os núcleos do ego relacionados com os estímulos de equilíbrio de mudança de posição; e finalmente das conexões cruzadas estabelecidas entre estes núcleos do ego e provavelmente muitos outros, neste nível de desenvolvimento.

de reconhecimento e diferenciação do próprio objeto libidinal. A *Gestalt*-sinal ainda não perdeu sua eficácia e nem o objeto libidinal propriamente dito está bem definido: a criança sorri para a *Gestalt*-sinal (a máscara), aproxima-se dela ativamente e a explora. Ela inclui a observadora, a quem aceitou como "amiga", em seu jogo com a máscara, e inicia um intenso intercâmbio de ação.

O ego de Jessy fez progressos enormes, a partir da idade de três meses; através das experiências das relações objetais ocorridas nesse meio tempo, ela testou e expandiu seus limites. Agora, seu ego tornou-se uma organização central de controle. Seu ego corporal obedece a sua vontade e serve para realizar suas intenções.

Mas seu ego corporal é agora apenas uma parte, um aparelho de uma organização maior do ego, um aparelho subserviente nos setores conativos em desenvolvimento desse ego, os quais por sua vez estão sendo ativados por estruturas afetivas recentemente desenvolvidas. Compreendemos que isso com que estamos lidando agora já se tornou uma organização psíquica surpreendentemente complexa, embora seja rudimentar, se comparada com a de um adulto. Contudo, este é o começo do ego propriamente dito, tal como é considerado em termos psicanalíticos.

Este desenvolvimento permite a Jessy a liberdade de usar a máscara em um jogo recíproco com a observadora. Tais trocas de ação recíprocas estão agora manifestamente no centro das relações objetais da criança.

Na terceira experiência, o quadro tornou a mudar e observamos um desenvolvimento totalmente novo. Relações objetais com a mãe foram agora firmemente estabelecidas. Além disso, a díade começou a perder sua exclusividade como forma de relações sociais. Novas camadas estão sendo acrescentadas ao núcleo da original "multidão de dois" (*mass of two*), estão surgindo relações objetais secundárias com vários "amigos". Porém estes "amigos" ainda são reconhecidos por seus atributos externos, sobretudo o rosto familiar. Nos termos de Ferenczi (1916), o estágio de onipotência do pensamento não perdeu completamente sua vigência. Não cedeu seu domínio ao senso de realidade.

A magia ainda é a força mais potente do universo do bebê. Causalidade, processo lógico, não têm o poder premente que adquirirão mais tarde. Em vez disso, o pensamento opera de acordo com a identificação, introjeção, projeção e mecanismos similares. Uma vez que a criança está convencida de que pode e faz mudar o mundo ao seu redor através da onipotência do pensamento, acreditará que todo o mundo também pode fazer o mesmo. Testemunha disso é a garota de dois anos que, ao ver o sol desaparecer após um espetacular pôr-de-sol, diz ao pai: "Faça de novo, papai!" Nesta idade todo adulto é um mágico, porque a própria criança se considera um mágico, embora não tão bom quanto o adulto.

Quando, aos quatorze meses, Jessy tornou-se "amiga" da observadora, já não era indiferente que o rosto da observadora de repente se transformasse na máscara de um "horrível estranho". O rosto (e a máscara) como *Gestalt*-sinal já perdera sua eficácia. Em vez dele, o rosto de "mãe", "pai", "amigo", adquirira individualidade. E, quando o rosto individualizado da "amiga" magicamente se transformou no de uma pessoa "estranha", a criança fugiu, gritando apavorada. Jessy perdeu sua "amiga", e uma estranha surgiu não se sabe de onde; pior ainda, a "amiga" virou uma estranha.

Quando a máscara é tirada e a "amiga" é restituída, Jessy, após alguns agrados, aceita novamente sua amiga. Encostando-se na amiga, segura com esse contato corporal, ela até mesmo aceita ser cautelosamente apresentada à máscara na mão da observadora. Mas seus sentimentos em relação à mágica perturbadora da máscara persistem e Jessy começa a morder os olhos da máscara.

Nos termos de Piaget, Jessy atingiu apenas parcialmente a *reversibilidade*. Isto está de acordo com as observações de Piaget (1947); a reversibilidade, exigida pela situação com que Jessy se defronta, será alcançada muito depois dos quatorze meses, de acordo com os resultados experimentais desse autor (ver Apêndice).

É interessante considerar o papel do ego nas três situações.

Situação nº 1: aos três meses, o desempenho do ego rudimentar limitou-se à percepção, reconhecimento e reação *Gestalt*-sinal de satisfação da necessidade, com um sorriso. O ego rudimentar não pode fazer discriminação entre amigo e estranho; muito menos pode proteger a criança do perigo. Apesar dessas limitações, o ego rudimentar é capaz de operar adequadamente porque a mãe age como um ego *auxiliar*, externo à criança (Spitz, 1951).

Situação nº 2: o que mudou no ego de Jessy? Na idade de sete meses e meio, o seu ego não é mais apenas um rudimento, dificilmente discernível, dificilmente capaz de coordenar uma percepção com alguns traços de memória e de responder com uma expressão de afeto positivo. Neste estágio, a estrutura do ego começa a aparecer e assume o papel de organização controladora central. Agora, ela serve de mediador entre as pulsões instintuais da criança, que se tornaram mais diferenciadas e são expressas, com conotações afetivas, sob a forma de necessidades, desejos, esforços, evitações. Estes são canalizados em ação motora e expressão afetiva, pois o ego começa a assumir o papel que conservará no decorrer da vida: o de controlar o acesso à mobilidade. Nesse sentido o ego começa a assumir uma parte do papel materno, ou seja, levar o bebê a se esforçar. Mas ele ainda não assumiu o papel protetor da mãe. Os esforços que Jessy está empreendendo em nossa pequena experiência são seus desejos de proximidade e trocas com a amiga, sua curiosidade exploratória, a respeito do novo brinquedo que sua amiga lhe oferece e que traz a mágica *Gestalt*-sinal.

Situação nº 3: Jessy está agora com quatorze meses e oito dias. Ocorreu uma mudança radical em seu ego. Processos de pensamento, que vão bem além da simples realização de esforços estão em evidência: a observadora continuou sua "amiga" de confiança. Quando a observadora coloca a máscara e se transforma numa estranha, vemos o ego em seu novo papel, como *protetor*; neste momento, o ego dá o signo de perigo (Freud, 1926a); seguem-se ansiedade e fuga.

Creio que esta série de observações ilustra bem muitos aspectos do desenvolvimento da criança. A partir de um início rudimentar como ego corporal, vimos como se desenvolve, primeiro, numa organização para a ação e, depois, na fase seguinte, para a proteção da pessoa da criança – o "guarda" no dizer de Anna Freud (1936).

Uma diferença básica entre bebê e adulto

Mas essa série também ilustra as enormes diferenças quanto à resposta do bebê a um mesmo estímulo, em estágios sucessivos. É evidente que um determinado percepto ou experiência tem um significado completamente diferente aos três, oito e quatorze meses. Cada estágio tem uma série de problemas específicos da idade[4] para resolver, e ameaças para enfrentar.

Não é que a criança no primeiro ano de vida seja um ser tão delicado e frágil assim. Está claro, a partir do que já foi dito, que em determinado estágio apenas certos estímulos, e não todos, mesmo que sejam espetaculares, são relevantes. Da mesma forma, apenas certas experiências têm influência repleta de significado em determinados estágios durante a primeira infância.

O que estou tentando dizer não é fácil de ser apreendido pelo adulto. O bebê não é comparável ao adulto. Sua fisiologia é diferente, bem como suas sensações, suas reações físico-químicas, sua maneira de vivenciar o ambiente que o cerca. De fato, o que o bebê consegue fazer pode ser fatal para o adulto e vice-versa. Privar um adulto de oxigênio por quinze minutos é uma catástrofe, resultando em morte. Para o bebê, durante o parto, esta é uma condição normal e mesmo necessária.

A confusão surge do fato de que essa diferença é seletiva, não se aplica igualmente a todos os setores do organismo, não é uniforme nem mesmo em um único setor. Por exemplo, isso não significa que o recém-nascido esteja protegido de todo mal e sofrimento. Ele não pode dizer o que sofre, o que não significa que

....
4. Realmente, deveríamos denominá-lo "específico do estágio"; a idade na qual um determinado estágio é atingido varia individualmente em escala bastante ampla.

ele não sofra. Indiferença, falta de empatia e falta de imaginação resultam em incrível crueldade para com os bebês. Soube há alguns anos, por exemplo, que cirurgiões de hospitais importantes fazem rotineiramente mastoidectomia sem qualquer anestesia em bebês indefesos.

Podemos supor, embora não tenhamos prova disso, que tal brutalidade leviana tem conseqüências que vão além de seus efeitos imediatos. Creio que foi Claude Bernard quem disse: "La douleur tue comme l'hémorrhagie."* Isto não pode se aplicar plenamente aqui, pois a organização psíquica infantil parece tolerar a dor melhor do que o adulto. Porém, estou convicto de que esta traumatização pode deixar incalculáveis cicatrizes psicológicas, que serão sentidas mais tarde. Lembramo-nos das proposições de Phyllis Greenacre em seus artigos sobre a predisposição à angústia (1941). Entretanto, modestamente, sugeriria a todos os cirurgiões e pediatras que pelo menos tentassem descobrir um tipo de anestesia fisiologicamente inofensivo que pudesse ser utilizado habitualmente em qualquer cirurgia de bebês.

Se a criança reage melhor a experiências que são catastróficas para o adulto, a recíproca também é verdadeira. Modificações do ambiente, que para o adulto são pouco importantes, podem, em circunstâncias bem definidas (Spitz, 1950b), exercer profunda influência no bebê, com sérias conseqüências, que podem até levar à patologia. As cenas comoventes no filme de Robertson, *A Two-year-old Goes to Hospital* (1953), dão uma idéia das conseqüências mais leves acarretadas pela hospitalização de bebês.

Desde 1944, venho relatando, tanto em filmes como em artigos, uma série de informações sobre traumas emocionais que são ainda mais graves do que os registrados por Robertson. Para o adulto, tais experiências parecem não apresentar ameaça; mas na primeira infância podem constituir um trauma que põe

---

* A dor mata tanto quanto a hemorragia. (N. do T.)

em perigo a vida do bebê indefeso, particularmente durante os estágios de transição críticos, tal como ocorre por volta do fim do primeiro ano de vida.

O desenvolvimento no primeiro ano de vida não se processa em uma curva uniforme, regular. Em vez disso, podemos notar em certos estágios sucessivos, regularmente repetidos, uma mudança de direção nesta curva. Estas mudanças correspondem à reorganização da estrutura psíquica, que é seguida pelo aparecimento de novos aspectos e capacidades da personalidade. Cada um desses estágios sucessivos reflete uma transição de um determinado nível de desenvolvimento para o nível superior seguinte e é marcado por diferenciações mais elaboradas do aparelho mental. Meu estudo destas transformações fundamentais levou-me a introduzir um novo conceito para explicar os fatores que governam este processo. Denominei estes fatores "organizadores" da psique, um termo tomado de empréstimo à embriologia (Spitz, 1954, 1959).

O aparecimento do primeiro organizador e suas conseqüências

Em embriologia, o conceito de organizador refere-se à convergência de várias linhas de desenvolvimento biológico em um ponto específico no organismo do embrião. Isto leva à indução de um conjunto de elementos agentes e reguladores chamado "organizador", que influenciará processos de desenvolvimento posteriores. Needham (1931) refere-se ao organizador embriológico como um marcapasso para um determinado eixo de desenvolvimento; é um centro que irradia sua influência. *Antes* do aparecimento destes organizadores, um pedaço de tecido pode ser transplantado de uma parte do corpo, digamos da região ocular, para uma parte completamente diferente, por exemplo, para a pele dorsal, onde irá se desenvolver de maneira idêntica à epiderme circunvizinha, isto é, também se tornará epiderme. Entretanto, se o mesmo tecido for transplantado *depois* de ter sido estabelecido o organizador da região ocular, o transplante irá se desenvolver como um tecido ocular, mesmo no meio da epiderme dorsal.

Há cerca de trinta anos propus a hipótese de que processos análogos, com *concomitantes pontos nodais críticos*, também ocorrem no desenvolvimento *psíquico* do bebê. Os resultados, a partir de meus estudos longitudinais em muitas centenas de bebês, confirmaram essa hipótese, de maneira que tentei formulá-la mais precisamente e aplicá-la a níveis etários subseqüentes.

Independentemente de minha própria pesquisa, a existência de períodos críticos no curso do desenvolvimento foi confirmada pelo trabalho de Scott e Marston (1950) com a ajuda de experimentação animal. Creio que foi Glover o primeiro psicanalista a introduzir o conceito de "fases críticas". Aplicou este conceito a vicissitudes pulsionais na vida instintual do adulto. Mais tarde, Bowlby (1953) aplicou esta hipótese ao organismo em crescimento.

Minhas observações mostram que durante esses períodos críticos as correntes de desenvolvimento integrar-se-ão umas com as outras nos vários setores da personalidade, e também com as funções emergentes e capacidades resultantes dos processos de maturação. O resultado dessa integração é uma reestruturação do sistema psíquico em nível mais elevado de complexidade. Esta integração é um processo delicado e vulnerável que, quando bem-sucedido, conduz ao que chamo de um "organizador" da psique.

No capítulo anterior descrevi os sinais visíveis do estabelecimento de um desses organizadores; seu *indicador* é o aparecimento da resposta de sorriso recíproco. Repito: a resposta de sorriso, como tal, é simplesmente o *sintoma* visível da convergência de diversas correntes de desenvolvimento no aparelho psíquico. O estabelecimento da resposta de sorriso indica que estas correntes foram agora integradas, organizadas, e irão operar, daí em diante, como uma unidade distinta no sistema psíquico. A emergência da resposta de sorriso marca uma nova era no modo de vida da criança; começou uma nova maneira de ser, basicamente diferente da anterior. É um ponto crítico, claramente visível no comportamento da criança.

Esses pontos críticos, esses organizadores da psique, são de importância extraordinária para a progressão ordenada e livre do desenvolvimento infantil. Se a criança estabelecer e consolidar com êxito um organizador no momento apropriado, seu desenvolvimento pode prosseguir na direção do próximo organizador.

Entretanto, quando a consolidação do organizador fracassa, o desenvolvimento é interrompido. Os sistemas psíquicos que deveriam ter sido integrados através de interação com o ambiente permanecerão no nível inicial, menos diferenciado, de desenvolvimento anterior ao estabelecimento do organizador. Enquanto isso, no entanto, a maturação continua em ritmo constante e no caminho prescrito pelo *Anlage* hereditário. Os últimos são muito menos suscetíveis à influência de interferência externa, e mais protegidos contra ela, do que o são os processos de desenvolvimento.

Portanto, ocorrerá um distúrbio no desenvolvimento da personalidade do bebê: pois surgiu um descompasso no equilíbrio entre as forças de desenvolvimento e as forças de maturação. Este tipo de desequilíbrio é, em grande parte, limitado aos primeiros anos de vida e surge muito freqüentemente nesse período. Sua incidência diminui com o passar do tempo e desaparece completamente após a puberdade. O desequilíbrio maturação-desenvolvimento é muito facilitado pela plasticidade da psique infantil[5].

O papel do ego

Outra razão da plasticidade da personalidade do bebê no decorrer do primeiro ano de vida é a falta de estrutura psíquica bem estabelecida e bem diferenciada. A teoria psicanalítica estabelece que o ego é a esfera da psique que serve como media-

---

5. Para uma discussão mais pormenorizada deste tópico, ver Spitz (1959).

dor nas relações entre interior e exterior, nas transações entre o mundo interno e o ambiente. Vários sistemas e aparelhos psíquicos no ego servem para o domínio e a defesa, isto é, realizam a descarga de tensões desnecessárias ou mesmo nocivas, a exclusão de estímulos indesejáveis, a introdução de estímulos desejáveis, a adaptação aos estímulos, a remoção de estímulos e inúmeras outras trocas possíveis com o ambiente.

Entretanto, o recém-nascido não tem ego (Freud, 1914b). Ele não pode lidar com os estímulos que recebe e é protegido contra eles quase automaticamente pelo alto limiar perceptivo da barreira do estímulo. Entretanto, quando os estímulos que recebe são suficientemente poderosos, ocorre uma ruptura da barreira do estímulo, que pode modificar a personalidade do bebê, ainda indiferenciada.

No curso posterior do desenvolvimento do ego, inícios rudimentares de constituintes do ego surgem em conexão com os primórdios do ego. Por um lado, os núcleos do ego são integrados; por outro, ocorre uma redução progressiva do limiar perceptivo. Estímulos vindos de fora começam agora a modificar essa organização rudimentar da personalidade. Eles a forçam a reagir e a iniciar um processo formativo. Nesse processo, as respostas do bebê são gradualmente coordenadas e integradas em uma estrutura vagamente coerente. Este processo precede o início do ego rudimentar, ao qual competirá a tarefa de lidar subseqüentemente com estímulos externos e internos. O desenvolvimento posterior da estrutura do ego, da sua eficácia, de suas reservas de tenacidade e força será lento e gradual. No decorrer de meses e anos de intercâmbio constante, o ego lida com os estímulos que recebe e os domina. A maneira como determinado ego se estrutura e se organiza é determinada pela maneira como são dominados os estímulos ambientais e internos; as experiências que se impõem à personalidade plástica do bebê são utilizadas para modificar esta mesma personalidade. Desenrola-se aqui um processo interminável e gradual de modificações, que mal começamos a explorar. Entretanto, não é fácil explicar a maneira pela qual é moldada a personalidade infantil. As forças formativas não são violentas; nos capítulos seguintes vamos examiná-las mais detalhadamente.

Capítulo 7
O papel das relações mãe-filho no desenvolvimento do bebê

Nas páginas anteriores examinamos a personalidade do recém-nascido e do bebê sob vários pontos de vista. Estes pontos de vista não podem ser separados uns dos outros; realmente constituem apenas aspectos diferentes de um todo indivisível. Ao explorar estes vários aspectos que se sucedem, é o todo que estamos estudando de ângulos diferentes: do ângulo da maturação, quando falamos de seqüências e da progressão de seqüência para seqüência; do ângulo da estrutura, quando falamos de um ego; do de falta de estrutura, quando falamos da plasticidade do bebê; do ponto de vista do desenvolvimento ou da adaptação, quando examinamos o início de uma organização psíquica. O que denominamos "bebê" significa muito mais: em primeiro lugar, o equipamento congênito, que é então sujeito a processos dinâmicos; referimo-nos a eles quando falamos de suas manifestações, sob a forma de afetos – os elementos que, de fato, proporcionarão vida e iniciativa à totalidade "bebê".

Intercâmbio de ações na díade mãe-filho

As influências formativas que se originam no ambiente (isto é, na mãe) são dirigidas a essa totalidade viva, receptiva e em desenvolvimento. Voltaremos nossa atenção, agora, para as inter-relações e intercâmbios que se verificam entre a totalidade "bebê", de um lado, e essas forças formativas, de outro. Primeiro, examinaremos ações e respostas do bebê, provocadas pela mãe. Uso o termo "provocar" não apenas no sentido de uma intenção consciente da mãe, mas antes no sentido da mãe como um estímulo em constante mudança, uma oportunidade, um gradiente. A existência da mãe, sua simples presença, age como um estímulo para as respostas do bebê; sua menor ação – por mais insignificante que seja – mesmo quando não está relacionada com o bebê, age como um estímulo. No quadro das relações objetais, essas atividades da mãe, que provocam respostas observáveis do bebê, são as formas mais gerais e mais facilmente notadas de intercâmbio de estímulos na díade. Mais tarde, falaremos de formas mais sutis. Por enquanto, podemos começar estabelecendo que, durante o primeiro ano de vida, experiências e ações intencionais constituem provavelmente a mais decisiva influência no desenvolvimento de vários setores da personalidade do bebê. O bebê obtém prazer, a partir do processo de liberação de suas pulsões instintuais, sob a forma de ações. Qualquer pessoa que observe o comportamento de um bebê sabe que ele demonstra prazer quando é liberado do constrangimento dos cueiros; e o prazer do bebê aumenta ainda mais quando um parceiro, a mãe, participa de sua alegria. Sua busca de comunicação com o parceiro é evidente, e com o decorrer das semanas torna-se cada vez mais dirigida. O êxito aumenta seu prazer; e ele repetirá e, finalmente, dominará o comportamento específico de sucesso. Por outro lado, desistirá das ações que regularmente conduzem ao fracasso.

Este é um modo de aprendizagem. É análogo ao processo conhecido em psicologia acadêmica como "ensaio e erro", reforçado pela "recompensa e punição". Um outro fator de reforço é o fato de as ações do bebê que são agradáveis à mãe serem por ela facilitadas; suas preferências terão, portanto, uma influência direta no desenvolvimento do bebê. Se sua atitude é maternal e carinhosa, ela aprecia praticamente todas as atividades do filho. Seus afetos, seu prazer, suas próprias ações, conscientes ou inconscientes, facilitam inúmeras e várias ações do filho. Creio que o maior grau de facilitação para as ações do bebê é propiciado, não pelas ações conscientes da mãe, mas por suas atitudes inconscientes.

Essas atitudes originam-se de duas fontes diferentes. Uma delas poderia ser denominada, segundo um conceito bastante apropriado do "Hampstead Nurseries", o "setor de controles"[1]. Este setor mostra, no geral, uma afinidade íntima com as solicitações do superego materno. O outro setor expressa amplamente as aspirações do ideal do ego da mãe. Referi-me à última atitude como as facilitações oferecidas pela mãe para as atividades do filho e seu desenvolvimento. O setor de controles, como o nome indica, é uma influência restritiva; o setor de facilitações é uma força liberadora, estimuladora e progressiva.

De modo algum trata-se de uma divisão inflexível. Incontestavelmente, as solicitações do superego irão também impelir a mãe a estimular realizações; e, da mesma forma, as aspirações do ideal do ego persuadem-na a reprimir a facilitação de atividades que ela desaprova. Mas, de modo geral, podemos dizer que os controles restringem e que as facilitações encorajam. Embora controles e facilitações sejam essenciais para o desenvolvimento, a proporção em que são aplicados depende da personalidade inata da criança. Os controles, assim como as facilitações externas propiciadas à criança, vão capacitá-la a desenvolver e estabelecer seus próprios controles, alguns dos quais conduzem a mecanismos de defesa. Os controles e mecanismos de defesa, desenvolvidos pela criança, são indispensáveis para que ela se torne um ser social.

Mas, apesar destas reservas, temos sido acusados de supersimplificação. Nenhuma mãe é "ou uma coisa ou outra"; na vida psíquica não pode haver preto *ou* branco. O que tentamos

---

1. Veja G. Bribing e outros (1961) e Sandler (1961).

descrever, até agora, são as correntes contraditórias que operam nas relações que a "mãe boa, normal" estabelece com seu filho.

Contudo, também existem mães cuja personalidade anômala pode ter uma influência patogênica sobre o desenvolvimento dos filhos. Nos capítulos seguintes terei oportunidade de falar dessas anomalias de estrutura do caráter materno, particularmente de seus aspectos patogênicos.

Voltando às relações da mãe "boa, normal" com o filho, não devemos esquecer que há não apenas um gradiente da mãe para o filho, mas também um gradiente indo do filho para a mãe. Como afirmei acima, a própria presença da mãe, sua própria existência, suscita reações no bebê. E, igualmente, a existência e a presença do bebê evocam reações da mãe.

Uma parte significativa dessas reações não é conforme à imagem popular de maternidade. O psicanalista conhece bem a luta, o esforço, a agitação, que implica a ação de controlar o comportamento, desejos e fantasias infantis. A criança precisa dominá-los para se tornar um membro aceito da sociedade. Para a mãe, presenciar e justificar o comportamento infantil reativa todas as fantasias de culpa e, ao mesmo tempo, agradáveis que ela teve de dominar.

Quando eu estava trabalhando em um orfanato, onde bebês enjeitados eram cuidados por irmãs de caridade católicas, divertiu-me a exclamação escandalizada de uma das irmãs que, ao trocar as fraldas de um bebê, encontrou-o em ereção: "Oh, olha que porquinho!" A mescla de alegria no tom de indignação era inconfundível. Longe de ser inocente, no sentido em que o termo é usado para os adultos, a criança dá livre expressão a suas pulsões, sejam elas socialmente aceitas ou não. Isto vale tanto para a sexualidade como para a agressão, tanto para o comportamento oral, como para o anal. Por isso, o *slogan* hipócrita da "inocência da infância" simplesmente reflete uma negação dos fatos. Estamos negando que presenciar atividades infantis suscita uma tensão em nosso superego. Para o adulto, o retorno à liberdade instintual da infância é proibido e perigoso.

Portanto, a mãe tem de se defender da gama de seduções oferecidas por seu bebê. Suas relações com o filho mobilizam todo o equipamento de dispositivos oferecidos pelos mecanismos de defesa; ela irá negar, deslocar-se, virar do avesso, escotomizar, reprimir, e seu comportamento em relação à atividade "inocente" do bebê variará, de acordo com isso. No decorrer desse processo, a mãe mente, consciente ou inconscientemente; ela diz uma coisa e faz outra, e termina com a conhecida imposição feita à criança que está na escola: "Faça o que eu digo, não faça o que eu faço!"

Um dos modos mais eficazes de exercer este controle consiste em expressar preocupação pelos "perigos" que ameaçam a criança. Isso pode assumir muitas formas, verbais ou não-verbais, evitação, proibição, superproteção e inúmeras outras, e com a justificativa de que "é para o bem da criança". Começa com a batalha travada contra o chupar o dedo e atinge seu ponto máximo na extraordinária variedade de sanções impostas à masturbação (Spitz, 1952) e os esforços para retardar o início das relações sexuais.

Em um filme chamado *Shaping the Personality* (1953c), apresentei dez exemplos de influência materna no desenvolvimento. Escolhi exemplos simples e evidentes para permitir sua demonstração no filme. Não obstante, revelam a presença desse elemento intangível nas relações mãe-filho. Ilustram alguns dos modos e meios através dos quais tais influências formam e moldam a personalidade em desenvolvimento da criança.

Examinemos agora aqueles elementos que não são imediatamente evidentes neste processo formativo, a que denominei processo de moldagem (Spitz, 1954). Consiste de uma série de intercâmbios entre dois parceiros, a mãe e o filho, que reciprocamente influenciam um ao outro de maneira circular. Esses intercâmbios têm sido chamados por alguns autores de "transações" dentro do quadro do par mãe-filho. Freud (1921) chamou essa dualidade de "multidão de dois". Para simplificar, usarei o termo "díade". O relacionamento nesta díade é muito especial, como foi evidenciado pela variedade de termos que os diferentes pesquisadores criaram para ele. Tal relacionamento está, em certa medida, isolado do ambiente e é mantido por vínculos afetivos extraordinariamente poderosos. Se o amor pôde ser chamado de "um egoísmo a dois" por um filósofo francês, isto se aplica cem vezes mais à relação mãe-filho.

O que ocorre no interior da díade permanece um tanto obscuro. Como, por exemplo, podemos explicar a maneira quase clarividente pela qual uma boa mãe parece adivinhar as necessidades de seu filho, compreender o que significa seu choro e o que ele está balbuciando? Falamos de intuição materna, de inteligência da mãe e de sua experiência; mas essencialmente pouco sabemos do que ocorre nela a este respeito. Deparamos com um conhecimento e uma sensibilidade aguçados, de que o melhor exemplo é provavelmente o que Freud (1900) descreveu como o "sono de enfermeira": a mãe dorme calmamente com o barulho do tráfego, mas acorda com o mais leve gemido do filho. Poder-se-ia pressupor que ocorreu aqui um processo de identificação seletivo e de longo alcance; mas, com esta colocação, não chegamos a classificar o fenômeno, e somente pesquisas posteriores podem dar maiores detalhes e explicações.

A contrapartida da capacidade de empatia da mãe é a percepção que o bebê tem do humor da mãe, de seus desejos conscientes e inconscientes. Como explicar o que ocorre com o bebê? Pois, se ele realmente se molda de acordo com os desejos da mãe, precisa primeiro percebê-los. E ele os percebe, pois sabe-se que o canal de comunicação que vai da criança para a mãe tem como equivalente um canal similar, que vai da mãe para a criança. Será nossa tarefa examinar no que consiste essa comunicação[2].

....
2. O que é comunicação? Qualquer mudança perceptível de comportamento, seja ela intencional ou não, dirigida ou não, com a ajuda da qual uma ou várias pessoas podem influenciar a percepção, os sentimentos, os pensamentos ou as ações de uma ou várias pessoas, seja essa influência voluntária ou não (Spitz, 1954).

Comunicação na díade mãe-filho

> *Hypotheses non fingo*
>
> Newton

Freud, em um de seus primeiros trabalhos, publicado postumamente, o *Project for a Scientific Psychology* (1895), discutiu como a comunicação surge na díade. Referi-me a essa colocação em outro trabalho (Spitz, 1957) e transcrevo-o aqui:

Falando de um esforço para descarregar um ímpeto liberado pelas vias motoras, Freud discute o processo de descarga que se torna necessário em conseqüência de estímulos originados dentro do corpo. O exemplo que ele utiliza para ilustrar sua tese é a necessidade de alimento. Explica que, a fim de remover a tensão da fome, deve ser efetuada uma mudança no mundo exterior, mas que o recém-nascido é incapaz e não pode conseguir isso. O recém-nascido apenas pode descarregar a tensão que surge de sua necessidade pela manifestação difusa, casual de emoções, através de gritos, da inervação dos vasos sangüíneos, etc. Essa descarga não pode aliviar permanentemente a tensão. O estímulo só pode ser removido por uma intervenção específica, advinda de fora, tal como dar alimento ao bebê. A ajuda externa é necessária e é obtida despertando a atenção de alguém que esteja por perto, através de manifestações não específicas e ocasionais de descarga de gritos, de atividade muscular difusa, etc.

Eis uma afirmação de Freud que, em notável síntese, desenvolve todo um setor da teoria psicanalítica: "Esta via de descarga adquire, assim, uma função secundária extremamente importante – isto é: a de ocasionar um entendimento[3] com outras pessoas; e o desamparo original dos seres humanos é então a *fonte primitiva* de todos os *motivos morais*" (os grifos são meus).

---
3. No original alemão, Freud (1895) usou o termo *Verständingung*, que neste contexto se refere basicamente à comunicação.

A compreensão da natureza da comunicação entre mãe e filho, no estágio pré-verbal, é extraordinariamente importante do ponto de vista teórico, terapêutico e profilático. Em literatura psicanalítica, este tópico não despertou a atenção que merece. Filósofos, psicólogos e mesmo alguns psicanalistas, às vezes, enunciaram hipóteses não confirmadas de que a comunicação entre mãe e filho baseia-se em percepção extra-sensorial ou telepatia. Não me considero competente para expressar uma opinião a respeito da percepção extra-sensorial. Limitei minha pesquisa ao método de experimentação e de observação. Conseqüentemente, abordei o fenômeno da comunicação entre mãe e filho a partir do ponto de vista do observador experimental. Muitas outras investigações ainda deverão ser feitas. É possível – e mesmo provável – que estudos futuros deste fenômeno aproveitem imensamente das formulações propostas pela teoria da comunicação. Um número cada vez maior de pesquisadores, em geral matemáticos e físicos, mais recentemente também neurologistas e psiquiatras, tem aplicado a cibernética e a teoria da comunicação em seus trabalhos. Minha técnica nesta pesquisa é mais elementar e dificilmente atinge o nível desses métodos altamente complexos.

Comunicação animal e comunicação humana

Em minha tentativa de compreender os meios e canais de comunicação entre mãe e filho, fui inspirado por estudos feitos em comunicação animal. Nas experiências com animais temos uma liberdade que não temos (nem queremos ter) quando fazemos pesquisas com crianças. Por esta razão, etologistas e especialistas em psicologia animal conseguiram obter resultados altamente significativos e elucidativos, dos quais se originaram certos princípios gerais; até certo ponto esses resultados também podem ser úteis para o estudo da comunicação que ocorre na díade.

Animais se comunicam em um nível de integração psicológica que poderia ser chamado rudimentarmente de nível afetivo-conativo. Como tal, difere fundamentalmente das funções cognitivas e abstratas da comunicação verbal. A comunicação entre mãe e filho, no decorrer dos primeiros seis meses de vida e mesmo até o final do primeiro ano, também se verifica no nível não-verbal, utilizando mecanismos comparáveis aos predominantes no mundo animal[4].

Os animais possuem meios de comunicação que variam de acordo com as espécies. As abelhas, como demonstrou von Frisch (1931), comunicam-se com a ajuda de algo que ele denominou "danças". Etologistas como Konrad Lorenz (1935) e Tinbergen (1951) demonstraram, em peixes, pássaros e em inúmeros mamíferos, como se realiza a comunicação por meio de certas formas de comportamento. Esse comportamento consiste de sinais posturais, assim como de certos sons; ambos têm características gestálticas. Estes padrões de comportamento não contêm uma mensagem do sujeito dirigida especificamente a um outro indivíduo. As mensagens pertencem às formas mais elementares de manifestação, denominadas *expressivas* por Karl Bühler (1934). Os padrões de comportamento expressam o que denominarei, na falta de um termo melhor, um estado da mente, um humor, uma atitude afetiva, que reflete a experiência imediata do sujeito. É uma reação não controlada, não dirigida, para um estímulo percebido pelo sujeito.

A reação de um segundo sujeito animal à percepção desse padrão de comportamento pode dar a impressão de que ele compreendeu tal comportamento *como uma mensagem dirigida a ele.* Entretanto, esta aparência é enganadora. Na realidade, o segundo sujeito animal também reage somente à percepção de um estímulo e *não* à mensagem. A percepção do estímulo, como tal, provoca um comportamento no segundo sujeito que será o correspondente, ou o homólogo, ou uma complementação do estímulo percebido.

É este o tipo de comunicação que Bierens de Haan (1929) distinguiu da linguagem humana, denominando-o linguagem animal egocêntrica e linguagem humana alocêntrica. O termo "ego-

---

4. Para um exame detalhado dessa questão, veja Spitz (1963a, b, c, 1964).

cêntrico" de Bierens de Haan nada tem em comum com o conceito psicanalítico do ego. Este autor, como Piaget, entende por "egocêntrico" alguma coisa que é "centrada no sujeito". Portanto, quando ele chama de egocêntrica a linguagem animal, quer dizer que ela não se destina a outro animal, mas que é a expressão de um processo interior. A mesma situação aparece no recém-nascido, cujo ego não existe. Suas vocalizações são a expressão de processos interiores e não se destinam a ninguém.

George H. Mead (1934) explicou a singularidade desta forma de comunicação (embora já em nível mais elevado), pelo seguinte exemplo: quando o cão *A* late e, a distância, o cão *B* responde latindo, o cão *B* não sabe se seu latido tem algum significado para o cão *A*, não leva em conta *qual* significado ele possa ter. Nós, como observadores, sabemos que o latido do cão *B* é um estímulo para o cão *A* e que o cão *A* responderá, expressando seus sentimentos pelo fato de ter sido assim estimulado. Mas isto é exatamente o que o cão *B* não sabe, pois seu latido é egocêntrico e não alocêntrico, como seria a linguagem humana.

No desenvolvimento da fala humana, esta forma primitiva de comunicação representa a parte filogeneticamente determinada que todos nós possuímos, já no nascimento, sob a forma de *Anlage*. Posteriormente, um desenvolvimento ontogenético especificamente humano será enxertado nesta *Anlage* filogenética. O enxerto filogenético consistirá de comunicação volitiva alocêntrica (dirigida), que opera por via de sinais e signos semânticos. Sua mais alta realização será o desenvolvimento da função simbólica[5].

Elementos de comunicação

Entretanto, as formas de comunicação na díade mãe-filho, estabelecidas nos primeiros meses de vida, antes da formação

----
5. O papel da função simbólica não se limita à comunicação alocêntrica. Ela também opera dentro do indivíduo, por exemplo, no processo de pensamento, como intracomunicação (Cobliner, 1955).

de relações objetais, baseiam-se na *Anlage* filogenética acima descrita. Como já observamos, estas formas de comunicação têm características expressivas; o que significa que elas se originam a partir de afetos e não são dirigidas. Fazem uso do que tem sido classificado como "linguagem do órgão" (Kris, 1953; Jacobson, 1964; veja também Abraham, 1916).

Quais são as características expressivas, os aspectos afetivos e não dirigidos destas formas de comunicação? Ao supor forças que moldam a personalidade plástica da criança, também supomos que essas forças são transmitidas através de algum sistema de comunicação. Esta comunicação ocorre na díade e consiste de processos circulares, de repercussão. É evidente que é uma forma de comunicação que difere consideravelmente daquilo que é comum entre adultos. Nos capítulos seguintes tentarei descrever a maneira pela qual podemos perceber seu funcionamento. Convém estabelecer antes, entretanto, uma breve definição dos termos utilizados nesta discussão sobre a comunicação.

O sinal (sign) *é um percepto ligado empiricamente com a experiência de um objeto ou situação.* Ele pode funcionar como substituto de uma percepção de um objeto ou situação. Os melhores exemplos do que ele significa são encontrados na literatura médica. Assim, o sinal de Koplik consiste de manchas vermelhas com um ponto central branco, na boca, no estágio prodromal de sarampo. O sinal de McBurney, que consiste de uma flacidez entre o umbigo e a extremidade ântero-superior do ilíaco (osso), nos informa da presença de apendicite.

Sinais e signo são hierarquicamente relacionados: sinal é o termo genérico; signo é o termo subordinado; este é o uso específico de um sinal. *Portanto, o termo signo designa uma conexão convencionalmente aceita entre um sinal e uma experiência, seja a conexão acidental, seja arbitrária, ou esteja presente objetivamente.* A sinalização de ferrovias e rodovias (por exemplo, estreitamento da estrada indicado por linhas paralelas que se aproximam e depois continuam paralelas; ou "Via preferencial" indicada por um triângulo) é um bom exemplo disto.

Um símbolo é um sinal que representa um objeto, uma ação, uma situação, uma idéia; ele tem um significado que vai além de seus aspectos formais. Gestos e palavras são os símbolos mais elementares. Neste estudo, não discutiremos os atributos simbólicos detalhadamente.

A comunicação mãe-filho, sob vários aspectos, é basicamente diferente da comunicação entre adultos. O aspecto mais importante é o fato de que os meios utilizados na comunicação entre dois ou vários parceiros adultos pertencem, em geral, a uma mesma categoria, isto é, à categoria de símbolos verbais ou de gestos. Isto não ocorre no caso de mãe e filho; aqui há uma notável desigualdade quanto aos meios de comunicação. Pois, enquanto a mensagem procedente do bebê, pelo menos durante os primeiros meses de vida, compõe-se apenas de sinais, as mensagens que se originam no parceiro adulto da criança são signos dirigidos volitivamente e percebidos como tais por ela.

O papel da recepção e da percepção: formas cenestésicas e diacríticas de funcionamento

Quando falamos de um sistema de comunicação, tacitamente aceitamos que qualquer mensagem transmitida será percebida pelo parceiro receptor. Entretanto, esta suposição cria uma dificuldade lógica. Afirmei, anteriormente, que no recém-nascido a percepção, no sentido em que aplicamos o termo aos adultos, não existe, e que ela será adquirida gradualmente no decorrer do primeiro ano de vida.

Sobretudo no decorrer dos primeiros seis meses de vida, e até mesmo mais tarde, o sistema perceptivo, o sensório do bebê, está em estado de transição. Ele muda gradualmente do que denominamos recepção cenestésica para *percepção* diacrítica. Diferentemente da organização diacrítica, a operação da organização cenestésica não é localizada, nem discriminada – ela é extensiva. A relação entre as organizações cenestésicas e diacríticas faz lembrar as relações entre processos primários e secundários. Derivações que aparecem no processo secundário informam-nos sobre o funcionamento do processo primário. Igualmente, tornamo-nos muito mais conscientes das operações modificadas do sistema cenestésico através das distorções que elas impõem ao funcionamento diacrítico, ou através de sua influência no processo primário. O sensório desempenha um papel mínimo na recepção cenestésica; a percepção, porém, ocorre no nível de sensibilidade profunda e em termos de totalidade, de modo absoluto (tudo-ou-nada). Respostas à recepção cenestésica também são respostas de totalidade como, por exemplo, as respostas viscerais (Spitz, 1945b). Esta "recepção" e as respostas correspondentes são evocadas por signos e estímulos completamente diferentes dos que operam na percepção e comunicação do adulto. O sistema cenestésico responde a signos não-verbais, não dirigidos e expressivos; o modo de comunicação resultante está no nível da comunicação animal "egocêntrica".

Surgem então três perguntas:

1. Como e por que o bebê consegue receber signos cenestésicos numa idade em que é incapaz de perceber signos diacríticos?

2. Em que categorias de comportamento humano adulto estes signos podem ser encontrados?

3. Por que os adultos comumente não parecem reagir a esses signos?

A resposta para a primeira pergunta não é fácil. O nível mais elementar de comunicação aprendida é o reflexo condicionado, no qual um estímulo (agindo como um signo) provoca uma reação do sistema vegetativo. Já foi demonstrado experimentalmente que o primeiro reflexo condicionado no bebê surge como uma reação à mudança de equilíbrio, isto é, a um estímulo da sensibilidade profunda. Trata-se de uma estimulação do sistema cenestésico. Além disso, a percepção através do sensório (percepção diacrítica) ainda não funciona; essa ausência de percepção diacrítica intensifica a "recepção" cenestésica, visto que apenas signos cenestésicos serão recebidos, experimentados e se tornarão efetivos. Finalmente, se a criança sobrevive, a organização cenestésica precisa funcionar desde o nascimento. Daí decorre que as funções cenestésicas no recém-nascido são mais maduras e dignas de confiança do que quaisquer outras.

É mais fácil responder à segunda pergunta. Sinais e signos que alcançam e são recebidos pelo bebê nos primeiros meses de vida pertencem às seguintes categorias: equilíbrio, tensão (muscular ou outra), postura, temperatura, vibração, contato da pele e corporal, ritmo, tempo, duração, tom, timbre, ressonância, rumor e provavelmente inúmeras outras, das quais o adulto dificilmente está consciente e que não pode verbalizar.

Isto nos leva à terceira pergunta, isto é, por que o adulto parece tão inconsciente dos signos de comunicação cenestésica. Se considerarmos as categorias acima enumeradas, prontamente imaginaremos até que ponto essas categorias sensoriais estão faltando no sistema de comunicação consciente dos adultos. Adultos, ao comunicar-se, substituem o uso de signos pertencentes a estas categorias pelos símbolos semânticos diacriticamente percebidos. Os adultos que conservaram a capacidade de usar uma ou muitas destas categorias de percepção e comunicação comumente atrofiadas são os superdotados. São compositores, músicos, bailarinos, acrobatas, aviadores, pintores, poetas e muitas outras coisas, e sempre os consideramos como "pessoas muito sensíveis" ou personalidades instáveis. Mas é certo que invariavelmente se afastam um tanto do homem ocidental médio. O homem ocidental médio privilegia em sua cultura a percepção diacrítica, em relação à comunicação tanto com outros, quanto consigo mesmo. A introspecção é desvalorizada, tida como nociva e malvista, de modo que dificilmente tomamos consciência do que ocorre dentro de nós, a não ser que estejamos doentes. Nossas sensações profundas não atingem nossa consciência, não se tornam significativas para nós; ignoramos e reprimimos suas mensagens. De fato, temos receio delas e revelamos este medo de várias maneiras. Ele pode ser expresso diretamente: achamos que premonições são coisas de mau gosto; se elas chegam a se tornar verdadeiras, consideramo-las sobrenaturais[6]. Tentamos negá-las ou, pelo menos, racionalizá-las.

O profeta, o hipnotizador, o médium, todos são rotulados como perturbadores e ameaçadores de nosso universo racional; são relegados a uma zona de penumbra e evitados. Condenamos até mesmo a intuição; zombamos dela no raciocínio científico. E este desprezo, o sarcasmo, os gracejos quanto a esses assuntos revelam nossa inquietude diante do que não podemos explicar.

Portanto, longe de estarmos alertas para mudanças autônomas nos outros, nem mesmo as notamos e nem ao menos podemos interpretá-las. Todo animal sabe naturalmente quando alguém tem medo dele, e age sem hesitação baseado nesse conhecimento. A maioria de nós não é capaz disso. Consideramos o psiquiatra como um indivíduo especialmente competente quando ele percebe ansiedade, raiva, anseio, confiança, em um paciente incapaz de verbalizar esses afetos.

A capacidade para esta percepção e seu uso é quase sempre reprimida no período de latência. Portanto, achamos difícil, ou mesmo impossível, imaginar o tipo de mundo em que se possa viver com um sistema *total* de sensações e um modo de relacionamento que se realizem em categorias das quais nos alienamos. Esta cisão entre a percepção diacrítica e a expressão inerente à primeira infância pode explicar muitos dons aparentemente sobrenaturais, como por exemplo a conhecida adivinhação mística praticada pelos primitivos. Em sociedades pré-letradas, os indivíduos conservam até a idade adulta e praticam exatamente essas formas de sensibilidade que o homem ocidental reprime; ou pelo menos são freqüentemente capazes de regre-

---

6. Não cabe aqui um exame dos processos inconscientes, subjacentes aos fenômenos tidos como sobrenaturais. Remeto o leitor aos numerosos artigos sobre o assunto na literatura psicanalítica, começando com os ensaios de Freud "The Uncanny" (1919), "Fausse Reconnaissance" (1914a), "Dreams and Telepathy" (1922) e "Dreams and the Occult" (1932).

dir a tais formas de percepção. Isto parece ser uma regressão a serviço de um ideal do ego culturalmente determinado.

Ainda mais, para facilitar esta regressão, em tais sociedades são livremente utilizados meios auxiliares. Esses meios ou inibem o funcionamento do ego diacriticamente orientado, ou podem reforçar o funcionamento da organização cenestésica. Esses meios podem ser, entre outros, jejum, solidão, escuridão e abstinência – em suma, privação de estímulos. Drogas, ritmo, som, álcool, técnicas de respiração, etc., também podem ser relacionados como meios para alcançar uma regressão que não está mais a serviço do ego e bem pode ser parte de uma instituição cultural. Condições similares provavelmente são encontradas em transe hipnótico, talvez em alguns dos místicos; e com certeza no caso de alguns psicóticos.

Entretanto, para o bebê, os signos cenestésicos originados no clima afetivo do relacionamento mãe-filho são evidentemente os meios de comunicação normais e naturais, aos quais ele responde com uma reação de totalidade. E a mãe, por sua vez, percebe desse mesmo modo as respostas de totalidade do bebê.

Já me referi à sensibilidade quase telepática da mãe em relação ao filho. Em minha opinião, durante a gravidez e durante o período imediatamente posterior ao parto, as mães aumentam sua capacidade potencial de reação cenestésica. Incontestavelmente, inúmeros processos regressivos ocorrem no curso da gravidez, parto e lactância (Benedek, 1952, 1956). É lamentável que a psicologia experimental nunca tenha tentado averiguar as diferenças de sensibilidade perceptiva cenestésica entre uma mãe que está amamentando o filho e uma mulher que nunca engravidou. Estou convencido de que uma mãe que amamenta percebe signos que não percebemos (ver também Spitz, 1955a, 1957).

Afetos, percepção e comunicação

Signos afetivos gerados por disposições de ânimo da mãe parecem tornar-se uma forma de comunicação com o bebê. Esses intercâmbios entre mãe e filho continuam sem interrupção, mesmo que a mãe não esteja necessariamente consciente deles. Esta forma de comunicação entre mãe e filho exerce uma pressão constante, que modela a psique infantil. Não digo que esta pressão acarrete para o bebê algo semelhante ao desprazer. Falo de "pressão" apenas porque as palavras para exprimir essas trocas, extraordinariamente sutis e intangíveis, nunca foram inventadas. Estou tentando descrever um processo do qual somente as manifestações mais superficiais podem ser apreendidas. Pressão e ceder à pressão alternam-se e combinam-se para influenciar ora uma, ora outra das funções que surgem com a maturação, retardando algumas, facilitando outras. É o que tentei captar em meu filme *Shaping the Personality* (1953c). O que pude mostrar foi apenas a superfície. Sob essa superfície, o fluxo e refluxo das energias afetivas movem as marés que canalizam a corrente de desenvolvimento da personalidade em uma ou outra direção.

Considero mínimo o papel que eventos traumáticos podem desempenhar neste desenvolvimento. O que vemos, muitas vezes, são os resultados cumulativos de reiteradas experiências e estímulos, de seqüências de respostas interminavelmente repetidas. O mesmo princípio de acumulação prevalece para a etiologia de possíveis neuroses posteriores. Sempre salientei que, na neurose, o efeito de experiências cumulativas é responsável pela conseqüência patológica. Introduzi o termo *clima afetivo* (Spitz, 1947b) para designar a totalidade das forças que influenciam o desenvolvimento do bebê. O clima afetivo atua de acordo com um princípio psíquico que formulei em artigo apresentado na "Vienna Psychoanalytic Society", em 1936, e que chamei de *princípio cumulativo.*

Não pretendo discutir aqui o papel dos afetos nos processos psíquicos, na sensação, na percepção, no pensamento ou na ação. Entretanto, convém ressaltar que a maioria dos psicólogos acadêmicos esquivam-se destas questões, bem como do problema da afetividade, falando de "motivação". A teoria psicanalítica, por outro lado, tem insistido desde o começo em dizer que as funções psíquicas, sejam elas sensações, percepções, pensamento ou ação, baseiam-se em mudanças de catexia libidinal, que são percebidas pelo indivíduo e pelo ambiente como afetos e processos afetivos. Em outras palavras, manifestações afetivas são indicadores de mudança de catexia; estas propiciam a motivação para ativar as funções psíquicas às quais me referi acima. Na primeira infância, os afetos desempenham, para fins de comunicação, o mesmo papel que o processo secundário desempenha no adulto.

Consciente ou inconscientemente, cada parceiro na dupla mãe-filho percebe o afeto do outro e, por sua vez, responde com afeto, numa troca afetiva recíproca contínua. Essas trocas são fundamentalmente diferentes das que temos a oportunidade de observar em adultos, como por exemplo em nossos pacientes. Bem no início da infância os processos afetivos ainda não foram contaminados por elementos originados da percepção diacrítica; tampouco foram submetidos à elaboração secundária pelos processos de pensamento. Além disso, as conseqüências das trocas afetivas entre mãe e filho são acessíveis à observação direta; isso, em adultos, é a exceção. Pois no bebê estamos lidando com processos afetivos *in statu nascendi*, observáveis, por assim dizer, *in vivo*.

É de especial interesse para nossa pesquisa observar que o desenvolvimento da percepção afetiva e das trocas afetivas precede todas as outras funções psíquicas; estas irão subseqüentemente desenvolver-se a partir dos fundamentos fornecidos pela troca afetiva. Os afetos parecem manter essa tendência durante o resto do desenvolvimento, pelo menos até o final do primeiro ano de vida. Em minha opinião, eles a mantêm por muito mais tempo ainda.

Visto que a experiência afetiva, no quadro das relações mãe-filho, age no primeiro ano de vida como um caminho inicial para o desenvolvimento de todos os outros setores, segue-se que o estabelecimento do precursor do objeto libidinal também inicia a conexão com as "coisas". Após o bebê ter-se tornado capaz de perceber e responder de modo seguro ao rosto humano, levará outros dois meses até conseguir reconhecer a mamadeira, que certamente é a "coisa" mais familiar. Ele a vê, segura-a várias vezes ao dia; e, além disso, obtém dela a satisfação de uma necessidade. Entretanto, reconhece a mamadeira muito mais tarde do que o rosto humano.

Como em qualquer estipulação de registro cronológico a respeito do início e da duração de um fenômeno na primeira infância, só podemos indicar uma média que pode ser resultado de extremos bem distantes. Entretanto, não é tanto o período de manifestação ou a duração de um fenômeno específico na primeira infância que é essencial, pois isso pode variar; o essencial é a ordem seqüencial de desenvolvimento nos diferentes setores da personalidade. Isto permanece invariável. É de suprema importância que a primeira relação do bebê seja com um parceiro humano, pois todas as futuras relações sociais serão baseadas nessa relação. Aqui começa o processo que irá transformar o bebê em um ser humano, em um ser social, no *zoon politikon* no sentido humano.

Esta relação, que se baseia em trocas afetivas, cria a diferença entre a *polis* humana e o formigueiro, onde o relacionamento se fundamenta em agentes químicos e físicos, no olfato, paladar e tato.

Órgãos corporais, comunicação e evolução

Para chegarmos a ser espécie humana foi preciso que a postura ereta liberasse a mão, facilitando amplamente o intercâmbio social, pois ao mesmo tempo liberou a boca e a região oral para a comunicação (Freud, 1930; Bell, 1833; Spitz e Wolf, 1946).

Filogeneticamente, boca, mandíbulas e região perioral tinham a tarefa de ingerir o alimento. No decorrer da evolução, acrescentou-se um grande número de tarefas, tais como defesa, agressão, exploração e preensão, transporte, vocalização e higiene pessoal. No que concerne à mão, sua função original foi de apoio e locomoção, enquanto a posição quadrúpede era praticamente exclusiva. Isso mudou quando o curso da vida aboral da evolução símia forçou o desenvolvimento da capacidade de preensão dos membros locomotores. Em conseqüência, algumas funções da boca foram transferidas para os membros da locomoção, particularmente para os superiores. Atualmente, as funções da boca tornaram-se muito reduzidas, especialmente em animais que possuem uma dieta mista. A vocalização tornou-se mais importante, como se evidencia pela incessante gritaria dos macacos na selva. Em grande parte, tanto o ato de alimentar-se como a vocalização envolveram a musculatura mimética da região perioral. No curso da evolução do primata e do homem, a vocalização e a expressão mimética mostraram-se cada vez mais úteis como instrumentos de expressão, trocas e contatos sociais.

Simultaneamente, a mão, liberada da tarefa de apoiar a parte superior do corpo, assume muitas tarefas que a boca desempenhara até então. Entre essas tarefas estão também tarefas sociais, tais como atendimento ao filho, arrumação, posição no ato sexual. Amamentar e proteger o filho em uma posição face a face tornou-se não só possível, como habitual. Qualquer observação em vertebrados mostra que a situação face a face não ocorre nos cuidados de alimentação do filho, exceto nos animais que desenvolveram ampla vocalização, isto é, os pássaros, os primatas e o homem. Entretanto, nos pássaros, a anatomia facial é mais ou menos rígida, inadequada para expressar emoções. Por esta razão, embora forneça um signo durante a alimentação do filhote (embora a vocalização, pelo menos por parte do filhote, acompanhe a alimentação), o signo facial permanece sem modificações durante a ontogênese.

Entretanto, nos primatas e no homem, as regiões facial, bucal e faríngea sofreram modificações filogenéticas, que muito enriqueceram sua dotação neuromuscular. Isto não só tornou a expressão de afetos possível nesta região, e com muito menos dispêndio de energia, como também abriu caminho para mudanças muito mais rápidas na expressão de emoções. Assim, a região facial tornou-se um instrumento adequado para produzir signos afetivos; e o mesmo se aplica à vocalização. Foi assim, creio eu, que começaram a evolução da expressão facial afetiva, a vocalização e seu uso para propósitos semânticos, chegando-se, por fim, ao aparecimento da fala.

Na fala, os símbolos semânticos substituem as *Gestalten* postural e comportamental, que agem como signos. Na fala, os símbolos semânticos tornam-se os instrumentos principais do ego para conduzir a relação objetal. Isto leva progressivamente ao abandono dos signos posturais na comunicação e à atrofia deles. Em nossa cultura, a postura ainda é mais dificilmente notada. O psicanalista deve partir do marco zero para compreender mesmo as mensagens mais elementares contidas nos signos posturais emitidos por seus pacientes, e traduzi-los em signos semânticos (Freud, 1921; F. Deutsch, 1947, 1949, 1952).

O desenvolvimento afetivo não se limita a afetos de prazer ou a *Gestalten*-sinais que prometem satisfação de necessidades, como o rosto da mãe. Afetos de desprazer também desempenham um papel importante; por esta razão, foram incluídos nesta pesquisa.

A história natural dos afetos de desprazer e sua dinâmica

Afetos de prazer surgem no decorrer dos três primeiros meses de vida, sendo a reação de sorriso sua manifestação mais notável. Manifestações de desprazer seguem de perto um curso paralelo; tornam-se cada vez mais específicas no decorrer dos três primeiros meses de vida. A partir do quarto mês, a criança expressa desprazer quando seu parceiro humano a deixa. Mas, assim como o bebê nesta idade não sorri (seguramente) para nada, com exceção do rosto humano, ele não mostra desprazer quando lhe é tirado seu brinquedo, ou outros objetos familiares – chora apenas quando seu *parceiro* humano de jogos interrompe seu jogo e o deixa.

Por volta do sexto mês, a especificidade da reação de sorriso e da reação de desprazer torna-se mais acentuada e é estendida a um número crescente de estímulos, inclusive aqueles ligados às "coisas". A partir de então, a criança não chora somente quando é deixada por seu parceiro de jogos, mas também quando lhe tiram o brinquedo. Na segunda metade do primeiro ano, ela se torna capaz de selecionar seu brinquedo favorito entre várias outras coisas.

Nossas observações e experiências apóiam a proposição de que a experiência investida afetivamente facilita e assegura o armazenamento de traços de memória. Demonstramos a validade desta proposição em nossa exploração da história natural da reação de sorriso, assim como das reações de desprazer no primeiro ano de vida.

Os afetos são os resultados finais percebidos de processos de descarga (Freud, 1915a). A reação de sorriso é o indicador afetivo da satisfação esperada de necessidade, isto é, o indicador de uma descarga de tensão. Chorar quando o parceiro sai é o indicador afetivo da expectativa de tensão em elevação. Em ambos os casos, os traços de memória do bebê, armazenados durante a ocasião, são os dados situacionais externos associados às mudanças subjetivas de tensão, isto é, mudanças na economia de pulsão; redução de tensão no primeiro exemplo, tensão em elevação no segundo exemplo.

Os traços de memória destas duas experiências servirão para reconhecer, mais tarde, a repetição de dados similares, as constelações externas similares. Essas duas experiências, a de prazer e a de desprazer, são as duas principais experiências afetivas na primeira infância. Todas as outras experiências do recém-nascido ou são afetivamente neutras (isto é, não provocam manifestações observáveis de afeto, sejam elas positivas ou negativas), ou são dotadas apenas de quantidades mínimas de afetos. Os dois casos acima descritos são exceções. Destacam-se como dois picos solitários na planície da indiferença do bebê à maioria das demais experiências.

Uma destas duas importantes experiências é a do aparecimento do pré-objeto, anunciando uma satisfação e a reação de sorriso que vem em seguida; a outra é o afastamento do parceiro, dando início à frustração expressa pelo choro. Essencialmente, a eficácia destas duas experiências reside em sua reiteração de satisfação ou frustração, que se repete no conjunto idêntico de dados externos, todos os dias, muitas vezes por dia.

Armazenamento na memória e experiência marcada pela afetividade

A proposição de que as experiências investidas afetivamente facilitam e asseguram o armazenamento, na memória, de traços dos dados situacionais externos que as acompanham está bem de acordo com nossas suposições sobre a função das duas organizações sensoriais na primeira infância, a cenestésica e a diacrítica. Processos de descarga e seus indicadores, os afetos, pertencem ao domínio do funcionamento cenestésico. A percepção cenestésica *extensiva*, investida afetivamente, é a única ponte pela qual o recém-nascido pode caminhar em direção à percepção diacrítica *intensiva*, até atingi-la.

Em animais, foi observada por etologistas a enorme aceleração de armazenamento de memória, sob condições de tensão emocional. Esta aceleração começa em perfeito contraste com o processo de aprendizagem laborioso, lento, interminavelmente repetitivo da clássica experiência de condicionamento.

Era de esperar que a rápida aprendizagem investida de afeto prevalecesse mais em animais, porque suas respostas cenestésicas são muito mais evidentes do que as do ser humano. E têm de sê-lo, dado o valor que têm para a sobrevivência[7].

....
7. O caráter monótono da maior parte das antigas experiências com animais era devido à abordagem antropocêntrica adotada pelos psicólogos do comportamento animal. Visto que o sistema cenestésico é tão obscuro no adulto, eles o deixam de lado em sua abordagem do animal. Parece que o peso crescente e

As observações com animais parecem mostrar que a aceleração e o reforço são proporcionais à magnitude da carga de afeto e isto, por sua vez, baseia-se no quanto a situação provocadora do afeto tem a ver com a sobrevivência do animal.

Nos fenômenos afetivos acima discutidos, é de grande interesse o papel da atividade da pulsão subjacente (da qual o afeto é um indicador) na implementação dos processos de pensamento. Freud (1911) postulou que os processos de pensamento representam um tipo de ação experimental acompanhada pelo deslocamento de quantidades relativamente pequenas de catexia. O deslocamento ocorre ao longo das vias que levam aos traços de memória (Freud, 1895). Evidentemente, para tornar possíveis estes processos de catexia, devem ser estabelecidos primeiramente os traços de memória. A reação de sorriso, baseada no reconhecimento do pré-objeto, exemplifica o postulado de Freud sobre a conexão entre traços de memória e processos de pensamento. Em relação a este fenômeno, discuti o papel dos deslocamentos de energia ao iniciar, facilitar e organizar a armazenagem de memória e o da energia da pulsão subjacente ao afeto manifestado nestas ocasiões. Considero o fenômeno da reação de sorriso como um exemplo também da operação dos primeiros processos de pensamento.

Mesmo mais tarde, entre o oitavo e o nono mês de vida, não é difícil detectar o papel dos dois afetos primários de prazer e de desprazer no desenvolvimento do bebê. Mas, em seguida, seu papel torna-se mais obscuro a cada mês porque, daí em diante, os dois afetos parecem interagir sob formas intrincadas e inesperadas. Isto é particularmente evidente nas operações com idéias, como função de julgamento, formação de símbolos, abstração e

....
o significado dos resultados obtidos por etólogos e pela observação psicanalítica da criança trouxeram uma mudança: a psicologia animal recente foi capaz de oferecer mais informações úteis. Por um lado, esta influência é evidente nas pesquisas de estímulos, desde Hebb até Harlow; por outro lado, nas experiências de sobrecarga de estímulo de Calhoun (1962).

operações lógicas de todos os tipos (incluindo a "reversibilidade" de Piaget [1947]).

Um exemplo é oferecido pela pesquisa que Freud (1925a) realizou sobre a função de julgamento. Nela, Freud trata, entre outras coisas, da operação dos dois afetos primários; ele afirma: "Uma precondição para testar a realidade é a de que os objetos que, numa ocasião, trouxeram satisfação real tenham-se perdido." Portanto, o afeto de prazer, que é uma das primeiras forças propulsoras no estabelecimento do objeto, assim como o afeto de desprazer, provocado pela perda do objeto, devem ser ambos vivenciados antes que a função de julgamento possa se cristalizar. Mais ainda, esta cristalização só pode ocorrer se dois afetos surgem, em sucessão, em períodos cronologicamente separados.

Em um estudo sobre a origem do gesto semântico "Não" (1957), cujos detalhes serão relatados mais tarde, explorei o papel que têm para o desenvolvimento os dois afetos primários, de prazer e desprazer. As condições desta investigação não são muito diferentes das formulações de Freud sobre a função de julgamento. Tornou-se evidente que, no processo de adquirir o gesto semântico "Não", os dois afetos operam de maneira complementar. O que um deles utiliza o outro rejeita, e vice-versa.

O papel da frustração na aprendizagem e no desenvolvimento

A conseqüência é que privar o bebê do afeto de desprazer durante o decorrer do primeiro ano de vida é tão prejudicial quanto privá-lo do afeto de prazer. Prazer e desprazer têm um papel igualmente importante na formação do sistema psíquico e da personalidade. Coibir qualquer um dos afetos é transtornar o equilíbrio do desenvolvimento. É por isso que criar os filhos de acordo com uma doutrina de permissividade indiscriminada leva a resultados deploráveis. Nunca será demais destacar a importância da frustração para o desenvolvimento – afinal é a própria natureza que a impõe. Para começar, estamos sujeitos à imensa frustração – Rank (1924) confundiu-a com o trauma – de asfixia no nascimento, que força a substituição da circulação fetal pela respiração pulmonar. As frustrações repetitivas e insistentes de sede e fome seguem-na; elas forçam o bebê a tornar-se ativo, a procurar e incorporar comida (em vez de receber passivamente comida do cordão umbilical), e a ativar e desenvolver a percepção. O próximo passo principal é o desmame, que obriga à separação da mãe e a um crescente grau de autonomia; e assim continua, passo a passo. O que leva o educador moderno, o psicólogo infantil, o pai, a achar que podem evitar a frustração da criança?

A frustração está incorporada no desenvolvimento. É o mais potente catalisador da evolução de que dispõe a natureza[8]. A observação do dr. Johnson, de que é espantoso como o fato de um homem saber que será enforcado na manhã seguinte pode acelerar seu processo mental, é verdadeira, embora brutal. A natureza não está preocupada com a ética, mas com a evolução, e aplica a pressão de frustração, de desprazer, implacavelmente. Na criação moderna, a criança é comumente poupada das frustrações, que fazem o pai, o educador e o psicólogo se sentirem culpados. Na realidade, a preocupação deles não é tanto o bem-estar da criança, como o desejo de evitar sentimentos de culpa, conscientes ou inconscientes.

O bem-estar da criança realmente requer frustração. A proposição de Freud acima citada mostra *um* papel do afeto de desprazer testando a realidade – e testar a realidade é uma das funções vitalmente importantes do ego. Sem desprazer, sem este grau de frustração que eu chamaria de adequado à idade, não é possível um desenvolvimento satisfatório do ego.

Vê-se isto de maneira impressionante em uma das experiências que Harlow realizou com macacos Rhesus que ele chamou

....
8. Freud, naturalmente, estava bem ciente disto, como testemunha a afirmação: "Sensações de natureza agradável não contêm nada que seja impulsionador, ao passo que as de desprazer têm esse fator no mais alto grau, as de desprazer impelem em direção à mudança..." (1923).

de animais "sempre juntos". Nesta experiência serviu-se do comportamento instintivo de apego do macaco, criando dois desses filhotes sempre juntos. Assim ele criou um par de macacos que nunca desenvolveram nenhuma atividade de macaco adulto, fosse ela social ou sexual. Passavam os dias sempre juntos – num sistema fechado, que não se comunicava com o ambiente, nem aceitava qualquer interferência externa, de prazer ou de desprazer (Harlow, 1958). Eis uma ilustração muito esclarecedora do que acontece quando um bebê não é frustrado. É evidente que, em condições naturais, quando criado pela mãe, pela macaca Rhesus, não será permitida ao filhote a satisfação ilimitada de sua necessidade de não ficar só. Igualmente, na criança, no decorrer das relações normais mãe-filho, as situações em que o desprazer é imposto à criança e as frustrações resultantes são inúmeras, e aumentam com a idade. É como deve ser.

Não estou preconizando o castigo físico para a criança, quando falo de frustração. Estou me referindo às frustrações que ocorrem naturalmente durante a criação de uma criança e que podem ser evitadas apenas por permissividade irrazoável. Em contato com essas frustrações que se repetem, a criança atinge, no decorrer dos primeiros seis meses, um grau crescente de independência e torna-se cada vez mais ativa em suas relações com o mundo exterior, animado ou inanimado.

Capítulo 8
O estabelecimento do objeto libidinal

A ansiedade dos oito meses

Uma mudança decisiva no comportamento do bebê em seu relacionamento com os outros ocorre entre o sexto e o oitavo mês. Já não responde com um sorriso quando uma visita ocasional aproxima-se de seu berço, sorrindo ou balançando a cabeça. Por volta dessa idade, a capacidade para a diferenciação perceptiva diacrítica já está bem desenvolvida. Nesse momento a criança distingue claramente um amigo de um estranho. Se um estranho se aproxima, isso provoca na criança um comportamento inconfundível, característico e típico; ela apresenta intensidades variáveis de apreensão ou ansiedade, e rejeita o estranho. Além disso, o comportamento individual da criança varia em torno de uma amplitude maior. Ela pode abaixar os olhos "timidamente", pode cobri-los com as mãos, levantar a roupa para cobrir o rosto, atirar-se de bruços no berço e esconder o rosto nas cobertas, pode chorar ou gritar. O denominador comum é uma recusa de contato, uma rejeição, com um tom mais ou menos carregado de ansiedade. Podemos supor que as diferenças de comportamento individual estão de alguma forma ligadas ao clima afetivo em que a criança foi criada? Inúmeros padrões de comportamento observáveis foram apresentados no filme *Anxiety:*

Its Phenomenology in the First Year of Life (Spitz, 1953b). Denominei este padrão de *ansiedade dos oito meses* (ver Fig. 9) e considero-o a primeira manifestação de *ansiedade propriamente dita*.

O que entendemos por *ansiedade propriamente dita*? Baseando-me em nossas observações, consegui distinguir, no primeiro ano de vida, *três estágios na ontogênese da ansiedade*. O primeiro desses estágios é a reação do bebê ao processo do parto. Freud (1926a) falou desta reação como o *protótipo* fisiológico de toda ansiedade posterior. Outros autores, Rank (1924) em primeiro lugar, deram muita ênfase ao chamado "trauma do nascimento" e tentaram tornar esse "trauma" o responsável por todos os problemas psiquiátricos posteriores. Freud nunca aceitou essa hipótese.

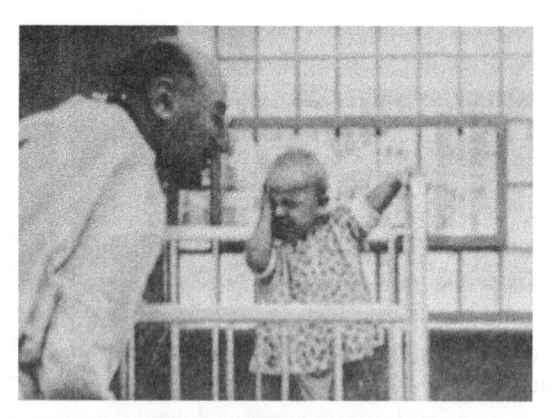

Figura 9 – A ansiedade dos oito meses.

Durante o período neonatal, na primeira semana ou logo após o parto, encontramos manifestações de desprazer ocorrendo em situações que, numa idade mais avançada, poderiam causar ansiedade. Estas manifestações de desprazer não constituem a ansiedade, no sentido em que usamos o termo em psicanálise. Chamá-las de ansiedade é um equívoco. Embora tenham todas as características de estados de tensão fisiológica, com fenômenos de descarga física difusa, elas não têm conteúdo psicológico.

À medida que a criança cresce, a natureza destes estados de tensão perde progressivamente seu caráter difuso; ocorrem então em resposta a situações de desprazer cada vez mais específicas. Por volta da oitava semana de vida, as manifestações de desprazer tornam-se mais estruturadas e inteligíveis, não apenas para a mãe, mas também para o observador experiente.

Começam a surgir alguns matizes que vão substituindo a excitação generalizada, de tom negativo, e vão transformando as simples manifestações de desprazer em dois ou três sinais "codificados". Do ponto de vista da mãe, já é o começo da comunicação mais simples. Do ponto de vista da criança, é ainda apenas um sinal de seu desconforto; ainda não é um pedido de ajuda; permanece no nível da expressão, embora agora esta manifestação tenha se tornado voluntária e articulada. Os que estão à sua volta lentamente aprenderam a distinguir quando a criança está faminta, quando está com dor de barriga e quando expressa o desejo de ser entretida.

À medida que as manifestações da criança se tornam mais inteligíveis, as respostas dos que a cercam se tornam mais bem adaptadas às necessidades que ela está expressando. Pelo fato de poder agora provocar respostas de satisfação de necessidades, a criança torna-se capaz de apreender uma conexão entre o que ela faz e as respostas dos que a cercam. Por volta do terceiro mês de vida, traços de memória de uma série de signos dirigidos pela criança ao meio que a cerca estão codificados em seu aparelho psíquico. Com isso a criança dominou o que Karl Bühler (1934) chamou de "o apelo" – a capacidade de voltar-se para o meio que a cerca e de assinalar suas necessidades.

Antes disso a criança reagia de uma maneira arcaica, através de um reflexo, por assim dizer, a sensações vindas do interior ou a estímulos vindos do meio circundante. Agora, a criança pode transmitir signos, voluntária e deliberadamente, aos quais o meio circundante responde de modo mais ou menos coerente, satisfazendo suas necessidades. A expressão ativa de uma necessidade é seguida em uma estreita seqüência temporal pela satisfação proporcionada pelo meio circundante. Esta seqüência é a mesma que se verifica no reflexo condicionado; entretanto, a capacidade de estabelecer um reflexo condicionado baseia-se provavelmente em trilhas neurofisiológicas inatas.

No reflexo condicionado a "deixa" vem do exterior, do outro, e a resposta vem do interior, do sujeito. No estágio do "apelo", isto é invertido. Em tal estágio, é o sujeito, a criança, quem dá a "deixa" através de seu choro de fome, e é o outro, o meio circundante, que responde; é o meio externo que está sendo condicionado pela criança.

Esta seqüência se repete com grande regularidade, muitas vezes por dia, na vida de toda criança. Por isso, as duas partes da experiência, o choro de fome e a satisfação que se segue, passam a ter ligação na memória da criança. Estabelece-se uma associação entre os dois blocos de impressões, sob a forma de um conjunto de dois traços de memória estabelecidos e reforçados por uma conexão afetiva. Este desenvolvimento deve ser compreendido nos termos das proposições de Ferenczi (1916) sobre o estágio de onipotência infantil. O choro de fome, seguido por satisfação, forma a base do sentimento de onipotência que, segundo Ferenczi, é um estágio inicial do sentido de realidade.

Entretanto, paradoxalmente, a mesma experiência também prepara a base para um desenvolvimento da organização das idéias, que é diametralmente oposto à onipotência. Creio que a seqüência de satisfação que se segue ao choro de fome é a experiência primeira à qual se pode reportar a formação da categoria ideacional de causalidade.

Nesta conquista da capacidade de mobilizar a ajuda materna para a satisfação de suas necessidades, através do choro, o ser humano experimenta pela primeira vez o *post hoc ergo propter hoc* em conexão com sua própria ação. É claro que não é ainda o princípio da causalidade propriamente dito, mas apenas um seu precursor.

O princípio *post hoc ergo propter hoc* se subdividirá mais tarde em duas direções. Uma delas permanecerá em sua forma rudimentar como um modo básico de funcionamento do processo primário. A outra será progressivamente aprimorada, até se tornar um dos instrumentos mais poderosos do homem, sob a forma do princípio do determinismo. Em termos da experiência do bebê, esta seqüência poderia ser expressa da seguinte maneira: quando B vem sempre depois de A, é porque A é a força, o poder, que produz B, de maneira que A é a causa de B.

A partir de então a criança pode influenciar o ambiente, a fim de aliviar seu desconforto; em um estágio um pouco posterior, ela também aprende a influenciar o meio externo no sentido de que ele lhe forneça a satisfação desejada. Temos aqui a transição do estágio da pura manifestação de *o que ele sente* para o estágio de apelo para *o que ele deseja*. Este é o primeiro passo importante com o qual começa a comunicação – ele acabará por levar à comunicação, com a ajuda de signos semânticos.

Após o terceiro mês, estabelece-se um número cada vez maior de traços de memória nos sistemas mnemônicos da criança. Em sua maioria são traços de memória do tipo mais simples e estão relacionados com matizes de afeto que causam prazer e, às vezes, desprazer. Selecionam-se os traços de memória relacionados a certas situações recorrentes e, para a criança, particularmente desagradáveis. Eles são estruturados de tal maneira que a sua reativação provocará, com certeza, um afeto específico de desprazer. Esse afeto manifesta-se sob a forma de comportamento de afastamento (por exemplo, no caso de repetidas vacinações). Referimo-nos a esta resposta como *medo*. Surge entre o quarto e o sexto mês de vida. Este é o segundo passo em direção ao estabelecimento da *ansiedade propriamente dita*.

No primeiro estágio, o de estados de tensão psicológica, uma reação de desprazer é manifestada quando a tensão interna perturba o estado de equilíbrio. No segundo estágio, a reação de *medo* é provocada por um percepto ao qual a criança tenha vinculado uma experiência anterior de desprazer. Quando a criança volta a experienciar esse percepto catexiado de desprazer, tem uma reação de fuga. É uma fuga de uma ameaça da realidade e marca o começo do que Freud (1926a) denominou "ansiedade" real. Como Freud, também usarei, em vez de ansiedade, a palavra "medo", já que existe um objeto.

A ansiedade dos oito meses, que descrevi antes, e que aparece na segunda metade do primeiro ano de vida, é bastante diferente do comportamento de medo. Em sua reação ao estranho, a criança está respondendo a alguma coisa ou a alguma pessoa com quem ela nunca teve antes uma experiência de desprazer. Acompanhamos atentamente, desde o nascimento, um grande número de crianças que, mais tarde, mostraram esse comportamento na segunda metade do primeiro ano. Todas tiveram as experiências comuns de desprazer, que são inevitáveis nos cuidados que a criança recebe. Mas as tiveram com suas mães, e não com estranhos. Então, por que manifestam ansiedade ou pelo menos apreensão quando um estranho se aproxima delas?

Tendo em vista tudo o que aprendemos no decorrer da observação direta de bebês, a hipótese mais plausível é de que a criança responde à ausência da mãe com desprazer. Ao acompanhar a ontogênese do desprazer, verificamos que entre o terceiro e o sexto mês de vida a criança manifesta desprazer quando um parceiro adulto a deixa. No estágio da ansiedade dos oito meses a criança já está mais adiantada em todos os aspectos. Quando confrontada com um estranho, sua reação é ao fato de que não se trata de sua mãe; sua mãe "a deixou".

Isso contrasta com a reação da criança de três meses de idade, para quem um rosto humano é tão bom quanto o outro, pois para a criança o rosto representa uma *Gestalt*-sinal de satisfação de necessidades. Quando um estranho se aproxima do bebê de oito meses, este fica frustrado em seu desejo de ter a mãe. A ansiedade que demonstra não é uma resposta à memória de uma experiência desagradável com um estranho; é uma resposta à sua percepção de que o rosto do estranho não é idêntico aos traços de memória do rosto da mãe. Isto ilustra a operação de apercepção; nesta operação um percepto no presente é comparado com traços de memória do passado. Em termos psicanalíticos dizemos: é uma resposta à percepção intrapsíquica da tensão reativada do desejo e da decepção que se segue. Conseqüentemente, chamei essa resposta de primeira manifestação de *ansiedade propriamente dita*.

Como a reação de sorriso na idade de três meses, a ansiedade dos oito meses marca um estágio distinto no desenvolvimento da organização psíquica. No caso da reação de sorriso, a *Gestalt*-sinal do rosto visto de frente é experienciada como o homólogo de um parceiro humano. No caso da ansiedade dos oito meses, o percepto do rosto de um estranho *qua face* (e não como uma *Gestalt*-sinal) é confrontado com os traços de memória do rosto da mãe. Reconhecido como diferente, será rejeitado.

Achamos que esta capacidade de deslocamento catéxico em traços de memória certamente guardados na criança de oito meses de idade reflete o fato de que ela estabeleceu, neste momento, uma verdadeira relação objetal, e de que a mãe se tornou seu objeto libidinal, seu objeto de amor.

Antes disso, dificilmente podemos falar de amor, pois não há amor até que o ser amado possa ser distinguido de todos os outros, e não há objeto libidinal enquanto ele permanece intercambiável. Ao mesmo tempo, a criança modifica suas maneiras de lidar com seu ambiente e dominá-lo. Ela já não se limita às formas arcaicas de defesa; adquiriu a função de julgamento, de decisão. Isto representa uma função do ego em um nível intelectual superior de desenvolvimento psíquico e abre novos horizontes.

Cabe aqui uma advertência: se alguém deseja observar o fenômeno da ansiedade dos oito meses – e realizar experiências a respeito dele – não deve fazer isso na presença da mãe. Quando as manifestações da ansiedade dos oito meses são brandas, a presença da mãe bastará para apagá-las; ao passo que, na ausência da mãe, elas se mostrarão nitidamente.

Uma objeção à nossa explicação da ansiedade dos oito meses

Foi publicada por Szekely (1954) uma crítica desta proposição, a partir de um "ponto de vista biológico". Ele interpreta engenhosamente minhas observações sobre a reação de sorriso e sobre a ansiedade dos oito meses, e chega a conclusões diametralmente opostas às que publiquei. Segundo ele, a *Gestalt* olho-fronte é um "estímulo liberador" nos termos de Lorenz, Tinbergen e outros, e representa uma sobrevivência filogenética do padrão "inimigo" no mundo animal. Szekely afirma que o bebê, nos primeiros meses de vida, reage ao rosto humano com ansiedade[1]. Ele diz que essa "ansiedade" é inspirada pelo padrão "inimigo" de olhos-fronte. Szekely considera que o sorriso recíproco do terceiro mês é o primeiro ato de domínio sobre essa ansiedade arcaica. Ele sustenta que esse domínio é atingido pelo bebê através de uma catexia libidinal que transforma a *Gestalt* olho-fronte em um objeto parcial. Segundo Szekely, a posterior ansiedade dos oito meses indicaria então que este objeto parcial retornou ao *status* original do estímulo arcaico produtor de medo. Em resumo, esta é a argumentação de Szekely, que insiste em dizer que até agora não houve prova experimental de sua hipótese.

Desde o início de minha pesquisa sobre a reação de sorriso, impressionei-me com a similaridade entre a operação do estímulo liberador (Lorenz, 1935) em animais e a função de *Gestalt*-sinal da configuração olho-fronte no caso do bebê. Por esta razão, examinei sistematicamente se o "estímulo liberador" para o sorriso recíproco é inato, se é ativado pelo recém-nascido à maneira de *imprinting* através de umas poucas experiências perceptivas, ou se é aprendido. A observação clínica e experiências mostraram que os três fatores estão presentes; trata-se de um processo complexo.

....
1. Em seu artigo, Szekely utiliza os termos "medo" e "ansiedade" indiscriminadamente. Como já disse, fazemos clara distinção entre *medo* e *ansiedade* (Spitz, 1950b, 1955c).

Pesquisas feitas por meus colaboradores e por mim, bem como um estudo publicado por Ahrens (1954), indicam que, na configuração total da *Gestalt*-sinal, os olhos e o movimento podem representar fatores inatos.

Estudos recentes (Polak, Emde, e Spitz, 1964, 1965) mostram, além disso, que ocorre um processo de aprendizagem através do qual a percepção da totalidade do rosto vai sendo gradualmente dotada de terceira dimensão, de características de tamanho e de características de cor. No decorrer desse desenvolvimento, o bebê começa progressivamente a fazer a distinção entre o rosto que se aproxima e a mamadeira, isto é, a distinguir a pessoa do alimento. Inicialmente, recompensa e punição desempenham um papel claro neste processo de aprendizagem (Spitz e Wolf, 1946; Spitz, 1955c); mais tarde, após o terceiro mês, isto é complementado por certas seqüências de aprendizagem especificamente humanas.

A hipótese central de Szekely é que, já durante as primeiras semanas e meses de vida, o bebê reage ao rosto materno, a este IRM (que representa o "inimigo"), com ansiedade ou medo. É um fenômeno que nunca fui capaz de detectar.

Em muitas centenas de bebês, a cada um dos quais apresentamos o estímulo do rosto pelo menos uma vez por semana, desde o nascimento até a idade de três meses, nada que sugerisse medo foi observado. Mais ainda, nenhuma observação desse tipo pode ser encontrada na extensa literatura sobre o assunto.

Nos anos que se passaram desde a publicação de minha resposta a Szekely (Spitz, l955c), continuei a explorar a questão por ele levantada em três contextos diferentes:

1. Observei sistematicamente todos os bebês que tive a oportunidade de estudar, levando em conta as afirmações de Szekely.

2. Revi meu extenso material cinematográfico sob esse ângulo.

3. Tive longas discussões com um grande número de etologistas e observei suas experiências.

Apesar dessa revisão sistemática, não encontrei prova que confirmasse a hipótese central de Szekely. Entretanto, encontrei apoio para sua proposição de que a configuração do olho é um elemento inato de liberação da expressão. Minhas próprias observações mostraram que os olhos do experimentador realmente provocam a resposta do bebê em uma idade extraordinariamente precoce, às vezes nos primeiros dias de vida, apoiando a tese de que essa resposta não é aprendida. Este resultado está de acordo com as cuidadosas observações e pesquisas de Ahrens (1954).

Embora os etologistas realmente concordem com a opinião de Szekely de que os olhos possam de fato ser um signo inimigo para animais adultos, não consegui verificar se isto também se aplica ao filhote animal antes do desmame. Considerando o bebê, um outro argumento sugere que os olhos não provocam medo, e sim seu oposto.

Como observei no Capítulo 5, a criança pára de sorrir diante da face do observador quando este vira de perfil. A reação pode ir da perda de contato à perplexidade; às vezes inclui mesmo uma resposta de susto. Neste último caso é bem difícil restabelecer contato com a criança, e provocar seu sorriso de novo leva muito mais tempo do que antes. Se os olhos (e rosto) forem de fato um estímulo de medo, então a criança deve demonstrar *alívio* quando libertada do olhar hipnótico do observador, quando ele fica de perfil. Mas, em vez de demonstrar alívio, algumas crianças ficam amargamente desapontadas. Outras mostram ressentimento e rejeitam os esforços do observador para retomar contato. E outras ainda simplesmente o ignoram, com uma expressão taciturna.

Grande parte do argumento de Szekely origina-se do fato comprovado de que em filogênese os olhos são quase sempre signo de ameaça, de perigo, de inimigo. Meu conhecimento no campo da filogênese não me permite confirmar ou refutar esse argumento. Entretanto, parece arriscado aplicar ao comportamento do ser humano conclusões tiradas de observações feitas sobre o comportamento animal. A moderna metodologia científica (Novikoff, 1945) não admite a transposição de leis válidas num nível organizacional de complexidade inferior para um nível organizacional de complexidade superior. Por essa razão, enquanto não surgir prova conclusiva, a tese de Szekely continuará sendo uma conjectura engenhosa, porém apenas especulativa.

O segundo organizador

A ansiedade dos oito meses, introduzida no quadro conceitual elaborado anteriormente, indica o aparecimento do segundo organizador da psique. Isso significa que um dos períodos críticos (Scott e Marston, 1950) está situado em torno do oitavo mês de vida. Assinala um novo estágio de desenvolvimento infantil, no decorrer do qual tanto a personalidade da criança como seu comportamento sofrerão uma mudança radical.

Então, a forma pela qual o desprazer é expresso, bem como a percepção e o reconhecimento do estímulo que provoca o desprazer, tornam-se cada vez mais específicos. O estímulo teve início no nascimento como uma necessidade interna não específica que produzia uma tensão não específica e sua descarga não específica casual. Três meses mais tarde a expressão casual de tensão tornava-se mais específica e se manifestava quando um parceiro humano (ainda não específico) deixava a criança. Finalmente, aos oito meses, o desprazer assume a forma de uma ansiedade específica, quando um estranho se aproxima da criança. Este desprazer específico é causado pelo medo que a criança tem de ter perdido a mãe (o objeto libidinal). É do maior interesse para o psicanalista notar que as fases sucessivas deste setor de desenvolvimento são estreitamente paralelas às fases dos dois outros setores de desenvolvimento. Um é o que leva à integração do ego. O outro setor é o de desenvolvimento progressivo de relações objetais, que culmina na constituição do objeto libidinal.

Lembremos o leitor de que essas três correntes de desenvolvimento, isto é, a cristalização de respostas afetiva, a integração do ego e a consolidação de relações objetais, são interdependentes apesar de serem diferentes aspectos da personalidade total. Considerei-as separadamente apenas para facilitar sua apresentação. Na realidade, são partes interdependentes da personalidade total.

Recapitulemos brevemente os dois passos principais que levam à constituição do objeto libidinal: 1) O estabelecimento da apresentação do rosto humano no sistema de memória como um desencadeador nos informa da emergência do precursor do objeto; isto assinala o primeiro passo principal no sentido do desenvolvimento das relações objetais. 2) A ansiedade dos oito meses aparece três ou quatro meses depois. Isso mostra que a criança distinguiu o rosto da mãe e lhe conferiu um lugar único entre os outros rostos humanos. Doravante, e durante algum tempo no futuro, a criança preferirá o rosto da mãe e rejeitará todos os outros rostos que dele se diferenciem.

Na minha opinião, isto é o indicador do estabelecimento do "objeto" libidinal propriamente dito. Para o behaviorista, sem dúvida, a manifestação da ansiedade dos oito meses significa apenas que uma "coisa" foi estabelecida no setor ótico e atingiu constância cognitiva. Porém, se ultrapassarmos as limitações do método behaviorista, e buscarmos o *significado* do comportamento manifestado na ansiedade dos oito meses, perceberemos que o afeto, isto é, a ansiedade, tem o papel decisivo neste fenômeno. É evidente que o objeto foi estabelecido não apenas no setor ótico (cognitivo) mas também – e talvez devêssemos dizer principalmente – no setor afetivo.

Como afirmei acima, segue-se a partir do estabelecimento de um objeto libidinal que a pessoa dotada com atributos de objeto já não pode ser intercambiada com nenhum outro indivíduo. Uma vez que o objeto é estabelecido, a criança não pode se enganar mais em relação a ele. Esta exclusividade garantida capacita a criança a formar os vínculos que conferem ao objeto suas propriedades peculiares. A ansiedade dos oito meses é a prova de que, para a criança, todos são estranhos, com exceção do único objeto[2]; melhor di-

....
2. É uma colocação excessivamente simplificada. Evidentemente os outros membros da família também são dotados de uma posição privilegiada, não tão privilegiada quanto a do objeto libidinal, mas ainda de preferência em relação a outros indivíduos.

zendo, a criança encontrou *o* parceiro com quem pode formar relações objetais no verdadeiro sentido do termo.
Resumirei outras mudanças acarretadas pelo estabelecimento do segundo organizador.

1. Na *esfera somática*, a mielinização das vias neurais está agora suficientemente desenvolvida para tornar possível o funcionamento diacrítico do mecanismo sensorial; para alcançar a coordenação dos órgãos efetores; para colocar os grupos de músculos do esqueleto a serviço de seqüências de ação dirigida; e para permitir ajustamentos de postura e equilíbrio que servem como base para a ação muscular.

2. No *sistema mental*, um número crescente de traços de memória foi armazenado, de maneira que possam ser efetuadas operações de complexidade crescente. Estas operações mentais, por sua vez, permitem o desempenho de um número crescente de *seqüências de ação* dirigidas cada vez mais diversificadas. A ativação de operações mentais e as seqüências de ação resultantes propiciam uma das condições que tornam possível o funcionamento dos aparelhos do ego.

3. Finalmente, na *organização psíquica*, maturação e desenvolvimento do equipamento congênito tornaram possível colocar os órgãos efetores a serviço de seqüências de ações dirigidas. Estas seqüências de ações permitem ao bebê descarregar tensão afetiva de uma maneira intencional, dirigida, isto é, voluntariamente. Estas descargas dirigidas diminuem o nível de tensão, no sistema psíquico; consegue-se uma melhor distribuição na economia psíquica, facilitando sua função reguladora e permitindo não somente uma satisfação mais eficiente das necessidades, como também a realização voluntária e dirigida da obtenção de prazer. Neste momento a organização do ego será enriquecida a partir de várias fontes; ele se torna estruturado e são estabelecidas fronteiras entre ego e id, por um lado, e ego e mundo exterior, por outro. O enriquecimento do ego é atingido à medida que cada vez mais aparelhos do ego se tor-

nam unidades em funcionamento. Esta ativação é desencadeada por trocas de ação catexiadas afetivamente entre o bebê e o objeto libidinal nascente. Na primeira infância, muito do que imprecisamente chamamos de relações objetais ocorre nessas trocas de ação com efeitos múltiplos, entre os quais está a criação de fronteiras entre o ego e o id, entre o ego e a realidade, entre o eu e o não-eu, entre o *self* e o *não-self*. Porém trataremos disso mais tarde.

Nesta integração e estruturação do ego recém-estabelecido, na delimitação de suas fronteiras através das trocas de ação, um papel decisivo é desempenhado pela diferenciação progressiva entre agressão e libido e pelo reconhecimento das vicissitudes dessas duas pulsões instintuais. Isto é evidente na última parte do primeiro ano de vida. No Capítulo 9 examinaremos a diferenciação das pulsões, sua fusão e sua disfusão. Basta dizer que há uma estreita conexão e interdependência – um *feedback* – entre as primeiras vicissitudes das pulsões e as vicissitudes de relações objetais que levam ao estabelecimento do objeto libidinal. O processo global avança concomitantemente com o desenvolvimento progressivo de outras funções do ego, tais como coordenação corporal, percepção e apercepção, trocas de ação dirigidas e voluntárias. O ponto culminante desse processo de diferenciação e integração é, repetimos, o estabelecimento do objeto, revelado pelo aparecimento da ansiedade dos oito meses.

Seguindo o estabelecimento do segundo organizador e dependendo das modificações acima enumeradas, pode ser observado o aparecimento de alguns dos mecanismos de defesa do ego. No começo eles servem mais para a adaptação do que para a defesa no sentido estrito do termo. Mas, com o estabelecimento do objeto e o começo da ideação, sua função muda. Como veremos mais tarde, uma vez que o objeto esteja estabelecido e tenha havido fusão das pulsões agressivas e libidinais, alguns dos mecanismos de defesa, especialmente a identificação, adquirem a função que terão no adulto.

Desejo ressaltar novamente que o organizador da psique é um construto, um modelo que achei útil para apreender certos fenômenos do desenvolvimento psíquico (Spitz, 1959); é um modelo como o do sistema psíquico dividido em id, ego e superego, que também não é uma entidade concreta. Como outras hipóteses, tais modelos devem seguir o princípio de parcimônia e justificam-se por sua utilidade.

A introdução do conceito de organizador justifica-se pela observação de que o encaminhamento bem-sucedido das transições de uma fase para a seguinte age como um catalisador para uma mudança brusca no desenvolvimento infantil. A interdependência dos setores de desenvolvimento (três dos quais abordei acima), o *feedback* evidente operando entre eles, torna o conceito de organizador o mais adequado para explicar a complexidade dos marcos de maturação e desenvolvimento atingidos pelo bebê. Este construto nos permite condensar a multiplicidade de realizações relativas à maturação e ao desenvolvimento do bebê, em vez de enumerá-las em cada exemplo.

Os determinantes culturais da díade

Como acontece com todos os fenômenos da primeira infância que abordei, a idade em que surge a ansiedade dos oito meses varia consideravelmente. Poder-se-ia até mesmo dizer que ela é mais variável do que nos primeiros fenômenos. Isto se deve à sua natureza especial, pois ela é o resultado de relações entre *dois* indivíduos, ou seja, o universo da díade, e por isso depende da capacidade desses dois indivíduos para estabelecerem e manterem tais relações, da personalidade individual, mas também de inúmeras outras condições ambientais e culturais.

Em sua maioria, nossas observações foram feitas no âmbito da cultura ocidental e foram observados brancos, negros e índios americanos. Ressalto isso porque creio que instituições culturais participam de maneira significativa na formação da personalidade. Elas oferecem a gama de oportunidades proporcionadas para a expressão dos processos intrapsíquicos, tanto na mãe como no filho. Uma das instituições da cultura ocidental, a família, assegura o contato e relações íntimos entre o bebê e *uma única* figura materna, no decorrer do primeiro ano de vida. Nos capítulos que tratam da patologia, veremos quanto essa relação pode ser modificada e como isso influencia a natureza das relações objetais e o estabelecimento do objeto.

Assim, uma tradição cultural, na qual o contato entre mãe e filho é regulado de modo diferente do nosso, terá um efeito significativo tanto sobre a idade em que se estabelece o objeto, como sobre a natureza das próprias relações objetais. Podem ser encontradas provas dessas modificações em estudos antropológicos, como por exemplo os realizados por Margaret Mead (1928, 1935; Mead e McGregor, 1951) sobre culturas em que as instituições voltadas para os cuidados com bebês são muito diferentes das nossas. Mencionemos apenas duas: em Bali o pai substitui a mãe, muito cedo, na vida do bebê; em Samoa, múltiplas figuras maternas substituem a figura única da mãe, de nossa cultura. Creio que isso pode levar a relações objetais de natureza difusa. Anna Freud descreve modificações similares de relações objetais entre bebês criados por diferentes enfermeiras em rápida sucessão. Estas crianças não podiam estabelecer relações íntimas com *uma* pessoa materna – elas não a tinham; substituíam a díade que faltava por aquilo que podemos chamar de "gangue" (A. Freud e Dann, 1951).

A importância dessas observações e suas implicações para a nossa própria cultura são inestimáveis. A investigação paciente e cuidadosa das conseqüências das modificações nas relações mãe-filho em diferentes culturas deverá fornecer-nos informação valiosa. Mostrará, em primeiro lugar, o que *não* deve ser feito; assim nos beneficiaremos dos erros dos outros, por um lado, e reconheceremos as conseqüências de nossos próprios erros, por outro. Isto nos propiciará sugestões para a prevenção, isto é, sobre como evitar condições que levam a deformações de caráter e personalidade, e nos dará sugestões quanto às condições mais favoráveis para a criação e educação da criança.

O conceito de organizadores e os estágios de relações objetais acima descritos são apenas um esboço rudimentar que oferece alguns pontos de orientação para a compreensão do desenvolvimento no primeiro ano de vida. Os detalhes desse esboço ainda devem ser pesquisados, pois permanecem desconhecidos e requerem estudo paciente de indivíduos e grupos, bem como comparações entre as culturas.

Capítulo 9
Papel e evolução das pulsões instintuais

Nos capítulos anteriores considerei a fenomenologia das relações objetais principalmente do ponto de vista tópico e do ponto de vista estrutural, no que se refere à personalidade do bebê e à da mãe. Vamos agora examiná-las do ponto de vista dinâmico e tentar esclarecer o papel das pulsões instintuais neste processo. Observamos que as pulsões libidinais e agressivas participam em igual medida na formação das relações objetais. Entretanto, no nascimento, e durante o estágio narcisista subseqüente ao nascimento, as pulsões ainda não são diferenciadas umas das outras; assim, elas irão se diferenciar através de um processo de desenvolvimento gradual. Desenvolvi os detalhes deste processo em outra parte (Spitz, 1953a; ver também Jacobson, 1954), e aqui apresentarei simplesmente, em linhas gerais, como vejo este desenvolvimento.

As pulsões libidinal e agressiva diferenciam-se uma da outra no decorrer dos primeiros três meses de vida como resultado das trocas que ocorrem entre mãe e filho. Inicialmente, essas trocas ocorrem sob a forma de experiências distintas, separadas, no setor específico de cada uma das pulsões, e os dois não se fundem nem se ligam um ao outro. Isso acontece realmente no decorrer do estágio narcisista, até a idade de três meses, quando o pré-objeto estará estabelecido.

Nos meses seguintes, o desenvolvimento progride passo a passo, do estágio pré-objetal ao estágio das verdadeiras relações objetais. Tanto durante o estágio narcisista como durante esse estágio de transição, as pulsões "tendem" à satisfação das necessidades orais do bebê. Freud designou o relacionamento que se desenvolve fora desta estrutura das pulsões como "fixação anaclítica" (Freud, 1905b, 1914b). A mãe é a pessoa que satisfaz os desejos orais do bebê; ela se torna o alvo das pulsões agressivas e libidinais do bebê. Esse alvo, a mãe, ainda não é percebido como uma pessoa unificada, consistente, imutável, ou melhor, como "objeto libidinal".

O objeto "bom" e o objeto "mau" e sua fusão

Seguindo Hartmann, Kris e Loewenstein (1946) e Abraham (1916), entendo que, nesse estágio, o bebê tem *dois* objetos: o objeto mau, contra quem é dirigida a agressão; e o objeto bom, para quem está voltada a libido. Com Abraham (1916), podemos chamar esse período de *estágio pré-ambivalente*.

No começo desse estágio de transição, surge um ego rudimentar, que atua como um mecanismo orientador de coordenação central. Esse ego, embora rudimentar, permite uma descarga de pulsão sob a forma de ação dirigida. Essas ações dirigidas, seu próprio funcionamento, progressivamente acarretarão a diferenciação das pulsões umas das outras. Devido ao funcionamento do ego em desenvolvimento, a criança aprende a distinguir o objeto "mau", que se recusa a satisfazer suas necessidades e contra o qual é dirigida sua agressão, e o objeto "bom", que satisfaz suas necessidades e para o qual está dirigida sua libido.

Em torno do sexto mês de vida, ocorre uma síntese. A influência crescente do ego se faz sentir através da integração dos traços de memória de inúmeras e repetidas experiências e de trocas que a criança teve com a mãe. Finalmente isso resulta na fusão das imagens dos dois pré-objetos, a "mãe boa" e a "mãe má". Surge uma única mãe, o objeto libidinal propriamente dito.

Esse processo também pode ser expresso em termos dos sistemas de memória do ego. Uma cadeia interminável de trocas de ação com a mãe estabelece um número crescente de traços de memória, principalmente dos perceptos dos diferentes papéis da mãe. Ao mesmo tempo, talvez até como um resultado deste próprio processo, a capacidade de retenção da memória do bebê está aumentando – fato que pode ser demonstrado experimentalmente (Hetzer e Wislitzky, 1930). Chega-se a um ponto em que a mãe, como unidade, como um "todo", deixa de ser percebida apenas como um elemento da situação específica em que ela é experienciada. Isso ocorre devido a essa determinação situacional do percepto em que uma mesma pessoa é percebida pelo bebê como várias pessoas distintas ou, antes, como perceptos. Alguns deles são sentidos como "bons", outros como "maus". Após o sexto mês, os múltiplos perceptos relativos à mãe fundem-se devido à crescente capacidade de retenção da função de memória do bebê e à tendência integradora do seu ego. Há um processo de formação de idéias subjacente a essa conquista: sucessivos traços de memória do pré-objeto são reconhecidos como idênticos uns aos outros independentemente da situação, e o objeto é apreendido de forma sintética.

Devo acrescentar aqui o que disse em outro lugar (1957): os atributos secundários, não essenciais, do percepto são, então, abandonados; o percepto é reconhecido em função dos seus atributos essenciais. Com isso, o percepto "mãe" torna-se único, já não será confundido com nenhuma outra pessoa que desempenhar seu papel em situações idênticas. De agora em diante ela irá concentrar em sua pessoa as pulsões agressivas e libidinais do bebê. A fusão das pulsões e a fusão do objeto bom e do objeto mau em um só objeto, isto é, no objeto libidinal, são por isso as duas facetas de um único e mesmo processo. Os aspectos "bons" da mãe prevalecem claramente sobre os aspectos "maus". E, da mesma forma, a pulsão libidinal da criança prevalece sobre a agressiva, pois sua pulsão libidinal é proporcional à sua necessidade. Conseqüentemente, o objeto bom parece predominar nessa fusão, e é provavelmente por isso que o objeto libidinal também foi chamado de objeto de amor.

Agora, já que as duas pulsões são dirigidas para um objeto único e emocionalmente mais catexiado, podemos falar do estabelecimento do objeto libidinal propriamente dito e do início das verdadeiras relações objetais. Eis como eu entendo a colaboração das pulsões agressivas e libidinais na formação das relações objetais.

Horários de alimentação: seu impacto sobre os cuidados maternos

Se aceitarmos esta proposição referente ao papel das duas pulsões no processo de formação do objeto, torna-se bastante claro que, se suprimirmos a expressão de uma das pulsões ou a facilitarmos em detrimento da outra, estaremos dando início a relações objetais malformadas. Em geral, é a mãe quem reprime ou facilita; por isso, é seu comportamento que determinará o modo pelo qual as relações objetais serão formadas ou conduzidas. Ela pode, em sua escolha, acentuar o "objeto bom" ou, no outro extremo, o "objeto mau". Naturalmente, há um amplo espectro de possibilidades entre estes dois extremos. Porém, é evidente que diferenças de atitudes maternas dependem bastante das instituições e dos processos culturais, e estão mesmo sujeitas a condições culturais. Darei dois exemplos deste último caso:

Provavelmente devido à influência da escola behaviorista, o objeto mau foi privilegiado na criação das crianças nos Estados Unidos, no período subseqüente à Primeira Guerra Mundial e até aproximadamente 1942. Durante esse período, os bebês eram alimentados segundo um programa rígido, subordinado ao relógio, com uma quantidade prefixada de alimento, sem levar em consideração se a criança estava satisfeita ou não. As mães eram instruídas no sentido de não "mimar" seus filhos, de não tratá-los de maneira "piegas", sentimental, de serem objetivas, atenciosas e firmes, de nunca abraçá-los e beijá-los, de nunca pegá-los ao colo. Citando uma passagem de Watson (1928): "Trate-os como se fossem pequenos adultos. Vista-os e lave-os com cuidado e circunspecção... Se você precisar, beije-os uma vez no rosto." Essa atitude foi desenvolvida pelo United States Children's Bureau, que em seu panfleto *Infant Care*, mais tarde, em 1938, recomendou "treinamento da regularidade de alimentação, sono e eliminação", praticamente desde o nascimento, afirmando que através desse método "o bebê receberá desde o começo suas primeiras lições sobre formação do caráter".

Em outras palavras, as mães eram instruídas no sentido de se absterem de seguir o impulso natural de expressar seu amor pelos filhos como desejariam. É desnecessário dizer que, mesmo naqueles duros anos, algumas mães continuaram a amar seus filhos "contra a recomendação do médico" – e podemos felicitá-las e a seus filhos por isso. Não foi possível reprimir o carinho e o amor no trato com a criança.

Uma mudança completa ocorreu por volta de 1940, como mostra a revisão radical da edição de 1942 do *Infant Care* publicado pelo United States Children's Bureau. O texto desta nova edição mostra tanta compreensão das necessidades da mãe, que pode ser chamado de praticamente humano. Entretanto, ao mesmo tempo, "inventou-se" o conhecido esquema da "alimentação-a-pedido" que se tornou popular. Este método consiste em amamentar ou alimentar o bebê sempre que ele exprime "desejo", isto é, quando manifesta desprazer. Em muitos casos isso levou a uma medida extraordinária de superalimentação, redundando em empanturramento. Estava-se descambando para o outro extremo, tão imprudente e absurdo quanto o anterior.

Tolerância à frustração e o princípio de realidade

Os dois exemplos são eloquentes. Percebe-se, ao mesmo tempo, como no decorrer da fusão das duas pulsões instintuais a recompensa oferecida pelo "objeto bom" pode servir de compensação aos malefícios do "objeto mau". Por sua vez, essas compensações tornarão o bebê capaz de suportar frustrações maiores – maiores no que diz respeito tanto à quantidade de frustração imposta como à sua duração. Isso é de vital importância, pois afinal a capacidade de tolerar frustração está na origem do princípio de realidade. O princípio de realidade é a formulação de uma função de digressão: a satisfação imediata da pulsão deve ser abandonada, de maneira que, adiando-a, pode-se conseguir posteriormente uma satisfação mais adequada (Freud, 1916-17; mas veja também 1895, 1900, 1911). A capacidade de adiar a satisfação da pulsão, de tolerar uma demora na descarga de tensão, de desistir de um prazer imediato e talvez incerto em troca da certeza de um prazer posterior, é um passo importante na humanização do homem. Isso tornou possível o progresso que vai da recepção interna à percepção externa[1]; da percepção "passiva" à descarga motora na forma de ação, resultando em alteração ativa da realidade apropriada, isto é, na adaptação aloplástica.

No próximo passo, a repressão de descarga motora propicia o retardamento exigido para um processo tão complexo como o do pensamento e julgamento. O pensamento possibilita uma regulação das pulsões, pela canalização de sua descarga para uma ação volitiva dirigida. Portanto, a descarga de agressão dirigida torna-se possível, assegurando a obtenção de prazer. Desta forma, é possível o domínio sobre as "coisas" existentes no mundo físico. Não se deve esquecer que, no aparecimento do princípio de realidade, a compensação que o objeto "bom" proporciona aos malefícios do objeto "mau" facilita o aparecimento do princípio de realidade e torna o adiamento não apenas suportável, mas recompensador. Compreendemos por que a falecida Katherine Wolf[2] observou de modo tão sensível: "As relações objetais normais com a mãe constituem um pré-requisito para a capacidade de a criança relacionar-se com

---
1. Da recepção cenestésica para a percepção diacrítica.
2. Comunicação pessoal.

as coisas e dominá-las." Enfim, vê-se ainda uma vez o quanto é indispensável para o bebê conseguir a fusão das pulsões agressivas e libidinais e tornar-se capaz de descarregá-las em um *único* parceiro, isto é, na mãe.

Capítulo 10
Desenvolvimento posterior ao estabelecimento do segundo organizador

O extraordinário significado do segundo organizador para o desenvolvimento posterior da criança reflete-se no rápido desdobramento e estruturação de sua personalidade. Nas semanas que se seguem imediatamente aos primeiros sinais da ansiedade dos oito meses aparecem, pela primeira vez, novos padrões de comportamento, desempenhos, relações. O primeiro e mais notável é a emergência de novas formas de relações sociais, em nível acentuadamente mais elevado de complexidade do que os apresentados anteriormente. Começa a compreensão de gestos sociais e de seu uso como um veículo de comunicação recíproca. Isto é bem visível na compreensão que a criança tem e nas respostas que dá às proibições e ordens.

O progresso no sentido da compreensão das relações sociais é também evidente na participação cada vez maior da criança nos jogos sociais recíprocos. Jogue, rolando pelo chão, uma bola de borracha para a criança e ela a devolverá; ofereça-lhe sua mão dizendo "oi" e ela colocará as mãos na sua. Se você se intrometer em suas atividades, dizendo energicamente "Não! Não!", e ao mesmo tempo acenar com a cabeça ou mover o dedo em sinal de proibição, ela vai parar de fazer o que estiver fazendo. Seu rosto pode chegar até mesmo a expressar consternação (Figs. 10 e 11).

Progresso nos setores perceptual, motor e afetivo

Ao mesmo tempo ocorrem também mudanças significativas nos relacionamentos da criança com seu ambiente inanimado. Em primeiro lugar, seu "território", sua relação com o espaço que a cerca, se modifica.

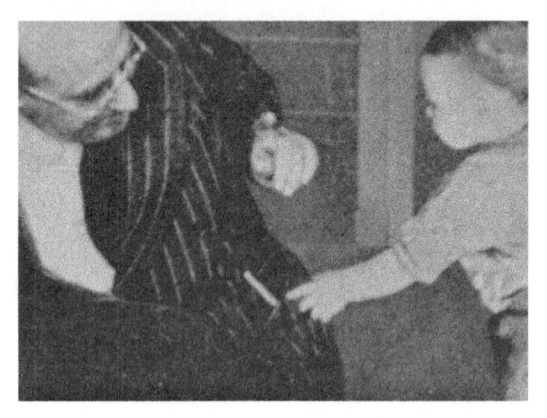

Figura 10 – O observador move o dedo, dizendo "não, não" à criança que tenta pegar o lápis.

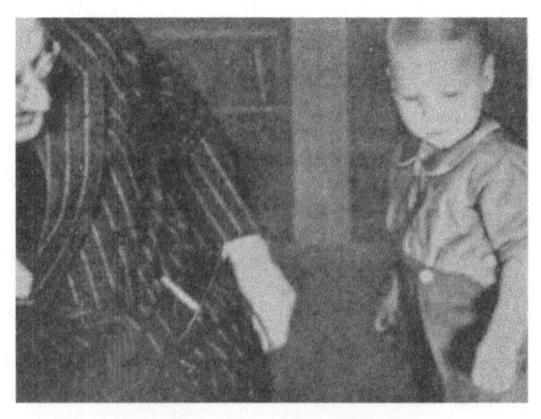

Figura 11 – A reação da criança.

Até a hora do estabelecimento do segundo organizador, a orientação que a criança tem no espaço parece limitada pelas grades do berço, seu "espaço confinado". Dentro do berço, ela pega brinquedos com facilidade. Se o mesmo brinquedo lhe for oferecido fora das grades do berço, ela estende a mão para ele; mas suas mãos param nas grades, ela não continua seus movimentos para além delas, embora pudesse fazê-lo facilmente, pois as grades são bem espaçadas. É como se o espaço acabasse dentro de seu berço (Fig. 12). Entretanto, duas ou três semanas depois dos oito meses, a criança de repente percebe melhor a situação e torna-se capaz de continuar o movimento além das grades e pegar o brinquedo (Fig. 13). É notável que isso aconteça antes do advento da locomoção ereta.

Figura 12 – A criança ainda é incapaz de pegar seu brinquedo favorito quando ele lhe é oferecido do outro lado das grades do berço.

Num outro setor, o progresso se verifica na capacidade de discriminação entre coisas inanimadas. Observamos que a capacidade de discriminação é adquirida através de intercâmbios com o companheiro, com o objeto libidinal. O papel das relações

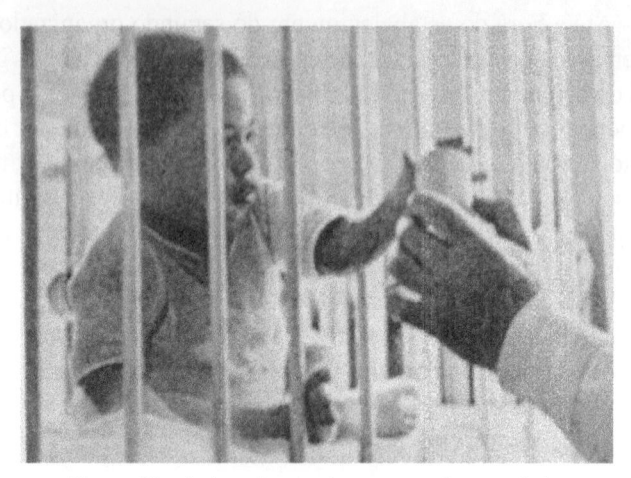

Figura 13 – Após o oitavo mês, o espaço do outro lado do berço é compreendido.

afetivas como desbravadoras de caminhos para o desenvolvimento perceptivo é particularmente evidente em relação aos objetos inanimados. O fato de distinguir a mãe dos estranhos (isto é, *uma pessoa* da outra) precede de dois meses a capacidade da criança para distinguir um *brinquedo* do outro. Se, depois do aparecimento da ansiedade dos oito meses, vários brinquedos forem colocados na frente da criança, ela pegará o seu brinquedo preferido e não, como anteriormente, o brinquedo ou a coisa que estiver mais perto de sua mão.

O progresso na ideação (tal como o início da compreensão que a criança tem da conexão entre as coisas) é evidente no seguinte exemplo: se alguém amarrar uma corda em um sino, colocar a corda dentro do berço da criança e tocar o sino, a criança perceberá rapidamente que ela pode puxar o sino para dentro do berço, puxando a corda. Este desempenho revela que a criança conseguiu, pela primeira vez, usar um instrumento.

No nível afetivo, começam a emergir súbitas variações de atitudes emocionais. Por volta do fim do primeiro ano de vida podem ser observados, de um lado, ciúme, cólera, fúria, inveja e possessividade; de outro, amor, afeição, amizade, satisfação, prazer, etc.

A diferenciação dessa nova gama de emoções resulta do desdobramento das relações de objeto, cada vez mais complexas, que preparam também a formação de certos mecanismos de defesa por volta do fim do primeiro ano de vida.

Imitação e identificação

Nesta idade, a operação do mecanismo de identificação é evidente e facilmente observada. Entretanto, poderemos examiná-la mais detidamente. Os primeiros traços foram vistos em, aproximadamente, dez por cento das crianças de nossa amostra, entre os três e quatro meses. Essas crianças constituíram exceção. Quando colocadas diante de um rosto de adulto, pareciam tentar refletir sua expressão. Não há dúvida de que é uma forma extremamente rudimentar de imitação: assim como a percepção neste estágio é global (isto é, uma percepção gestáltica), a imitação será também global. Se, por exemplo, você mostrar à criança sua boca bem aberta, ela tentará abrir bem a própria boca, e esboçará movimentos labiais que são o oposto do fechar a boca. Se, ao contrário, alguém franzir a boca como se fosse assobiar, a criança que imita poderá franzir a boca da mesma maneira, ou poderá pôr a língua para fora, de maneira a dar-lhe uma forma saliente (Kaila, 1932).

Imitações reais aparecem mais tarde, entre o oitavo e o décimo mês, isto é, depois do estabelecimento do segundo organizador. Em vários dos meus filmes registrei o começo da imitação: por exemplo, o resultado de jogos sociais, como rolar uma bola de volta. Berta Bornstein[1] chamou esta forma de comportamento de "identificação através do gesto". Se eu a compreen-

---
1. Comunicação pessoal.

do corretamente, seus termos significam que a criança imita o gesto sem compreender o seu conteúdo como idéia. Entretanto, a identificação através do gesto é somente um precursor do mecanismo da própria identificação, do qual tratarei no Capítulo 11.

A atitude da mãe e o clima emocional que ela proporciona à criança são de importância decisiva para o desenvolvimento da imitação. Sua atitude é ainda mais importante para o processo dinâmico através do qual se estabelecerá o mecanismo de identificação. O clima emocional no interior da díade é uma influência que facilita ou impede as tentativas que a criança faz de agir e de vir a ser como a mãe. Já mencionei esta influência em conexão com o desenvolvimento de padrões de ação e seu desenvolvimento.

A aquisição de padrões de ação, o domínio da imitação e o funcionamento da identificação são os recursos que permitem à criança conseguir uma autonomia cada vez maior em relação à mãe. Imitar as ações da mãe torna a criança capaz de propiciar a si mesma tudo aquilo que sua mãe lhe havia propiciado anteriormente.

Aqui seguimos a criança quase até o fim do estágio pré-verbal. No decurso dos últimos passos que levam à formação do segundo organizador, uma comunicação recíproca dirigida, ativa e intencional se desenvolveu entre a criança e sua mãe. Embora a criança seja ativa nesse processo de comunicação, ela ainda não usa signos semânticos e, menos ainda, palavras. Na fase seguinte, essas comunicações dirigidas e recíprocas são gradualmente organizadas dentro de um tipo de sistema de gestos semânticos que, por sua vez, serão mais tarde transformados em verbais. Falo deliberadamente de *gestos* verbais. As palavras que a criança usa em seu primeiro ano de vida, as conhecidas palavras "globais", ainda pertencem muito à natureza dos gestos. Elas abrangem muito mais do que uma coisa específica: indicam uma direção, uma necessidade, um desejo, um estado de espírito e a coisa ou o objeto em questão, tudo ao mesmo tempo. Este é um ponto crítico decisivo na evolução, tanto do indivíduo como da espécie. Uma vez alcançado esse progresso, o caráter da relação objetal sofre uma mudança fundamental. Daqui por diante tais relações serão, cada vez mais, estabelecidas por meio de palavras. Em breve a linguagem se tornará o principal recurso através do qual se manifestarão os intercâmbios na díade.

Capítulo 11
Origens e início da comunicação humana: o terceiro organizador da psique

Entre as mais importantes modificações que se estabelecem com o advento do segundo organizador está a compreensão progressiva que as crianças têm de proibições e o aparecimento dos primeiros traços dos fenômenos de identificação. Os dois desenvolvimentos estão, de certo modo, relacionados, como veremos adiante.

O impacto da locomoção sobre as relações da díade

Antes do estabelecimento do segundo organizador, as mensagens maternas atingem a criança principalmente através do contato tátil (exceto quanto à esfera visual). A criança, tendo adquirido a locomoção, luta pela autonomia e consegue sair do alcance da mãe. Ela pode esquivar-se de sua visão, mas não pode evitar facilmente sua voz. Em conseqüência, as relações objetais, baseadas até então no contato de proximidade, passarão por uma mudança radical.

A locomoção independente é um progresso, um amadurecimento, repleto de perigos para a criança. Ela apresenta muitos problemas para os que a circundam. Enquanto a criança permanecia prisioneira no berço, estava segura. Agora, ela pode andar; não hesita em satisfazer sua curiosidade, sua necessidade de atividade, e se arremessa, impetuosamente, nas mais perigosas situações. A qualquer momento, a intervenção da mãe pode tornar-se imperativa. Entretanto, agora, a capacidade que a criança tem para se locomover coloca freqüentemente uma distância entre ela e a mãe, de modo que a intervenção materna terá de se basear, cada vez mais, no gesto e na palavra.

Inevitavelmente, a natureza das mudanças entre mãe e filho sofrerá também uma transformação radical. Até então, a mãe podia atender ou não às necessidades e desejos da criança. Agora, ela é *forçada* a reprimir e impedir as iniciativas da criança, justamente num momento de aceleração do progresso das atividades infantis. Na realidade, a mudança da passividade para a atividade é um ponto crítico (Freud, 1931); coincide com o advento do segundo organizador.

Assim, o intercâmbio entre mãe e filho vai consistir em explosões da atividade infantil e ordens e proibições maternas. Isto está em nítido contraste com o período precedente, quando a passividade infantil e o carinho e ação protetora da mãe constituíam a parte principal das relações objetais. Na realidade, a própria forma e conteúdo da comunicação mudam drasticamente. No estágio pré-verbal, as mensagens transmitidas pela mãe necessariamente consistiam, na maioria das vezes, em ações, devido ao desamparo da criança. Formulei a proposição de que a mãe é o *ego externo* da criança (1951). Até que a criança desenvolva uma estrutura organizada do ego, a mãe desempenha as funções de ego da criança. Ela controla o acesso da criança à motilidade dirigida. Cuida do filho, protege-o, alimenta-o, cuida de sua higiene, entretenimento, da satisfação de sua curiosidade; determina a escolha de caminhos que conduzem a vários setores do desenvolvimento; ela tem muitas outras funções. No decorrer de sua extensa atividade, que se poderia considerar como o protótipo de todo altruísmo, toda simpatia e toda empatia, a mãe deve agir como a representante da criança, em relação tanto ao seu mundo externo, quanto ao interno. Nesses papéis, ela desempenha as ações do bebê e satisfaz seus desejos como os entende. Por sua vez, suas ações comunicam suas intenções ao bebê.

Não significa que, durante o estágio pré-verbal, as trocas vocais estejam ausentes das relações objetais – não é isso que acontece. Toda mãe fala com o filho; muitas vezes, suas ações são acompanhadas por um monólogo contínuo, e muitas vezes a criança responde balbuciando, murmurando.

Esta espécie de conversa, na qual a mãe cantarola para o filho, um palavreado incoerente, inventando palavras – enquanto o bebê responde com seus sons peculiares – ocorre no domínio irracional das relações afetivas. Tais conversas estão apenas vagamente relacionadas com expressões de desejos físicos por parte da criança; elas não proíbem, não impedem, não obrigam; no entanto, criam um clima especial. São, por assim dizer, excitações de prazer recíproco.

Meneio negativo da cabeça: o primeiro gesto semântico do bebê

Desde que a locomoção é adquirida, tudo se altera. O cantarolar é substituído pela proibição, pelas ordens, pela reprovação, pela invectiva. O que a mãe fala agora com mais freqüência é "Não! Não!", e dizendo essas palavras balança a cabeça, enquanto impede a criança de fazer o que estava pretendendo. Primeiro, a mãe enfatiza necessariamente a palavra e o gesto de proibição através de alguma ação física, até que a criança comece a entender as interdições verbais.

A criança entende as proibições da mãe através de um processo de identificação. Os detalhes desse processo de identificação serão apresentados mais tarde. O sintoma manifesto da presença dessa identificação é o fato de a criança imitar, no devido tempo, o meneio negativo de cabeça que comumente acompanha a ação da mãe. Para a criança, esse meneio de cabeça torna-se símbolo e vestígio duradouro da ação frustradora da mãe. A criança adotará e reterá esse gesto, mesmo quando adulta. Tal gesto torna-se um automatismo obstinado, que até o adulto de boas maneiras tem dificuldade em abandonar. A etiqueta fracassa em seus grandes esforços para suprimir esse gesto. Não é de surpreender, pois ele foi adquirido e reforçado durante o período mais arcaico da consciência, no início do estágio verbal.

Talvez alguns leitores contestem minha opinião de que o meneio negativo de cabeça e a palavra "Não" constituem os primeiros símbolos semânticos a aparecerem no curso do código de comunicação semântica da criança; na realidade, é só do ponto de vista do adulto que eles são seus primeiros símbolos semânticos e palavras. Nisso diferem fundamentalmente, não apenas dos monólogos balbuciantes, mas também do que se costuma chamar de primeiras palavras "globais", que aparecem antes da palavra "Não". Refiro-me a palavras como "mama", "papa", etc. Essas palavras globais representam inúmeros desejos e necessidades da criança, variando de "mãe!" a "alimento"; de "estou aborrecido" a "estou feliz". Ao contrário, o meneio negativo de cabeça e a palavra "Não" representam um conceito: o conceito de negação, de recusa, no estrito sentido do termo. Não é apenas um sinal, mas também um signo da atitude da criança, consciente ou inconsciente. É o sinal "menos" da matemática, em que esses sinais são denominados algoritmos.

Imitação, identificação e meneio negativo da cabeça: três proposições

Mas, além disso, o meneio negativo da cabeça "Não" é também, e talvez principalmente, o primeiro conceito abstrato formado na mente da criança. Como a criança adquire esse conceito? Pode-se pensar que ela está imitando a mãe. Mas, observando melhor, torna-se bastante evidente que não é imitação pura e simples. É verdade que a criança imita o gesto da mãe. Mas é a criança que escolhe as circunstâncias em que deve usar esse gesto e, mais tarde, *quando* deve usar a *palavra* "Não". Ela usa primeiramente o gesto, quando recusa algo, seja uma solicitação ou um oferecimento.

Como observamos, esta fase do desenvolvimento é marcada pelo conflito entre a iniciativa da criança e as apreensões da mãe. Quando, por sua vez, a criança recusa algo que a mãe deseja ou oferece, é como se ela fosse imitar, como se o gesto de meneio negativo de cabeça da mãe tivesse sido registrado na memória da criança devido, simplesmente, às suas repetidas proibições. Entretanto, essa interpretação leva-nos a supor que, após registrar na memória a associação de meneio de cabeça com recusa, a criança, por sua vez, reproduz o gesto quando *ela* expressa recusa. A explicação mecânica está bem de acordo com a hipótese de reforço da teoria da aprendizagem. Mas não explica como, junto com os traços de memória da associação do percepto com a experiência, a criança também é capaz de apreender seu significado. Como chega ela à abstração e à generalização, que se tornam manifestas nas ocasiões em que recusa tanto oferecimentos como solicitações, tanto proibições como ordens? O principal fato intelectual necessário para tais abstrações e generalizações não pode ser explicado através da simples acumulação de traços de memória. Explicações quantitativas, que não consideram a dinâmica, não satisfazem o psicanalista. As mudanças quantitativas não bastam para explicar os processos mentais.

A psicologia da *Gestalt* oferece uma explicação um pouco melhor do fenômeno. Em uma série de experiências muito simples e claras, Zeigarnik (1927) mostrou que tarefas inacabadas são lembradas, enquanto tarefas que foram completadas são esquecidas. Assim sendo, quando a mãe proíbe ou recusa alguma coisa, o seu "Não" impede a criança de completar a tarefa que pretendia realizar. O fato de a criança não poder realizar a tarefa reforçará, assim, sua recordação e lembrança.

Uma explicação bem mais abrangente e que também esclarece as mudanças da catexia que fundamentam o gesto "Não" da criança, pode ser fornecida pela psicanálise. O estudo cuidadoso das circunstâncias que levam a criança ao domínio do gesto de meneio negativo da cabeça revela que é o resultado de um complexo processo dinâmico.

Em primeiro lugar, todo "Não" da mãe representa uma frustração emocional para a criança. Se a mãe lhe proíbe alguma atividade, ou se a criança é impedida de conseguir uma coisa que deseja; se alguém discorda da maneira pela qual ela deseja conduzir suas relações objetais – serão sempre as pulsões instintuais que serão frustradas. A proibição, os gestos, as palavras através das quais a frustração é imposta serão investidos com uma carga afetiva específica, que tem o significado de recusa, de malogro, em uma palavra, de *frustração*. E o mesmo acontecerá com o traço de memória da experiência. É essa catexia afetiva que assegura a permanência do traço de memória, tanto do gesto como da palavra "Não".

Por outro lado, a proibição, por sua própria natureza, interrompe uma iniciativa, uma ação da criança, e faz com que ela volte da atividade para a passividade. Na idade em que a criança começa a compreender a proibição da mãe, ela também passa por uma metamorfose em um outro setor de sua personalidade. Começa uma onda de atividade que substitui a passividade característica do estágio narcisista. Essa atividade emergente, dirigida para fora, ficará muito evidente em suas relações objetais. Ela não tolerará ser forçada a voltar para a passividade sem oferecer resistência (Anna Freud, 1952).

Os esforços físicos da criança para vencer as proibições, assim como os obstáculos colocados em seu caminho, não dizem tudo. Outro fator psicodinâmico é acrescentado – ou seja, a carga afetiva de desprazer que acompanha a frustração e que provoca um impulso agressivo do id. Um traço de memória é registrado no ego da proibição e será investido com essa catexia agressiva.

Agora, a criança está colocada em um conflito entre a ligação libidinal, que a atrai para a mãe, e a agressão provocada pela frustração que a mesma mãe lhe impõe. Entre seu próprio desejo e a proibição do objeto, entre o desprazer de se opor à mãe, arriscando-se assim a perder o objeto, e a ulterior perda do amor dela, o bebê terá de recorrer a uma solução de compromisso.

Esta consiste em uma mudança autoplástica, propiciada por um mecanismo de defesa, o de identificação, que, neste estágio, está justamente emergindo. Entretanto, o bebê usará sobretudo uma variante especial deste mecanismo; é a "identificação com o agressor", conforme foi descrita por Anna Freud (1936).

Anna Freud demonstrou esta forma de mecanismo na criança que freqüenta a escola, que o utiliza ao lidar com conflitos entre o ego e o objeto. Nos casos por ela estudados, o superego, ou pelo menos seus precursores, desempenham um importante papel. Na criança de quinze meses de idade, o superego não desempenha nenhum papel porque ele ainda não existe. Além disso, no fenômeno que estamos discutindo, a criança se identifica com o frustrador, e não com o agressor. Mas a diferença entre agressor e frustrador é apenas uma diferença de grau.

A dinâmica que leva à aquisição do gesto semântico do "Não" é então a seguinte: o gesto de meneio negativo da cabeça e a palavra "Não" pronunciada pelo objeto libidinal são incorporados ao ego da criança, como traços de memória[1]. A carga

....
1. Após a publicação da monografia *No and Yes* (1957), muitas perguntas me foram feitas sobre o tema dos traços de memória que operam na aquisição do gesto e da palavra "Não". Essas perguntas exigem algumas palavras sobre as implicações teóricas do problema. Freud (1915a) sugeriu que esses traços de memória, relativos a um mesmo percepto (experiência) são estabelecidos em diferentes "localidades" psíquicas, isto é, em registros topicamente separados (*topish gesondeite Niederschriften*). Essas localidades constituem o sistema *Ics.* e o sistema *Cs.* ou *Pcs.* Poderia parecer a partir disso, assim como a partir de algumas de suas afirmações posteriores sobre o assunto, que aquilo que se estabelece quando se adquire o meneio de cabeça "Não" são vários traços de memória, diferindo quanto à sua qualidade uns dos outros. O gesto será primeiro estabelecido como *representação de coisa*. No fim, ele irá pertencer ao sistema *Ics.*

Entretanto, é provável – e de fato está de acordo com a teoria psicanalítica – que, no começo do processo de aquisição do gesto "Não", o traço de memória exista igualmente no sistema *Ics.* e no sistema *Pcs.* Freud afirma que o sistema *Pcs.* é basicamente composto de representações de palavra que obterão suas qualidades (sensório-motoras) das *representações de coisa* inconscientes. Entretanto, na mesma idade em que se adquire o gesto "Não", por volta do décimo quinto mês de vida, a separação entre os sistemas não está tão firmemente estabelecida co-

afetiva de desprazer separa-se desta representação; esta separação provoca um impulso agressivo que será então ligado por associação ao traço de memória no ego. Quando a criança se identifica com o objeto libidinal, essa identificação com o agressor, nos termos de Anna Freud, será seguida, como ela descreve, por um ataque contra o mundo exterior. Na criança de quinze meses, esse ataque assume a forma do "Não" (primeiro o gesto e depois a palavra) que a criança obtém do objeto libidinal. Devido a numerosas experiências de desprazer, o "Não" é investido com catexia agressiva. Isso torna o "Não" apropriado para expressar a agressão, e é por isso que o "Não" é usado no mecanismo de defesa de identificação com o agressor e é voltado contra o objeto libidinal. Uma vez que este passo tenha sido completado, pode começar a fase de teimosia (com a qual estamos tão familiarizados no segundo ano de vida).

O terceiro organizador da psique

O domínio do "Não" (gesto e palavra) é um fato que tem conseqüências de longo alcance para o desenvolvimento mental e emocional da criança; supõe que ela tenha adquirido a primeira capacidade de julgamento e de negação. Freud (1925a) discutiu essa questão em um magistral artigo de poucas páginas, "Negation". Vou apenas tocar em alguns dos aspectos mais essenciais desse marco do desenvolvimento; para um tratamento

....
mo ficará mais tarde. Inúmeros aparelhos estão ainda sendo integrados em um ego; e os sistemas do ego estão sendo delimitados uns em relação aos outros e organizados. Vários meses depois, quando a *palavra* "Não" é também incorporada à memória como uma *representação de palavra*, a separação entre as *representações de coisa* inconscientes e as *representações de palavra* pré-conscientes já estará muito mais desenvolvida. Então, as qualidades sensório-motoras ligadas à *representação de coisa* da proibição podem ser ligadas com o "Não" (gesto e palavra) e ativarão a representação de palavra no sistema *Pcs*.

Parece então que, ao adquirir o gesto "Não", a criança começa a mudar da dependência exclusiva no processo primário para o uso gradual do processo secundário.

mais completo, remeto o leitor à minha monografia *No and Yes* (1957). [*O não e o sim*, Martins Fontes, 1984].

Para começar, a identificação com o agressor é um processo seletivo. Podemos distinguir três fatores no comportamento da mãe, quando ela impõe a proibição. São: seu *gesto* (ou sua palavra); seu *pensamento consciente*; e seu *afeto*. Obviamente, a criança incorpora o gesto. Mas como poderia uma criança de quinze meses compreender ou mesmo perceber as razões que motivaram a mãe a impor-lhe proibições? O que acontece é que a criança *não* incorpora o pensamento da mãe. Nesta fase, a criança ainda é incapaz de pensamento racional e, portanto, não sabe se a mãe proíbe porque está receosa de que a criança se machuque, ou se está zangada porque a criança foi má.

Quanto ao afeto da mãe, a criança nesta idade só compreende os afetos de maneira global. Poder-se-ia dizer, generalizando, que ela distingue apenas dois afetos no "outro". Denominei-os de afeto "a favor" e de afeto "contra". Portanto, o que a criança entende é que o afeto da mãe é: "você está *a meu favor*; você está *contra* mim". Acontece que, ao se identificar com o agressor por meio do gesto negativo, a criança apenas se apropriou do gesto, junto com o afeto "contra". Todavia é um progresso extraordinário. Até aqui, a expressão de seus afetos na situação das relações objetais limitava-se ao contato imediato, à ação[2]. Com a aquisi-

---

2. Anteriormente, durante o período de desamparo, o período que Ferenczi (1916) denominou de estágio de onipotência infantil, a fantasia substitui a ação. Entretanto, essas fantasias não são comparáveis à fantasia do adulto, e muito menos às fantasias delirantes do pré-escolar. Necessariamente, as fantasias do bebê permanecem no âmbito de seus limitados recursos cognitivos. Neste estágio, sem dúvida, a cognição deriva muito mais de fontes fisiológicas do que das operações com idéias.

Esta afirmação suscita certas reservas. Cognitivamente, o bebê, em seu primeiro ano, está consciente apenas de uma parte muito pequena das funções fisiológicas, que parecem tão óbvias ao adulto. Certamente, podemos admitir que o bebê tem consciência da ingestão e das ações que estão ligadas a ela, tais como mastigar, engolir, agarrar e alcançar. Não se sabe até que ponto

ção do gesto da negação, a ação é substituída pelas mensagens e inaugura-se a comunicação a distância.

Talvez este seja o mais importante ponto crítico na evolução, tanto do indivíduo quanto da espécie. Aqui, começa a humanização da espécie; começa o *zoon politikon*; começa a sociedade. Pois este é o início de trocas recíprocas de mensagens, intencionais, dirigidas; com o advento dos símbolos semânticos, torna-se a origem da comunicação verbal. Por isso considero a conquista do sinal de negação e da palavra "Não" como o indicador tangível da formação do terceiro organizador.

O "Não", em gesto e em palavra, é a expressão semântica de negação e de julgamento; ao mesmo tempo, é a primeira abstração formada pela criança, o primeiro conceito abstrato, no sentido da mentalização adulta. O conceito é adquirido com auxílio de um deslocamento de catexia agressiva; acredito que os deslocamentos de catexia agressiva sejam característicos de toda abstração. A abstração nunca é o resultado da identificação como tal; é o resultado de um processo de duas etapas. A primeira etapa consiste em usar nossa energia agressiva para destacar certos elementos daquilo que percebemos. A segunda etapa é o resultado da atividade sintética do ego (Nunberg, 1930) em que os elementos destacados pela energia agressiva são sintetizados. O produto dessa síntese é um símbolo ou um conceito. O primeiro conceito da vida da criança é a negação.

Como mencionamos antes, logo após o início do segundo ano a criança expressa negação pelo meneio de cabeça, e desse

....
a eliminação já entrou na cognição do bebê. Minhas observações levaram-me a supor que, por volta do final do primeiro ano de vida, o bebê está começando a prestar atenção nas funções eliminatórias. Afirmei, portanto, que a maior parte das fantasias do estágio de desamparo concentram-se nas atividades relacionadas com a ingestão e que culminam com a introjeção. Esta proposição é, em parte, apoiada pelo início manifesto das atividades de identificação da criança na última metade do primeiro ano. São menos evidentes as atividades típicas das funções ligadas à eliminação (que sugerem o mecanismo de projeção), embora já observáveis. Essas atividades estarão mais presentes no curso do segundo ano de vida.

modo comunica sua recusa ao ambiente que a cerca, através de um sinal semântico. O meneio de cabeça, como um sinal de negação, é amplamente difundido pelo mundo. Não é, *de modo algum*, um sinal compreendido universalmente. Em algumas culturas, utilizam-se outros gestos para a negação. Entretanto, é muito provável que o meneio de cabeça seja o gesto de negação mais freqüentemente usado em nosso globo. Na minha opinião, a onipresença do gesto faz pensar que sua origem motora possa reportar-se à ontogênese humana, e talvez mesmo à filogênese. O comportamento derivado da experiência muito arcaica e primitiva tende a tornar-se generalizado na espécie, pois é compartilhado por todos os seus membros.

Origens biológicas e neurofisiológicas do meneio negativo da cabeça

Decidimos portanto investigar os primeiros padrões de comportamento do recém-nascido, para verificar se há, entre eles, algum que seja similar ao gesto de negação do meneio de cabeça. Encontramos um padrão de comportamento como esse: é o reflexo conhecido por alguns como "reflexo de sucção", e por outros como "reflexo de orientação". É desencadeado pelo toque do dedo na região perioral; com Bernfeld (1925), chamo essa região de "focinho"; é a região que inclui boca, queixo, nariz e a principal parte das bochechas. Refiro-me a este reflexo como fuçamento.

É um padrão de comportamento excessivamente arcaico. Nossos estudos realizados com filmes mostram que o recém-nascido, na posição de amamentação, faz vários movimentos rotativos de cabeça, com a boca aberta, até conseguir abocanhar o seio. Na medida em que ele é bem-sucedido, a rotação cessa e começa a sucção. Verifiquei que esse comportamento pode ser facilmente explicado, com base no reflexo de fuçamento. Na situação de amamentação, uma face do recém-nascido, por exemplo, a direita, toca o peito. A cabeça, com a boca aberta, vira-se então para a direita; se a boca não encontra o mamilo, o bebê continua o movimento até que a face esquerda toque o peito. Para isso, ele vira sua cabeça para a esquerda, e assim por diante, até que o mamilo seja localizado pela boca aberta.

Minkowski (1922) foi o primeiro a demonstrar que o comportamento de fuçamento já está presente no feto humano, três meses após a concepção. Num estudo muito cuidadoso de um teratoma anencefálico, Gamper (1926) demonstrou que esse comportamento existe com todos os seus detalhes, até mesmo no nível mesencefálico. Devenport Hooker (1939) continuou essas observações e experiências registrando-as em filmes sugestivos.

No nível filogenético, Prechtl, Klimpfinger e Schleidt (1950, 1952, 1955) estudaram o fuçamento em bebês e em filhotes de mamíferos inferiores como um exemplo do desenvolvimento do comportamento infantil precoce. Resumem suas conclusões do seguinte modo: a estimulação assimétrica (estimulação unilateral), no "focinho" ou lábios, desencadeia movimentos rotativos da cabeça. Na medida em que a estimulação se torna simétrica, através de contatos simultâneos do lábio superior e inferior, cessam os movimentos rotativos, a boca se fecha e inicia-se a sucção. Rotação e sucção excluem-se mutuamente. Tilney e Kubie (1931) demonstraram que, já em gatinhos recém-nascidos, as vias neurais, que unem o estômago ao cérebro, boca, labirinto e extremidades, estão suficientemente desenvolvidas para coordenar esses órgãos na tarefa da amamentação.

As pesquisas citadas provaram cabalmente que o "comportamento de fuçamento" está firmemente estabelecido, no nível do desenvolvimento embriológico, tanto na filogênese quanto na ontogênese.

Nas semanas e meses subseqüentes ao nascimento do bebê, o movimento de fuçamento torna-se cada vez mais certo e dirigido para o alvo; após o terceiro mês, o recém-nascido consegue pegar o mamilo com um pequeno movimento da cabeça. Os movimentos de fuçamento, a rotação da cabeça, constituem manifestações visíveis do esforço feito pelo recém-nascido para obter alimento. Biologicamente é um comportamento antecipador (Craig, 1918), um movimento de aproximação que tem "significado" positivo; do ponto de vista psicológico, poder-se-á denominá-lo um movimento afirmativo.

Mudança na função: aspectos biológicos e psicológicos

Os movimentos rotativos asseguram a orientação tátil da cabeça para o mamilo. Concomitantemente, com o aumento da eficiência de orientação visual e da coordenação muscular, os movimentos rotatórios da cabeça são progressivamente extintos. Além disso, após o sexto mês de vida, os movimentos rotatórios da cabeça reaparecem em uma situação que é diametralmente oposta àquela em que eles apareceram originalmente. O bebê de seis meses quando está satisfeito, quando já obteve o suficiente, vira a cabeça de um lado para o outro, evitando o mamilo, ou a colher, em resumo, o alimento – com o mesmo movimento rotatório que, ao nascer, serviu-lhe para procurar o alimento. Entretanto, agora, este movimento se transforma em comportamento de esquiva, em recusa. O movimento adquiriu um "significado" negativo. Entretanto, deve-se recordar que ainda é um comportamento, e não um gesto semântico. Será necessário ainda meio ano de desenvolvimento para que a criança consiga transformar o comportamento de esquiva no gesto semântico de recusa.

Esses são os principais estágios nas alterações dos padrões motores, que serão usados no gesto de negação. Desejo ressaltar que, no decorrer do primeiro ano de vida, só existe o padrão motor; esse padrão tem uma função – primeiro, conseguir alimento, depois evitá-lo. É somente depois do décimo quinto mês de vida que o padrão motor é investido, pela criança, com um conteúdo de idéias – que ele assume o valor de um gesto e que o gesto transmite uma idéia abstrata.

No decurso de seu desenvolvimento ontogenético, o padrão motor do gesto de negação com meneio de cabeça passa por três estágios distintos. Ao nascer, o fuçamento é um comportamento afirmativo. Isso não surpreende – Freud (1925a) ressaltou que não existe "Não" no inconsciente. Certamente, isso decorre das leis que regulam o processo primário. Como o recém-nascido não está consciente durante as primeiras semanas após seu nascimento, ele age apenas de acordo com o processo primário; suas reações, sua atividade, são o resultado de descarga de tensão que, na ausência de uma organização psíquica, não pode se tornar consciente. Portanto, esse comportamento não pode expressar negação.

O segundo estágio, em que o bebê de seis meses recusa alimento através de movimentos rotativos de cabeça, ocorre no período em que são estabelecidos os primeiros rudimentos de um ego consciente. Entretanto, nesse estágio a criança ainda não tem meios ou capacidade para dirigir uma comunicação ao "outro". Quando a observamos de fora, nesta situação, seu comportamento de rotação de cabeça expressa recusa. Mas essa recusa não se dirige a uma pessoa; é pré-objetal e não passa de uma manifestação do estado psicofísico da criança. Em seu terceiro estágio, por volta do décimo quinto mês, é possível interpretar esse movimento rotativo da cabeça como uma mensagem dirigida a uma outra pessoa, e afirmar que o padrão motor congênito de fuçamento foi posto a serviço do conceito abstrato de negação, e integrado em um sistema de comunicação.

Um protótipo do gesto afirmativo

Os leitores poderiam objetar que o oposto do gesto negativo, o gesto afirmativo, a anuência com o gesto vertical de cabeça, é provavelmente tão difundido no mundo quanto o outro. Entretanto, nada do que apresentei até aqui em relação ao gesto negativo pode ser aplicado ao afirmativo. É improvável, por exemplo, que a identificação com o agressor, ou mesmo com o frustrador, se verifique no estabelecimento do movimento afirmativo de cabeça, como um gesto semântico – embora a identificação com o objeto esteja certamente envolvida nesse processo. Na realidade, poder-se-ia dizer que, no desenvolvimento da negação, a pulsão agressiva tem um papel muito importante, embora não exclusivo. No desenvolvimento da afirmação poder-se-ia esperar, então, que a pulsão libidinal estivesse envolvida. Mas, enquanto no recém-nascido e mesmo no feto está bem evidente um padrão motor bastante similar ao movimento de meneio negativo da cabeça, é difícil ver qual padrão motor presente ao nascer poderia se assemelhar, mesmo longinquamente, ao movimento de anuência. Não há sinal de movimento de anuência no comportamento e, além disso, ao nascer, a musculatura do pescoço não está suficientemente desenvolvida para apoiar a cabeça livremente e, sobretudo, para realizar movimentos voluntários no eixo sagital.

Porém, já não insistimos no fato de que, no início, todo comportamento tem um caráter afirmativo, orientado para a satisfação da necessidade? Onde encontramos o protótipo arcaico do padrão motor do movimento de anuência?

Finalmente, descobrimos esse protótipo também entre os padrões de comportamento relacionados com a amamentação. Mas não está presente no nascimento, e só aparece três meses depois.

Entre os três e os seis meses, o bebê já pode apoiar a cabeça e movê-la com a ajuda da musculatura do pescoço. Nessa ocasião, ele também começa a se orientar visualmente. Se alguém afasta o mamilo de um bebê de três a seis meses, durante a amamentação, provavelmente ele realizará movimentos de aproximação com a cabeça, movimentando-a verticalmente em direção ao peito. Esses movimentos se parecem rigorosamente com o padrão motor do movimento de anuência; constituem seus primeiros protótipos. Durante os meses seguintes, eles estarão integrados no comportamento de aproximação do bebê. Diversamente do padrão motor de meneio da cabeça, que empreendeu uma mudança funcional no curso do desenvolvimento para se tornar um sinal de negação, o movimento afirmativo de cabeça mantém sua função afirmativa. No decorrer do segundo ano de vida, ele assume seu significado semântico, tornando-se, assim, o gesto de afirmação: é muito provável que isso ocorra vários meses depois de ter sido adquirido o gesto semântico de negação.

A história do desenvolvimento do "Não" e do "Sim", e de sua diferenciação em direções diametralmente opostas no curso do primeiro ano, é um notável exemplo da importância básica do desenvolvimento psíquico para o destino subseqüente dos padrões arcaicos de comportamento. Ao mesmo tempo, é a confirmação da hipótese de Freud (1910) sobre a origem do significado antitético das palavras primitivas.

Terceira Parte
Patologia das relações objetais

Capítulo 12
Desvios e distúrbios das relações objetais

Nos capítulos anteriores, tentei esboçar o que poderia ser chamado de psicologia psicanalítica do primeiro ano de vida; nessa apresentação, os aspectos genéticos e do desenvolvimento foram especialmente acentuados. Necessariamente, uma apresentação como essa deve se basear numa ficção da criança "normal" e seu desenvolvimento "normal". "Normal" certamente é um construto, dificilmente encontrado na vida real. Todavia, tentei algo como uma aproximação, baseado em duas suposições. O valor prático de uma delas tem sido demonstrado na psicologia acadêmica; a outra envolve um postulado metodológico bem arraigado na teoria e na prática psicanalíticas.

A primeira suposição é a de que é possível "medir" de modo absoluto e relativo o progresso do desenvolvimento, em estágios sucessivos, durante o primeiro ano de vida, e apresentar as descobertas em forma de resultados numéricos. Como já mencionamos anteriormente, usamos esses resultados numéricos não como padrões reais, mas como indicações ordinais. O corolário dessa abordagem é o estabelecimento de normas de desenvolvimento médio e a fixação do progresso médio do desenvolvimento. Os detalhes dessa estratégia foram apresentados no Capítulo 2.

O segundo postulado está bem de acordo com o pensamento básico de Freud: isto é, de que, pelo estudo de anomalias e distúrbios, pode-se deduzir o funcionamento "sadio" do organismo. Essa é uma idéia tradicionalmente derivada da neurologia. Supomos que o desenvolvimento normal possa ser reconstruído através de uma abordagem clínica.

No presente estudo, nossas inferências foram derivadas de dados das relações objetais. Postulamos tacitamente que a criança que tem boas relações objetais com a mãe – mantidas inalteradas as demais condições, isto é, a criança estando bem de saúde – desenvolver-se-á de uma maneira "normal".

Essas duas hipóteses governam tudo o que diz respeito ao progresso do desenvolvimento. Sua utilidade será agora submetida a uma prova rigorosa. Como examinamos condições patológicas, essas hipóteses devem ser capazes de explicar todos os fenômenos. Se conseguirmos relacionar os fenômenos patológicos da primeira infância – apresentados sob a forma de tabelas, gráficos e índices – com distúrbios específicos na relação diádica mãe-filho, a metodologia e as hipóteses terão alcançado seus objetivos.

Antes de voltarmos à patologia, devemos dizer pelo menos algumas palavras sobre o que nós, psicólogos-psicanalistas de crianças, consideramos como relações objetais normais.

Relações objetais normais

Como já mencionamos, uma das abordagens a respeito do desenvolvimento da criança é aquela que se faz através de mensuração e índices; ela descreve a normalidade em termos de realização média da criança, numa determinada idade; tenho tido sempre o cuidado de indicar que as aquisições em cada faixa etária podem variar muito, variações que com freqüência alcançam até mais ou menos dois meses. No primeiro ano da criança, isto é realmente uma variação muito grande, pois pode representar quase a maior parte da idade cronológica do bebê.

Dentro dessa média estatística, há um outro critério de normalidade. Os testes dividem as realizações e desempenhos da criança, no primeiro ano de vida, em seis setores. É característico do denominado desenvolvimento infantil "normal" que, durante o primeiro ano de vida, em cada um dos setores, a criança progrida em ritmos diferentes. Desse modo, a relação entre os escores de desempenho em diferentes setores variará de mês para mês.

Entretanto, em alguns casos, verificamos – e voltarei a isso mais adiante – que a relação entre os setores individuais permanece relativamente invariável de mês para mês, em uma mesma criança. Isso indica que o desenvolvimento, tal como é expresso na relação recíproca dos seis setores (que normalmente varia no decorrer do primeiro ano), surge sob o controle de uma influência que impede (ou, em alguns casos, induz) variações. Essa influência origina-se principalmente das relações mãe-filho, e sua presença, em qualquer caso particular, deve ser um incentivo para a investigação.

O mesmo acontece com os critérios estatísticos. Não obstante a facilidade e clareza com que podem ser obtidos e interpretados, acredito que eles se limitam a complementar o quadro clínico. Como descrever esse quadro clínico?

Vamos começar dizendo que uma criança normal é um indivíduo ativo, de aparência sadia, que dá a impressão de ser feliz e dá pouca preocupação aos pais. Come bem, dorme bem, cresce bem; seu peso, assim como seu tamanho, aumenta normalmente, e a cada mês torna-se mais inteligente e mais ativa – e, cada vez mais, um ser humano. Emocionalmente, ela dá satisfação aos pais e parentes e, por sua vez, recebe deles cada vez mais satisfação.

É evidente que, a partir dessas palavras corriqueiras, nada é mais difícil de descrever do que a normalidade. Entretanto, a última afirmação aproxima-nos de um critério psicanalítico. O apreciar seu filho e ser apreciado por ele é uma descrição – feita por um leigo – das relações objetais. Essas relações objetais devem ser examinadas, até certo ponto, sob o ângulo da normalidade. No Capítulo 1, mencionei que as relações entre mãe e filho envolvem dois indivíduos completamente diferentes, e o que satisfaz a mãe é completamente diferente do que satisfaz a criança. Mas é básico para o nosso conceito de relações objetais normais que tanto a mãe quanto a criança sejam satisfeitas. Comecemos pela mãe: sua satisfação deriva do papel que fatos como dar à luz, ter e criar um bebê representam para sua personalidade específica. É necessário lembrar que esse relacionamento difere de todos os outros do mundo, pois o fato é que este bebê que está nos braços da mãe esteve dentro dela até bem recentemente e fez parte de seu próprio corpo. Ao mesmo tempo, sua união com o bebê era indistinta da união que ela sentia com seu próprio corpo. O feto foi investido com catexia narcisista, que comumente se reserva ao próprio corpo. Quando, através do parto, o recém-nascido separou-se da mãe, ela teve de passar por um processo de separação, de renúncia ao sentimento de que o bebê ainda se confundia com ela. Esse processo é gradual. Por muito tempo, qualquer conquista do bebê será sua própria realização e qualquer deficiência do bebê será seu fracasso. O psicanalista que teve a oportunidade de analisar mulheres grávidas, ou logo após o parto, está bastante familiarizado com os múltiplos e contraditórios sentimentos da mãe. O fato de dar à luz causou-lhe desconforto; a dor do parto, o sacrifício e as alegrias de amamentar entrarão direta ou indiretamente em seus sentimentos pelo bebê. Se qualquer desses fatores representa uma vantagem ou uma desvantagem é algo que dependerá não tanto do que poderíamos chamar sua realidade física, mas sim da sua realidade psicológica, isto é, daquilo que significa para sua personalidade em termos da dinâmica de sua própria história emocional. Não é muito surpreendente, pois, que a criança que causa mais sofrimento e angústia à mãe possa se tornar a mais querida.

Quando se investigam esses sentimentos da mãe, descobre-se um grande número de fatores complexos que formam o quadro: o sexo do bebê, sua personalidade, seu lugar na fratria, a idade da mãe, a relação dela com os pais, o lugar *dela* na *sua* fratria –

esta enumeração poderia prosseguir indefinidamente. Mas deixarei à imaginação dos leitores essas infinitas possibilidades e limitarei minha discussão a um único aspecto: o leitor deve estar intrigado com o fato de eu não ter mencionado que o bebê também tem um pai, e a mãe, um marido!

Afinal, o pai do bebê é o ponto culminante da primeira relação objetal da mãe. Ele é, em última instância, o produto das vicissitudes das relações objetais vividas pela mãe, desde as primeiras relações pré-objetais dela com o seio, desde a formação do objeto libidinal na pessoa da mãe dela e a transposição para o pai na fase edipiana, até sua plena realização, seu amante e marido, o pai da criança. A criança se parece com ele? Os dois competem? O fato de eu ter falado sobretudo do modo pelo qual as experiências e as respostas nas trocas circulares vividas nas relações objetais são moldadas pela mãe e pelo bebê (e finalmente envolvem o objeto libidinal) não deveria nos fazer esquecer ou ignorar que, para a mãe, o bebê é o principal objeto de amor; e, como todo objeto de amor, é para ela, antes de tudo, uma fonte de satisfação.

Essas satisfações são tanto narcisistas quanto objeto-libidinais. Colocando isso em termos estruturais, podemos dizer que a mãe obtém de seu filho satisfações do id, ego e superego. Portanto, as satisfações que qualquer mãe pode obter de sua relação com a criança são determinadas por vários elementos: a) através da natureza dos elementos constituintes da sua personalidade; b) através da transformação pelas quais esses elementos constituintes passam até a época do nascimento da criança; c) pela maneira com que uma dada criança, em virtude do equipamento genético, tem a capacidade de realizar a síntese desses vários elementos da personalidade da mãe, bem como adaptar-se às circunstâncias da realidade exterior.

As necessidades que as relações objetais são chamadas a satisfazer são bem diferentes para a criança. Para começar, o organismo da criança está em rápido processo de expansão e desenvolvimento. A própria natureza do que satisfaz a criança passará por rápidas mudanças. Portanto, a natureza e a forma de satisfação mudarão progressivamente em cada nível sucessivo de desenvolvimento. Em um nível mais primitivo, no qual o ego ainda não está funcionando, as relações satisfatórias serão satisfações de necessidades mais próximas da fisiologia do que da psicologia. Essas satisfações oferecem segurança à criança, propiciam-lhe a descarga de tensão de necessidade e, conforme o caso, alívio da tensão de desprazer. Depois da emergência do ego, as satisfações necessárias à criança podem ser realizadas somente numa relação que se tornou progressivamente mais variada e complexa. Para acompanhar o progresso da criança, as respostas da mãe às suas iniciativas devem possibilitar a satisfação de pulsões libidinais e agressivas, sob a forma de interações circulares. Essas interações repercutem entre a mãe e a criança e se dividem e se diversificam com o passar do tempo. As respostas da mãe às ações da criança facilitam e possibilitam a integração do processo de amadurecimento do bebê. Provocam uma complexidade crescente na estrutura do ego da criança e levam à formação de sistemas múltiplos. Ao mesmo tempo, essa complexidade crescente do ego expande o espectro de satisfações que a criança passa a exigir das relações objetais.

Considero minha tentativa de definir relações objetais normais como vaga, hesitante e experimental. É difícil, se não impossível, encontrar uma fórmula para expressar o multiforme e silencioso fluxo e refluxo, as invisíveis marés mudas, poderosas e, ao mesmo tempo, sutis, que permeiam essas relações. Nunca é demais frisar nem repetir que as relações objetais ocorrem como uma interação constante entre dois parceiros diferentes, mãe e filho; que um provoca a resposta do outro; que essa relação interpessoal cria um campo de forças constantemente em mudança. Talvez se possa dizer que as relações objetais que satisfazem mãe e filho são relações nas quais operam forças, no sentido de ambos se completarem, de maneira não só a se proporcionarem satisfação, mas também de modo que um deles, ao obter a satisfação, possa proporcioná-la ao outro. Não terá escapado ao leitor atento que esta última afirmação poderia ser a descrição adequada de uma relação de amor e mesmo dos sentimentos mútuos entre o homem e a mulher no ato sexual. Mas então, como disse anteriormente, o que é o relacionamento amoroso senão a satisfação completa das relações objetais?

A própria perfeição de uma relação entre dois seres tão intimamente sintonizados um com o outro – e unidos por tantas coisas tangíveis e intangíveis – acarreta a possibilidade de sérios distúrbios, caso haja uma quebra de sintonia. Eles nem precisam estar em desarmonia um com o outro. É suficiente que um dos parceiros da díade – e na maioria das vezes será a mãe – esteja em desarmonia com seu ambiente. Sua influência modeladora torna inevitável que seu próprio desacordo se reflita no desenvolvimento da criança, e se reflita como se fosse num espelho amplificador. Portanto, os distúrbios na relação entre mãe e filho nos fornecerão muitas informações a respeito da patologia e de sua etiologia, bem como a respeito do desenvolvimento normal. Nas páginas seguintes descreverei algumas formas anômalas do desenvolvimento infantil e examinarei a natureza das relações objetais que prevalecem em tais casos, até onde me foi possível estudá-las.

Fatores quantitativos e qualitativos nos distúrbios das relações objetais

Na relação mãe-filho, a mãe é o parceiro ativo e dominante. A criança, pelo menos no início, é a receptora passiva. Isso nos leva à nossa primeira afirmação: *distúrbios da personalidade materna se refletirão nas perturbações da criança*. Se limitarmos as influências psicológicas, que se tornam efetivas durante a primeira infância à relação mãe-filho, obteremos nossa segunda hipótese: *na primeira infância, as influências psicológicas prejudiciais são a conseqüência de relações insatisfatórias entre mãe e filho*. Tais relações insatisfatórias são patogênicas e podem ser divididas em duas categorias: a) relações inadequadas entre mãe e filho; b) relações insuficientes entre mãe e filho. Em outras palavras, no primeiro caso, o distúrbio das relações objetais é devido a um fator qualitativo, enquanto no segundo é devido a um fator quantitativo.

Relações inadequadas entre mãe e filho

Essas relações podem conduzir a uma série de distúrbios na criança. Pude distinguir vários quadros clínicos desses distúrbios; cada um parecia estar ligado a uma relação específica inadequada entre mãe e filho; na verdade, o quadro clínico parecia ser uma conseqüência de um determinado padrão de comportamento da mãe. Alguns dos quadros clínicos foram descritos na literatura pediátrica. Não afirmo que a etiologia psicogênica dessas doenças tenha sido demonstrada adequadamente pelo fato de eu ter conseguido descobrir uma conexão entre distúrbios específicos de relações objetais e quadros clínicos conhecidos. Na verdade, em algumas dessas doenças, podem-se demonstrar elementos congênitos específicos que também pareciam desempenhar um papel etiológico. Entretanto, nem o fator psicológico *por si só*, nem o elemento congênito *por si só*, poderia levar ao início da doença em questão – somente a conjunção de ambos.

Os quadros clínicos que observamos num número estatisticamente significante de crianças, numa determinada situação ambiental, eram em parte doenças físicas e em parte padrões anormais de comportamento. Na etiologia desses quadros clínicos poderíamos demonstrar fatores psicogênicos, derivados das relações mãe-filho. Inspiramo-nos em uma afirmação de Freud (1911) para fazermos essa abordagem: "... a forma que a doença subseqüente toma (a *escolha da neurose*) vai depender da fase particular do desenvolvimento do ego e da libido em que ocorreu aquilo que predispunha à inibição do desenvolvimento. Assim, o significado inesperado une-se às características cronológicas dos dois *desenvolvimentos* (que ainda não foram estudados) e às possíveis variações em sua sincronização" (pp. 224 ss. – os grifos são meus).

Nosso trabalho refere-se especificamente ao estudo desses dois desenvolvimentos acima mencionados. Entretanto, nossas descobertas foram feitas em certos ambientes da esfera cultural ocidental. Sua validade deverá ser testada em outros ambientes (e talvez em outras culturas) antes que se possa fazer generalizações transculturais sobre a psicologia infantil.

Voltemos ao nosso assunto, as relações impróprias entre mãe e filho: afirmei anteriormente que, pela natureza das coisas, a personalidade da mãe é dominante na díade. Podemos então inferir que, onde prevalecem relações impróprias entre mãe e filho, a personalidade da mãe foi incapaz de oferecer ao filho uma relação normal, ou que, devido à sua personalidade, ela é levada a perturbar a relação normal que a mãe comumente teria com o bebê. Em *qualquer caso*, podemos dizer que a personalidade da mãe atua como o agente provocador da doença, como uma toxina psicológica. Por essa razão, denominei esse grupo de distúrbios nas relações objetais, ou melhor, suas conseqüências, *doenças psicotóxicas da primeira infância*. Consegui distinguir uma série de padrões prejudiciais de comportamento materno que se mostraram ligados a distúrbios psicotóxicos da criança. Esses padrões de comportamento materno são enumerados a seguir:

a. Rejeição primária manifesta
b. Superpermissividade ansiosa primária
c. Hostilidade disfarçada em ansiedade
d. Oscilação entre mimo e hostilidade
e. Oscilação cíclica de humor da mãe
f. Hostilidade conscientemente compensada

Relações insuficientes entre mãe e filho

Para a criança, a privação de relações objetais no primeiro ano de vida é um fator muito prejudicial, que leva a sérios distúrbios emocionais. Quando isso ocorre, as crianças apresentam um quadro clínico impressionante; parecem ter sido privadas de algum elemento vital à sobrevivência. Quando privamos crianças de suas relações com a mãe, sem proporcionar-lhes um substituto adequado que possam aceitar, nós as privamos de provisões libidinais. Pode-se fazer uma analogia com o que ocorre na avitaminose. Portanto, denominei essa segunda categoria *doenças de carência psicogênica*, ou, alternativamente, *doenças de carência afetiva*. As conseqüências da carência afetiva dividem-se em duas subcategorias, de acordo com as proporções da privação da criança (privação de provisões libidinais): a) carência parcial; e b) carência total. Qualquer uma dessas carências refere-se, é claro, apenas à carência de provisões libidinais; alimento, higiene, calor, etc. devem ser fornecidos à criança, senão ela morre.

A Tabela IV apresenta uma relação de atitudes maternas e os distúrbios afetivos correspondentes.

Tabela IV
CLASSIFICAÇÃO ETIOLÓGICA DE DOENÇAS PSICOGÊNICAS NA PRIMEIRA INFÂNCIA, CORRESPONDENTES A ATITUDES MATERNAS

	Fator etiológico determinado pelas atitudes maternas	*Doenças da criança*
Psicotóxico (Qualidade)	rejeição primária manifesta	coma do recém-nascido (Ribble)
	superpermissividade ansiosa primária	cólica dos três meses
	hostilidade disfarçada em ansiedade	eczema infantil
	oscilação entre mimo e hostilidade	hipermotilidade (balanço)
	oscilação cíclica de humor	manipulação fecal
	hostilidade conscientemente compensada	hipertimia agressiva (Bowlby)
Deficiência (Quantidade)	privação emocional parcial	depressão anaclítica
	privação emocional completa	marasmo

Capítulo 13
Distúrbios psicotóxicos

Rejeição primária manifesta

Rejeição primária ativa

Nessa síndrome, a atitude da mãe consiste em uma rejeição global da maternidade; essa rejeição inclui a gravidez e a criança e, provavelmente, também muitos aspectos da sexualidade genital. Tenho um filme de um caso desse tipo; entretanto, falta o acompanhamento do que aconteceu posteriormente. Esses casos são muito difíceis de acompanhar, pois a criança freqüentemente morre ("acidentalmente" ou por infanticídio), é abandonada ou, na melhor das hipóteses, entregue para adoção.

Rejeição primária passiva

A reação do recém-nascido em relação à mãe que não o aceita foi descrita, pioneiramente, por Margaret Ribble (1938). Em casos extremos, o recém-nascido torna-se comatoso, com dispnéia do tipo Cheyne-Stokes, palidez extrema e sensibilidade reduzida. Esses casos parecem estar em estado de choque; o tratamento consiste em clisteres com solução salina, glicose intravenosa, ou transfusão de sangue. Após a recuperação, esses bebês precisam aprender a sugar através de estimulação repetida e paciente da zona oral. É uma situação que coloca em perigo a vida do recém-nascido. Observei alguns desses casos e filmei um deles (1953c).

Caso 1. A mãe da criança é uma garota de dezesseis anos, excepcionalmente bonita e solteira. Era empregada doméstica e foi seduzida pelo filho do patrão. Segundo informação dela, houve apenas uma relação sexual, da qual resultou a gravidez. A criança não era desejada, a gravidez foi acompanhada de agudos sentimentos de culpa, pois a garota era católica praticante. O parto ocorreu na maternidade e foi tranqüilo. A primeira tentativa de amamentação, após vinte e quatro horas, fracassou, bem como as seguintes. A mãe, ao que constava, não tinha leite. Não tivemos dificuldade em obter leite dela por pressão manual. Nem houve dificuldade alguma em alimentar a criança com esse leite, em uma mamadeira. Durante a amamentação, a mãe comportava-se como se o bebê fosse completamente estranho a ela e como se não fosse um ser vivo. Seu comportamento consistia em retrair-se diante da criança, ficando com o corpo, mãos e rosto rígidos e tensos. Os mamilos, embora não se retraíssem, não intumesciam e a amamentação não parecia provocar turgidez.

Isso perdurou por cinco dias, enquanto o bebê era mantido vivo com leite retirado do seio da mãe. Em uma das últimas tentativas (que foi filmada), viu-se o bebê cair no estado de estupor semicomatoso descrito por Ribble. Tiveram de ser aplicados métodos drásticos, incluindo alimentação por sonda e clisteres salinos, para tirar o bebê desse estado.

Simultaneamente, fez-se uma tentativa para esclarecer a mãe; mostraram-lhe como cuidar de seus mamilos para produzir turgidez, tornando possível a amamentação. Do quinto dia em diante, após essa fase de instrução, a amamentação se fez de modo relativamente bem-sucedido; a criança recuperou-se, pelo menos durante os seis dias subseqüentes, ao longo dos quais pude observá-la.

Pode-se muito bem perguntar como se desenvolverá uma criança que, desde o nascimento, é confrontada com uma rejeição tão intensa. Suponho que essas reações arcaicas, mesmo quando o perigo de vida foi superado, deixam seqüelas psicossomáticas, embora menos críticas.

O caso de vômito infantil que relato a seguir é uma dessas seqüelas, embora neste caso a rejeição passiva da mãe quanto à maternidade estivesse mesclada com sua rejeição *ativa* do filho.

> *Caso 2.* Esta criança foi primeiramente amamentada no peito pela mãe. Posteriormente, esta se recusou a continuar amamentando e a criança passou a ser alimentada com mamadeira. Nos dois casos, na alimentação ao peito e com mamadeira, a mãe sempre reclamava e se queixava. A alimentação no seio, dizia ela, não dava certo, porque a criança vomitava; mas a mamadeira também não dava certo, porque a criança continuava vomitando. Após três semanas, a mãe ficou gripada, foi hospitalizada e separada da criança. O vômito desta cessou imediatamente. Seis semanas mais tarde, a mãe voltou. A criança começou a vomitar novamente após quarenta e oito horas.

Até agora, casos como esse não foram suficientemente investigados. Em minha opinião, a rejeição materna passiva não é dirigida contra a criança como indivíduo, mas contra o fato de ter uma criança, ou seja, é uma rejeição da maternidade, não se referindo a um objeto determinado. Essa atitude pode existir apenas durante as primeiras semanas após o parto e, no máximo, durante os primeiros dois meses. Mais tarde, quando a criança começa a se desenvolver, sua individualidade específica, sua personalidade, começarão a fazer-se sentir, e a hostilidade materna tornar-se-á mais específica também, mais dirigida ao que seu filho é, ou seja, um indivíduo diferente de todos os outros.

As atitudes dessas mães, sua hostilidade generalizada à maternidade, originam-se da sua história individual, de suas relações com o pai da criança, da maneira pela qual elas mesmas resolveram ou não seus conflitos edipianos e sua ansiedade de castração.

As considerações anteriores levaram em conta principalmente a resposta hostil da mãe ao filho; no que diz respeito a uma tal resposta por parte do bebê à mãe hostil, é preciso considerar que no princípio, bem no começo da vida, o recém-nascido nem mesmo começou a desenvolver os rudimentos de adaptação, e muito menos os de defesa. A criança, como Freud postulou, nasce desamparada; ela está no estágio narcisista primário, o modo de existência mais arcaico conhecido pelo homem. Essa maneira arcaica de existir evolui lentamente para as primeiras formas de comportamento oral, que, mais tarde, integram-se gradualmente aos padrões de comportamento associados ao que a psicanálise chama de fase oral. Nesse período arcaico, os contatos da criança com o que a cerca foram completamente transferidos do cordão umbilical para a boca, e passaram da transfusão para a incorporação. É lógico que os sintomas manifestos do distúrbio da criança, nos casos descritos anteriormente, sejam expressos através de sintomas orais como a paralisia de incorporação durante os primeiros dias de vida – e o vômito, em um estágio um pouco mais adiantado.

A superpermissividade ansiosa primária
(A cólica dos três meses)

A superpermissividade ansiosa primária é uma atitude materna que pode ser considerada uma subdivisão, isto é, uma forma especial, do que Levy (1943) chamou de superproteção materna. Infelizmente, superproteção materna tornou-se um conceito muito amplo, usado indiscriminadamente por autores de matérias diferentes, para descrever uma ampla escala de padrões de comportamento e de atitudes, sem considerar a diversidade dos motivos fundamentais. Nos próximos capítulos tentarei distinguir algumas das diferentes formas dessa "superproteção materna". Tentarei elucidar a motivação que conduz a essas formas diferentes e relacionar essas formas com os quadros clínicos específicos apresentados pela criança.

Ligado à superpermissividade ansiosa está, creio eu, o distúrbio que Spock denominou "cólica dos três meses"[1]. Nos cír-

---
1. Comunicação pessoal.

culos pediátricos, a "cólica dos três meses" é um quadro clínico comum: após a terceira semana de vida, e até o fim do terceiro mês, o bebê começa a gritar à tarde. A alimentação pode acalmá-lo, mas apenas temporariamente. No decorrer de um período relativamente curto, o bebê apresenta novamente os sintomas da cólica. Quer se mude o bebê do seio para a mamadeira, ou da mamadeira para o seio, quer se troque o tipo de alimentação ou se deixe o bebê sozinho – nada parece adiantar. Tentou-se o uso de medicamentos, entre eles a atropina, a maioria sem resultado. As fezes dessas crianças não são patológicas, embora em certos casos possa haver um pouco de diarréia. As dores da criança duram diversas horas, depois param, e recomeçam na tarde seguinte. Por volta do fim do terceiro mês, o distúrbio tende a desaparecer tão inexplicavelmente quanto surgiu – para grande alívio da mãe e do pediatra.

O trabalho de Weil, Finkelstein, Alarcon e Spock

Esta situação já tinha sido descrita por Weil e Pehu (1900) e por Finkelstein (1938) sob o nome de *spastische Diathese*. Eles atribuíam sua origem a uma incapacidade de assimilar o leite da mãe. Interessei-me por uma observação feita por pediatras espanhóis e sul-americanos. Alarcon (1929, 1943) primeiro, e mais tarde Soto (1937), observaram que a cólica dos três meses não ocorre nas crianças criadas em instituições. Chamam a cólica dos três meses de *dyspepsia transitoria del lactante* e investigaram-na longamente.

Minhas observações confirmam plenamente a descoberta de Alarcon e Soto. Nas diferentes instituições em que observei crianças, a cólica dos três meses nunca se apresentou como problema. Nessas instituições, em que as crianças eram privadas dos cuidados maternos, a cólica era absolutamente inexistente. Na instituição que chamei de Creche, onde as relações mãe-filho eram relativamente melhores, ela ocorria ocasionalmente. Mas, no caso das crianças criadas por suas próprias famílias, a cólica dos três meses era freqüente.

A explicação de Soto para a ausência da cólica dos três meses em instituições é que ali as crianças não são "mimadas". Ele observou um número considerável de bebês em um orfanato do governo e descreveu a maneira como eram tratados: "A enfermeira só pega o bebê nos braços para alimentá-lo, e o faz com a indiferença característica de alguém que está cuidando de um filho que não lhe pertence." Apenas uma das muitas crianças que Soto observou nessa instituição tinha a cólica dos três meses.

Essa única exceção é realmente elucidativa. Era uma criança adotada com seis semanas por uma senhora que Soto descreve como extremamente solícita e amorosa para com a criança, carregando-a muito ao colo, brincando com ela o tempo todo e fazendo com que, em pouquíssimos dias, a criança ficasse chorosa e com cólica. Na opinião de Soto, isso foi conseqüência de sua "solicitude exagerada" e do não-cumprimento do horário regular de alimentação; ela não alimentava a criança sistematicamente, de acordo com o relógio, como esta havia sido alimentada anteriormente, mas dava-lhe de comer quando ela solicitava.

Na opinião de Soto, a rotina de alimentar rigorosamente no horário, predominante no orfanato, e a ausência completa de solicitude materna explicam a imunidade dos bebês dessa instituição à cólica dos três meses.

Essa observação é apoiada por um comentário de Spock, que também acha que a solicitude superansiosa da mãe deve ter relação com a etiologia da cólica dos três meses[2]. Os comentários de Spock intrigaram-me, e eu me perguntava qual das numerosas formas de supersolicitude ansiosa era responsável por esta reação da criança.

Os resultados experimentais de Levine e Bell

Alguns anos mais tarde, uma descoberta interessante foi publicada por Milton Levine e Anita Bell (1950) em um estudo

---

2. Comunicação pessoal.

realizado com vinte e oito crianças que apresentavam cólica dos três meses. Todas foram criadas por suas próprias mães, em casa, no esquema de "alimentação-a-pedido". Isso me fez lembrar que Spock também havia me contado que observara a cólica dos três meses quase sempre em crianças criadas em suas próprias casas. E as observações de Soto – de que crianças de instituições *não* sofrem de cólica dos três meses – apóiam os dados de Levine e Bell, e de Spock.

Essas observações abrem perspectivas para a compreensão desse quadro clínico, até agora incompreensível. O sistema da "alimentação-a-pedido" implica que, toda vez que o bebê quer ser alimentado, a mãe lhe ofereça a mamadeira ou o seio. Constatamos a que extremos o entusiasmo exagerado com esta idéia pode levar, através do relato de um obstetra em um encontro científico: entusiasmado com a idéia da "alimentação-a-pedido", ele a introduziu em seu hospital, e contou que, após o primeiro dia, algumas crianças foram amamentadas até vinte e oito vezes, no decorrer de vinte e quatro horas. Em vista dessa extravagância, creio poder dizer com segurança que a mãe que aceita tal sistema mostra bastante solicitude para com a criança – mas, em alguns casos, essa solicitude pode levar à superpermissividade ansiosa.

Levine e Bell mencionam um segundo fator, não mencionado por Spock, embora tanto Finkelstein como Alarcon pareçam tê-lo pressentido. É o fato de que as vinte e oito crianças que observaram eram hipertônicas de nascença. Quer dizer, apresentavam em geral um tônus muscular extraordinariamente elevado, particularmente na musculatura abdominal, e peristaltismo aumentado. Finkelstein fala realmente de *spastische Diathese*, o que significa que ele percebeu a espasticidade (*spasticity*), enquanto Alarcon prescreve atropina, talvez para atenuar a espasticidade. A terapia de Levine e Bell era mais simples e antiquada: davam chupetas às crianças, e repentinamente a cólica desaparecia, depois de ter resistido a todos os esforços dos pediatras. Como podemos explicar esta eficácia surpreendente da chupeta? É possível formular uma hipótese sobre a dinâmica que atua nesta terapia?

Considerações teóricas

A partir dos resultados obtidos por vários observadores, surgem dois fatores que parecem significativos na etiologia da cólica dos três meses: de um lado, excesso de preocupação da mãe, e de outro, hipertonicidade da criança, de nascença. Por isso, propus a hipótese de uma etiologia constituída de dois fatores: *se os recém-nascidos com hipertonicidade congênita são criados por uma mãe ansiosamente superpreocupada, eles podem apresentar a cólica dos três meses.*

Esta hipótese está bem de acordo com o postulado de Freud sobre uma série complementar na etiologia da neurose, mencionada em nossos comentários introdutórios. O fator constitucional hereditário (Freud, 1916-17) que predispõe esses casos à cólica dos três meses é uma compleição somática (Freud, 1905a), isto é, hipertonicidade.

As condições são bem mais simples no bebê do que no adulto; não há conflito entre ego e superego, uma vez que no recém-nascido nem um nem outro está presente. Em vez disso, estabelece-se um círculo vicioso entre a hipertonicidade da criança e a superpermissividade ansiosa da mãe e, mais particularmente, quando se utiliza o sistema da "alimentação-a-pedido". Pode-se admitir, certamente, que uma mãe supersolícita tende a reagir a *qualquer* manifestação de contrariedade de seu filho, alimentando-o ou amamentando-o. Pode-se até conjecturar que a hostilidade inconsciente de algumas mães em relação à criança produz culpa, que elas supercompensam. Devido a essa tendência para supercompensar, as mães aceitam prontamente e mesmo insistem no sistema da "alimentação-a-pedido". Clinicamente, é como se elas quisessem reparar sua relutância em dar qualquer coisa à criança – e sobretudo o seio.

É relativamente fácil pôr a nu, no comportamento dessas mães, o fator psicológico da série complementar e seus aspectos dinâmicos. É bem mais difícil detectar esses fatores na personalidade não-diferenciada do bebê de três semanas. Aqui, entretanto, a fisiologia nos ajuda. A tensão tem de ser descarregada: uma criança hipertônica terá de descarregar quantidades muito maiores de tensão, com maior freqüência, do que uma criança calma e tranqüila. Bem no início da infância, o órgão principal de descarga é a boca. David Levy (1934) demonstrou a necessidade dessa descarga por meio de uma série de experiências realizadas com cães e através da observação de crianças. Quando esses cães e essas crianças não podiam mamar no mamilo em períodos adequados (porque o leite fluía rapidamente e saía rápido demais), tendiam a substituir essa quantidade deficiente de descarga por uma sucção muito mais freqüente de partes acessíveis de seu próprio corpo. No caso das crianças, essas partes eram seus próprios dedos; no caso dos filhotes, eram as patas, orelhas e rabos deles mesmos, ou de outros cachorrinhos. Esses resultados mostram que devemos distinguir duas funções na amamentação: 1) a ingestão de alimento propriamente dita, que satisfaz e aplaca a fome e a sede simultaneamente; e 2) a descarga de tensão, ou seja, a satisfação da mucosa oral por meio das atividades dos lábios, língua, palato e espaço laringo-faríngeo, durante a amamentação. Estudei em outro trabalho (1955b, 1957) as implicações de longo alcance da última forma de descarga de tensão, para o desenvolvimento, em geral, e para a organização da psique, em particular. É desnecessário dizer que a descarga de tensão através da atividade oral não se origina na zona oral, mas na tensão libidinal geral existente no recém-nascido.

Conclusões semelhantes às elaboradas por Levy podem ser encontradas nas investigações psicológicas de Jensen (1932). Em uma série de experiências realizadas com algumas centenas de recém-nascidos, ela demonstrou que, imediatamente após o nascimento, qualquer estímulo, em qualquer parte do corpo, será respondido por um reflexo de sucção. Os estímulos oferecidos foram desde os neutros aos dolorosos; entre os estímulos dolorosos estavam puxar os cabelos, beliscar e mesmo deixar a criança cair de uma altura de trinta centímetros. A todos estes estímulos, o recém-nascido deu, com uma freqüência significativamente maior, uma resposta de sucção. É lícito concluir, portanto, que durante as primeiras semanas de vida o aumento da tensão será descarregado por meio de atividade oral.

Estas observações propiciam uma pista para os resultados de Levine e Bell, que podemos agora interpretar do seguinte modo: as vinte e oito crianças de sua amostra eram hipertônicas. Por essa razão tinham uma necessidade maior de descarga de tensão. Essa necessidade criou desprazer; nessa idade (as primeiras semanas de vida), o desprazer de qualquer origem é expresso por protesto oral.

Podemos então supor que uma mãe superpreocupada tem menos capacidade de distinguir se o filho está realmente com fome, ou se ele está chorando por outras razões, do que uma mãe com menos sentimentos de culpa. Conseqüentemente, ela reage ao choro da criança alimentando-a.

A esta altura, a hipertonicidade constitucional, a compleição somática da criança, junta-se à superpreocupação psicológica da mãe. O aparelho digestivo dessas crianças é mais ativo, os movimentos peristálticos são mais rápidos, possivelmente mais violentos, e o excesso de alimentos produzirá excesso de atividade intestinal. Temos, em conseqüência, um círculo vicioso: a criança hipertônica é incapaz de livrar-se de sua tensão normalmente, durante o processo de amamentação. Então ela a descarrega por meio do choro pós-prandial e da agitação motora, que lhe são típicos. A mãe supersolícita imediatamente alimenta a criança de novo, numa aquiescência exagerada ao que ela lhe pede. Durante esta alimentação assistemática, alguma tensão será descarregada por atividade oral e deglutição; por um breve período, a criança fica calma. Entretanto, o alimento que a criança ingeriu novamente sobrecarrega o aparelho digestivo, aumenta a tensão e causa uma recrudescência do estado de desprazer, levando a uma nova cólica e a mais choradeira. A mãe ansiosa só é capaz de interpretar o choro da criança de acordo com o esquema da "alimentação-a-pedido", e novamente alimentará a criança; e assim o círculo vicioso continua.

Como podemos explicar que, por volta dos três meses de vida, a síndrome desapareça?

Em primeiro lugar, podemos afirmar que, após três meses, mesmo as mães com sentimentos de culpa ou mães inexperientes se cansarão do sacrifício constante exigido pela solicitação exagerada. Ou talvez elas aprendam a interpretar um pouco melhor os gritos e vocalizações de seus filhos e deixem de interpretar muito unilateralmente as solicitações da criança.

Mas mais importante do que isso é que, no decorrer do terceiro mês de vida, a criança desenvolverá as primeiras reações diretas e intencionais, isto é, um comportamento volitivo dirigido ao que a cerca. É a idade em que surgem as primeiras respostas sociais, aparece o primeiro precursor do objeto, ocorrem as primeiras deslocações de catexia nos traços de memória e inicia-se a atividade mental. As atividades físicas se multiplicam; percebemos movimentos "experimentais", o início das primeiras tentativas de locomoção, o esforço ativo da criança em direção às coisas a seu alcance.

Teoricamente falando, no decorrer do terceiro mês passa a existir para a criança um amplo espectro de atividades afetivas, mentais e físicas. Não só ela é capaz de se envolver nessas atividades, como também elas lhe servem para descarregar tensão. Portanto, não é mais só a zona oral que serve para tal descarga, como era no princípio. E, quando a criança consegue descarregar tensões por meios que não os orais, suas exigências vocais feitas à mãe diminuem; e então o círculo vicioso de tensão, baseado numa "alimentação-a-pedido", alimentação que conduz à cólica, será interrompido. Mas, após o terceiro mês, as energias da criança serão canalizadas para suas atividades, e o nível de tensão diminuirá.

Considerações práticas

A terapia sugerida por Levine e Bell, a tão difamada chupeta, é um recurso simples e ao mesmo tempo engenhoso, que interrompe o círculo vicioso que descrevi. Eles o descobriram observando a sabedoria simples de nossas avós. Não sei se Levine e Bell concordariam com minha teoria do círculo vicioso. Acredito que a chupeta dada à criança que sofre da cólica dos três meses possa curá-la, porque proporciona um meio de descarga sem introduzir o alimento irritante e desnecessário no aparelho digestivo. Nossas avós sabiam muito bem que a chupeta acalma a criança; nós a condenávamos, hipnotizados como estávamos pelos perigos da infecção, visto que, como se afirma, a chupeta não é higiênica – como se fosse impossível ferver uma chupeta de borracha!

Acredito que haja outros métodos de descarregar as tensões de pulsão da criança desta idade, quando ela é incapaz de fazê-lo ativamente. Suponho que outro recurso antiquado, que se tornou objeto de desprezo, tal como a chupeta, servia ao mesmo propósito. Estou falando do berço de embalar a criança.

Nossas avós também sabiam que, se embalarmos a criança, ela ficará calma e dormirá tranqüilamente. Entretanto, pusemos de lado o berço de balanço, e não sei de nenhuma razão válida para que isso tenha sido feito. Não é evidente que uma criança hipertônica consegue descarregar uma grande quantidade de tensão se alguém a embalar durante um período relativamente longo? Parece-me que isso se torna claro no terceiro mês, quando a criança consegue descarregar a tensão por meio de movimentos ativos do próprio corpo, cessando em seguida a cólica dos três meses.

Também estou convicto de que nativos de culturas menos complexas do que a nossa, que mantêm o costume antigo de carregar as crianças durante todo o dia nas costas ou nas ancas, fazem-lhe um bem do qual não temos conhecimento. Eles proporcionam às crianças ampla descarga de tensão, assim como de estímulo perceptivo, no nível de receptividade o mais adequado durante o início da vida. Refiro-me ao movimento transmitido constantemente, aos contatos corporais, aos contatos cutâneos, à transmissão de estímulos térmicos, etc.

Seduzidos como estamos pelas "dádivas" mais questionáveis da tecnologia, pelo carrinho do bebê, pelo berço elaborado, pela mamadeira apropriada, etc., parece que não nos perguntamos se a distância que colocamos entre nossas crianças e nós não as priva do contato cutâneo, daqueles estímulos musculares e estímulos profundos de sensibilidade, que as pessoas menos sofisticadas proporcionam aos filhos. O aumento rápido da distância entre o bebê e a mãe – culminando em nossa época com o afastamento da criança, durante sua primeira semana de vida, para um berçário de hospital – é uma característica relativamente recente da nossa cultura ocidental, remontando a menos de cem anos atrás. Foi introduzida sob a justificativa de salvaguardar o recém-nascido das infecções. Mas há razão para nos perguntarmos se privar nossas crianças de estímulos vitais, que a natureza assegurou aos filhotes de todos os mamíferos, não inflige ao recém-nascido um dano que supera de longe o perigo hipotético da infecção[3]. É bem possível que nosso muito falado "progresso" possa acarretar conseqüências que somente agora se tornam mais evidentes, pois é necessário um tempo para a aceitação geral de costumes e práticas.

Para evitar qualquer mal-entendido, desejo ressaltar que certamente não estou condenando o sistema da "alimentação-a-pedido". Acredito que suas desvantagens estejam limitadas às crianças hipertônicas, que, afinal, constituem uma minoria. Para outras crianças essa prática é admirável, desde que a mãe não a deturpe, em virtude de seus próprios problemas psicológicos. E, ao considerar este último ponto, é preciso lembrar que o sistema acima referido não é o único método e comportamento através do qual a mãe transmite ansiedade à criança, seja esta hipertônica ou não.

---

3. Ver meus comentários sobre a percepção tátil do recém-nascido, no Capítulo 4, especificamente as proposições desenvolvidas por M. F. Ashley Montagu (1950, 1953).

Observações conclusivas sobre a cólica dos três meses

Acredito, portanto, que encontraremos a cólica dos três meses também entre crianças que não comem sempre que querem; por outro lado não afirmo que a hipótese aqui colocada se aplique a todo e qualquer caso; existem certamente outras condições que podem produzir a cólica dos três meses, além da combinação da hipertonicidade da criança com a superpermissividade ansiosa da mãe.

O interjogo desses dois fatores e seu papel na etiologia da cólica dos três meses está claro. Essa etiologia com dois fatores é específica desse estágio de desenvolvimento infantil, quando a diferenciação entre psique e soma está ainda incompleta, e quando a dinâmica é mais evidente na psique da mãe do que na da criança. Falei acima sobre o papel da criança na etiologia da cólica dos três meses como submissão somática – a qual considero, no mínimo, parcialmente psicológica, porque consiste em estados de tensão. Nessa idade, os estados de tensão constituem os precursores e, num certo sentido, os equivalentes dos afetos. Os últimos só se manifestarão depois do estabelecimento de um ego rudimentar.

O que observamos na cólica dos três meses está mais próximo do fisiológico do que do psicológico; entretanto, é a partir desses estados psicofisiológicos e das respostas em que são expressos que, mais tarde, se desenvolverão ou serão isoladas as estruturas e funções puramente psicológicas. Esta é uma das razões por que tratei tão extensamente desse distúrbio inicial das relações mãe-filho. Ele tem a vantagem de apresentar uma das formas mais arcaicas, um precursor dos distúrbios das relações objetais. É importante observar o quanto o somático e o biológico predominam, nesse estágio, nas dificuldades encontradas nas relações mãe-filho; mais tarde, após o surgimento do ego, os próprios desarranjos comportamentais dominarão o quadro.

Deve-se também lembrar que nesses dois níveis diferentes de desenvolvimento (o anterior ao aparecimento do ego e o posterior), as leis da função psíquica são completamente diferentes. O distúrbio acima descrito, a cólica dos três meses, acontece durante o primeiro período de transição, que vai do puramente somático, no nascimento, ao início do funcionamento psíquico, marcado pelo indicador do primeiro organizador da psique, pela reação de sorriso. É só depois do estabelecimento do primeiro organizador que começa um segundo período de transição, no decorrer do qual a função somática é separada da função psíquica.

Nesse primeiro estágio, confrontamo-nos, portanto, com uma mistura complexa das duas formas de funcionamento, de tal modo que testemunhamos uma mistura quase tangível de etiologia somática e psicológica. Pode-se indagar se, nos distúrbios que se verificam numa idade muito posterior, ou mesmo no adulto, ocorrem regressões parciais a tais estágios arcaicos. Elas podem ser facilitadas por meio de fixações que poderiam ter sido estabelecidas naquele período. Tais fixações tornariam possível, ou pelo menos estimulariam, o que definimos como somatização[4], que é a participação do orgânico na estrutura das neuroses e psicoses.

Hostilidade disfarçada em ansiedade manifesta
(Eczema infantil)

Descobertas e dados clínicos

A atitude que observamos na grande maioria das mães cujas crianças sofriam de eczema infantil[5] era de ansiedade manifesta, sobretudo a respeito do próprio filho. Logo tornou-se claro

....
4. Mais corretamente, deveríamos dizer que tais fixações estimulam a ressomatização (Schur, 1955, 1958).
5. Através desta apresentação vou falar do *eczema infantil*. A consulta a diferentes especialistas em dermatologia não revelou um consenso quanto aos termos eczema, dermatite atópica, etc. Portanto, decidi usar o termo antiquado: eczema infantil; o quadro em questão é o de uma doença de pele, que co-

que essa ansiedade manifesta correspondia à presença, em quantidade excepcionalmente grande, de hostilidade inconsciente reprimida.

Tivemos oportunidade de observar 203 crianças em uma instituição; 185 delas foram observadas por um ano ou mais, desde o nascimento. As 18 restantes foram observadas na mesma instituição durante seis meses apenas, na segunda metade de seu primeiro ano de vida. Ficamos impressionados com a alta incidência de eczema infantil entre as crianças acolhidas por essa instituição.

No ambiente institucional usual, e entre crianças criadas na própria família, a porcentagem de crianças que sofrem desta síndrome varia de 2 a 3%. Entre as 203 crianças acima mencionadas, a porcentagem alcançou aproximadamente 15% durante a segunda metade do primeiro ano. Mais tarde, precisamente entre o décimo segundo e o décimo quinto meses, o eczema tendia a desaparecer.

O médico da instituição tentou inúmeros procedimentos, tais como modificação da alimentação, prescrição de vitaminas, tratamento local, bálsamos, aplicações de talco – medicinal ou não –, etc. Uma pesquisa cuidadosa foi feita para determinar a possível presença de alérgenos nos produtos de higiene das crianças, nas substâncias usadas pela lavanderia, etc. Os resultados foram negativos e o eczema continuou incontrolado. Finalmente, a situação foi aceita com uma certa resignação, uma vez que as crianças recuperavam-se de qualquer modo, após o fim do primeiro ano de vida.

A esta altura, decidimos começar uma pesquisa psiquiátrica detalhada dos dados que tínhamos colhido sobre 28 crianças

----

meça na segunda metade do primeiro ano de vida, localizada predominantemente numa área de flexão, particularmente em dobras da pele (regiões inguinal, axilar, poplítea, cubital, retroauricular, etc.), com tendência a exsudação e descamação nos casos mais agudos. Nas crianças estudadas parecia ser autolimitada e tendia a desaparecer na primeira metade do segundo ano.

afetadas por eczema, e sobre suas mães. Usamos como *grupo de controle as 165 crianças restantes* que viviam na mesma instituição e que não haviam sido afetadas pelo eczema, e suas respectivas mães. Comparamos os dados colhidos nesse grupo de controle com os dados colhidos entre as crianças que tiveram eczema (dez casos de eczema foram excluídos de nossa amostra, porque o diagnóstico parecia incerto ou porque tinham deixado a instituição antes da conclusão de nosso estudo). Ponderamos que se após a exclusão de fatores acidentais de danos somáticos ainda encontrássemos uma porcentagem excepcionalmente alta de eczema nessa instituição, muito mais alta do que em outras, deveria haver um fator psicológico não-somático.

Tínhamos razões válidas para levantar essa hipótese, pois tratava-se de uma instituição penal onde estavam internadas meninas delinqüentes que tinham engravidado. Essas meninas davam à luz na instituição e ali criavam seus filhos até o primeiro ano de vida, isto é, durante o período de sua prisão. É claro que esse grupo de mães da instituição não é uma amostra ao acaso da população da cidade onde se localiza a instituição. Constitui uma amostra selecionada, um grupo de meninas entre catorze e vinte e três anos de idade que tinham violado a lei ou, pelo menos, os costumes de seu ambiente cultural.

Continuamos a investigar a grande quantidade de dados que tínhamos colhido sobre essas crianças, desde o seu nascimento, e sobre suas mães.

Registramos os seguintes dados de cada criança: peso ao nascer, altura, circunferência da cabeça, tipo de alimentação (amamentação ou mamadeira), idade da mãe e, mais tarde, época do desmame.

Desde o nascimento, foram testados os seguintes reflexos: reflexo de Moro, reflexo de sucção, reflexo de preensão, reflexo de extensão digital (Spitz, 1950c) e reflexo cremasterino.

Semanalmente, descrevíamos o comportamento de cada criança, dando particular atenção à presença ou ausência de balanço, manipulação genital e manipulação fecal. Notamos a freqüência e distribuição dos casos em que uma ou outra dessas manifestações, ou todas elas, estavam presentes, registrando seu começo, freqüência e duração.

Testamos a presença ou ausência da reação de sorriso e a ansiedade do oitavo mês. Registramos o quociente de desenvolvimento de cada criança nas idades de três, seis, nove e doze meses.

Assinalamos se havia ocorrido ou não uma separação da mãe, a idade em que a separação (se houvesse) tinha ocorrido, e sua duração. Finalmente, verificamos se a criança tinha-se tornado deprimida por tal separação e se a depressão tinha sido grave ou moderada; se nenhuma depressão tivesse sido observada, anotávamos também a qualidade da relação mãe-filho antes da separação.

A avaliação estatística desse material forneceu-nos oitenta e sete tabelas e curvas. Continuamos procurando determinar de que maneira as crianças que tiveram eczema na segunda metade do primeiro ano diferem daquelas que, no mesmo ambiente, permaneceram livres dele. De modo bastante surpreendente, a diferença entre as 28 crianças que tiveram eczema e as 165 que não tiveram foi reduzida a somente dois fatores: 1) predisposição congênita; 2) fator psicológico decorrente do ambiente, que nessa instituição estava virtualmente limitado à relação mãe-filho. As demais variáveis ambientais eram idênticas para todo esse grupo de crianças.

Em razão disso, examinamos minuciosamente nossos dados sobre as próprias crianças. Entre eles incluíam-se dados sobre o parto, medidas tiradas por ocasião do nascimento, reflexos por ocasião do nascimento, resultados de testes aplicados a intervalos regulares, dados clínicos, protocolos de observações semanais do comportamento, etc. Verificamos que (com exceção das áreas de aprendizagem e de relações sociais [ver abaixo]) não havia diferença significativa entre as médias dos escores das crianças do grupo de controle. De fato, na grande maioria dos itens examinados, não havia diferença alguma; as médias eram idênticas. Estes itens são, portanto, irrelevantes para a etiologia da síndrome. Entretanto, na área dos reflexos, uma diferença é evidente e impressionante. A resposta no setor de reflexos mais profundos (tais como reflexos do tendão) tem a mesma média em ambos os grupos. Há, entretanto, uma diferença estatisticamente significativa entre o grupo de controle e o grupo de eczema no setor dos reflexos cutâneos (tais como o reflexo de fuçamento, o reflexo cremasterino, etc.).

No setor dos reflexos cutâneos, as crianças que seis meses mais tarde contraíram eczema apresentaram um escore médio muito mais alto de resposta de excitabilidade cutânea do que as crianças que não contraíram eczema. Eu diria, utilizando um termo de Michael Balint (1948), que as crianças que contraem eczema infantil na segunda metade do primeiro ano de vida nascem com uma "excitabilidade reflexa aumentada". Visto que os reflexos por ocasião do nascimento não são comportamentos aprendidos, temos aqui uma predisposição congênita.

Isto pode sugerir que, ao nascer, a pele dessas crianças é mais vulnerável. Entretanto, se isso fosse verdade, o eczema deveria aparecer já nas primeiras semanas de vida, ou no mais tardar um mês ou dois após o nascimento. Mas não é o que ocorre. Ele realmente começa na segunda metade do primeiro ano. Portanto, podemos excluir a vulnerabilidade da pele e dizer que o eczema dessas crianças deve-se a um aumento da predisposição à reação; ou, em termos analíticos, a uma intensificação da catexia da recepção cutânea. Esta é realmente uma outra maneira de dizer que, ao nascer, o grupo de crianças que vai apresentar eczema tem uma excitabilidade reflexa aumentada. E pode-se indagar se os fenômenos descritos por Greenacre (1941) em seu artigo "The Predisposition of Anxiety" como conseqüência de um "nascimento seco" não podem ser igualmente explicados por uma maior excitabilidade da pele do recém-nascido.

Quanto ao segundo fator, influência do ambiente, que é a influência das relações objetais sobre essas crianças, verificamos o seguinte: de uma maneira sutil, suas relações objetais foram diferentes da média. Em uma área sociopsicológica da ação da criança, isto é, nas manifestações da ansiedade de oito meses, houve uma diferença estatisticamente significativa entre os dois grupos. Das crianças que sofriam de eczema, 15% apresentavam a ansiedade dos oito meses; nas crianças que não tinham eczema, a ansiedade dos oito meses estava presente em 85% dos casos.

Isto pode parecer paradoxal para o psicanalista acostumado a considerar a ansiedade como um sintoma potencialmente patológico. Nossa descoberta sugeriria então que, no grupo com eczema, menos crianças têm sintomas patológicos do que no grupo sem eczema. Porém, como declarei no Capítulo 7, a ansiedade dos oito meses não é um sintoma patológico. Ao contrário, é um sintoma de progresso no desenvolvimento da personalidade: indica que a criança alcançou um passo à frente no desenvolvimento das relações objetais, isto é, a capacidade para distinguir amigo de estranho. Este é um exemplo impressionante de uma das muitas diferenças entre a psicologia da criança e a do adulto. Portanto, não é a presença, mas antes a ausência da reação de ansiedade na criança de oito meses que indica patologia. A ausência dessa reação indica-nos que a criança foi retardada em seu desenvolvimento afetivo. Esse atraso deve-se, evidentemente, a um distúrbio das relações objetais. Portanto, investigamos as relações entre mãe e criança na totalidade de nossa população.

A investigação psiquiátrica entre as mães das crianças com eczema proporcionou-nos informações significativas. A maioria dessas mães apresentou uma atitude de ansiedade manifesta em relação aos filhos. Logo ficou claro que havia muita hostilidade inconsciente reprimida oculta sob a ansiedade manifesta. Como era de se esperar, meninas delinqüentes confiadas a uma instituição penal são personalidades fora da média. Do ponto de vista legal elas foram detidas de acordo com o "Wayward Minors Act". As razões de sua detenção variavam de delinqüência sexual a roubo, e até assassinato. Entretanto, a maioria dessas garotas tinha sido presa por má conduta sexual. Em nossa época isso não é considerado como infração grave; na verdade, é considerado como o comportamento sexual médio da maioria de nossa população de mulheres solteiras – segundo Kinsey e outros (1953). Entretanto, elas foram presas por essa razão, presas num ambiente rural que não aceitava tal violação dos costumes. Portanto, podemos dizer que representavam uma minoria desviante em *seu ambiente cultural.*

Para os que conhecem o problema dessas menores culpadas de má conduta sexual, estarei sendo óbvio quando digo que uma alta porcentagem delas tem o nível mental do retardado, se não do débil mental. Em tais personalidades, a integração do superego é, em grande parte, incompleta; afinal, essas garotas não foram capazes sequer de realizar uma integração satisfatória do ego. Nesse tipo de grupo, pode-se esperar encontrar muitas personalidades infantis, e nosso grupo não foi uma exceção. Mas foi notável que, entre 203 mães estudadas por nós, a grande maioria das personalidades manifestamente infantis estava concentrada no grupo das mães de crianças com eczema.

Essas mães tinham também outras peculiaridades notáveis: não gostavam de tocar em seus filhos; sempre conseguiam ficar falando com uma ou outra de suas amigas na instituição, enquanto mudavam a fralda do filho, ou lhe davam banho, mamadeira, etc. Ao mesmo tempo, elas se preocupavam com a fragilidade, a vulnerabilidade de seus filhos; uma delas costumava dizer (e isso é característico): "Um bebê é uma coisa tão delicada que o menor movimento em falso pode machucá-lo." Essa preocupação exagerada é uma supercompensação para a hostilidade inconsciente. As ações dessas mães contradizem suas palavras. Nossa interpretação se apóia em numerosos exemplos de mães que expunham seus bebês a riscos desnecessários, a perigos reais. Muitas vezes elas quase não conseguiam evitar que o bebê sofresse sérios danos, por exemplo, dando-lhe de comer um alfinete de fralda aberto dentro do mingau; algumas dessas mães costumavam esquentar demais o compartimento do bebê, sob a alegação de que ele poderia resfriar-se; uma delas amarrou o babador tão fortemente no bebê que ele ficou arroxeado, e só minha intervenção oportuna salvou-o do estrangulamento. Nesse grupo não causava surpresa saber-se que este ou aquele bebê tinha caído da cama, de cabeça, mais de uma vez durante sua estada na instituição.

Nosso estudo sobre as crianças que tiveram eczema revelou, assim, duas anomalias: 1) elas tinham mães com personalidade infantil, revelando hostilidade disfarçada de ansiedade em relação ao filho; mães que não gostavam de tocar na criança ou de cuidar dela, e que a privavam sistematicamente do contato cutâneo; 2) tratava-se de crianças com predisposição congênita para reações cutâneas mais acentuadas, levando a uma maior catexia da representação psíquica da percepção cutânea – em termos analíticos, a uma libidinização da superfície da pele. Essa é a verdadeira necessidade que a mãe se recusa a satisfazer. Conseqüentemente, essas necessidades dos bebês e as atitudes das mães estavam em relação assintótica.

Os perfis de desenvolvimento traçados com base nos testes de Bühler-Hetzer revelaram outra peculiaridade nas crianças com eczema. Ao contrário das crianças que não tiveram eczema, apresentavam um atraso característico nos setores da aprendizagem e das relações sociais.

Neste teste, o setor da aprendizagem representa o domínio da imitação e da memória. O atraso no domínio da imitação torna-se compreensível se considerarmos as circunstâncias em que essas crianças foram criadas; as mães ansiosas, que não tocam nas crianças durante os primeiros seis meses, durante o estágio de narcisismo primário, tornarão a identificação *primária* difícil.

O papel da identificação primária

O termo identificação primária raramente aparece na literatura. É um construto da teoria psicanalítica que se refere ao estado de não-diferenciação (ver Capítulo 3, n. 3), no qual não há diferenciação dentro da criança, e nem ela é capaz de distinguir dentro e fora, entre "eu" e "não-eu". Talvez a melhor descrição desse estado seria dizer que há deficiências não apenas da estrutura psíquica, mas também de fronteiras psíquicas e somáticas. O uso do termo "identificação" representa uma medida de conveniência, útil para salientar os aspectos incorporativos devidos à falta de fronteiras, e não se refere a outros aspectos do estado de não-diferenciação.

A idéia de onipotência infantil ajusta-se bem a este quadro. Quando a criança é levada a gritar ou a se contorcer, sua necessidade é satisfeita mais cedo ou mais tarde. Ela não tem razão para sentir que isso não foi feito por ela, que o alimento que a satisfaz não foi originado por sua agitação.

A identificação primária consiste, então, na vivência que a criança tem de tudo o que existe em seu ambiente, que se refere à satisfação de necessidades (satisfação da pulsão), como parte de sua própria pessoa e corpo, fora do qual nada existe. Glover (1930) parece pensar de modo semelhante: "Para a mente primitiva, todos os estados com o mesmo caráter de prazer tendem a levar à identificação com os objetos ligados a esses estados."

A identificação primária é, dessa maneira, dificultada pelas mães ansiosas que recusam aos filhos a satisfação da necessidade inerente ao fato de serem tocados[6]. Elas restringem muitíssimo as ocasiões propícias à identificação primária, por meio da recusa das experiências táteis. Entretanto, para que o bebê se diferencie da mãe, essas identificações primárias táteis e outras têm de ser enfrentadas, rompidas e superadas. Primeiro a motilidade da ação dirigida e, mais tarde, a locomoção são os mecanismos de que as crianças dispõem para lidar com a identificação primária e conseguir a diferenciação. Quando a dife-

---

6. Ver Capítulo 4 para uma discussão das teses de Montagu (1950, 1953) sobre o papel da experiência perceptiva, através da superfície externa da pele, para a sobrevivência e adaptação do recém-nascido.

renciação da mãe é conseguida, a criança pode formar as identificações secundárias que preparam o terreno para a autonomia e independência.

Desenvolvendo o conceito de Mahler (1957, 1960) de "processo de individuação-separação" diríamos, então, que o caminho para a individuação se faz através das identificações secundárias. Pois a criança precisa adquirir as técnicas que a mãe utiliza para cuidar dela, zelar por ela (e só pode fazê-lo por meio da identificação), antes de conseguir separar-se da mãe e tornar-se um indivíduo independente. Acredito que o processo de individuação-separação, que Mahler situa após o décimo oitavo mês de vida, tenha dois estágios precursores. Ao primeiro desses estágios eu chamaria processo de *individuação primária*, no qual a criança lida com as identificações primárias, consegue rompê-las e superá-las. O segundo estágio é o da *identificação secundária*, que começa na segunda metade do primeiro ano de vida. No decorrer desse estágio, a criança adquire técnicas e mecanismos por meio dos quais consegue a independência em relação à mãe (Spitz, 1957).

Essa independência relativa é conseguida, aproximadamente, no décimo oitavo mês de vida, período em que Piaget situa a aquisição, por parte da criança, da reversibilidade e no qual a criança adquire também a linguagem formal, tal como é falada pelos adultos. Nesse momento, o processo de individuação-separação de Mahler pode entrar em ação.

Ao contrário da identificação primária (que é um *estado*), a identificação secundária é um *mecanismo*. É um processo inconsciente, cujo resultado é uma modificação do ego. Portanto, a identificação secundária pressupõe que, pelo menos, um ego rudimentar já esteja separado da totalidade indiferenciada que operava no período da identificação primária.

Acontece que, quando a mãe dificulta a identificação primária pela recusa da experiência tátil, ela impede duas importantes realizações do desenvolvimento – a da formação do ego e a das identificações secundárias (Spitz, 1957).

Processos psicodinâmicos

No curso normal do desenvolvimento, as pulsões libidinais e agressivas são descarregadas na estrutura da interação física entre mãe e filho. Subjacentes a essas interações didáticas estão os processos dinâmicos, envolvendo deslocamentos de catexia. Entre outras coisas, estes conduzem, finalmente, às identificações secundárias da criança. Esse processamento das pulsões libidinais e agressivas, próprias da idade, não está imediatamente ao alcance da criança atormentada pelo eczema, pois, como demonstramos, sua mãe não lhe dá oportunidade suficiente para tal descarga. Podemos perguntar se o eczema infantil não é um sintoma autoplástico, que substitui o processo de desenvolvimento irrealizável de descarga aloplástica seguida por uma identificação autoplástica[7]. Com base em

---

7. O fato de as manifestações de uma doença aparecerem no exato lugar em que a estimulação vital é recusada deve ser considerado sob o ponto de vista psicanalítico. Teoricamente falando, ocorreu uma retenção de energias pulsionais, porque lhes foi negada uma saída. Conseqüentemente, a manifestação da doença se situa na categoria do que foi vagamente denominado "somatização", na psiquiatria dinâmica e na psicanálise. Deliberadamente, evitamos usar esse termo em nosso quadro conceitual, visto que, com uma única exceção, nem a dinâmica do processo psicológico, nem o modo de sua transformação em manifestações somáticas, foram esclarecidos. Entretanto, na década passada, o trabalho que Max Schur (1955, 1958) realizou nesta área contribuiu em muito para um esclarecimento de todo o problema. Em dois artigos, ele faz a distinção entre os fenômenos de "dessomatização" e "ressomatização". O primeiro é um processo de desenvolvimento, no qual as energias psíquicas são dominadas cada vez mais por mecanismos *psíquicos*, mais do que por mecanismos *somáticos*. Quando ocorre regressão, a "ressomatização" também ocorre, o que significa o processo inverso. Assim, a dessomatização corresponde a uma aplicação cada vez maior da regulação do processo secundário, enquanto a ressomatização está associada a uma volta à regulação do processo primário.

Não posso fazer justiça, devido aos propósitos deste livro, à complexidade subjacente a essa contribuição muito criativa para a teoria psicanalítica. Entretanto, é de particular interesse para minhas descobertas descritas acima que Schur (1955) discuta longamente um caso de dermatite atópica (eczema) como um exemplo de ressomatização.

nossas descobertas, isolamos até aqui dois fatores na etiologia do eczema: um é o fator congênito da excitabilidade reflexa cutânea da criança; o outro, o fator ambiental da personalidade infantil ansiosa da mãe. Entretanto, esta explicação não é completamente satisfatória do ponto de vista dinâmico e econômico.

Uma explicação pavloviana

Alguns outros esclarecimentos foram dados por uma experiência reflexológica, que poderia ser interpretada em termos de teoria da aprendizagem. No Instituto de Pavlov, estavam sendo feitas experiências para explorar o efeito dos signos ambíguos que provocam o que Pavlov chama de "neurose experimental". Estabeleceu-se um reflexo condicionado com a ajuda de estimulação elétrica, em um determinado perímetro da coxa de um cão; sua tarefa era discernir um determinado percepto sensorial. Os dois pontos de estimulação elétrica foram aproximados progressivamente, forçando o cão, assim, a realizar uma tarefa de discriminação cada vez mais difícil.

A maioria dos cães correspondeu à expectativa: quando os signos tornaram-se ambíguos, desenvolveram uma "neurose experimental". Um cão, entretanto, era vira-lata; ele não desenvolveu a neurose experimental. Em vez disso, quando a discriminação entre os sinais tornou-se impossível, ele contraiu eczema no perímetro da estimulação elétrica. Mais tarde, quando a experiência foi interrompida, o eczema desapareceu. Prosseguindo a pesquisa, o experimentador encontrou outros cães que reagiram de modo idêntico à estimulação elétrica ambígua. Ele analisou a diferença entre os animais que reagiram com uma "neurose experimental" e os que reagiram com um eczema, afirmando, então, que os últimos têm o que ele chama de "temperamento instável".

Acredito ser possível traçar um paralelo entre o que os pavlovianos descrevem como "temperamento instável", nesses cães, e o que chamei (com Balint) de "excitabilidade reflexa", na criança acometida por eczema. Sob o ponto de vista da similaridade entre a predisposição do cão (temperamento instável) e a do recém-nascido (excitabilidade reflexa), podemos agora avaliar de que maneira o processo de aprendizagem é afetado em cada um deles, quando se defrontam com indicações ambíguas.

O cão usado nessas experiências é um animal adulto. É dotado de uma organização psíquica canina, completamente desenvolvida, funcionando ao nível normal de um cão. Em conseqüência, ele é capaz de perceber e usar todos os sinais, de acordo com a capacidade de aprendizagem dos cães adultos, isto é, usar os sinais para estabelecer um reflexo condicionado. Na experiência particular descrita, o cão adulto defronta-se com sugestões ambíguas, sob a forma de estimulação elétrica cutânea. Portanto, o que os pavlovianos estão estudando é, com efeito, a ruptura do processo normal de aprendizagem. Neste exemplo, o processo de aprendizagem foi substituído por um dos dois distúrbios: a maior parte dos cães desenvolveu uma "neurose experimental"; os demais, cães com um "temperamento instável", contraíram eczema.

Por outro lado, quando começamos a observar as crianças de nosso estudo, elas não tinham ainda uma organização psíquica e estavam em processo de desenvolvimento de um ego. Normalmente, a criança adquire seu ego rudimentar nos múltiplos intercâmbios com a mãe, no decurso dos quais ela organiza progressivamente suas respostas aos signos coerentes vindos da mãe. A criança reage a esses signos com um desenvolvimento mental que vai além do desenvolvimento do cão. Durante o primeiro trimestre de vida a criança começa a formar inúmeros reflexos condicionados. Depois disso, um fator novo integra o quadro: em vez de um reflexo condicionado, baseado em um reforço que se *segue* à resposta correta a um estímulo, a criança produz agora "reações *antecipatórias*". Estas levam a uma forma de aprendizagem que, por falta de um termo melhor, chamo de "aprendizagem de acordo com o padrão humano". Ela corresponde ao nível de organização do ego da criança.

Há uma segunda diferença importante entre o processo de aprendizagem da criança e o do cão, no trabalho de Pavlov. As indicações oferecidas ao cão estão ligadas a uma única situação afetiva, e *apenas* uma, ou seja, a fome. As indicações oferecidas à criança pela mãe, por outro lado, abrangem uma ampla gama de necessidades afetivas e uma variedade de situações marcadas afetivamente. Esses signos originam-se na atitude afetiva da mãe. Embora sejam raramente perceptíveis ao observador adulto, esses signos servem para favorecer respostas afetivas antecipatórias na criança[8].

Os mesmos signos afetivos deveriam também atuar nas relações mãe-filho das crianças acometidas de eczema. Entretanto, não era esse o caso. A observação direta demonstrou que estas mães proporcionavam aos filhos apenas signos incoerentes e precários. A pesquisa psiquiátrica da personalidade dessas mães e seus resultados no teste de Rorschach revelaram um ego inadequadamente integrado, assim como quantidades excessivas de ansiedade inconsciente incontrolada. Esse resultado mostra uma contradição impressionante com as descobertas feitas nas 165 mães do grupo de controle, que apresentaram um ego muito mais bem integrado e nenhum indício de ansiedade inconsciente excessiva.

O ego inadequadamente integrado das mães das crianças portadoras de eczema tornou particularmente difícil a essas mães o desenvolvimento de mecanismos para controlar e compensar com firmeza sua ansiedade inconsciente. Essa dificuldade reside, obviamente, na origem das manifestações afetivas caóticas que elas apresentaram aos filhos.

O fato de que tais ansiedades realmente afetam a criança, de modo muito vital, foi observado por Anna Freud e Dorothy Burlingham (1943) em seus estudos sobre crianças refugiadas

---

8. Na falta de observação prolongada do par mãe-filho no decorrer do primeiro ano de vida, a prova dessas respostas afetivas antecipatórias na primeira infância pode ser mais bem obtida através de filmes.

em período de guerra. Suas observações demonstraram que crianças de até três anos não se tornavam ansiosas durante o terror dos bombardeios de Londres, a menos que *suas mães começassem a se sentir ansiosas*. *As crianças permaneciam imunes aos estímulos externos* até que o significado desses estímulos lhes fosse transmitido *por meio da atitude afetiva de suas mães*.

O funcionamento desses processos é bem ilustrado no caso da mãe que observamos, certo dia, alimentando o filho com uma expressão de profunda preocupação no rosto. Evidentemente ela estava despejando, na boca do bebê, quantidades excessivas de comida. Ao mesmo tempo, os movimentos de deglutição de sua garganta revelavam que ela estava se identificando com a criança, ou seja, estimulando-a a engolir, ao realizar ela própria este gesto. Mas tornou-se logo evidente que sua própria deglutição representava um esforço desesperado para dominar uma náusea fortíssima, que logo se manifestou em seu rosto. A criança naturalmente não estava sentindo náusea; era só a mãe que estava com náuseas, por razões neuróticas particulares, diante da idéia de engolir o leite. Em conseqüência, ela estava exagerando ao despejar o leite, para acabar logo com aquilo, e o que conseguiu foi fazer a criança regurgitar, agravando sua própria repulsão.

Este é um exemplo drástico, extraído da situação de alimentação, na qual é mais fácil observar a mãe e detectar seus conflitos. Entretanto, deve-se perceber que haverá conflitos em todas as relações dessa mãe com seu bebê. Tome-se como exemplo outra mãe que estava trocando a fralda do filho – a hesitação, a lentidão extraordinária de seus movimentos sugeriam um filme em câmara lenta. Ela colocou o bebê na balança como se estivesse erguendo um grande peso, que poderia deixar cair a qualquer momento. E, ao prender a fralda com um alfinete de segurança que estivera segurando como se fosse um revólver carregado, conseguiu afinal ferir o bebê. Durante todo este procedimento, expressões diferentes alternavam-se em seu rosto. O olhar afável com que ela se aproximou da criança rapidamente transformou-se em esforço rígido ao colocá-la sobre a balança; depois transformou-se em tristeza, substituída por um sorriso forçado, enquanto mexia com o alfinete de segurança.

Esses exemplos isolados são, na realidade, característicos da totalidade do clima emocional em que é criada a criança com eczema. Ela se defronta todo o tempo com signos afetivos vindos da mãe, que ostensivamente parecem corresponder a uma dada situação. Mas, no momento seguinte, o conflito inconsciente da mãe reaparece, surge a ansiedade, somem todos os signos que correspondiam a uma supercompensação da causa de sua ansiedade e que eram contrários a seus sentimentos – embora, numa próxima ocasião, ela possa voltar a exagerar os signos que deveriam ser apropriados a seus sentimentos.

Em resumo, o que ela transmite nem é compatível com sua atitude interna, nem corresponde às suas ações em relação à criança. O que ela faz não pode ser considerado um signo, no sentido comum do termo, por não estar relacionado com o parceiro. O que ela expressa não depende de suas relações conscientes ou mesmo inconscientes com o filho, mas sim do clima variável de seus sentimentos de culpa inconscientes, dos fantasmas de seu passado, os quais provocam uma ansiedade que não lhe permite identificar-se verdadeiramente com o filho. Ela evita, então, a mais elementar forma de identificação, a do contato físico afetivo imediato.

Em outras palavras, suas mensagens não são signos, mas apenas sinais ou sintomas. Para o adulto, para o psicanalista, eles podem ser significativos; mas, como marcos no caminho do desenvolvimento normal, ficam sem significado para a criança.

Dessa maneira, formar relações objetais em resposta a signos ambíguos e inconsistentes torna-se uma tarefa difícil para a criança. Entretanto, formar relações objetais que compõem a rede intrincada de trocas entre mãe e filho é a base de toda a aprendizagem afetiva subseqüente, inseparavelmente ligada à identificação. Em nossos gráficos de testes sucessivos, a criança com eczema apresentou escores indicativos de uma deterioração dos setores social e de aprendizagem. Isto significa que as relações sociais, assim como a memória e a imitação, são influenciadas. Como explicamos anteriormente, uma lesão seletiva foi infligida, tanto na identificação primária como na secundária. Essa lesão é o resultado direto da interferência e deterioração da formação das primeiras relações objetais. Tal lesão é particularmente impressionante na área das relações humanas; é menos notável com referência às relações da criança com objetos inanimados. Além disso, ela pode ser verificada no não-aparecimento da ansiedade dos oito meses. Como essas crianças não formaram relações objetais normais, são incapazes de distinguir afetivamente a mãe de um estranho e, por isso, não apresentam ansiedade quando abordadas por estranhos.

Manifestei antes uma certa relutância em adotar o conceito de "somatização" para fins de explicação. Porém, dois fatores – as experiências de Pavlov com signos ambíguos, por um lado, e a predisposição congênita dessas crianças (sua excitabilidade cutânea) por outro – tornam plausível que a doença cutânea surja em resposta a signos conflitantes. É claro que não sabemos que processos específicos da psique da criança dão origem a esse sintoma cutâneo. É como se as crianças catexiassem a superfície cutânea (que entendo ser sua representação psíquica) com crescentes quantidades de libido. Poderíamos nos perguntar se essa reação cutânea representa um esforço adaptativo, ou, alternativamente, uma defesa. A reação da criança poderia ser da natureza de uma solicitação dirigida à mãe para incitá-la a tocá-la com mais freqüência. Poderia ser também uma forma de retraimento narcisista no sentido de que, por meio do eczema, a criança estaria dando a si mesma os estímulos da esfera somática, que sua mãe recusa. Não sabemos.

Observações conclusivas sobre o eczema infantil

É interessante notar que o eczema infantil, assim como a cólica dos três meses, limita-se a uma certa fase do desenvolvimento; ocorre geralmente uma cura espontânea após o final do primeiro ano. Mais uma vez, podemos nos perguntar: por que este distúrbio é "autolimitado"? Acredito que, assim como acontece na cólica dos três meses, esses limites sejam dependentes do progresso da maturação. Após o final do primeiro ano, a criança adquire a locomoção, o que a torna cada vez mais independente dos signos provenientes da mãe. Ela agora torna-se capaz de substituir as relações objetais normais – das quais a criança acometida de eczema tinha sido privada – por estímulos que ela própria pode obter. Pode agora progredir sem tantos contatos com a mãe; pode substituir os estímulos maternos pelos contatos com coisas, com outras pessoas que ela pode procurar, pois abandonou a passividade e progrediu em direção à atividade dirigida. É de esperar que o período intermediário do eczema, durante o primeiro ano de vida, deixe traços permanentes no desenvolvimento psíquico da criança. Só podemos fazer conjecturas sobre quais seriam eles.

Tendo publicado estes resultados e conclusões em 1951, fiquei satisfeito em saber que eles foram corroborados por dermatologistas, em pesquisas paralelas. No mesmo ano, Donald H. Williams (1951) publicou um ensaio sobre dermatite atópica em 53 crianças, com 13 meses de idade ou mais. Algumas de suas afirmações aproximaram-se das minhas: "Em 46 (de 53) exemplos, a dermatite atópica tornou-se primeiramente evidente durante os primeiros 12 meses." Além disso, ele ressalta: "Verifica-se que a dermatite atópica está associada, na maioria dos casos, a *uma criança com temperamento característico* (o grifo é meu) e a uma mãe cuja atitude consciente ou, com mais freqüência, inconsciente para com a criança é de rejeição." E ele resume: "Uma criança atópica, com uma carência afetiva incomum, confronta-se com uma mãe que, inconscientemente, não está satisfazendo esta necessidade." Ao mesmo tempo, Williams explica essa necessidade, reiteradamente, como "as atitudes diárias de amor com relação à criança, tais como abraços, carinho e palavras suaves".

Sob o ponto de vista pediátrico, Rosenthal (1952, 1953) publicou resultados de pesquisas sobre uma série de 26 crianças, que tiveram eczema no primeiro ano de vida. Ele ressalta como importante fator psicológico o comportamento manifesto da mãe ao querer evitar o contato físico com a criança. O autor chega à mesma conclusão a que cheguei: essas crianças eram "predispostas", como ele diz. Rosenthal é um clínico. Meus resultados experimentais sobre os reflexos de tais crianças por ocasião do nascimento apóiam suas declarações.

Oscilação entre mimo e hostilidade (O balanço no bebê)

Dados clínicos e outros

O distúrbio de motilidade conhecido como comportamento de balanço, muito comum em bebês, é particularmente freqüente no ambiente das instituições. Em si mesmo, o comportamento dificilmente pode ser chamado de patológico, pois praticamente toda criança o adota, vez por outra. Entretanto, antes da idade de seis meses o balanço é raro e, quando ocorre, é na posição deitada de costas. Em geral, as crianças apresentam essa atividade de balanço após os primeiros seis meses de vida, apoiando-se nos joelhos e cotovelos. Após o décimo mês, o balanço – ou seu equivalente – pode ser feito na posição ereta.

Quando o balanço na primeira infância toma um caráter patológico, torna-se a principal atividade do bebê afetado e substitui a maioria das atividades comuns nesse nível de idade. Isso era bastante evidente nas crianças que observamos sistematicamente. Além disso, ficamos impressionados pela violência com que o balanço era realizado, o que envolve comportamento motor e dispêndio de energia bem maior do que geralmente se observa em crianças da mesma idade.

Esta síndrome foi estudada com a colaboração de Katherine M. Wolf, em um grupo de 170 crianças, na instituição chamada Creche (descrita no Capítulo 2). Estávamos interessados em averiguar a incidência e o significado de três atividades auto-eróticas no primeiro ano de vida, ou seja, o balanço, a manipulação fecal e a manipulação genital[9]. No decorrer dessa pesquisa verificamos que, de 170 crianças observadas por nós na instituição, 87 apresentavam o balanço em algum período do primeiro ano de vida, enquanto 83 não apresentavam este comportamento.

Portanto, tentamos estabelecer o que levou certas crianças a se entregarem ao balanço e outras não. Examinamos possíveis fatores etiológicos e os dividimos em congênitos, hereditários e ambientais.

Pesquisamos a população, averiguando as diferenças congênitas. Os resultados levaram-nos a crer que não existiam grandes disfunções congênitas. Quanto à hereditariedade, não dispúnhamos de informação adequada. Entretanto, achamos que, na proporção de 50%, as diferenças hereditárias provavelmente não eram significativas também, porque as diferenças das médias dos quocientes de desenvolvimento entre crianças que se balançavam e que não se balançavam eram mínimas.

Fica-nos o fator ambiental como o decisivo. Na creche, certas variáveis estavam sob o controle da instituição e foram mantidas constantes para todos os sujeitos da pesquisa. Eram: comida, abrigo, roupas, higiene, camas, brinquedos e a rotina diária.

Permanece nessa instituição uma variável ambiental sujeita a mudanças: o elemento humano, que nessa idade da criança representa a mais elevada valência emocional. Como afirmamos várias vezes, no primeiro ano de vida os elementos humanos são propiciados pela mãe, pelas relações objetais. Por essa razão, investigamos de que maneira o comportamento e as atitudes maternas diferiam nos casos de crianças que se balançavam e que não se balançavam.

A relação entre as crianças que se balançam e suas mães é peculiar. Não deixa de existir, mas está longe de ser uma rela-

---

9. Nossas descobertas e conclusões foram apresentadas no artigo "Autoerotism" (Spitz e Wolf, 1949).

ção bem equilibrada, íntima. Em geral, as mães dessas crianças eram personalidades extrovertidas, com facilidade para contato intenso e positivo e com tendências nitidamente aloplásticas. A maior parte delas era constituída de personalidades infantis, com uma falta de controle sobre suas agressões, expressa por freqüentes explosões de emoções negativas e de hostilidade violenta.

Essas mães eram vítimas de suas próprias emoções; devido à sua personalidade infantil, eram incapazes de perceber as conseqüências de seu comportamento e eram muito incongruentes em relação ao seu ambiente. No ambiente do berçário penal, seus bebês eram fatalmente a principal válvula de escape para suas emoções instáveis, de modo que esses bebês eram expostos alternadamente a explosões intensas de carinho, de "amor", e a explosões igualmente intensas de hostilidade e fúria. Em poucas palavras, havia rápidas oscilações entre mimo e hostilidade.

Quanto à personalidade das crianças que se balançavam, ficamos impressionados com uma certa regularidade dos perfis de desenvolvimento do grupo. Como se mencionou anteriormente, cada criança foi testada em intervalos regulares. Descobrimos que as crianças que se balançavam apresentavam um perfil de desenvolvimento próprio e característico, enquanto os perfis das crianças que não se balançavam não apresentavam muita uniformidade; na verdade, eles variaram amplamente.

Independentemente do nível geral de seu desenvolvimento, dois terços das crianças que se balançavam apresentaram pontos baixos sintomáticos em seu perfil de desenvolvimento. Esses pontos baixos podem representar um atraso absoluto de um dado setor em relação às normas cronológicas de todos os setores, ou um atraso relativo, isto é, o desempenho em um setor pode estar defasado em relação ao de outros setores da personalidade.

Os dois setores em que as crianças que se balançam são retardadas são o setor de adaptação social e o de capacidade manipulatória. O setor manipulatório reflete-se na maneira pela qual a criança manipula e aprende a manejar brinquedos, instrumentos, objetos inanimados em geral. Ele mede a relação da criança com as "coisas". O setor de relações sociais, por outro lado, reflete-se no progresso da criança nas relações humanas. Combinados, os atrasos em ambos os setores contribuem para a incapacidade das crianças que se balançam *relacionarem-se* com as coisas que as cercam, sejam vivas ou inanimadas, e para sua incapacidade e falta de iniciativa em relação ao ambiente.

Como o comportamento da mãe contribui para essa deficiência do desenvolvimento? A falecida Katherine Wolf desenvolveu a tese de que somente depois que as relações com o objeto libidinal tiverem sido estabelecidas, somente depois que a constância objetal tiver sido alcançada, a criança será capaz de relacionar-se com objetos inanimados.

Nossa suposição, então, é a de que nas crianças que se balançam a mãe impediu o estabelecimento do objeto primeiro, do objeto libidinal, e, desse modo, tornou todas as relações objetais posteriores difíceis ou impossíveis para a criança. Em outras palavras, o comportamento da mãe, contraditório e incoerente, leva o bebê a guardar na memória representações conflitantes de objeto. Esse estoque de traços de memória não se presta a ser amalgamado em um objeto libidinal unificado através da fusão das pulsões dirigidas para a mãe. Tal experiência prejudica a formação de um objeto capaz de permanecer idêntico a si mesmo no espaço e no tempo. A apresentação do objeto geneticamente não é idêntica a si mesma, devido aos caprichos, aos altos e baixos do temperamento emocional da mãe. A experiência original com o que virá-a-ser o objeto libidinal cria, acima de tudo, um padrão de expectativa. Onde este falta, cada uma das apresentações do objeto terá de ser abordada na base do ensaio-e-erro, como uma experiência, uma aventura, um risco.

Processos dinâmicos

Libidinização do corpo e de sua partes. Estas considerações trazem alguns esclarecimentos sobre a dinâmica que leva essas crianças a escolherem o balanço como sua principal atividade. No desenvolvimento normal, o bebê prosseguiria, através de estágios sucessivos, até o estabelecimento do objeto libidinal. Este desenvolvimento é, em parte, o resultado do intercâmbio com a mãe; a experiência assim propiciada ativa processos no decurso dos quais várias partes do corpo da criança tornam-se libidinizadas. Mais precisamente, são as representações psíquicas dessas partes do corpo que se tornam investidas. Algumas dessas regiões, partes ou zonas do corpo são, sem dúvida, biologicamente "zonas erógenas predestinadas" (Freud, 1905b), o que se confirma pelo fato de o feto, às vezes, chupar o polegar já *in utero* (Hooker, 1939, 1952).

Conseqüentemente, parece-me que a libidinização de partes específicas do corpo, bem como a sua localização, tem uma base biológica ou substrato biológico: está intimamente ligada à cronologia da mielinização. A manifestação uterina do padrão de sucção do polegar está ligada ao fato de que, entre as primeiras zonas a serem mielinizadas no feto, estão as zonas do estômago, boca e mão (Tilney e Casamajor, 1924). Portanto, essas zonas – boca e mão –, ou melhor, sua representação central, apresentam afinidades entre si. Neste sentido, pode-se dizer que, já no decurso da evolução, essas zonas foram privilegiadas em relação ao resto da massa do corpo, ainda não-diferenciada.

Pode-se esperar que, em conseqüência dessa coordenação pré-natal da mão com a boca, a coordenação pós-natal descrita por Hoffer (1949) – e, com ela, em um estágio posterior, o chupar o dedo – desempenhará um papel relevante nas atividades auto-eróticas da criança.

Entretanto, a mielinização precoce não é o único modo pelo qual uma parte do corpo se torna privilegiada. Na verdade, a criança seleciona uma variedade de órgãos para sua atenção oral; por exemplo, o dedão do pé, os lábios, a língua, etc. – mas somente *após* eles terem sido investidos de catexia por meio de relações objetais. A mão, como meio ativo de satisfação auto-erótica, passa por uma evolução similar. Estamos acostumados com o jogo claramente auto-erótico da mão com partes do corpo, principalmente com a orelha; ele pode substituir a sucção do polegar ou ser realizado simultaneamente com esta. Por alguma razão, a catexia que normalmente pertence à representação da zona oral foi desviada para a mão. Realmente, a própria atividade tem componentes inatos, pois que a atividade rítmica manual já pode ser observada no recém-nascido durante a amamentação e está provavelmente relacionada, filogeneticamente, ao comportamento do mamífero que busca o seio. Entretanto, quando a manipulação auto-erótica torna-se mais importante do que as descargas normais das outras atividades da criança (e aqui incluímos também o chupar do polegar), então estamos em presença de um comportamento individualmente adquirido. Além disso, é provavelmente adquirido em um tipo particular de relação objetal. Puxar a orelha, e mesmo puxar o cabelo, são exemplos relativamente benignos de tais atividades; já o arranhar a face, balançar a cabeça, bater a cabeça, o são bem menos.

Nessa breve enumeração vemos que mesmo áreas do corpo que não têm nenhuma predisposição filogenética são freqüentemente erotizadas no decurso do desenvolvimento. Freud (1905b) observa com respeito à erogeneidade que "qualquer outra parte da pele ou da membrana mucosa pode desempenhar as funções de uma zona erógena", e ele afirmou que é a qualidade do estímulo, mais do que a natureza da parte envolvida, que gera a sensação de prazer. Ele acentuou a ritmicidade como uma das qualidades mais evidentes de tais estímulos. Embora Freud tenha explicitamente chamado a atenção para a importância da ritmicidade há quase sessenta anos, ela continuou sendo um dos aspectos mais descuidados da atividade infantil na pesquisa psicanalítica. Um dos poucos autores analíticos que dedicaram alguma consideração à ritmicidade é Hermann (1936). Embora eu tenha me dedicado ao assunto em 1937, devo confessar que não prossegui o bastante, nesse sentido, minhas observações de crianças, em parte devido à falta de recursos técnicos adequados. Com a perfeição atual da aparelhagem de gravação, os observadores de crianças não devem ter dificuldade para obter as informações importantes que estão contidas na atividade rítmica. Por ora, posso registrar apenas algumas impressões. Por exemplo, mesmo no estágio neonatal, os ritmos de sucção e movimentos das mãos parecem coordenados, embora não sejam necessariamente idênticos. A maneira como essa coordenação pode se relacionar com ritmos que surgem em um estágio posterior é até agora desconhecida.

Um distúrbio da formação do objeto. Se inventariarmos agora as diferentes formas de atividade auto-erótica acessíveis à criança em seu primeiro ano de vida, tais como chupar o polegar, manipular os lábios, as orelhas, o nariz, os cabelos, certos membros privilegiados, manipular os órgãos genitais, etc., perceberemos que cada uma dessas formas de atividade envolve um "objeto" e necessita a catexia de uma representação de objeto. É uma catexia secundária, narcisista, e a atividade que ela envolve tem uma qualidade auto-erótica. Isso se deve, entre outras coisas, à natureza rítmica da estimulação, em conseqüência da qual esse "objeto" particular, essa parte do corpo, torna-se privilegiada e distinta do resto do corpo.

A única atividade auto-erótica que não exige tal seleção, tal escolha de um "objeto" privilegiado, é o balanço. Pois, no balanço, todo o corpo da criança está sujeito à estimulação auto-erótica. A atividade é pré-objetal – ou melhor, o objeto ativado é o objeto da pulsão narcisista *primária.* Não tem a natureza de uma regressão; na verdade, as crianças que se balançam são retardadas. Foram prejudicadas em seu desenvolvimento; nunca tiveram a oportunidade de ir além (e isso deve ser enfatizado) do investimento narcisista primário. Nunca tiveram a oportunidade de formar os traços de memória de um objeto, constante no tempo e no espaço, e coerente com ele mesmo. Não lhes foi propiciada a oportunidade de investir nas representações das partes privilegiadas de seus próprios corpos em ação, em reação e em interação com o corpo da mãe. Como objeto que viria a ser, a mãe era tão contraditória que não se prestou a tornar-se o modelo para a formação do objeto idêntico a si mesmo no espaço e no tempo – e, portanto, o estabelecimento de relações com outros objetos tornou-se igualmente impossível. Ou, se não impossíveis, elas foram prejudicadas pela inadequação da experiência original. Há um outro aspecto no balanço que, de certa forma, corrobora essas afirmações. É uma das poucas atividades auto-eróticas desse período em que a criança manifesta freqüentemente algo do gênero de um prazer orgástico, um prazer impetuoso. Não ocorre no balanço nenhum fracionamento da pulsão libidinal em diferentes modos subordinados de descarga (como se vê na manipulação genital e em atividades de manipulação de todos os tipos). A pulsão é, na sua totalidade, dirigida para o objeto narcisista primário, o próprio corpo da criança. Isto é comparável ao estabelecimento da primazia genital, quando as pulsões parciais derivadas das zonas erógenas são concentradas na zona genital. Mas no balanço não há tal reconcentração pois a pulsão não foi ainda dividida em pulsões parciais. As pulsões parciais, nessa idade, não foram ainda localizadas em suas zonas apropriadas, e é antes com a pulsão indiferenciada que a representação psíquica do próprio corpo será investida narcisisticamente.

Em resumo, o comportamento incongruente, contraditório da mãe torna impossível o estabelecimento de relações objetais adequadas, e detém a criança num nível de narcisismo primário, de modo que ela se limita à descarga de sua pulsão libidinal por meio do balanço.

Oscilações cíclicas de humor da mãe
(Manipulação fecal e coprofagia)

Observações clínicas

Coprofagia e manipulação fecal são raramente observadas no primeiro ano de vida. Ao que eu saiba, não há documentação publicada de nenhuma pesquisa sobre o fenômeno.

Entre o número relativamente grande de crianças (366) que estudamos sistematicamente, durante longos períodos, no decorrer de seu primeiro ano de vida, este comportamento foi observado em um único ambiente, isto é, na Creche. Lá encontramos 16 casos, cerca de 10% da população de crianças presentes. O comportamento coprofágico foi observado entre o nono e o décimo quinto mês de vida.

Para determinar as condições que favorecem a coprofagia, iniciamos uma pesquisa sistemática de toda a população residente na Creche na época, isto é, 153 crianças e suas mães.

A manipulação fecal foi registrada em nossa população já aos oito meses e três dias de idade. A maioria de nossos casos situa-se entre o décimo e o décimo quarto mês de vida. Em 11 dos 16 casos, a manipulação fecal culminava em coprofagia. Portanto, falaremos indiferentemente de coprofagia e manipulação fecal. Embora a manipulação das fezes como tal se manifestasse, às vezes, por longos períodos e mostrasse muitas variações, os movimentos da boca que a acompanhavam, as expressões faciais e a seqüência de gestos indicavam que toda essa atividade era apenas uma preliminar para o ato final de colocar as fezes na boca e, em muitos casos, engoli-las. Mesmo quando não observamos a criança engolir as fezes, ela podia muito bem tê-las engolido durante nossa ausência. Portanto, chegamos à conclusão de que a manipulação fecal durante o primeiro ano de vida está intimamente relacionada com a ingestão oral.

Uma das desvantagens do texto escrito é eu não poder utilizar os filmes feitos sobre o comportamento. Em vez disso, farei uma descrição, o mais fiel possível, do material contido no protocolo condensado de um de nossos casos. Este relato é uma amostra adequada de toda uma série de padrões de comportamento observados na coprofagia (ver Spitz, 1948b).

> *Caso 3.* (1; 1 + 26). Na posição ereta, quando abordada pelo observador, ela oferece suas mãos cheias de fezes, tentando colocá-las na boca do observador. Ela não é hostil e retribui as atenções e sorrisos do observador.

Quando o observador se afasta a uma certa distância, ela se senta, com uma expressão abstrata no rosto. A expressão não é depressiva. Ela pega uma pelota de fezes, rola-a entre os dedos polegar e indicador, e lambuza o lençol e as pernas. Pega outra pelota, manipula-a, passa-a de uma mão para a outra. Serve-se de pedaços grandes, do tamanho de uma noz, para a manipulação. Com eles forma bolinhas do tamanho de ervilhas, que coloca na boca a intervalos espaçados, mastigando-as. Como não as cospe fora, provavelmente as engole. A expressão facial abstrata intensifica-se e ela passa a um movimento fecal audível. Levanta a roupa, olha para a fralda cheia; seu rosto ilumina-se de prazer, enquanto ela ouve o flato que está expelindo. Exceto quando está ouvindo o flato, ela emite muitos sons orais. Quando as fezes que estavam em sua mão acabam, ela começa a manipular a fralda cheia, com uma das mãos, levantando a roupa com a outra, e observando suas manipulações. Agora ela se curva para a frente, segura a fralda cheia e úmida entre os dentes, mascando e sugando a massa fecal embebida em urina, através da fralda. De tempos em tempos ela enfia dois dedos lateralmente dentro da fralda, tira um pouco de fezes, forma uma pelota e a introduz na boca.

Esta atividade foi observada durante uma hora e vinte minutos. A presença do observador não perturbou a criança; pelo contrário, relacionou seu jogo com ele de maneira coquete, sorridente, alegre, falante, comunicativa, sem nenhuma apreensão, de vez em quando oferecendo fezes ao observador.

Esse modo de procurar aproximação, essa comunicabilidade, também está presente, embora não da mesma maneira, quando ela se dirige à fralda ou às fezes. Mencionei seus sons orais. Quando ela não os está emitindo, mas está espalhando as fezes ou considerando absortamente a pelota que tem na mão, percebem-se movimentos da boca que, presumivelmente, têm algo a ver com a ingestão.

Esta conclusão é apoiada pela observação de outra criança que não se relacionava com o observador, mas que ficava, durante longos períodos, profundamente absorvida pela manipulação das fezes. Essa criança erguia as pelotas, olhava para elas fazendo movimentos com a boca, passando a língua nos lábios, em manifesto comportamento de comer, seguido por um movimento de engolir. Esse menino só punha as fezes na boca depois de manifestar esse comportamento por um longo período.

Esses protocolos são apresentados por serem completos. Entretanto, nem todos estes padrões de comportamento aparecem em todas as crianças coprofágicas observadas; nem o oferecimento de fezes para o observador (constatado em três casos), nem a procura de contato, o sorriso e a risada estão presentes em todos os casos. Por outro lado, a formação de pelotas e o fato de comê-las são características da criança coprofágica. Somente uma criança, embora espalhasse as fezes como as outras, não fazia pelotas, mas colocava grandes pedaços de fezes na boca. Era uma criança deficiente mental.

Descobertas anteriores já nos tinham levado a verificar que, freqüentemente, uma forma específica de distúrbio de comportamento na criança reflete e indica uma forma específica correspondente na relação mãe-filho. Essa observação foi mais uma vez confirmada no relacionamento da criança coprofágica com sua mãe.

Esclarecimentos sobre a personalidade da mãe

Vamos considerar mais uma vez a personalidade da mãe. Tínhamos mostrado anteriormente que a personalidade das mães na Creche e o distúrbio de sua estrutura psíquica variavam em larga escala. Entretanto, as psicoses e as tendências psicóticas eram relativamente raras. Foi uma surpresa descobrir que a maior parte das psicoses, neste ambiente, estavam concentradas no grupo de mães cujos filhos manifestavam manipulação fecal. Entre essas 16 mães, 11 apresentavam os sintomas clínicos de depressão, 2 delas eram paranóicas; das 3 restantes, 1 era homicida, mas nenhum diagnóstico fora feito, e sobre 2 não conseguimos informações.

Essas cifras tornam-se mais significativas quando verificamos a incidência de depressão entre as mães das crianças que apresentam manipulação fecal e coprofagia, e entre as mães da mesma instituição cujos filhos não demonstram manipulação fecal.

A Tabela V mostra que há uma correlação positiva significativa entre depressão da mãe e manipulação fecal do filho[10].

Tabela V
RELAÇÃO ENTRE A DEPRESSÃO DAS MÃES E A MANIPULAÇÃO FECAL DOS FILHOS NA CRECHE

Mães	Filhos	
	Manipulação Fecal (N = 16)	*Ausência de Manipulação Fecal* (N = 137)
Depressão	69%	3%
Ausência de Depressão	31%	97%
	100%	100%

Relações mãe-filho

Um estudo mais cuidadoso da relação entre as mães depressivas e seus filhos revela outros detalhes significativos. Em primeiro lugar, verificamos que essas mães apresentavam mudanças de humor acentuadas e intermitentes em relação aos filhos. A duração de um determinado estado de humor era de dois a seis meses. Em alguns casos, registramos mudanças completas de humor até quatro vezes no decorrer de um ano. Essas disposições variavam da extrema hostilidade, com rejeição, até a extrema compensação dessa hostilidade, na forma de uma "supersolicitude".

Coloquei o termo "supersolicitude" entre aspas por uma boa razão. Os protocolos de muitos dos casos de coprofagia contêm observações sobre a ternura materna ou o amor da mãe pelo bebê; mas essas observações são acompanhadas pela ressalva de que

....
10. Significativo acima do nível de confiança de 0,01, usando-se o qui-quadrado e a correção de Yates.

esse amor tem algumas características exageradas. Notamos, por exemplo, uma incapacidade ansiosa, fascinada, que a mãe tem de afastar-se de seu filho. Ou encontramos uma mãe que diz: "Não consigo olhar para outras crianças, só para a minha." Uma mãe desse tipo pode não gostar de outras crianças, hostilizá-las e até causar-lhes efetivamente dano.

O comportamento de rejeição ou hostilidade é, à sua maneira, igualmente peculiar. A rejeição manifesta nas mães de crianças não-coprofágicas geralmente assumia a forma de uma declaração da mãe de que ela não queria a criança e, então, oferecia-a para adoção. Entretanto, tais rejeições manifestas são raras em nossos casos de coprofagia. Igualmente pouco freqüentes são as declarações de hostilidade dessas mães em relação a seus filhos. Uma dessas mães disse: "Detesto que meu filho seja chamado de 'querido'." Independentemente das manifestações evidentes de sentimento, encontramos comportamento hostil inconsciente, em relação aos filhos, em todas as 16 mães.

Um número surpreendentemente grande de crianças coprofágicas (6) sofreu ferimentos quando nas mãos de suas mães. Sofreram queimaduras, foram escaldadas, uma caiu de cabeça, outra quase se afogou durante o banho. Tivemos a impressão de que, sem o controle atento da equipe de supervisão, poucas dessas crianças teriam sobrevivido. Vale a pena mencionar, de passagem, que os dois únicos casos de sedução genital real de crianças por suas próprias mães de que tivemos conhecimento nesse estudo foram encontrados no grupo de mães depressivas.

Enquanto em 7 casos o amor da mãe manifestou-se durante os primeiros meses de vida do bebê, e a hostilidade veio mais tarde, em 5 casos aconteceu o inverso. Em 4 casos, nossos registros a esse respeito são incompletos.

O estado afetivo da criança coprofágica

Voltando-nos agora para uma descrição da criança, descobrimos que a personalidade do bebê coprofágico apresenta peciliaridades notáveis, além dos sintomas de coprofagia. É certo que as crianças coprofágicas sofrem de um distúrbio psiquiátrico de tipo especial, para o qual ainda não temos denominação específica; por isso as chamamos de crianças *coprofágicas*. Das 16 crianças coprofágicas, 10 *pareciam* deprimidas. Estou deliberadamente fazendo aqui uma distinção nítida entre "sofrer de depressão" e "parecer deprimido".

As crianças coprofágicas apresentam um *estado afetivo* de depressão. Por exemplo, ao lado das que pareciam deprimidas, outras, às vezes, mostravam uma expressão facial semelhante à de suspeita de paranóia. As crianças de um terceiro grupo pareciam achar-se em estupor catatônico. Considero esse um quadro clínico *sui generis* que, num nível precoce de desenvolvimento infantil, parece combinar as características da oralidade (daí a aparência depressiva de algumas das crianças) com a analidade.

Tendo em vista essas aparências exteriores, desejo prevenir o leitor para que não equipare a aparência (ou o comportamento) de crianças coprofágicas com a aparência profundamente deprimida das crianças que sofrem de depressão anaclítica, das quais falarei com maiores detalhes no Capítulo 15. Há sensíveis diferenças sintomáticas entre crianças coprofágicas, que *parecem* deprimidas, e crianças que sofrem de depressão anaclítica.

Crianças coprofágicas apresentam sintomas orais *mesmo quando* mostram o quadro de depressão; crianças que sofrem de depressão anaclítica só apresentam sintomas orais gritantes *após* terem se recuperado da depressão. Além disso, mesmo quando parecem deprimidas, as crianças coprofágicas parecem sociáveis, a seu próprio e estranho modo. Por exemplo, três das crianças coprofágicas tentaram servir suas fezes a qualquer pessoa presente, seja ao observador ou a outra criança. Durante essa "socialização" elas sorriam para o observador.

Talvez seja interessante observar que, quando uma criança coprofágica oferecia pelotas de fezes a uma criança não-coprofágica, esta as aceitava confiantemente, mas depois cuspia-as fora e, a partir daí, repelia outros alimentos oferecidos pela criança coprofágica. Em outras palavras, o gosto pelas fezes não é característico da primeira infância; é peculiar à criança coprofágica.

Dinâmica do relacionamento mãe-filho na coprofagia

As mães de nossas crianças coprofágicas têm uma personalidade caracterizada por profunda ambivalência. Periodicamente, quando seu superego tem a primazia, os componentes hostis são reprimidos; o quadro é o de uma mãe que se sacrifica, que se diminui, que cerca seu filho de amor. Por exemplo, durante esses períodos, tais mães podem importunar constantemente o observador com preocupações acerca dos filhos, particularmente durante o primeiro mês, quando, com freqüência, acreditam que o filho seja surdo ou mudo. Em outro exemplo, uma mãe disse: "Meu bebê é tão pequeno (na época, ele tinha um ano), que tenho medo de machucá-lo." Ou, novamente, em outro caso, um observador não-qualificado, uma enfermeira, referiu-se a uma mãe nos seguintes termos: "Ela é desafiadora, como uma leoa com seu filhote." Esses períodos de "amor" duram um tempo apreciável, nunca menos de dois meses, sendo então substituídos por uma onda de hostilidade. Os períodos hostis também duram um tempo considerável.

A criança, na realidade, é confrontada com um objeto libidinal potencial, que mantém uma atitude coerente durante um período suficiente para permitir a formação de relações objetais. Entretanto, esse período termina. Começa a segunda fase do ciclo, e nesta o objeto potencial se transforma no seu contrário. Agora esse "novo" objeto permanece constante pelo tempo suficiente para que a criança possa formar um conjunto de novas relações objetais; mas também impele a criança a estabelecer uma reação compensatória quanto à perda do primeiro objeto, o "original".

Qual é a diferença entre a inconseqüência, a oscilação das mães das crianças que se balançam e as oscilações de humor das mães de crianças coprofágicas? As crianças que se balançam foram expostas por suas mães, alternadamente, a explosões de amor e explosões de raiva, intensas mas *breves*. As mães dessas crianças que se balançam tinham uma personalidade infantil, incapaz de uma atitude coerente que durasse dias e, muito menos, meses. Seus acessos de cólera alternavam-se, a intervalos de uma hora, com assomos de beijos, e a criança nunca conseguia prever o comportamento da mãe. O objeto libidinal potencial do bebê oscilava entre pólos opostos e passava tão rapidamente através de todos os pontos da escala de emoções, que todas as tentativas no sentido de formar uma relação objetal só podiam fracassar. Mas seria um erro equiparar este quadro com a *longa periodicidade* observada nas mães das crianças coprofágicas.

Tanto as crianças que se balançam como as crianças coprofágicas enfrentam obstáculos na descoberta do objeto e nas relações objetais. É, portanto, de particular interesse observar o que elas colocam no lugar do objeto libidinal que a criança normal estabelece por volta do fim do primeiro ano.

O balanço é uma atividade arcaica, é *pré-objetal*. Seu objeto é primário e narcisista; portanto, o balanço aparece na criança normal nos primeiros oito meses, como simples forma infantil de comportamento auto-erótico, sem qualquer traço patológico. Só se torna patológico quando passa a ser a atividade principal da criança e persiste durante todo o primeiro ano, e mesmo posteriormente.

Por outro lado, a manipulação fecal consiste na manipulação real de um "objeto", ou melhor, de uma "coisa". Portanto, a manipulação fecal pressupõe um certo tipo de relação objetal, ainda que patológica. É digno de nota que, em 5 de 16 casos de manipulação fecal, a manipulação genital também foi observada, e que esta aparecia antes do desenvolvimento da coprofagia. Isto sugere que relações objetais relativamente normais tinham sido conseguidas, mas foram posteriormente perturbadas. Pode-se dizer que, neste caso, a manipulação fecal subseqüente indica um "descarrilamento"[11] das relações objetais originais.

Entretanto, essa informação adicional ainda não explica a razão pela qual a manipulação fecal e, particularmente, a coprofagia são escolhidas por essas crianças. Tal explicação, atualmente, só pode ser fornecida sob a forma de uma hipótese experimental de trabalho.

Em seu estudo sobre a melancolia, Freud (1917a) demonstrou que um dos aspectos mais evidentes da síndrome depressiva é a incorporação oral do objeto perdido. Essa descoberta foi elaborada por Abraham (1911, 1924), e desde então sua validade e utilidade vêm sendo provadas por amplas experiências terapêuticas. No indivíduo deprimido, a incorporação oral é inconsciente, embora evidente para o observador.

Comentei a natureza peculiar do amor das mães depressivas; a sua fascinação exagerada pelos filhos, que pode chegar ao ponto da prática do *cunillingus*. No estudo já citado sustentei a hipótese de que as crianças coprofágicas identificam-se com as tendências inconscientes manifestadas pelas mães e que esta identificação as conduz à incorporação oral.

Objeto "bom" e objeto "mau": a indução pela mãe de estados afetivos na criança

Nos últimos quinze anos, estudei mais detidamente os processos, formas e estágios da identificação, considerei particularmente as circunstâncias em que ela ocorre quase no fim do primeiro ano de vida da criança (1957). Cheguei à conclusão de que a criança só pode se identificar, por um lado, com características externas do comportamento materno e, por outro, com certas atitudes afetivas globais do objeto, que são as atitudes "a

---

11. Para uma discussão mais ampla do conceito de "descarrilamento" das relações objetais (como observadas nos quadros clínicos de coprofagia, balanço e eczema), ver Spitz "The Derailment of Dialogue" (1964).

favor" ou "contra". Em vista do significado básico, nessa tenra idade, do "ingerir" e do "expelir", tendo a acreditar que estas modalidades incorporativas e eliminatórias também estão entre as atitudes afetivas globais sentidas pela criança. Esta proposição parece ser confirmada pelos sintomas das crianças coprofágicas, os quais sugerem que elas se identificam com as tendências incorporativas da mãe.

Estas considerações vinculam-se a uma idéia recentemente introduzida no pensamento psicanalítico por Anna Freud. Em uma série de quatro conferências sobre a análise da criança, proferidas em setembro de 1960, sob os auspícios da New York Psychoanalytic Society, ela expôs certos aspectos do relacionamento da criança com a mãe deprimida. Ressaltou que o comportamento da criança não reflete um processo de simples identificação. O humor depressivo da mãe origina, na criança, uma inclinação para tendências depressivas. A mãe deprimida afasta-se da criança e a criança, nas palavras de Anna Freud, "acompanha-a em seu humor depressivo".

Anna Freud deixou claro que considera este fenômeno como sendo do tipo "infecção", e sustentou que não é a imitação dos gestos da mãe que produz esse humor na criança. A criança simplesmente responde ao clima afetivo, não à causa do afeto; ela é, assim, "infectada" pelo clima afetivo.

Parece-me que, nos sintomas das crianças coprofágicas, temos um exemplo ativo da afirmação de Anna Freud. Talvez eu não deva mais falar, como o fiz no passado, de uma identificação da criança coprofágica com as tendências inconscientes da mãe, mas sim de uma "infecção" da criança pelas tendências "devoradoras" da mãe. Ou, como eu diria agora: *a criança segue a atitude da mãe; mas segue-a em termos globais, que são os únicos que ela já é capaz de assimilar. Estes são os termos de "ingerir" e "expelir"*. Isto leva a criança coprofágica à incorporação oral de seu objeto.

Essa conjectura proporciona uma ligação entre duas proposições independentes, em matéria de depressão. Uma delas é a descoberta por Freud de que o aspecto mais evidente da síndrome depressiva é a incorporação oral do objeto perdido. A outra é a proposição de Anna Freud de que a criança segue a mãe na depressão sem, entretanto, estar necessariamente deprimida.

Dado que a síndrome coprofágica origina-se no despertar de uma mudança radical da atitude da mãe, que, para a criança desta idade, equivale a perdê-la, podemos agora discernir três componentes no quadro clínico da coprofagia:

1. A depressão conduz à incorporação oral do objeto perdido.
2. A criança acompanha a mãe na depressão.
3. A criança coprofágica sofreu o que equivale à perda do objeto "bom" (destinado, na seqüência, a fundir-se com o objeto "mau", no objeto libidinal propriamente dito).

A "perda" da mãe que entra em depressão não é uma perda física, como quando a mãe morre ou desaparece por algum motivo. É uma perda emocional; pois a mãe, ao mudar sua atitude emocional, muda radicalmente também os signos que a identificavam, para a criança, como objeto "bom". Fisicamente, ela permanece a mesma mãe que era. Emocionalmente, a mãe boa, o objeto libidinalmente investido, está perdido. Esta é uma perda que só pode ser vivenciada dessa forma no primeiro ano de vida, nesse estágio de desenvolvimento; em outras palavras, é específica desse estágio. Em qualquer outro estágio posterior, a mudança de humor da mãe seria vivenciada diferentemente. Por exemplo, a criança no período pré-escolar reagiria com "você é má para mim"; no período escolar, com "por que você está brava comigo?"; o adolescente, com "por que você não gosta mais de mim?"; e o adulto, com "o que aconteceu com você?". Mas essas operações mentais estão muito além da capacidade da criança coprofágica, que é demasiado imatura. Nessa época, só os deslocamentos de catexia com conseqüências afetivas estão ao alcance da criança, pois, quando se dá a perda emocional, a fusão do objeto "bom" com o objeto "mau" não foi ainda completada e o objeto libidinal está apenas *in statu nascendi*. Enquanto o objeto libidinal não está estabelecido, as representações objetais da criança são representações distintas, de objetos "bons" e "maus". O objeto potencial é reconhecido, não por seus atributos perceptuais, mas devido a atributos situacionais que possuem valência emocional. Conseqüentemente, o objeto "bom" permanece separado do objeto "mau" até que os dois se fundam como resultado de inúmeras trocas interativas de ação, no quadro das relações objetais. Somente depois que esta fusão foi completada com sucesso, o objeto libidinal propriamente dito é formado pela confluência do objeto "bom" com o "mau".

A mãe depressiva bloqueia o desenvolvimento normal do bebê quando se afasta dele por achar-se deprimida. A mudança radical de sua atitude emocional transforma-a num objeto "mau". Enquanto o objeto "bom" atrai as oportunidades para trocas de ação com a criança, a mãe que se afastou por depressão evita-as e nega-as. A criança é, assim, privada da oportunidade de completar a fusão. Em sua necessidade de trocas de ação, ela segue a mãe na atitude depressiva e adquire, então, sua tendência incorporativa global, tentando manter aquilo que já conseguiu no caminho das relações objetais.

O papel da especificidade do estágio

Um outro aspecto no quadro da coprofagia é que, em seus sintomas, ela traz a característica do estágio de desenvolvimento em que surge. Referi-me até agora a este estágio como aquele em que se estabelece o *objeto* libidinal. Entretanto, do ponto de vista do *desenvolvimento* da libido, este estágio, situado no primeiro ano de vida, é também o da transição da fase oral para a anal.

Nesse contexto, embora em um sistema de referência diferente, certos dados da psicologia infantil experimental podem fornecer outras informações. Gesell (1954) observou que nessa idade a criança sabe colocar pequenos objetos – pedregulhos, pílulas, etc. – em uma garrafa de gargalo estreito, com tanta segurança, que ele usou esta atividade em um de seus testes como um item para medir a coordenação motora dos dedos. Charlotte Bühler (1928) relata uma observação ainda mais pertinente: uma criança, tentando fazer um anel de massa plástica, começou por fazer *bolinhas* do material e, depois, juntou-as até formar um anel. Bühler chama a isto de abordagem "sintética". Na verdade, suas observações referem-se a uma idade posterior à de nossas crianças coprofágicas, mas a tendência já existe nelas. Desconfio de que a formação de bolinhas é uma tendência característica da fase anal, de acordo com o modo zonal (Erikson, 1950a). Assim como o modo da zona oral é incorporativo e combina com a mordida, o da zona anal é o retentivo-eliminatório, formador de bolinhas.

A especificidade do estágio das mudanças nas relações objetais das crianças coprofágicas pode explicar também por que, apesar de terem mães depressivas, algumas das outras crianças estudadas não se tornam coprofágicas. No grupo de controle não-coprofágico havia 5 crianças que tinham mães deprimidas. Presumo que no caso dessas 5 crianças a seqüência "objeto mau *após* objeto bom" pode ter sido invertida, ou a mudança para o objeto mau pode ter ocorrido antes ou depois da idade crítica para a coprofagia.

Essa patologia não é, de modo algum, limitada ao ambiente das instituições. As instituições não têm o monopólio das depressões maternas. Estas não são raras em lares comuns, e ocorrem em todas as camadas sociais.

A circunstância da especificidade do estágio torna mais plausível que a criança coprofágica escolha fezes para seu comportamento incorporativo. Certamente, nenhum material é tão prontamente acessível à criança como suas próprias fezes. Mas, além disso, o início da fase anal dirige a atenção da criança para suas funções intestinais. Portanto, nessa fase, um "objeto" passa a existir para a criança que acabou de sofrer uma perda objetal: é um objeto carregado afetivamente, pois fazia parte do corpo da criança. Além disso, está revestido de cargas afetivas pertencentes à zona erógena, da qual foi eliminado. Esse objeto é o objeto fecal – mas obviamente só se torna objeto quando está sendo eliminado.

Comentários

Antes de concluir o presente capítulo, volto ao assunto da mãe depressiva e de como seu filho a acompanha na depressão. Desejamos examinar esse processo do ponto de vista da relação diádica e considerar a diferença entre o papel da criança e o da mãe. Do ponto de vista estrutural, durante a parte inicial dessa relação o ego da criança mal começou sua função como processo regulador de descarga de pulsão. Sua atividade reguladora está ainda mais próxima do processo primário do que do secundário.

Pois, no princípio, o ego da criança é uma organização rudimentar, extremamente incompleta, com grandes lacunas entre os núcleos de ego dos quais se compõe. Faltam ainda muitos mecanismos do ego; a criança só pode sobreviver porque sua mãe lhe serve de ego exterior, de ego auxiliar (Spitz, 1951), que preenche sua estrutura psíquica incompleta e inadequada, e propicia o mecanismo sensório-motor necessário ao funcionamento adaptativo e regulativo. Os dois juntos, mãe e filho, constituem a díade, e a maioria das ações da criança depende da ligação com as ações da mãe e do modo como prossegue nelas. A maneira pela qual essas ações são realizadas, facilitadas afetivamente em cada um de seus desdobramentos ou insensivelmente bloqueadas, baseia-se na atitude consciente ou inconsciente da mãe.

Ou as ações da criança se originam das ações da mãe – e, então, constituem uma extensão delas – ou a situação pode ser invertida: as ações da criança provocam as ações da mãe que, então, continuarão e completarão a ação do bebê. No primeiro ano, as ações e atitudes da criança que continuam independentemente das ações e atitudes da mãe são limitadas. Portanto, devem-se conceber as ações da criança na díade como formando, juntamente com as ações da mãe, um todo contínuo do qual fazem parte. Essa engrenagem, que corresponde em parte ao conceito de relações simbióticas, de Benedek (1938) e de Mahler (1952), começa como identidade entre a criança e a mãe, isto é, como identificação primária. Mas, mesmo no final do primeiro ano, a diferenciação entre a criança e a mãe está longe de ser completa.

Dizer que as ações da criança na díade são uma extensão das ações da mãe, e vice-versa, é apenas uma tentativa de explicar a formulação feliz de Anna Freud de que "a criança acompanha a mãe na depressão". Do mesmo modo, quando afirmei, há tempos, que a criança coprofágica "encampa a atitude inconsciente de sua mãe deprimida", eu estava simplesmente imaginando tal extensão (no bebê) de derivações de pulsões e propósitos manifestos nas ações da mãe.

Em resumo, no primeiro ano de vida a coprofagia é co-variante da depressão da mãe. Dois elementos do quadro depressivo da mãe provocam a patologia da criança:

1. A natureza periódica de suas oscilações de humor.
2. As tendências oral-incorporativas inconscientes características da depressão.

Na criança, encontramos três fatores relevantes para a coprofagia, que servem e facilitam o esforço da criança de voltar para a mãe:

1. A facilidade que consiste em "seguir o humor da mãe". Isto é um precursor da identificação; a identificação propriamente dita não existe neste estágio, pelo fato de o ego estar incompleto.
2. Uma facilitação dinâmica, que surge da reação da criança à perda do objeto "bom".
3. Uma facilitação proporcionada pela fase, por ter a criança chegado à transição da fase oral para a anal.

O leitor notará que, enquanto no ponto 2 é o objeto "bom" que está perdido, já no ponto 1 o objeto que a criança acompanha na depressão é o objeto "mau". Entretanto, como foi mencionado, neste estágio o objeto é o alvo da descarga de pulsões.

Portanto o objeto "mau" exerce, a seu modo, uma atração comparável à do objeto "bom".

Hostilidade materna conscientemente compensada
(A criança hipertímica)

O nosso material de casos referente ao quadro clínico das conseqüências da hostilidade materna conscientemente compensada é extremamente escasso. A razão para esta falta de casos observados é simples: essa atitude materna é bem disfarçada e só é evidente para o observador psiquiátrico altamente qualificado. O mesmo acontece com a reação do bebê que só se desenvolve completamente em uma idade acima da média da presente pesquisa. A confirmação de que se trata de um quadro clínico limitado deverá ser extraída de uma observação longitudinal, na qual tanto o comportamento dos pais quanto o dos filhos possam ser cuidadosamente acompanhados. Incluí provisoriamente a breve descrição que se segue, para sensibilizar os leitores dedicados a esse trabalho, de modo que possam verificar se a minha hipótese é válida ou se requer modificação.

O comportamento da mãe, nesses casos, é o resultado de um conflito consciente. Para essas mães, a criança serve como escoamento para a satisfação narcisista e exibicionista – e não como um objeto de amor. Entretanto, a mãe está ciente de que sua atitude em relação à criança é inadequada; sente-se culpada e, portanto, supercompensa conscientemente, por meio de uma doçura melosa, acidulada. Esta atitude materna é principalmente encontrada nos círculos intelectuais e profissionais.

Nesses casos, os pais eram agressivos e profissionalmente bem-sucedidos, o que pode ter ocorrido em virtude de sua capacidade para expressarem abertamente a hostilidade. Em suas relações com a criança, eles são entusiásticos, barulhentos, de certa forma exibicionistas; não sabem quando parar e, com freqüência, podem assustar a criança, ao segurá-la com certa rudeza, sob os protestos da mãe preocupada.

As próprias crianças impressionam o observador por sua habilidade de manipulação. Isto não é particularmente surpreendente. Lembro-me de alguns casos em que as crianças estavam sempre rodeadas, em seus cercados, por uma porção de brinquedos, lá colocados pelos pais supercompensadores, que procuravam livrar-se de seus sentimentos de culpa. Naturalmente, as crianças estavam extremamente acostumadas a objetos inanimados, e os manipulavam habilmente. Mas, no setor social de sua personalidade, seu perfil de desenvolvimento apresentava um atraso evidente, de acordo com o tipo de relações humanas que lhes haviam sido proporcionadas pelos pais. Por ocasião de seu segundo ano, elas estão predispostas para serem hiperativas, não muito sociais, destrutivas em relação aos brinquedos. Por outro lado, desinteressam-se pelo contato com os seres humanos e tornam-se hostis quando abordadas. A catamnese dos casos acompanhados leva-me a crer que suas personalidades tendem a se desenvolver no sentido das crianças descritas por John Bowlby (1946) sob o nome de "hipertímicas-agressivas".

Capítulo 14
Doenças de carência afetiva do bebê

No Capítulo 12, afirmei que um fator *quantitativo* é o principal responsável por doenças de carência afetiva, enquanto nas doenças psicotóxicas o fator responsável é *qualitativo*. Por essa razão, nos distúrbios psicotóxicos a personalidade da mãe é que foi examinada minuciosamente.

Na etiologia das doenças de carência afetiva, a personalidade da mãe desempenha um papel menor, pois essas condições geralmente resultam da ausência física da mãe, devido a moléstia, morte, ou por motivo de hospitalização do filho; ao mesmo tempo, é preciso que o substituto da mãe seja inadequado ou praticamente inexistente[1]. Em conseqüência, a criança é privada dos cuidados maternos e das provisões afetivas vitais que normalmente receberia através dos intercâmbios com a mãe.

Como o fator nosogênico é quantitativo, o dano sofrido pela criança privada de sua mãe será proporcional à duração da privação. Portanto, distingui duas categorias, a da privação afetiva *parcial* e a da privação afetiva *total*. As duas síndromes re-

---
1. Isto não exclui a possibilidade de uma mãe, mesmo quando presente, privar seu filho das provisões afetivas normais; nem exclui a possibilidade de que a mãe negligencie seu filho por estar ocupada fora de casa, por razões econômicas, ou por falta de interesse pela criança.

sultantes da privação afetiva não estão nitidamente divididas; há transições de uma para a outra.

Privação afetiva parcial *(Depressão anaclítica)*

O quadro clínico e sua natureza progressiva

No decorrer de um longo estudo sobre o comportamento infantil, realizado em uma instituição que denominamos Creche[2], observamos 123[3] crianças não selecionadas, que, na ocasião, constituíam a população total dessa instituição. Cada criança foi observada durante um período de doze a dezoito meses. Nessa instituição, a síndrome que encontramos era evidente.

Tabela VI

POPULAÇÃO

	Branca	Negra	Total
Masculino	37	24	61
Feminino	40	22	62
Totais	77	46	123

No geral, essas crianças da Creche tiveram relações boas e normais com suas mães durante os primeiros seis meses de vida, e apresentavam bom desenvolvimento. Entretanto, na segun-

---

2. Para uma descrição pormenorizada das condições predominantes nessa instituição, veja Capítulo 2.

3. O número 123, assim como os que se seguirão, em relação a esta pesquisa de privação afetiva parcial, refere-se à minha primeira publicação sobre este assunto, "Anaclitic Depression" (1946b). Deve-se observar que em uma publicação posterior (1951), o número correspondente é de 170 casos; essa discrepância ocorre porque, com o decorrer do tempo, pudemos juntar mais 47 crianças à nossa população. Os casos acrescentados contribuíram para dar novas confirmações aos resultados e afirmações anteriores.

da metade do primeiro ano, algumas delas apresentaram comportamento de choro, que estava em contraste marcante com o comportamento anterior, feliz e sociável. Após algum tempo, o choro transformou-se em retraimento. Elas permaneciam de bruços no berço, com o rosto escondido, recusando-se a tomar parte na vida dos que estavam ao seu redor. Quando nos aproximávamos delas, na maioria das vezes éramos ignorados, embora algumas nos olhassem com expressão indagadora. Quando éramos insistentes em nossa aproximação, seguia-se o choro e, em alguns casos, a gritaria. Não fazia diferença se o observador fosse homem ou mulher.

O comportamento de retraimento choroso persistia por dois ou três meses, durante os quais algumas dessas crianças, em vez de engordar, perdiam peso. O pessoal da enfermaria informou que algumas sofriam de insônia; isso era tão perturbador, que essas crianças não podiam ser deixadas no quarto com as outras, e tinham de ser isoladas. Todas tinham uma grande suscetibilidade a resfriados intermitentes. Seu quociente de desenvolvimento apresentava, primeiro, um atraso no crescimento da personalidade e, depois, um declínio gradual.

Esta síndrome do comportamento durava aproximadamente três meses, piorando progressivamente. Então, o choro acalmava. Era substituído por um tipo de rigidez da expressão facial. Aí, as crianças ficavam deitadas ou sentadas com os olhos abertos e inexpressivos, o rosto frio e imóvel, e um olhar distante, como se estivessem em estado de estupor, aparentemente sem ver o que acontecia ao redor delas. O contato com crianças que tinham chegado a esse estágio tornava-se cada vez mais difícil e, finalmente, impossível. Na melhor das hipóteses, começavam a gritar.

Entre as 123 crianças observadas durante todo o seu primeiro ano de vida, encontramos esta síndrome bem definida em 19. Havia diferenças individuais. Por exemplo, o choro podia prevalecer por algumas semanas ou, em alguns casos, podia haver uma atitude de completo retraimento. Em outros casos, onde conseguimos superar a rejeição inicial de nossa aproximação, encontramos um apego desesperado ao adulto. Excluindo-se diferenças individuais, o quadro clínico era tão bem delineado que, uma vez detectado, era facilmente reconhecido, mesmo por observadores inexperientes.

Eis um protocolo típico:

> *Caso 5* (feminino, negra) (Spitz, 1947b). Nada de incomum foi observado durante os primeiros seis meses. Era uma criança negra, particularmente cordial, que sorria de modo radiante quando o observador se aproximava. Na idade de seis meses e meio observamos que seu comportamento sorridente e radiante havia cessado. Durante as duas semanas seguintes ela dormia pesadamente ao longo das doze horas de nossa observação. Daí em diante ocorreu uma mudança em seu comportamento, que foi registrada do seguinte modo: ela permanecia imóvel no berço: quando alguém se aproximava, não levantava os ombros, raramente levantava a cabeça, olhando o observador com uma expressão de profundo sofrimento, às vezes observada em animais doentes. Logo que o observador começava a falar com ela ou tocá-la, ela começava a chorar. Era um choro diferente do choro comum dos bebês, que é acompanhado por algumas vocalizações de desagrado, e, às vezes, gritos. Ao invés disso, ela chorava silenciosamente, com as lágrimas rolando pelo rosto. Falar-lhe em tom brando e tranqüilizador só provocava choro mais intenso, entremeado de gemidos e suspiros, sacudindo todo o corpo.
>
> Essa reação agravou-se nos dois meses seguintes. Era cada vez mais difícil entrar em contato com a criança. Em nossos registros há uma anotação de sete semanas mais tarde, sobre o fato de que levamos quase uma hora para estabelecer contato com ela. Durante esse período, ela perdeu peso e apresentou um sério distúrbio de alimentação. Tinha dificuldade para comer e para reter o alimento.

Este é um quadro bastante típico da síndrome. Diferenças individuais podem incluir um apego ao observador e um choro no seu colo, ou a já mencionada insônia e agitação.

Patologia das relações objetais

Esboçarei aqui o desenvolvimento médio desta síndrome, mês por mês, tal como foi observado nas 19 crianças do primeiro estudo, e em outras 15 crianças estudadas posteriormente.

Primeiro mês: As crianças tornam-se chorosas, exigentes e tendem a apegar-se ao observador quando este consegue estabelecer contato com elas.
Segundo mês: O choro freqüentemente transforma-se em gemido. Começa a perda de peso. Há uma parada no quociente de desenvolvimento.
Terceiro mês: As crianças recusam o contato. Permanecem a maior parte do tempo de bruços na cama, um sintoma patognomônico (Fig. 14). Começa a insônia, a perda de peso continua. Há uma tendência para contrair moléstias; o atraso motor torna-se generalizado. Início da rigidez facial (Fig. 15).

Após o terceiro mês: A rigidez facial consolida-se. O choro cessa e é substituído por lamúria. O atraso motor cessa e é

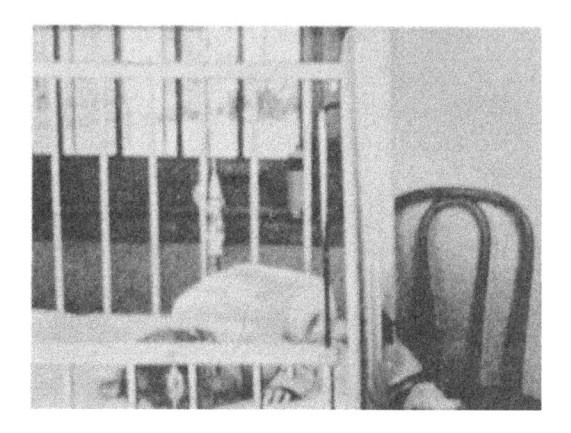

Figura 14 – Posição patognomônica.

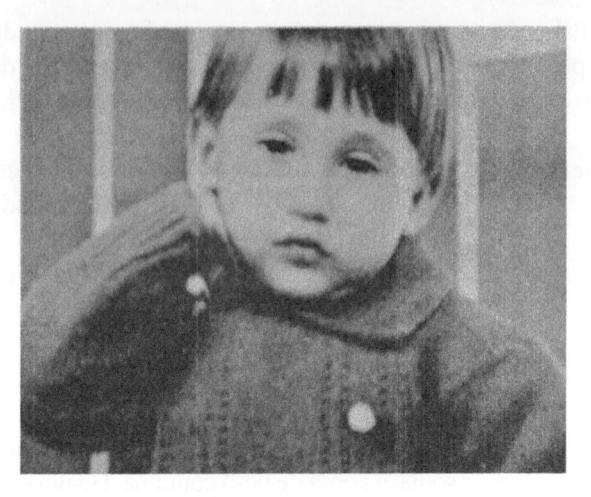

Figura 15 – Depressão anaclítica.

substituído por letargia. O quociente de desenvolvimento começa a diminuir.

Os fatores etiológicos

Descobrimos que *todas* as crianças de nossa amostra que desenvolveram esta síndrome tinham uma experiência em comum: em dado momento, entre o sexto e o oitavo mês de vida, todas elas ficaram privadas da mãe por um período praticamente ininterrupto de três meses. Essa separação ocorreu devido a inevitáveis razões administrativas externas. Antes da separação, era a mãe quem cuidava da criança. Devido às circunstâncias especiais criadas por essa instituição, ela passava mais tempo com o bebê do que passaria se estivesse em casa. Depois de separadas das mães, cada uma dessas crianças desenvolveu a síndrome descrita acima. As crianças cujas mães não foram afastadas não desenvolveram esta síndrome.

A sintomatologia e a expressão facial dessas crianças lembravam muito o que se verifica com adultos que sofrem de depressão. Em razão do sistema psíquico incompleto da criança e dos fatores etiológicos específicos que produzem essa síndrome, era necessário distingui-la do conceito nosológico de depressão em adultos. Portanto, denominei esta síndrome de "depressão anaclítica" (1946b)[4].

O distúrbio apresenta outras peculiaridades notáveis. Uma é que, quando a criança que sofre de depressão anaclítica permanece privada de sua mãe, sem ter recebido um substituto aceitável, por um período superior a cinco meses, ocorre maior deterioração da sua condição. Descobri que, após três meses de separação, há um período de transição de mais ou menos dois meses durante o qual todos os sintomas já mencionados tornam-se mais marcantes e se consolidam. Inversamente, se durante esse período de transição a mãe retorna, a maioria das crianças recupera-se. Não há certeza de que a recuperação seja completa; penso que o distúrbio deixa marcas que aparecerão nos anos posteriores, mas ainda não se têm provas definitivas disso.

Entretanto, quando a separação ultrapassa cinco meses, toda a sintomatologia muda radicalmente e parece incorporar-se à síndrome prognosticamente pobre do que descrevi como "hospitalismo" (1945a), à qual voltaremos adiante.

O curso progressivo da depressão anaclítica é bem ilustrado pela curva de desenvolvimento das crianças. A Figura 16 mostra a diferença entre os quocientes médios de desenvolvimento de crianças que foram separadas e das que não foram separadas de suas mães.

....
4. Recentemente, Bowlby (1960) ressaltou a necessidade de se distinguir "a depressão como um conceito nosológico" do termo "depressão" como um estado afetivo. Concordo plenamente com ele: o termo "depressão" tem sido freqüentemente aplicado, de maneira imprecisa, tanto a condições observadas em adultos como a distúrbios encontrados em crianças (ver Spitz, 1960a). Em meu trabalho usei o termo "depressão" como um conceito nosológico, ao falar da entidade clínica que chamei depressão anaclítica. Esta entidade clínica será discutida posteriormente sob o ponto de vista da estrutura e da dinâmica.

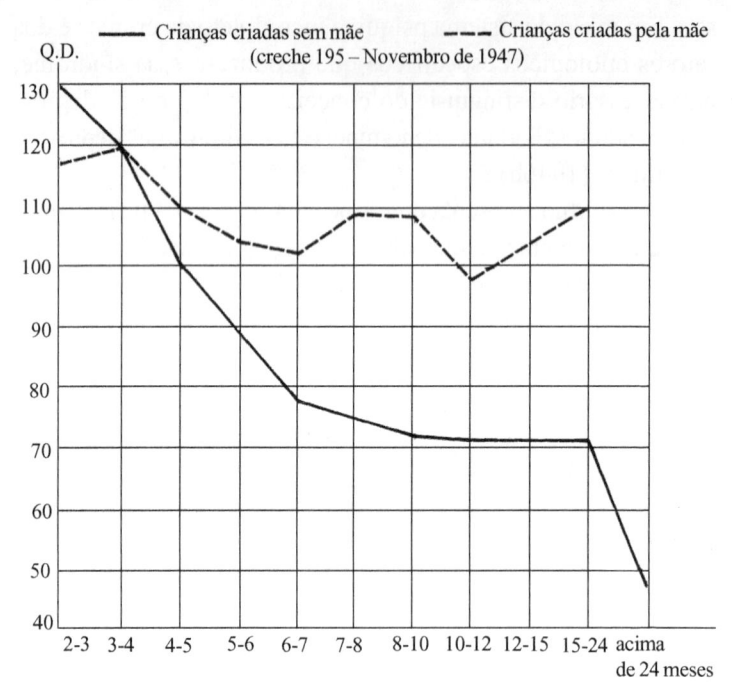

Q.D. ——— Crianças criadas sem mãe   ‐‐‐ Crianças criadas pela mãe
(creche 195 – Novembro de 1947)

Figura 16 – Diferenças no desenvolvimento devidas ao ambiente.

Mais impressionante ainda do que essa comparação dos Q.Ds. dos dois grupos de crianças é a Tabela VII, que se refere somente às crianças que ficaram separadas das mães.

Os dados registrados na Tabela VIII confirmam, praticamente com a exatidão de uma experiência *ad hoc*, minha hipótese quanto à etiologia do distúrbio, isto é, que ele é causado pela separação da criança de seu objeto libidinal. Nesta tabela correlacionamos a duração da separação, em meses, com o aumento do ponto médio registrado no Q.D. – isto é, a medida quantitativa expressa de recuperação após o reencontro da criança com a mãe. É particularmente impressionante verificar como o quociente de desenvolvimento aumenta quando a separação não dura

Tabela VII

INFLUÊNCIA DA DURAÇÃO DA SEPARAÇÃO DA MÃE SOBRE O NÍVEL DO QUOCIENTE DE DESENVOLVIMENTO

Duração da separação em meses	Decréscimo Médio de Pontos de Q.D.*
Menos de 3 meses	– 12,5
3 a 4 meses	– 14
4 a 5 meses	– 14
Acima de 5 meses	– 25

Tabela VIII

INFLUÊNCIA DO REENCONTRO COM A MÃE SOBRE O QUOCIENTE DE DESENVOLVIMENTO

Duração da separação em meses	Aumento de Q.D. após o reencontro
Menos de 3 meses	+ 25
3 a 4 meses	+ 13
4 a 5 meses	+ 12
Mais de 5 meses	– 4

mais de três meses, como separações entre três e cinco meses representam um período de transição, um patamar, e como não há recuperação quando a separação dura mais de cinco meses.

A sintomatologia das crianças separadas de suas mães é extraordinariamente similar aos sintomas que conhecemos da depressão em adultos. Além disso, na etiologia do distúrbio, destaca-se a perda do objeto de amor, tanto no adulto como na criança, de forma que se é levado a considerá-la fator determinante.

Entretanto, do ponto de vista de estrutura e dinâmica, a depressão no adulto e a depressão na criança não são compará-

---

* Como já mencionei na Primeira Parte deste livro, os quocientes de desenvolvimento não são considerados por nós como um padrão adequado de desenvolvimento infantil, tanto como um todo quanto nos vários setores. Eles constituem um recurso útil para a comparação rudimentar de diferentes *grupos* de crianças. Como tal, podem servir como prova complementar, como ilustração, dos dados e registros clínicos.

veis; são entidades psiquiátricas completamente diferentes. A dinâmica da depressão no adulto é atribuída à presença de um superego sadicamente cruel, sob cuja perseguição implacável o ego se fragmenta.

Não existe nada comparável a isso na criança, mesmo porque, nessa idade, os precursores do superego não podem ser reconhecidos. Portanto, o que observamos aqui é apenas uma similaridade superficial do quadro nosológico. Os sintomas são similares, mas o processo subjacente é basicamente diferente. Exatamente por essa razão, introduzi uma nova categoria psiquiátrica, a da depressão anaclítica[5], para designar o distúrbio infantil acima descrito. Esse conceito precisa ser claramente distinguido da depressão do adulto, do conceito de "posição depressiva"[6] de Mélanie Klein e do conceito de lamentação, de Bowlby.

Uma condição necessária para o desenvolvimento da depressão anaclítica é que, antes da separação, a criança tenha estado em *boas* relações com a mãe. É impressionante que, quando existiam relações *más* entre mãe e filho, antes da separação, as crianças separadas das mães apresentavam distúrbios de natureza diferente. Primeiro, classifiquei esses casos na categoria de "depressão suave" (1946b). Como estava muito impressionado, na época, com os sintomas evidentes de comportamento depressivo grave nas crianças, acreditei que o que eu chamava de "depressão suave" eram simplesmente casos de desvio.

Em vista do número bastante grande de tais casos de desvio, continuei a explorar a totalidade dos nossos dados sobre a

....
5. Anaclítico = Apoiar-se em. "As primeiras satisfações auto-eróticas são experimentadas em conexão com funções vitais, que servem ao propósito da autopreservação" (Freud, 1914b). A escolha anaclítica do objeto é determinada pela dependência original que a criança tem da pessoa que a alimenta, protege e cuida. Freud afirma que, no começo, a pulsão desenvolve-se anacliticamente, isto é, apoiando-se em uma satisfação de necessidade essencial à sobrevivência (Spitz, 1957).
6. Para uma discussão do conceito de "posição depressiva", de Mélanie Klein, ver Waelder (1936) e Glover (1945).

relação entre mãe e filho nessa população, e relacionei-os com a gravidade dos distúrbios em cada criança.

Os resultados dessa relação estão ilustrados na Figura 17. Os números falam por si mesmos. É evidentemente mais difícil substituir um objeto de amor satisfatório do que um objeto de amor insatisfatório.

Por conseguinte, a depressão anaclítica é muito mais freqüente e muito mais grave nos casos de separação posterior a boas relações entre mãe e filho. Não vimos um único caso de depressão anaclítica em crianças cujas relações com as mães tenham sido manifestamente más. Nesses casos, parecia que qualquer substituto era, pelo menos, tão bom quanto a mãe biológica com quem a relação não era satisfatória.

No decurso de nossas investigações ulteriores, tornou-se claro que esses casos de "depressão suave" encobriam uma variedade de distúrbios psicotóxicos. Tais distúrbios psicotóxicos

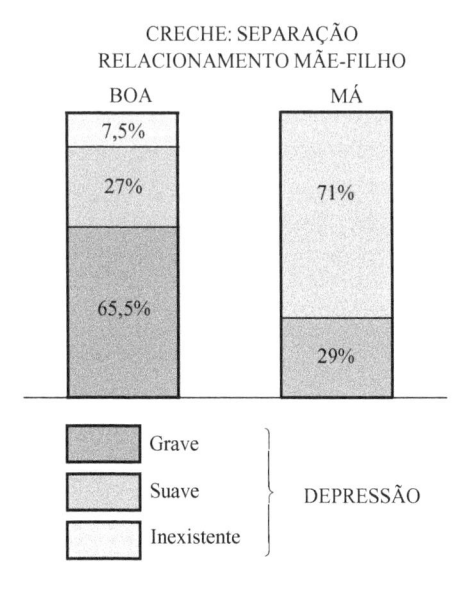

CRECHE: SEPARAÇÃO
RELACIONAMENTO MÃE-FILHO

BOA: 7,5% / 27% / 65,5%
MÁ: 71% / 29%

Grave / Suave / Inexistente — DEPRESSÃO

Figura 17

não eram devidos à perda de objeto, mas desenvolviam-se como resultado do relacionamento que precedia a separação da mãe.

Privação afetiva total *(Hospitalismo)*

Na depressão anaclítica, a recuperação é rápida se o objeto de amor retorna à criança dentro de um período de três a cinco meses. Se há quaisquer distúrbios afetivos de conseqüências duradouras, não são logo evidentes nesse período.

Na privação total, os problemas são bem diferentes. Caso as crianças, no primeiro ano de vida, sejam privadas de todas as relações objetais, por um período que dure mais de cinco meses, elas apresentarão sintomas de progressiva deterioração, que parecem ser, pelo menos em parte, irreversíveis. A natureza da relação entre mãe e filho (caso haja alguma) existente antes da privação parece ter pouca influência no curso da doença.

Observamos a privação total e suas conseqüências em uma casa de crianças abandonadas, situada fora dos Estados Unidos e que abrigava 91 bebês (Spitz, 1945a, 1946a). Nessa instituição, as crianças eram amamentadas durante os três primeiros meses por suas próprias mães, ou por uma das outras mães, caso a mãe da criança não pudesse fazê-lo. Durante esses três meses, esses bebês pareciam estar no nível de desenvolvimento da média das crianças normais da mesma idade, conforme indicaram os testes.

Após o terceiro mês, mãe e filho eram separados. As crianças permaneciam na Casa da Criança Abandonada, onde eram tratadas adequadamente quanto a todos os aspectos corporais. Alimentação, higiene, cuidados médicos, medicação, etc., eram tão bons quanto – ou mesmo superiores – os de quaisquer outras instituições que observamos.

Mas como uma única enfermeira tinha de cuidar de oito bebês (oficialmente; na realidade, até doze bebês poderiam estar sob os cuidados de uma enfermeira), eles eram emocionalmente carentes. Falando de modo mais drástico, tinham aproximadamente um décimo da quantidade normal de afeto propiciado no relacionamento comum entre mãe e filho.

Depois de separadas de suas mães, essas crianças passaram pelos estágios de deterioração progressiva característica da privação parcial descrita anteriormente. Os sintomas da depressão anaclítica seguiram-se uns aos outros em rápida sucessão e, logo, após o período relativamente breve de três meses, surgiu um novo quadro clínico: o atraso motor tornou-se evidente, as crianças tornaram-se totalmente passivas. Permaneciam inertes em suas camas. Elas não atingiram o estágio de controle motor necessário para virar-se de bruços. A expressão tornou-se vaga, a coordenação dos olhos defeituosa, a expressão freqüentemente imbecil. Quando a motilidade reapareceu, depois de algum tempo, tomou a forma de *spasmus nutans* em algumas das crianças; outras apresentaram estranhos movimentos de dedos, que lembravam os movimentos *descerebrados* ou *atetósicos* (Spitz, 1945a).

Em nossos testes, essas crianças apresentaram um declínio progressivo do quociente de desenvolvimento. Ao fim do segundo ano, a média de seus quocientes de desenvolvimento ficava em torno de 45 por cento do normal. Este seria o nível de idiotia. Continuamos a observar essas crianças a intervalos mais longos, até a idade de quatro anos (Spitz, 1946a). A Figura 18 mostra que nessa idade, com poucas exceções, essas crianças não conseguem sentar-se, ficar de pé, andar, ou falar.

Os índices de mortalidade destacam-se ainda mais surpreendentemente quando comparados às de outras instituições. Por exemplo, na Creche observamos uma média de 55 crianças por ano. Durante um período de quatro anos acompanhamos, portanto, 220 crianças, das quais 186 foram observadas por mais de seis meses a partir do nascimento, e dessas, alternadamente, mais da metade até além do primeiro ano de vida. Entre todas essas crianças, registramos duas mortes em razão de doenças

DADOS DO DESENVOLVIMENTO

Desenvolvimento corporal

Locomoção:
nula	relativa	
5	16	21

Manuseio de material

Comer (com colher):
incapazes de comerem sozinhos	comem sozinhos:	
12	9	21

Vestir-se:
incapazes de se vestirem sozinhos	veste-se sozinho	
20	1	21

Adaptação ao ambiente

Controle dos esfíncteres:
incontinência	treinado até certo ponto	
6	15	21

Desenvolvimento da fala

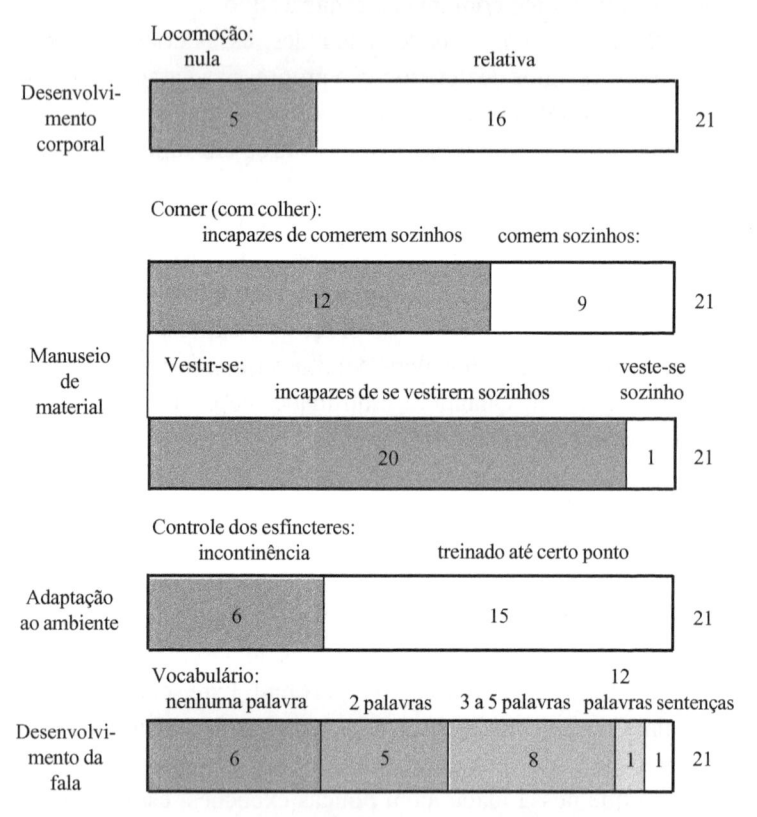

Vocabulário:
nenhuma palavra	2 palavras	3 a 5 palavras	12 palavras	sentenças	
6	5	8	1	1	21

Figura 18 – Nessas crianças, a progressiva e crescente predisposição à infecção leva a uma porcentagem aflitivamente alta de marasmo e morte (Figuras 19 e 20).

que ocorreram. Das crianças da Creche – que acompanhamos durante seis meses depois de terem deixado a instituição –, morreram mais duas crianças. Isto é prova convincente de que a institucionalização, em si mesma, não dá origem a altas taxas de mortalidade infantil, mas que existe um fator específico den-

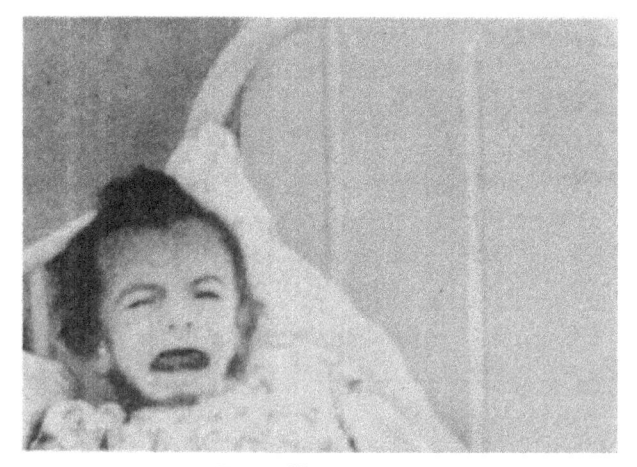

Figura 19 – Marasmo.

tro da instituição que é o responsável. Há uma diferença relevante entre a Creche e a Casa da Criança Abandonada: na Creche as crianças recebiam cuidados maternos; na Casa da Criança Abandonada, não.

Nos capítulos anteriores falei, em linhas gerais, que os cuidados da mãe proporcionam ao bebê a oportunidade para ações afetivamente significativas no quadro das relações objetais. A ausência da mãe equivale à carência emocional. Vimos que isso leva à deterioração progressiva, envolvendo toda a criança. Tal deterioração manifesta-se primeiramente por uma interrupção do desenvolvimento psicológico da criança; iniciam-se, então, disfunções psicológicas paralelas a mudanças somáticas. No estágio seguinte, isso acarreta uma predisposição crescente à infecção e, finalmente, quando a privação emocional continua no segundo ano de vida, leva a uma taxa extremamente alta de mortalidade.

Apresentei a hipótese de que a sucessão de sintomas da síndrome do hospitalismo equipara-se estreitamente à seqüên-

Número de crianças	AMOSTRA	%
27	Mortas no 1º ano	29.6
7	Mortas no 2º ano	7.7
4	Sem outros registros	4.4
32	Colocadas em Famílias e Instituições	35.1
21	Ficaram na Casa da Criança Abandonada	23.2
91		100%

Figura 20 – Das 91 crianças originalmente observadas na Casa da Criança Abandonada, 34 haviam morrido por volta do fim do segundo ano; 57 sobreviveram. Não pudemos obter informações sobre o destino de 4 delas; 32 foram colocadas em famílias e instituições particulares – sobre essas também não pudemos obter nenhuma informação. Entretanto, é possível – seria melhor dizer provável – que a porcentagem de mortalidade total fosse ainda muito mais elevada. Mesmo deixando de lado outros falecimentos não comprovados, temos uma taxa de mortalidade surpreendentemente alta.

cia de sintomas descritos por Selye (1950), que se seguem à exposição prolongada à tensão (Spitz, 1954, 1956b).

A Tabela IX ilustra essas correspondências.

Tendo começado pelos agentes físicos de tensão, Selye logo reconheceu ser a tensão emocional um ativador particularmente poderoso da função pituitária, adrenocorticotrófica. Considero a privação emocional prolongada como um desses agentes de tensão.

Tabela IX
CORRESPONDÊNCIAS ENTRE A SÍNDROME DE ADAPTAÇÃO GERAL E A SÍNDROME DE PRIVAÇÃO AFETIVA

Síndrome de adaptação geral (Selye)	Síndrome de privação afetiva (Spitz)
Tensão	Choro
Excitação	Atitude exigente
Perda de apetite	Perda de apetite
	Perda de peso
Aumento da resistência ao estímulo evocativo	Aumento do setor social
Diminuição da adaptabilidade a outros agentes	Interrupção e regressão do Q.D.
Libido subnormal	Ausência de atividade auto-erótica
Depressão do sistema nervoso	Retraimento
	Insônia
	Motilidade diminuída
Interrupção da adaptação	Regressão irreversível do Q.D.
Cessação da resistência	Possibilidade de infecção
Arteriosclerose dos vasos cerebrais	Rigidez facial
	Movimentos atípicos dos dedos
Colapso	Aumento da morbidez
Morte	Enorme mortalidade

Em conclusão, chamo a atenção do leitor para os termos que usei ao tratar desse assunto. Falei deliberadamente de privação *afetiva* (emocional). Recentemente, muitas investigações elucidativas e interessantes têm sido realizadas, com animais e seres humanos, sobre os efeitos da privação sensorial (Hebb, 1949; Bexton, Heron e Scott, 1954; Heron, Bexton e Hebb, 1956; Azima e Cramer-Azima, 1956a, b; Lilly, 1956; Harlow, 1958; Solomon, 1961). Deve-se observar que a privação sensorial e a privação afetiva não são conceitos intercambiáveis. É claro que, no presente estado das coisas, é praticamente impossível falar numa delas sem envolver a outra. Um número enorme de experiências tem sido realizado ultimamente com diversas espécies de animais, no campo da privação *sensorial*. O exame minucioso dessas experiências mostra que, quanto mais alta a espécie na escala evolutiva, mais graves as conseqüências. A conclusão inevitável é de que a severidade do dano infligido pela privação sensorial aumenta na exata proporção do nível de desenvolvimento do ego característico das espécies, e da quantidade de relações objetais.

Conseqüentemente, em aves como patos a recuperação após privação sensorial prolongada é rápida e fácil. Já em gansos selvagens, os efeitos são difíceis de reverter. O quadro é parecido nos mamíferos inferiores. Mas quando chegamos aos macacos Rhesus, de Harlow, as conseqüências da privação emocional tornam-se completamente irreversíveis. Harlow afirma que tais conseqüências são expressas principalmente sob a forma de um distúrbio no funcionamento emocional do animal, em suas respostas e relações sociais[7].

Por conseguinte, acredito que novas experiências e estudos serão necessários para podermos delinear a natureza das duas formas de privação e isolar os efeitos de uma em relação à outra. Em artigos recentes, fiz uma primeira tentativa nesse sentido (1962, 1963b, c, 1964).

---

7. Comunicação pessoal, 1961.

Capítulo 15
Os efeitos da perda do objeto: considerações psicológicas

A depressão anaclítica e o hospitalismo demonstram que uma grande deficiência nas relações objetais leva a uma suspensão do desenvolvimento de todos os setores da personalidade[1]. Esses dois distúrbios destacam o papel fundamental das relações objetais no desenvolvimento da criança.

Mais especificamente, a catamnese de nossos sujeitos afetados por esses dois distúrbios sugere uma revisão de nossas suposições sobre o papel das pulsões agressivas no desenvolvimento infantil. As manifestações de agressão[2] comuns à criança normal após o oitavo mês, tais como bater, morder, mastigar, etc., estão sintomaticamente ausentes nas crianças que sofrem de depressão anaclítica ou hospitalismo. Estabeleci anteriormente, neste estudo, que o desenvolvimento das pulsões libidinal e

---

1. Em um artigo sobre o desenvolvimento de uma criança cega de nascença, Fraiberg e Freedman (1963) confirmaram amplamente essa tese e ilustraram-na com sugestivos filmes.

2. O uso que faço dos termos "agressão" e "pulsão agressiva" nada tem a ver com o significado popular do termo "agressivo". A pulsão agressiva — abreviadamente a "agressão" — designa uma das duas pulsões instintuais fundamentais que operam na psique, como foi postulado por Freud (1920) (e indicado por alguns autores como "instinto agressivo"). Conseqüentemente, quando falo de "agressão" não me refiro à hostilidade ou destruição; embora, às vezes, estas também possam estar entre as manifestações da pulsão.

agressiva está estritamente ligado à relação da criança com seu objeto libidinal. A relação da criança com o objeto de amor proporciona um escape para sua pulsão agressiva nas atividades provocadas pelo objeto. No estágio da ambivalência infantil (isto é, na segunda metade do primeiro ano) a criança normal não faz diferença entre a descarga das pulsões agressiva e libidinal; elas são manifestadas simultânea, concomitante, ou alternadamente, em resposta a um só e mesmo objeto, isto é, o objeto libidinal. Na ausência do objeto libidinal, ambas as pulsões ficarão desprovidas de alvo. É o que acontece com crianças afetadas pela depressão anaclítica.

Nessas condições, as pulsões pairam no ar, por assim dizer. Se acompanhamos o destino da pulsão agressiva, encontramos a criança dirigindo a agressão a ela mesma, ao único objeto que permaneceu. Clinicamente, essas crianças tornam-se incapazes de assimilar o alimento; passam a ter insônia; mais tarde essas crianças podem agredir-se realmente, batendo a cabeça nas grades da cama, batendo na cabeça com os punhos, arrancando os cabelos com as mãos. Se a privação é total, chega-se ao hospitalismo; a deterioração progride inexoravelmente, levando ao marasmo e à morte.

À medida que as crianças eram privadas de seu objeto libidinal, tornavam-se cada vez mais incapazes de dirigir para fora não só a libido, mas *também* a agressão. As vicissitudes das pulsões instintuais não são, é lógico, acessíveis à observação direta. Mas pode-se inferir da sintomatologia da depressão anaclítica que a pressão (ímpeto, Freud, 1915b) da pulsão agressiva é a portadora não só dela mesma, como também da pulsão libidinal. Se aceitamos que, na criança normal dessa idade (isto é, na segunda metade do primeiro ano), as duas pulsões estão sendo fundidas, podemos também postular que na criança vítima de privação não ocorre tal fusão.

Como isto acontece? Quando a criança separada não pode encontrar um alvo para a descarga de suas pulsões, ela se torna primeiro chorosa, exigente, e agarra-se a todos os que se aproximam dela; é como se estivesse tentando recuperar o objeto perdido, com a ajuda de sua pulsão agressiva. Um pouco mais tarde, as manifestações visíveis de agressão começam a diminuir; após dois meses de separação ininterrupta, os primeiros sintomas somáticos nítidos aparecem na criança. Eles consistem em falta de sono, perda do apetite e perda de peso. Tentei explicar, com pormenores, cada um desses sintomas (1953a).

Na depressão anaclítica, quando o processo patológico causado pela privação é interrompido pelo retorno do objeto de amor, pode-se obter uma retomada da fusão das duas pulsões. Nessas circunstâncias, presenciamos o que parece ser o efeito dessa retomada parcial da fusão das pulsões, no retorno rápido das crianças à atividade. Quando a mãe retorna, após uma separação de três a cinco meses, as crianças parecem transformar-se completamente. Tornam-se alegres e animadas; ficam felizes com a mãe e com os adultos em geral; participam de jogos ativos e brincam com outras crianças. Durante algum tempo tornam-se também mais agressivas com as outras crianças, mais do que as crianças normais da mesma idade. Podem tornar-se realmente destrutivas com relação a objetos, roupas, roupas de cama, brinquedos, etc. Mas essa destrutividade não se compara à destrutividade desprovida de contato e de objeto que encontramos na criança que está aprendendo a andar e na criança em idade pré-escolar que sobreviveram à privação prolongada de provisões afetivas.

É também entre as crianças cujas mães retornaram após poucos meses de ausência que encontramos os bebês que mordem e os que arrancam os cabelos de outras crianças – não os próprios. Filmei uma criança que arrancava sistematicamente um pedaço da pele do peito do pé de outra, deixando uma lesão sangrenta.

Qual é o destino da pulsão libidinal depois que as duas pulsões foram separadas uma da outra? Nossas observações sobre as atividades auto-eróticas das crianças, no primeiro ano de vida, fornecem-nos algumas sugestões a esse respeito. Descobrimos que, em crianças sujeitas à privação prolongada de afetos, qualquer atividade auto-erótica cessa, inclusive a sucção do polegar. Teoricamente falando, é como se a criança tivesse retornado a uma forma de existência obtida durante o estágio de narcisismo primário; ela é incapaz de tomar como objeto até mesmo seu próprio corpo, como faria no estágio de narcisismo secundário. Tem-se a impressão de que, nessas crianças em marasmo, a única tarefa que a pulsão libidinal ainda transmite é a de assegurar a sobrevivência, manter a chama bruxuleante de vida o máximo possível.

As crianças que sofriam de marasmo tinham sido privadas da oportunidade de formar relações objetais. Conseqüentemente, não tinham sido capazes de dirigir a pulsão libidinal e a pulsão agressiva a um único e mesmo objeto – pré-requisito indispensável à realização da fusão das duas pulsões. Privadas de um objeto do mundo exterior, as pulsões não fundidas foram dirigidas contra sua própria pessoa, que tomaram como objeto. A conseqüência de dirigir a agressão não fundida contra a própria pessoa torna-se manifesta nos efeitos destrutivos da deterioração do bebê na forma de marasmo. O retorno para o "eu" da pulsão libidinal igualmente não fundida contrapõe-se a essa destruição; agindo em harmonia com o narcisismo primário, a própria pulsão libidinal é despendida no esforço de assegurar a sobrevivência.

Em minha opinião, no estado normal de fusão das duas pulsões, a agressão desempenha um papel comparável ao da onda transportadora. Deste modo, o ímpeto de agressão torna possível dirigir ambas as pulsões para o meio ambiente. Mas se as pulsões agressiva e libidinal não realizam a fusão, ou se ocorreu uma separação, então a agressão é dirigida contra a própria pessoa; e neste caso a libido também não pode mais ser dirigida para o exterior[3].

....
3. Pode-se perguntar o que acontece às duas pulsões durante o período de privação, por que elas se separaram, por que a pulsão agressiva parece ter estado sujeita a um destino diferente daquele da pulsão libidinal. No atual estágio de nosso conhecimento, estas questões são puramente acadêmicas. Entretanto, acredito que a proposição de Freud relativa à afinidade da pulsão libidinal

Neutralização. Podemos também examinar as vicissitudes das pulsões que se seguem à perda do objeto, à luz do conceito de neutralização, de Hartmann (Hartmann, 1952, 1953, 1955; Kris, 1955; Hartmann, Kris, e Loewenstein, 1949), segundo o qual a energia instintiva pode ser transformada em energia neutralizada. A neutralização pode, realmente, evidenciar a conseqüência perniciosa da separação. Entretanto, a neutralização pressupõe um certo nível de organização do ego que a criança só atinge – se atingir – no último trimestre de seu primeiro ano.

Este é o estágio em que podemos falar da criança como tendo atingido um primeiro nível de verdadeira organização do ego, a primeira estrutura integrada do ego, bem diferente do ego rudimentar, ainda não unificado, que atribuímos ao terceiro mês de vida. Falamos desses dois níveis de desenvolvimento do ego como o primeiro e o segundo organizadores da psique. O primeiro passo fundamental no sentido da integração do ego acontece nos meses transicionais que separam os dois. Certas condições têm de ser preenchidas para capacitar a criança a passar sucessivamente através dos processos complexos e difíceis do primeiro estágio fundamental de transição, isto é, para

....
com os órgãos internos (Freud, 1905b) esclarece estes problemas. Freud falou mais tarde, particularmente em "The Economic Problem of Masochism" (1924c), do aparelho muscular como canal de descarga da pulsão agressiva. Os sistemas orgânicos são consideravelmente mais lentos na função de descarga, do que a musculatura do esqueleto. E até mesmo deve-se afirmar que os sistemas orgânicos têm a capacidade de acumular energia e conservá-la (Breuer e Freud, 1895). Não ocorre o mesmo com a musculatura de esqueleto, que descarrega energia rapidamente, e em explosões de breve duração.

Poderíamos discutir até sobre a existência de uma base orgânica, fisiológica que, em caso de inibição patológica de descarga, produziria a separação das duas pulsões. Uma vez separada a pulsão libidinal da pulsão agressiva a diferença entre o ritmo de descarga dos órgãos internos e o da musculatura do esqueleto poderia perpetuar a cisão e conduzir, afinal, a um destino diferente para cada uma das pulsões. Talvez algumas das teses de Cannon (1932) possam encontrar aplicações nesse contexto. Qualquer afirmação nesse campo só pode indicar possíveis direções de pesquisa.

prosseguir no caminho que leva ao segundo organizador da psique (Spitz, 1959).

Destaca-se entre essas condições a atmosfera de segurança, proporcionada por relações objetais estáveis e coerentes. Um acesso contínuo à livre descarga deve estar disponível à criança, sob a forma de afeto dirigido ao objeto libidinal, levando à interação entre criança e objeto[4].

Após o estabelecimento do ego, por volta do final do primeiro ano de vida, os precursores dos mecanismos de defesa serão cada vez mais elaborados. A personalidade da criança começa a se desenvolver e os traços de caráter tornam-se evidentes. No decurso desse desenvolvimento, as pulsões (que tinham sido fundidas no estabelecimento do objeto libidinal) estarão sujeitas a muitas outras vicissitudes, entre as quais está a neutralização e a canalização de quantidades maiores ou menores de cada pulsão na representação psíquica de um ou outro órgão, desta ou daquela atividade, refletindo o modo zonal particular (Erikson, 1950a) que deve estar em ascendência.

O resultado dessa ampla experiência com as pulsões é uma gama de misturas de pulsões, cuja composição varia tanto qualitativa quanto quantitativamente. É claro que, quando falo de experimentação com misturas de pulsões, subentendo também que muitas dessas experiências não conseguirão alcançar seu objetivo, seja o de obter satisfação[5], seja o de evitar desprazer. Experiências malsucedidas são abandonadas; a criança normal desistirá delas com relativa facilidade, pois a segurança e harmonia de suas relações objetais tornam aceitáveis os custos de tal sacrifício. O clima afetivo seguro permite-lhe compensar

....
4. Numa outra linha de trabalho, Erikson (1950a) expressa essa opinião de forma um pouco diferente e chama-o "o primeiro estágio de confiança básica (por volta do primeiro ano)", enquanto Therese Benedek (1938) fala dele como "confiança".

5. Não é necessário lembrar ao leitor familiarizado com a psicanálise que usei o termo "satisfação" para abranger as conseqüências de um amplo espectro de experiências psicológicas, inclusive as masoquistas.

desapontamentos e frustrações, apoiando-se em outro setor das relações objetais, recorrendo a novas experiências, ou fazendo ambas as coisas.

Eis onde entra a neutralização. Pois a neutralização baseia-se no estabelecimento da predominância do princípio de realidade; o indivíduo precisa ser capaz de perceber que sua meta imediata pode ou ser inalcançável ou acarretar demasiado desprazer. Esse *insight* requer operações mentais da criança que exigem um nível de integração do ego em que a satisfação possa ser retardada e a pulsão instintual mantida em suspenso[6]. Um outro pré-requisito para a capacidade de neutralizar as pulsões é o clima de segurança afetiva acima mencionado, que só poderá ser conseguido quando o objeto libidinal propriamente dito for estabelecido (por volta do final do primeiro ano de vida).

Lembramo-nos da maneira pela qual padrões motores e comportamento motor são adquiridos nos primeiros meses de vida, quando observamos os ensaios e tentativas repetidos da criança de oito meses: como ela dirige e redirige pulsões instintuais; como pulsões parciais são diferenciadas delas, reintegradas e utilizadas. Exatamente como nos primeiros meses de vida *movimentos* malsucedidos são abandonados, a criança de oito meses renuncia ao *comportamento* malsucedido; assim como os movimentos bem-sucedidos são integrados na relação da criança de três meses, conjuntos bem-sucedidos de seqüências de comportamento tornam-se itens de rotina da aproximação da criança em relação ao mundo, por volta do fim do primeiro ano. Entre os movimentos casuais, foram selecionados aqueles que alcançaram o objetivo; entre as várias seqüências de comportamento e respostas emocionais, são retidas as que obtêm alguma coisa em retorno.

---

6. Nos termos de Piaget, isto corresponde a um nível de reversibilidade relativamente avançado, que é conseguido no quarto estágio, quando a criança é capaz de recuperar o brinquedo escondido atrás de dois esconderijos sucessivos (ver o Apêndice).

Um clima afetivo favorável facilitará a experimentação através de ações, relações e tentativas de alcançar objetivos em nível mais elevado. Nesse nível, a satisfação *imediata* de necessidade não é mais o objetivo exclusivo. A manutenção, por um lado, de satisfação em termos de relações objetais e, por outro, de progresso e autonomia no desenvolvimento adquire uma importância progressiva. Objetivos que não estejam em harmonia com essas finalidades serão abandonados. Talvez se pudesse dizer que os padrões motores dos primeiros meses de vida têm *objetivos* (*goals*), mas a manipulação da pulsão após o estabelecimento do ego tem *finalidades* (*aims*).

Quando um objetivo é abandonado, a energia investida em sua consecução procura uma saída, continua não descarregada, e terá de ser tratada. Excitação casual e atividade descoordenada (o modo original de descarga nas primeiras semanas de vida) não estão mais em sintonia com o ego para a criança de um ano, particularmente quando a continuação de relações objetais boas e coerentes oferece a maior quantidade de satisfação. Na verdade, o domínio do ego não está tão firmemente estabelecido, de modo a excluir acessos temperamentais. Mas o fato é que acessos temperamentais são raros na criança com relações objetais boas e satisfatórias. Em vez disso, desenvolver-se-ão novos recursos para lidar com a energia não descarregada. No nível consciente, será aceita a compensação. No setor inconsciente do ego, mecanismos de defesa desenvolver-se-ão e a neutralização da pulsão se tornará possível.

À luz dessas considerações, sugiro que a *neutralização tem um papel, no setor das pulsões, comparável ao papel desempenhado pelo princípio de realidade no setor da ação.* Antes de a neutralização tornar-se acessível, pulsões instintuais não fundidas conduzirão à destruição, à destruição do objeto, ou do sujeito, ou de ambos. Mas, quando puder ser neutralizada, a energia da pulsão será mantida em suspenso até uma oportunidade mais favorável, para ser usada a fim de realizar um propósito sintonizado com o ego. Portanto, a neutralização da pulsão representa, assim como o princípio de realidade, uma função de desvio.

Se é possível generalizar a partir das populações "normais" que observamos, diremos que a neutralização das pulsões serve à função de defesa. Assim, a neutralização pode ser adicionada à lista dos mecanismos de defesa; o princípio de realidade com função de desvio e o mecanismo adaptativo seriam seus precursores.

Capítulo 16
Conclusão

Neste estudo tentei apresentar um quadro amplo e contínuo de meu trabalho sobre a gênese das primeiras relações objetais, e de seus elementos componentes, dos seus estágios sucessivos observados no desenvolvimento normal e, também, de alguns de seus distúrbios, no decurso do primeiro ano de vida. Entretanto, este quadro é, em muitos aspectos, um esboço incompleto. As futuras investigações serão realizadas com instrumentos mais refinados e, sem dúvida, ampliarão, corrigirão e modificarão minhas descobertas; poderão chegar a definições mais precisas e a um novo conjunto de conceitos. Portanto, o que ofereço é uma primeira abordagem, que lança alguma luz, às vezes inesperadamente, sobre toda uma série de fenômenos.

Mostrei que o progresso livre no estabelecimento de relações objetais é um pré-requisito do desenvolvimento e funcionamento normais da psique – uma condição necessária, mas não suficiente. Discuti desvios do estabelecimento de relações objetais e o distúrbio do desenvolvimento psíquico da criança freqüentemente associado a tais desvios. Alguns desses distúrbios da primeira infância, sejam eles afetos psicogênicos ou condições psicossomáticas, apresentam uma semelhança notável com distúrbios que estamos habituados a encontrar também em adultos. Verifiquei que essas semelhanças não tornam o distúrbio da criança e a doença psiquiátrica do adulto nem homólogos nem mesmo análogos. Ressaltei que, ao contrário, as condições patológicas vistas na infância são quadros clínicos independentes *sui generis*, porque afetam um organismo que tem estrutura psíquica bem diferente daquela do adulto. Entretanto, quando distúrbios tão sérios quanto alguns que descrevi ocorrem durante o período formativo da psique, acabam deixando cicatrizes na estrutura e funcionamento psíquicos. Tais cicatrizes provavelmente irão constituir um *locus minoris resistentiae*, que pode oferecer base propícia para que ocorram em um estágio posterior. A doença que aparece mais tarde pode ou não pertencer a uma categoria nosológica completamente diferente; são questões que aguardam investigação. Entretanto, acredito ser bem provável que o distúrbio psicogênico infantil precoce crie uma predisposição para o desenvolvimento subseqüente de patologia.

No presente estágio de nosso conhecimento, isto é uma hipótese; estudos clínicos e experimentais tanto quanto observações de Anna Freud (1958), John Bowlby (1953), Putnam *et alii* (1948), Margaret Mahler (1960), Berta Bornstein (1953), e de muitos outros, parecem apoiá-la (ver também Lebovici e McDougall, 1960). A prova definitiva, a confirmação ou invalidação de minha hipótese, só serão possíveis quando um número razoável de estudos longitudinais, a partir do nascimento, nos proporcionarem as descobertas necessárias.

Por enquanto, mesmo tal hipótese provisória de trabalho abre horizontes tanto no campo da prevenção como na área da terapia de alguns dos distúrbios da criança e do adulto. Desenvolvi algumas idéias sobre a prevenção em meu trabalho "Psychiatric Therapy in Infancy" (1950a).

Na área da terapia já foram feitas tentativas, sob o nome de terapia *anaclítica* (Margolin, 1953, 1954). Visto que os distúrbios, tanto na criança como no adulto, parecem estar ligados a cicatrizes psíquicas atribuíveis a relações objetais patogênicas precoces, é claro que procedimentos terapêuticos apropriados devem chegar até o período pré-verbal, que precede as fases edipiana e pré-genital (Spitz, 1959).

O que revelamos no presente estudo sugere que os distúrbios na formação das primeiras relações objetais resultam provavelmente em grave prejuízo da capacidade do adolescente e do adulto para estabelecer a transferência na situação terapêutica. Margaret Mahler (1952) identificou dois prenúncios desse desvio de desenvolvimento na criança que está aprendendo a andar, que ela denomina criança autista e criança simbiótica. O equivalente adulto da criança autista mostra ausência de contato, retraimento e, em casos extremos, catatonia. Por outro lado, a criança simbiótica encontra seu equivalente no adulto que apresenta certas formas de obsessão patológica, extremos de dependência com fortes tendências suicidas.

Acredito que a predominância de boas relações objetais durante o primeiro ano de vida seja o pré-requisito da capacidade de estabelecer transferência. Essa é a razão pela qual o fenômeno de transferência foi primeiro descoberto na terapia psicanalítica de *neuróticos*. O conflito inicial da neurose se verifica anos depois que o objeto é estabelecido, o que mostra que as relações objetais iniciais dos neuróticos foram relativamente satisfatórias.

Por outro lado considerávamos alguns de nossos pacientes demasiado narcisistas para serem receptivos a tratamentos psicanalítico. Até recentemente, acreditava-se que eles fossem incapazes de estabelecer transferência. Atualmente, sabemos que não é assim; mas o tratamento de tais transferências atípicas é excessivamente difícil e envolve modificações técnicas de terapia. Essas modificações podem, talvez, ser inferidas do processo que leva à capacidade para transferência, isto é, através da história do desenvolvimento de relações objetais – especificamente, do distúrbio individual de relações objetais de determinado paciente. Em outras palavras, o que faltou nas relações objetais do paciente deve ser proporcionado pelo terapeuta. A diagnose dessa falta é facilitada pelo fenômeno de especificidade do estágio: os danos emocionais particulares sofridos pelo paciente podem ser acompanhados com a ajuda de seus pontos de fixação específicos (Spitz, 1959).

Este estudo levanta inúmeras outras questões em que apenas toquei, ou que ignorei de todo. Uma dessas questões é o significado sociológico dessas descobertas. Nos parágrafos iniciais deste livro, mencionei que as relações objetais são fundamentalmente relações sociais. Não posso concluir sem fazer um breve comentário sobre as primeiras relações objetais, vistas da perspectiva sociológica e histórica.

Qual é o significado, para a estrutura social, das primeiras relações objetais? Freud esboçou a resposta em seu livro *Group Psychology and the Analysis of the Ego* (1921). Baseando-se nos fenômenos da hipnose e do amor, Freud formulou o conceito de uma "multidão de dois" (*mass of two*), cuja origem ele atribuiu à relação mãe-filho. Deixou claro que a relação transitória entre hipnotizador e hipnotizado é o protótipo da relação do grupo com o líder.

Todas as relações humanas posteriores com qualidade objetal, a relação de amor, a relação hipnótica, a relação do grupo com o líder, e finalmente, todas as relações interpessoais têm sua origem na relação mãe-filho. Portanto, nossa pesquisa proporciona um ponto de partida para a compreensão das forças e condições que fazem do homem um ser social. Nesta constelação de forças e condições, os afetos e trocas afetivas passam a ter um significado central. A capacidade do ser humano para estabelecer relações sociais é adquirida na relação mãe-filho. É através desse relacionamento que se consegue a canalização das pulsões fundidas no objeto libidinal e se estabelece o modelo para todas as relações humanas posteriores.

As pesquisas de antropólogos culturais como Margaret Mead (1928, 1935), Ruth Benedict (1934), Kardiner (1939, 1945), Redfield (1930), Montagu (1950) e muitos outros demonstraram que existe uma ligação íntima entre as relações mãe-filho numa dada cultura e as formas de instituições culturais dessa sociedade. Entretanto, essa ligação íntima não deve ser interpretada em termos de simples causa e efeito, quer numa direção, quer na outra. Salientei (1935) que a maneira de criar os filhos numa dada sociedade não determina, por si só, a natureza das instituições culturais dessa sociedade, ou a forma das relações entre seus membros adultos. Inversamente, não são apenas as instituições culturais de uma certa sociedade que determinam a forma e o campo de ação das relações mãe-filho nela predominantes. Influenciando-se reciprocamente, em uma progressão histórica, as duas estão inextricavelmente entrelaçadas num processo contínuo. Representam o precipitado de forças históricas, tradicionais e ambientais dessa sociedade.

A natureza das instituições culturais estabelece os limites dentro dos quais as relações objetais podem atuar. Kardiner (1945), em seu estudo da tribo de Alor, fornece um bom exemplo. Na sociedade Alor, o papel da mulher é trabalhar no campo, enquanto o marido sai para tratar de sua vida.

> As mulheres trabalham no campo, enquanto os maridos tratam de suas obrigações. A mãe alimenta a criança de manhã cedo, não a leva consigo, mas deixa-a sozinha ou aos cuidados relutantes de um irmão mais velho, que não tem interesse pela tarefa e nem amor pela criança. Crianças que estão aprendendo a andar, gritando pelas mães, implorando para serem levadas, são cenas cotidianas nessa comunidade; todo alor queixa-se de que sua mãe o abandonou na infância.
>
> ... Não há período na vida de uma criança em que ela desfrute de ternura e solicitude dos pais. Logo que as crianças crescem um pouco, especialmente as meninas, são forçadas a ajudar as mães...
>
> O que encontramos nessas pessoas? Elas não têm ligação com os pais, ... elas têm baixo nível de consciência, apenas medo e culpa. As relações entre os sexos são abomináveis e todas as formas de relacionamento são... muito seriamente prejudicadas.
>
> ... Os alor são desconfiados, em relação a si mesmos e a todo o mundo. São precavidos e defensivos, tímidos, inseguros e têm o sentimento de estarem constantemente ameaçados...
>
> ... Sua capacidade de cooperação é bem pequena... não têm idéia do que se passa na mente de outras pessoas. A cooperação que existe é na base do utilitarismo e não inspira confiança. Na troca de favores, todos enganam todos.

Não há criatividade. Sua arte é rudimentar e descuidada. Toleram a dilapidação e a corrupção, vivem só para o momento e não têm capacidade de planejar. Seu folclore é impregnado do tema constante do ódio aos pais... Não têm conceito de virtude e não têm conceito de recompensa por bom comportamento.

Das três razões que Kardiner dá para a sobrevivência dessa sociedade, as duas seguintes são relevantes para nosso estudo: "Essa sociedade nunca teve de enfrentar perigo externo por conquista ou fome... Sua agressividade é bem pouco desenvolvida; quer dizer: o tom emocional da agressão é muito forte, mas sua capacidade de concretizá-la é extraordinariamente fraca."

Costumes e tradições dos alor forçam a mãe a abandonar o filho, a trabalhar no campo, e o pai a estar ausente. Portanto, essa sociedade impõe uma privação de relações objetais à criança, tal como acontecia com as crianças privadas de afeto descritas no Capítulo 14. Essa privação de relações afetivas impede o indivíduo de iniciar ou manter, com outros adultos da sua sociedade, relações interpessoais capazes de ir além dos limites do benefício econômico imediato. Por sua vez, as deploráveis relações de adultos nessa tribo determinam a natureza das instituições e atitudes culturais, que regulam toda e qualquer relação interpessoal, inclusive a relação mãe-filho. Portanto, estabelece-se um círculo vicioso.

Essa constelação de fatores assegura a imutabilidade das formas culturais seculares na sociedade pré-letrada rigidamente tradicional. Ao contrário, nossa sociedade ocidental passa por mudanças relativamente súbitas de condições sociais, em conseqüência de transformações econômicas, ideológicas, tecnológicas e outras. Tais transformações, impostas arbitrariamente, e muitas vezes subitamente, modificam, entre outras coisas, o quadro das relações mãe-filho. No decurso dos últimos três séculos, fomos sujeitos a, pelo menos, duas transformações fundamentais deste tipo:

1. A desintegração progressiva da autoridade patriarcal como uma conseqüência da introdução do Protestantismo (Spitz, 1952).

2. A rápida deterioração da relação mãe-filho, iniciada há cerca de um século, que começou com o advento da industrialização da produção. A mudança correspondente na ideologia abriu caminho para recrutar a mãe para o trabalho nas fábricas, de tal forma que ela foi afastada da família e de suas atividades domésticas de modo tão efetivo quanto em Alor.

Esses dois tipos de transformações, a desintegração da autoridade patriarcal e a ausência da mãe, combinaram-se e prepararam o cenário para uma rápida desintegração do modelo tradicional da família em nossa sociedade ocidental. As conseqüências são reveladas nos problemas cada vez mais graves de delinqüência juvenil e no crescente número de neuroses e psicoses na sociedade ocidental adulta. Esses desenvolvimentos suscitaram novas soluções; surgiram instituições culturais, desconhecidas até então. Refiro-me a casas de adoção, serviços de adoção, clínicas de aconselhamento para a criança, assistentes sociais, *baby sitters* bem como ao número cada vez maior de hospitais de doenças mentais, tanto para adultos quanto para crianças, e à solicitação generalizada no sentido da formação de um número astronômico de psiquiatras para tratar dos distúrbios causados por nossa própria civilização. Entretanto, essas soluções são apenas medidas paliativas. Está se tornando imperativo dirigir-se à própria fonte do mal. Esse mal é a rápida deterioração das condições indispensáveis para o desenvolvimento normal das primeiras relações objetais. Se desejamos salvaguardar nossa civilização desse risco, temos de criar uma psiquiatria social preventiva. Esta é uma tarefa que vai além da competência do psiquiatra. Como toda medicina preventiva, é uma tarefa da sociedade. Tudo o que o psiquiatra pode fazer é publicar suas descobertas e concitar a sociedade a aplicá-las.

Sob o aspecto social, as relações objetais perturbadas no primeiro ano de vida, sejam elas desviadas, impróprias ou insuficientes, têm conseqüências que colocam em risco a própria base da sociedade. Sem um modelo, as vítimas de relações objetais perturbadas apresentarão, subseqüentemente, deficiência na capacidade de relacionar-se. Não estão equipadas para as formas mais adiantadas, mais complexas de intercâmbio pessoal e social, sem as quais nós, como espécie, seríamos incapazes de sobreviver. Não podem adaptar-se à sociedade. São emocionalmente mutiladas; há mais de um século, a jurisprudência criou para esses indivíduos o termo "insanidade moral", agora obsoleto. Sua capacidade para relações humanas e sociais normais é deficiente; eles nunca tiveram a oportunidade de experimentar relações libidinais e de conseguir o objeto anaclítico de amor. Mesmo sua capacidade de transferência é prejudicada, de modo que eles estão em desvantagem até para tirar proveito da terapia.

Tais indivíduos serão incapazes de compreender – e sobretudo de descobrir e de partilhar – os vínculos intrincados e cheios de nuanças das relações que nunca tiveram. As relações que eles são capazes de formar mal alcançam o nível de identificação e dificilmente vão além disso, porque eles nunca foram capazes de realizar a relação primeira, a mais elementar, a relação anaclítica com a mãe. A indigência dessas crianças traduzir-se-á na aridez das relações sociais do adolescente. Privados do alimento afetivo que lhes era devido, seu único recurso é a violência. O único caminho que permanece aberto para eles é a destruição de uma ordem social da qual são vítimas. Crianças sem amor terminarão como adultos cheios de ódio.

Apêndice
A escola de psicologia genética de Genebra e a psicanálise: paralelos e equivalências

W. Godfrey Cobliner*

Em nossos relatos e observações sobre o comportamento da criança, tivemos a oportunidade de nos referir, mais de uma vez, ao trabalho de Jean Piaget e seus colaboradores. Isto não foi devido a um interesse acadêmico ou a mero acaso. A psicologia genética de Piaget é, ao lado da psicanálise, a única psicologia do desenvolvimento que conseguiu construir uma rede coerente de proposições, que expõe o desenvolvimento psicológico e explica o comportamento.

Ela está interessada na maneira pela qual o comportamento evolui como uma *entidade*, e não nas funções, órgãos, ou capacidade isoladamente considerados. Afirma que esse desenvolvimento atravessa estágios distintos, que levam a comportamentos cada vez mais complexos; conseqüentemente, a ontogênese é contínua quando atravessa um estágio, e descontínua quando passa de um estágio para o seguinte, mais elevado. Portanto, o efeito da experiência da vida passada permanece a ponto de determinar o presente e o futuro.

Como a psicanálise, a escola de Genebra também está interessada, entre outros tópicos, no mecanismo de adaptação. Ambas as

---
* Professor do Departamento de Psiquiatria, Divisão de Ciências do Comportamento, New Jersey College of Medicine and Dentistry.

escolas declaram que o desenvolvimento psicológico baseia-se no interjogo equilibrado entre fatores intrínsecos (de maturação) e fatores experienciais; o interjogo incentiva o desempenho adaptativo. A teoria psicanalítica ressalta um fator interno adicional, ao qual ela atribui grande significação no desenvolvimento mental. É o conflito intrapsíquico, gerado por um choque entre várias forças intrínsecas opostas; ele põe em movimento a diferenciação e estruturação da psique.

Em seu trabalho, Piaget tratou somente de uma área bem delimitada do desenvolvimento, principalmente do estudo de como a cognição (percepção, memória, solução de problemas) evolui a partir da ação motora. Sua atenção concentrou-se mais no que ele chama de *estruturas* psicológicas, do que no funcionamento psicológico. Imagina as estruturas psicológicas como *elementos constitutivos* das funções mentais. O conflito de forças não é analisado, de forma que a dinâmica está virtualmente ausente de seu sistema. Precisamente devido a essa ênfase, o trabalho de Piaget e da escola de Genebra obteve dados que complementam as descobertas de psicanalistas sobre o desenvolvimento da criança.

Os psicanalistas, durante todos esses anos, estiveram a par da importância das contribuições proporcionadas pela escola de Genebra; mas, por estarem muito ocupados com o estudo da dinâmica dos processos mentais em pessoas perturbadas e das leis que regem os processos inconscientes, não puderam apreciar completamente o valor das descobertas e proposições de Piaget, nem puderam aplicá-las em suas próprias pesquisas. Somado a isto, há o fato inegável de que o contexto psicanalítico e seu principal instrumento de investigação – a relativa imobilização do sujeito em uma posição reclinada, resultando em uma regressão relativa – não levam a um estudo sistemático da cognição e de seu desenvolvimento ou à exploração dos processos da percepção e suas vicissitudes. Eis por que a contribuição de Piaget não foi devidamente aproveitada até que um novo ímpeto apareceu entre os psicanalistas envolvidos na observação direta da criança ou em terapia infantil. Essa negligência está sendo agora remediada como foi feito, por exemplo, nos capítulos precedentes e no trabalho de Anthony, Leitch, Escalona, Gouin Décarie, Erikson, Kris, Rapaport, Wolff e outros.

O atraso dos psicanalistas e de outros cientistas de orientação psicanalítica no estudo das obras de Piaget também se deve, em parte, às dificuldades inerentes ao modo como foram apresentadas, fato plenamente reconhecido por ele, em várias ocasiões (ver, por exemplo, Piaget, 1945, Prefácio), e a uma terminologia bastante peculiar, muitas vezes intrincada; assim, por exemplo, os itens próprios à sua terminologia são imprecisamente definidos, ou seu significado muda em contextos diferentes; além disso, as linhas divisórias entre percepção, memória, imagem e representação nem sempre são tão precisamente delineadas quanto seria de desejar.

O estilo difícil de Piaget talvez reflita o fato de ele ser um psicólogo relutante e, por temperamento, sobretudo um epistemologista. Seu interesse no desenvolvimento da criança foi despertado depois de ele ter aceito um cargo que requeria testagem psicológica de crianças (Flavell, 1962). Uma vez em contato com crianças, mudou seu interesse para a exploração do desenvolvimento cognitivo, e desde então seu objetivo tem sido elaborar os fundamentos de uma epistemologia genética, baseada em dados científicos e de desenvolvimento, mais do que na filosofia. Sua orientação é dirigida à abstração, a leis gerais. As descobertas sobre crianças limitam-se a fornecer os meios para a consecução desse fim.

Freud, pelo contrário, estava mais interessado no indivíduo, no ser humano, em sua maneira de agir. Freud centrou sua atenção em elementos e processos afetivos e conativos. Poderia parecer que as proposições de Freud sobre o pensamento, sua origem, papel, e impacto sobre o indivíduo e sobre as relações humanas, embora tenham influenciado profundamente Piaget, foram, por assim dizer, meros subprodutos da corrente principal de seu pensamento. Poderia ser um estudo fascinante, desafiador e muito útil, explorar as muitas analogias e paralelos entre as proposições formuladas por Piaget e as elaboradas pelos discípulos de Freud. Em última análise, os dois grupos de proposições revelar-se-ão essencialmente baseados nas formulações originais de Freud. Até agora, a influência tem seguido quase sempre uma única direção, da psicanálise para a escola de Genebra; mas isto pode mudar no futuro. Muitos dados factuais reunidos por Piaget e seus colaboradores apóiam proposições psicanalíticas, que muitas vezes antecederam o trabalho empírico de Piaget sobre o assunto, tal como apresentamos em capítulos anteriores.

À luz dessas considerações, parece útil e oportuno acrescentar ao presente trabalho uma exposição, embora breve e incompleta, das principais descobertas e idéias de Piaget sobre o desenvolvimento cognitivo e sobre a constituição do objeto permanente. Esta será uma contribuição muito modesta para o assunto, limitando-se, aproximadamente, aos primeiros dezoito meses da vida da criança.

A maioria das outras contribuições básicas de Piaget sobre a construção do real – tais como espaço, tempo e causalidade – serão deixadas de lado; o mesmo se fará com sua importante contribuição para o conhecimento da imitação, que em sua conclusão difere radicalmente das explicações psicanalíticas; e sobretudo não será feita nenhuma exposição do seu notável trabalho sobre o desenvolvimento do simbolismo e da linguagem.

Esta tarefa poderia ter sido realizada de duas outras maneiras: primeiro, através de notas de rodapé nas páginas precedentes, acompanhando cada relato psicanalítico relevante, de um determinado evento ou item de comportamento; segundo, reportando o leitor, em cada exemplo, a uma passagem específica da exposição sistemática e erudita de Piaget, feita por Anthony, Gouin Décarie, Rapaport, Wolff, e outros. Os dois procedimentos teriam exigido do leitor uma sobrecarga abusiva de paciência e esforço. Decidimos, em vez disso, oferecer uma apresentação coesa que, esperamos, atinja os objetivos pretendidos: mostrar convergências relevantes entre as descobertas e postulados psicanalíticos e os de Piaget, relativos ao período de vida abrangido pelos capítulos anteriores; mostrar como a psicanálise e a escola de Genebra explicam os fenômenos com perspectivas diferentes, que se completam mutuamente; proporcionar aos leitores que ainda não conhecem as contribuições de Piaget um primeiro acesso às idéias centrais deste autor, de modo que eles possam, estimulados, estudá-las por conta própria.

Algumas afirmações básicas de Piaget e seu conceito de psique

Durante anos, Piaget afirmou que a tarefa principal da psique é assegurar a adaptação do indivíduo. A adaptação psicológica, diz ele, difere da adaptação orgânica ou biológica por sua versatilidade e eficiência. Na adaptação orgânica, o indivíduo limita-se a mudanças em seu sistema para restaurar o equilíbrio que tenha sido perturbado no processo de sua interação com o ambiente. O restabelecimento do equilíbrio, através do mecanismo de homeostase, tem a característica imperiosa do imediatismo: realiza-se no *hic et nunc* – no aqui e agora. Ao contrário, a adaptação psicológica (porque faz uso da percepção e da memória) permite ao indivíduo interpor espaço e tempo para equilibrar-se, seja sob a forma de ação preventiva, adiamento, seja mudança de lugar. Dessa maneira, o indivíduo, graças às operações psicológicas, liberado dos grilhões do *hic et nunc*, pode expandir seu raio de ação, e não está mais à mercê dos processos somáticos.

O modelo psicanalítico da psique trata de problemas similares; enquanto, no conceito de Piaget, a adaptação é a tarefa principal da psique, o modelo psicanalítico atribui essa tarefa a um dos mecanismos da psique, ao ego.

Há provas, entretanto, de que em certa época Piaget imaginou um modelo mais amplo da psique, no qual tentou explicar também a maneira como o organismo utiliza forças internas, as energias da psique. Em trabalho escrito há vinte anos (Piaget, 1942) – posteriormente ignorado por Piaget, por seus colaboradores, e mesmo por seus críticos –, descreveu as etapas pelas quais a psique realiza sucessivamente um controle crescente sobre as forças internas e coloca-as a serviço da ação racional; há repetidas alusões a fragmentos desse modelo em muitos artigos subseqüentes, mas, devido ao isolamento contextual, o significado delas escapa ao leitor comum (Piaget, 1947, 1954, 1956).

No artigo de 1942, Piaget lembra que três estruturas fundamentais dos *mecanismos*[1], como ele os chama em uma passagem, governam o desempenho psíquico e tornam o indivíduo capaz de assumir um grau cada vez maior de controle sobre suas ações: *ritmo*, *regulação* e *grupo*.

Nas primeiras semanas de vida os movimentos da criança parecem caóticos. Na aparência, não se pode discernir nenhuma ordem, nenhum padrão nos movimentos individuais, mas, na verdade, afirma Piaget, a atividade como um todo não é totalmente desprovida de ordem.

Ao estender um braço, a criança estira um determinado conjunto de músculos; ela precisa recolher o braço, contrair o conjunto de músculos, trazê-los de volta à sua posição ou condição inicial; da mesma maneira, após ter posto o dedo na boca, ela precisa, afinal, tirá-lo novamente, etc. Piaget afirma que a atividade motora da criança é delimitada por tendências psicofisiológicas, que não são da natureza de *montages héréditaires* (painéis funcionais herdados ou diagramação). Os movimentos da criança, afirma ele, ficam sob o controle de um elemento *temporal*. Esse elemento temporal é cristalizado através do desempenho de atividades em conjunção com as necessidades e os reflexos. Através da prática dos reflexos (respondendo à necessidade e estimulação externa) a criança adquire, gradualmente, novas atividades e padrões de atividades. Estas novas atividades distinguem-se por quatro características: a) são repetitivas, sejam simples ou complexas; b) têm duas fases suces-

---

1. O termo "mecanismo", no contexto do sistema de Piaget, tem pouca semelhança com os mecanismos (de defesa) psicanalíticos.

sivas, uma ascendente ou positiva, e outra descendente ou negativa (como, por exemplo, em músculos que são primeiramente distendidos e depois contraídos); c) o intervalo entre as fases é mais ou menos regular quando as condições internas e externas permanecem as mesmas; d) os movimentos efetuam-se em apenas uma direção, são irreversíveis. Pelo fato de essas características formais serem encontradas comumente em padrões rítmicos, Piaget chamou de "ritmo" esse mecanismo de controle.

Piaget elabora sua tese e explica a operação do ritmo. Ocorre a seguinte seqüência: primeiramente, surge no bebê uma tendência que o faz executar um movimento determinado; o movimento perturba o equilíbrio existente, resultando numa desorganização temporária; surge, então, uma segunda tendência de igual intensidade, que faz o bebê executar movimentos diametralmente opostos aos da primeira fase. Gradualmente, o corpo do bebê retorna ao estado inicial, o equilíbrio é restabelecido, e o ciclo é completado. Devido ao lapso de tempo e à desorganização transitória, o mecanismo de controle representado pelo "ritmo" é evidentemente primitivo. O bebê está totalmente ocupado com o "controle" de seu próprio corpo, é incapaz de agir sobre o ambiente. Pode-se dizer que a eficiência do controle "rítmico" é devida a seu caráter *fásico* ou *serial*, ele é sincronizado com o corpo do sujeito e nele centrado.

Piaget não cita dados da observação, de experiência ou resultado de mensurações de seu próprio trabalho ou do trabalho de outros, para apoiar sua tese de que o ritmo é realmente o elemento principal desse mecanismo no recém-nascido. O ritmo está espalhado no cosmos, no movimento mecânico tanto dos seres inanimados como dos seres vivos. Na verdade, há inúmeras atividades do homem – por exemplo as atividades ligadas ao esforço físico ou as associadas à recreação, como música e dança – em que o ritmo desempenha um papel central (ver Spitz, 1937)[2]. Sendo assim, pa-

---

2. Padrões rítmicos são observáveis muito cedo na criança. Um exemplo foi citado em capítulo anterior. Na situação de amamentação — isto é, na constelação diádica – o bebê enquanto mama contrai e move as mãos ritmicamente so-

rece um pouco arriscado atribuir, sem documentação adequada, qualidade rítmica a uma determinada seqüência de movimentos, no recém-nascido; segundo, afirmar, ao mesmo tempo, que essa própria qualidade rítmica constitui um mecanismo psicológico fundamental, que governa a ação e serve à manutenção do equilíbrio. Entretanto, essa objeção não contesta a validade da tese geral de Piaget sobre a existência de controles psicológicos no recém-nascido.

De acordo com Piaget, duas tendências opostas atuam sucessivamente no estágio governado pelo ritmo, e, através desse mesmo arranjo serial, o bebê consegue atingir um tipo primitivo de equilíbrio.

À medida que o bebê cresce, também crescem os seus recursos. Suas atividades ampliam-se e multiplicam-se. As duas tendências aparecem então simultaneamente; opõem-se uma à outra e por isso criam, em determinadas áreas da psique, um equilíbrio estático. Esse equilíbrio contrasta com o equilíbrio instável e amorfo atingido pelo ritmo. A instabilidade anterior, no entanto, não deve ser confundida com uma mobilidade flexível. Exemplos do equilíbrio estático e rígido são encontrados na percepção primitiva (não sujeita à correção pelas faculdades intelectuais) e manifestam-se na "ilusão de Mueller-Lyer", no "fenômeno de Delboeuf", e em outros, descritos pelos gestaltistas. Piaget comenta que, nesses fenômenos, uma dada tendência produz uma deformação sensorial da imagem, que pode continuar incontrolada, a menos que seja detida pelo aparecimento de uma contratendência inversa. Tendência e contratendência, juntas, produzem um equilíbrio rígido e estático, exemplificado na imagem deformada, característica dos fenômenos. A rigidez do equilíbrio mostra-se quando ele é perturbado: a ima-

....
bre o corpo da mãe. O ciclo desses movimentos pode ser o mesmo que governa a deglutição ou outros fenômenos que se processam dentro de seu organismo, ou pode ser o mesmo que o de movimentos provenientes da mãe. Precisamos de observações mais detalhadas para estabelecer a natureza e dependência desse fenômeno (veja Capítulo 3).

gem simplesmente "quebra-se", ela não pode ser reconstituída; o equilíbrio da constelação transforma-se e um novo equilíbrio é estabelecido em outro ponto, em uma nova constelação. A esse tipo de obtenção de equilíbrio, Piaget chama "regulação". Repetindo, as duas tendências opostas, presentes na fase do ritmo, tornaram-se *sincrônicas* na fase de regulação; devido a esse fato, as tendências são transformadas *em componentes estruturais* dentro da construção de um equilíbrio estático.

Piaget não demonstrou a ubiqüidade da regulação como mecanismo psíquico; limitou-se aos poucos exemplos citados. Entretanto, ele afirma que a regulação, como mecanismo, é tão fundamental como o ritmo no estágio anterior.

À medida que a maturação e o desenvolvimento prosseguem, surgem múltiplas tendências orgânicas e psíquicas, de natureza ainda mais complexa, agindo interdependentemente. A criança não lida mais com algumas tendências e contratendências, mas com grupos inteiros delas. São ordenadas em série, em redes e sistemas, e a organização resultante está sujeita às leis da composição. Ao controle psíquico sobre essa constelação de forças Piaget dá o nome de "grupo", termo tomado à matemática. Graças ao grupo, a criança pode ordenar suas tendências internas a serviço da ação (volitiva). Sua ação e operações mentais tornam-se *reversíveis*. Devido a essa *reversibilidade – a capacidade de inverter uma operação na mente* (ou na ação), *a capacidade de examinar uma tarefa sob dois pontos de vista opostos –*, o equilíbrio que a criança atinge é flexível e altamente móvel. Repetindo, para dar ênfase à questão: esse equilíbrio complexo é bem diferente do equilíbrio amorfo e fluente do estágio rítmico; a criança pode agora distribuir suas forças, pode dirigi-las, pode regular sua força para um propósito determinado. Portanto, ela é capaz de calcular sua ação, pode coordenar meios e fins. Em resumo, sua ação torna-se *racional*, em vez de *impulsiva*. É óbvio que o grupo governa muitas ações do adulto e é, na realidade, claramente onipresente no esforço humano. Piaget não sugere que o grupo seja adquirido volitivamente; este se manifesta como se estivesse prefigurado no organismo.

Como já se salientou, Piaget está fundamentalmente interessado na área cognitiva da psique e em suas seqüências de desenvolvimento; mas ele ressalta que as três estruturas fundamentais da psique – cuja existência ele reconhece sucessivamente na ação motora, na percepção, e na ação racional – operam também no domínio do desenvolvimento afetivo (1942, 1947, 1954, 1956).

Desse modo, ele afirma que, na fase adualística ou psicofisiológica, afetos e excitação somática estão estreitamente interligados e ambos são mantidos em equilíbrio pelo ritmo.

Mais tarde, quando as emoções surgem e se integram, elas se tornam os reguladores da vida afetiva. De acordo com Janet, Piaget afirma que as emoções dirigem a ação individual por aceleração, desaceleração, ou pelo processo de energização.

O aparecimento simultâneo de duas emoções antagônicas produz um equilíbrio estático na economia afetiva, assim como aconteceu, na área cognitiva, com duas tendências sensoriais opostas. Portanto, a regulação é conseguida opondo-se duas emoções contrárias. A forma mais elevada de controle, correspondente ao grupo, na área cognitiva, é o aproveitamento de energias psíquicas através da influência de *valores* e *sentimentos*. A ação só é completamente reversível quando os valores estão cristalizados e tornam-se atuantes (Piaget, 1947).

O conceito de psique, de Piaget, delineado na instalação sucessiva dessas três estruturas ou mecanismos, apresenta paralelos inconfundíveis com certos aspectos do modelo psicanalítico, ponto que merece ser mais detidamente considerado.

Em primeiro lugar, temos a idéia geral de energia psíquica. Como se salientou antes, Piaget interessa-se essencialmente pelas estruturas, concebidas como componentes do funcionamento psíquico (1956), e afirma que o fluxo de energia é controlado pela própria psique, e não por agentes físicos internos ou externos ao organismo do indivíduo.

Em segundo lugar, a idéia de Piaget sobre a regulação das energias psíquicas é paralela às concepções de Freud relativas ao princípio de prazer-desprazer e ao princípio de realidade. Esses princípios são conceitos que explicam a utilização das energias psíquicas e o curso da ação humana em geral. Quando o princípio de prazer-desprazer governa a vida psíquica, a descarga imediata das pulsões instintuais e seus derivados (manifestados como ação impulsiva) influencia o comportamento do indivíduo; quando o princípio de realidade exerce seu controle, a descarga de pulsões e derivados de pulsões pode ser retardada, desviada e, assim, posta a serviço da ação racional. Essa ação racional caracteriza as trocas do indivíduo com o ambiente.

Em terceiro lugar, o controle dos impulsos através de valores é um fenômeno que, no modelo psicanalítico, é tido como derivado do superego.

A diferença evidente entre as *estruturas* de Piaget e os *princípios* de Freud está nas respectivas abordagens do mundo animado. As estruturas de Piaget, apesar de sua flexibilidade progressiva, permanecem fisicalistas e mecanicistas. Embora estejam bem aparelhadas para mudanças no equilíbrio, elas não levam em conta a transformação de energia. Os princípios de Freud ajustam-se muito melhor a um universo biológico; são concebidos para explicar a adaptação progressiva do indivíduo à vida indicada por sua elasticidade e flexibilidade em suas trocas com o meio ambiente; eles também levam plenamente em conta o jogo de forças que assegura um nível ótimo de continuidade no *milieu interne*.

Embora as formulações de Piaget sobre o papel central do ritmo na vida sejam discutíveis, o fenômeno do ritmo merece mais atenção dos psicólogos e psicanalistas do que tem recebido até agora. É bem conhecido que o ritmo intensifica a eficácia de desempenho e, subjetivamente, confere prazer ao próprio dispêndio de esforço. Embora esse fato que parece evidente esteja bem ao alcance da investigação, o ritmo não foi sistematicamente explorado pela literatura psicanalítica, como um mecanismo fundamental[3]. A definição de ritmo encontrada no dicionário menciona "movimento caracterizado pela repetição regular, ou alternação regular dos elementos, etc., e, portanto, periodicidade". Há uma observação de Freud, raramente notada, em *Beyond the Pleasure Principle* (1920) e novamente em seu artigo "The Economic Problem of Masochism" (1924c), de que o prazer que se obtém por aumentos de tensão e decréscimos de tensão pode ser devido à proporção de mudança que ocorre *dentro de uma determinada unidade de tempo*. Embora Freud não usasse o termo "ritmo", a referência ao elemento temporal indica inequivocamente os fenômenos rítmicos. Visto que o aumento e o decréscimo periódicos de tensão indicam todos os fenômenos de descarga, as proposições de Erikson (1950a) sobre os modos zonais e sua alternação assumem significado maior nesse contexto. Portanto, as afirmações isoladas de Freud, de Piaget e de Erikson sobre o assunto dos elementos temporais, façam ou não referência ao ritmo, incitam ao estudo imediato de novas áreas da atividade psíquica. Promissor, por exemplo, seria acompanhar, registrar e medir sistematicamente modelos de descarga em processos diferentes, zonais ou puramente psicológicos, tais como emoções; por trás disso haveria uma pesquisa sobre como os elementos temporais influenciam os vários processos cognitivos e conativos em diferentes estágios de desenvolvimento; uma pesquisa sobre se esses elementos temporais estão sujeitos a mudanças; por último, se (e como) os elementos temporais governam a operação das funções repressivas de pulsões tais como defesas, etc.[4]

As considerações anteriores sugerem que se encontram dois elementos principais no fenômeno do ritmo. Um é o da ordem, harmonia, organização, estruturação, todas dotadas de qualida-

---

3. Entretanto, veja Spitz (1937) e, mais recentemente, Jakobson (1953), bem como as observações de discussão de Greenacre (1954) e A. Freud (1954b).
4. Aspectos desses fenômenos estão sendo agora explorados sob a direção de J. Kestemberg (comunicação pessoal).

des racionais. O outro é claramente de composição mais subjetiva. É excitante, dá prazer, é irracional e um tanto demoníaco quanto à qualidade. Pode parecer que ambos os elementos estão contidos, até certo ponto, em trabalhos musicais, e talvez também em criações artísticas, relativas a modalidades diversas das auditivas. O leitor musicalmente receptivo não terá dificuldade em reconhecer que um determinado trecho musical tende a um ou outro dos elementos rítmicos aqui considerados. Na verdade, é difícil desfazer a impressão de que escolas inteiras de música ou mesmo trabalhos musicais de grupos étnicos específicos se inclinam pela ênfase de um ou outro desses elementos rítmicos. Finalmente, esta suposta acentuação unilateral pode ser um traço característico de um determinado compositor, pressupondo uma alta especialização (ou ainda uma versatilidade limitada), desde que sua atividade criativa não seja subitamente interrompida.

Voltando ao segundo mecanismo básico, a regulação das energias psíquicas, a diferença evidente entre as noções desenvolvidas pela psicanálise, no conceito do princípio de realidade, e as acentuadas por Piaget acha-se na descontinuidade dos mecanismos de Piaget. Piaget afirma que, com o advento da regulação, o ritmo desaparece como mecanismo canalizador de energias psíquicas; por sua vez, a regulação desaparece quando se estabelece o grupo (controle da vida afetiva, exemplificado na hegemonia de valores e sentimentos).

A teoria psicanalítica, por outro lado, insiste em que o princípio de prazer, embora desalojado de sua supremacia pelo princípio de realidade, permanece operativo *durante toda* a vida, e governa lado a lado com o princípio de realidade. Precisamente por força dessa tese, a psicanálise pode explicar, e explica, muitos aspectos do comportamento humano, tais como a ausência da razão em questões pertinentes à satisfação de pulsões, a ideais, a crenças e mesmo à ação política. O mesmo não pode ser dito do modelo de Piaget.

Não é necessário prosseguir no paralelo entre o modelo geral da psique de Piaget e o da psicanálise. Isto porque o relato de Piaget sobre o desenvolvimento afetivo e suas vicissitudes permanece esquemático e um pouco obsoleto. Carece de dados de pesquisas (que não faltam a Piaget em outros assuntos) que apóiem suas conclusões; essencialmente, a parte principal da documentação é derivada das contribuições feitas no começo do século por psicólogos ilustres como Claparède e Janet, assim como outros relativamente desconhecidos dos estudiosos contemporâneos (Piaget, 1954).

O conceito de estágios na ontogênese

Os prolongados estudos de Piaget sobre crianças levaram-no a concluir que o desdobramento psíquico não é nem um processo constante e contínuo, nem um processo estritamente descontínuo (caracterizado por súbitas aquisições), nem um processo caótico. Ele observou que, na criança, há uma ordem rigorosa na aquisição de novas capacidades, invariável em *todas* as crianças, não importando qual seja seu meio e origem, sua experiência anterior, sua motivação e seu talento. Chegou assim ao conceito de estágios do desenvolvimento psíquico, termo que denota essas uniformidades (Piaget, 1955, 1956):

A. Um estágio é marcado por características dominantes, que são interdependentes e formam uma *totalidade*, um todo estrutural.

B. Os estágios se instalam por rupturas no desenvolvimento da psique. Há uma aquisição *súbita* em seu início; esse ganho é consolidado e integrado a aquisições anteriores. Mais tarde, prepara-se uma nova aquisição. Conseqüentemente, a passagem de um estágio inferior para um superior é uma integração; daí a noção de que o crescimento psíquico é tanto contínuo como descontínuo.

C. A época de uma aquisição de faculdades, habilidades e mecanismos psíquicos característicos de determinado estágio varia consideravelmente de população para população, e, dentro da população, de indivíduo para indivíduo; essa variação é determinada tanto por um conjunto de fatores externos e intrínsecos quanto pela experiência de vida anterior do indivíduo. Estas circunstâncias podem adiantar, retardar, ou impedir as aquisições.

D. Entretanto, a ordem serial das aquisições permanece *constante*; é a mesma para todas as populações; é universal.

Piaget salienta que os elementos de um determinado estágio são *invariavelmente integrados no estágio superior seguinte*; este é realmente o cerne de sua concepção dos estágios. É essa assertiva que dá a seu sistema psicológico a qualidade genética, que se perde na maioria das demais interpretações conceituais do desenvolvimento psíquico.

Piaget afirma que o progresso através dos estágios governa todas as áreas do desenvolvimento psíquico, do devenir, apesar de ter elaborado os detalhes para apenas uma área, e da inteligência. Ele ressalta que os detalhes específicos válidos para a inteligência não se aplicam, por exemplo, à área da percepção (1956). Na área da inteligência, Piaget distingue três *períodos* principais:

1. Inteligência sensório-motora (0 – 24 meses);
2. Período da inteligência conceitual: operações concretas (2 – 10/11 anos);
3. Período da inteligência conceitual: operações formais (11/12 – 13/14 anos).

Esses períodos são, então, divididos em subperíodos e, finalmente, em estágios.

O conceito de estágios, de Piaget, sua divisão nítida do desdobramento psíquico em episódios distintos, não encontra paralelo correspondente na teoria psicanalítica clássica. Enquanto o conceito de fases libidinais explica o desenvolvimento psicossexual, essas fases não são etapas reais como aquelas visualizadas no sistema de Piaget. Desse modo, os elementos orais podem ser evidentes na fase anal da criança; tendências anais e genitais podem sobrepor-se no adulto normal. Também aos estágios de Erikson (1950a) falta uma demarcação precisa.

O fato inegável das conquistas mentais repentinas nos anos da infância foi teorizado recentemente, através de uma expansão da teoria psicanalítica clássica. Tem-se afirmado que a natureza do desdobramento, da maturação dos desenvolvimentos, processa-se de tal forma que linhas diferentes de desenvolvimento[5] convergem em certos períodos para formar pontos nodais ou *organizadores da psique* (Spitz, 1954, 1957, 1959, e capítulos anteriores deste estudo). O corolário desse conjunto de proposições, isto é, a tese do desenvolvimento dependente, equipara-se verdadeiramente à noção de estágios de Piaget, tanto em relação a aspectos formais (quebra de um processo contínuo), quanto em relação a aspectos substanciais (área cognitiva e afetiva). Deve-se observar que, de certo modo, o conjunto de proposições de Spitz explica um espectro mais amplo de fenômenos, do que o de Piaget.

As proposições de Spitz abrangem efeitos cumulativos seqüenciais de determinadas realizações; elas consideram a dessincronização de realizações nas diversas linhas do desenvolvimento, resultando num *descompasso do desenvolvimento*. Finalmente, Spitz cria possibilidades de explicação conceitual para a parada, o atraso, e a carência de efeitos do desenvolvimento; esses três estão virtualmente ausentes do esquema conceitual de Piaget.

Piaget afirma que o progresso de estágio para estágio (e dentro dos estágios) é determinado por, além dos três fatores clássicos – hereditariedade (maturação), ambiente físico (externo ou interno), influência social –, um quarto elemento, isto é, o equilíbrio. Este último é apresentado como tendência inerente ao organismo, que luta para estabelecer um equilíbrio de for-

---

5. Este termo, introduzido por Anna Freud (1963b), designa um progresso serial em setores psíquicos distintos e ressalta sua continuidade e caráter cumulativo.

ças constantemente móvel e estável[6] dentro do organismo e da psique. O conceito de equilíbrio é moldado segundo os princípios da segunda lei da termodinâmica (embora com uma direção inversa de vetores, isto é, aumento na diferenciação) e é também semelhante ao conceito de *homeostase* de Cannon e do *estado equilibrado* de Bertalanffy.

Piaget acredita que a tendência para maior complexidade, diferenciação e integração, exemplificada em estágios, é imutável, teleológica, um fenômeno finalístico. A tendência é mais bem descrita pelo termo "equilíbrio ativo e dinâmico, característico da vida" (1956).

A psicanálise contém as sementes de uma noção similar ao equilíbrio no que diz respeito à espécie humana. É encontrada nos objetivos a longo prazo das pulsões instintuais. Freud e a teoria psicanalítica clássica afirmam que Eros, a pulsão instintual sexual – posta de lado sua função específica no acasalamento e reprodução – está por trás da tendência da vida humana que constrói, integra, organiza, une e sintetiza. Isso é evidente nas relações objetais (sociais), nos processos de pensamento, nos esforços criativos, mesmo na vida comunitária. Entretanto, não há proposição psicanalítica para explicar a tendência futura dos processos ontogenéticos do indivíduo; o aparecimento periódico de tensão no organismo dá origem a uma necessidade de descarga, através de várias saídas, e essa descarga assegura a estabilidade e o equilíbrio. Mas a teoria psicanalítica não mostra, explicitamente, como esse ciclo influencia o desenvolvimento. Ele é concebido como um episódio autolimitador.

A noção de equilibração, de Piaget, da tendência a um equilíbrio ainda mais estável, está estreitamente ligada à sua noção de reversibilidade, que tem um papel-chave em suas considerações sobre o desenvolvimento. O conceito de reversibilidade

----
6. A estabilidade e a mobilidade do equilíbrio são compatíveis entre si; na verdade, quanto maior a mobilidade, mais estável é o equilíbrio. O oposto de estável, sem dúvida, é instável, variável, e não móvel.

apóia-se na abordagem que Piaget faz dos fenômenos psíquicos, que ele prefere expressar em termos matemáticos. O equilíbrio é exemplificado na equação de Le Châtelier, em que se explica o curso dos eventos como sendo uma mistura química no estágio de transição. Na equação de Le Châtelier, o equilíbrio é ligado a sua reversibilidade, como o comportamento das subdivisões de uma escala. Piaget acredita que, de maneira similar, a reversibilidade governa todos os processos mentais e intelectuais superiores. Ele cita várias formas de reversibilidade – a capacidade para inverter a operação mental –, e cada uma delas caracteriza o começo de um determinado estágio do desenvolvimento[7].

Piaget sugere que os processos de equilibração governam todas as esferas da personalidade, tanto cognitivas como afetivas; e as três estruturas fundamentais da psique – ritmo, regulação e grupo – servem às tendências do equilíbrio. Finalmente, é claro, a equilibração é um aspecto da adaptação, mas um aspecto que é, por assim dizer, fundamentado na *Anlage*.

O método de Piaget

O método de Piaget para recolher fatos é uma combinação única da abordagem experimental com a clínica. De início, ele se baseou exclusivamente em métodos verbais, mas após as críticas incisivas e construtivas de várias origens, e sobretudo as provenientes de colegas americanos (Anthony, 1957), partiu para a experimentação e fez com que seus sujeitos manipulassem vários materiais. No que diz respeito ao estágio pré-verbal, podem-se reconhecer estes traços principais (Inhelder, 1962):

---

7. Os leitores familiarizados com a psicanálise não ficarão surpresos com o pensamento analógico de Piaget e lembrar-se-ão de que um amplo segmento do modelo psicanalítico da psique, especialmente o que explica os processos dinâmicos, baseia-se em analogias, em conceitos tomados à hidráulica.

A. A criança recebe material, ao qual ela responde ou que manipula.

B. Observa-se, então, de que maneira ela se comporta diante de obstáculos e conflitos (decisões relativas à escolha) derivados de sua atividade e da natureza do material.

C. O experimentador estabelece o desempenho da criança não meramente por observar um determinado resultado, como é de costume no método experimental (padronizado), mas introduzindo variações e uma abordagem essencialmente exploratória, de modo que a constância e a amplitude de produção da criança sejam apreendidas.

Quando é possível e prático, prossegue-se com uma prova, que acrescenta a dimensão clínica. Claparède descreveu o método em sua introdução a um dos primeiros trabalhos de Piaget (1923), da seguinte maneira:

> O método clínico... a arte de perguntar, não se confina a observações superficiais, mas tem o propósito de captar o que está oculto por trás da aparência imediata das coisas. Ele analisa em profundidade, até seus últimos elementos, a menor observação feita por seus jovens sujeitos. Não desiste quando as crianças dão respostas incompreensíveis ou contraditórias, mas simplesmente aperta o cerco em busca do pensamento fugidio, desentoca-o, persegue-o e o encurrala até poder agarrá-lo, dissecá-lo e desvendar o segredo de sua composição.

A análise do material colhido dessa forma consiste numa classificação dos diferentes tipos de atividade cognitiva (raciocínio); numa análise em termos de modelos lógicos; numa análise da freqüência de resposta e distribuição por idades; isto é, o mesmo material é oferecido a uma determinada criança, mais de uma vez, em idades diferentes, de modo que o momento do primeiro êxito é observado (após fracassos anteriores totais ou parciais), tanto quanto os refinamentos sucessivos da criança, à medida que ela se desenvolve e amadurece. Finalmente, os dados são interpretados por meio de escalas ordinais.

Foi esse método geral que levou Piaget ao acúmulo de uma quantidade enorme de fatos sobre o desenvolvimento. Permitiu-lhe também ordenar os dados de maneira admirável, o que ele completou com a construção de um sistema científico de proposições entrelaçadas e interdependentes. O sistema é capaz de explicar um amplo espectro de padrões sensoriais e de pensamento bem como de seu desenvolvimento, um sistema jamais igualado por nenhuma outra escola de psicologia, exceto a psicanálise. O valor explanatório e heurístico de muitas das proposições de Piaget não foi ainda reconhecido; elas sugerem experiências que prometem desvendar áreas desconhecidas da vida mental.

Mecanismos de desenvolvimento no sistema de Piaget

As forças propulsoras que aceleram o desdobramento psíquico e a integração originam-se de inúmeros elementos internos e externos ao organismo. Entre as forças inatas, a mais notável é a tendência onipresente para o equilíbrio.

Essas forças propulsoras são progressivamente canalizadas em certas direções e exercem seu impacto através de mecanismos duplos – ou processos – de *assimilação* e *acomodação*. De acordo com Piaget, esses dois mecanismos são realmente os primeiros recursos da tendência adaptativa. Um terceiro mecanismo que serve para integrar energias de desenvolvimento, no sistema de Piaget, é o *esquema* (*schema*).

Um esquema, no conceito de Piaget, é uma estrutura mental (isto é, um padrão de ação ou de pensamento estabelecido como um traço mnemônico) que o indivíduo adquire através da prática de movimentos provocados pelos mecanismos reflexos; em seguida, esses padrões são aplicados em situações similares àquela em que foram adquiridos. O esquema é um elemento psíquico da classe genérica de representações, que surge de estímulos interoceptivos ou proprioceptivos de natureza global e concreta, e emerge antes da imagem mental, da idéia e da representação abstrata[8].

Por exemplo, o recém-nascido está equipado com os reflexos de fuçamento e sucção, que estão presentes e atuam, quando devidamente ativados. Depois que a criança pratica o fuçamento e a sucção, ambos são estabelecidos como padrões de ação, na forma de traços mnemônicos. Esse traço mnemônico constitui um *esquema* motor. A seguir, quando os lábios sugadores da criança encontram seu dedo e ela começa a sugá-lo, isto constitui uma generalização. Ocorreu uma assimilação; um esquema existente foi usado para enfrentar um estímulo modificado. O padrão de sucção, no nascimento, era um *esquema reflexo*. Mas assim que o dedo é sugado voluntariamente, o esquema adquire *conteúdo psíquico*; torna-se um esquema *propriamente dito*. A criança efetuou uma incorporação; o esquema foi generalizado, embora sua composição não tenha sido mudada.

Acomodação é uma atividade mental que serve para mudar um *esquema* inicial, de modo a torná-lo adaptado a uma nova situação. Isto ocorre em duas circunstâncias: a) o esquema inicial não serve mais a seu propósito, devido a algum progresso na maturação da criança (expansão do alcance de sua atividade); a criança superou a utilidade do esquema, tal como um certo tamanho de roupa que, depois de algum tempo, não lhe serve mais; b) a situação externa é tão nova que o esquema inicial não dá conta dela.

Assimilação é uma atividade mental da criança pela qual uma situação externa é *percebida* ou *manipulada* de tal modo

───────────

8. É digno de nota que o esquema, sendo o precipitado da ação motora do sujeito, presta-se muito *facilmente* à reprodução *daquilo que representa*. Essa característica distingue-o precisamente de outras representações que, devido à sua fonte externa, só podem reproduzir na vida consciente a sensação que acompanha a experiência e não os próprios estímulos. Geneticamente, o esquema deve ser considerado, portanto, como um elemento limítrofe entre o motor e o psíquico, analogamente ao conceito da pulsão instintual, que é um conceito limítrofe entre o somático e o psíquico.

que pode ser enfrentada por um esquema já existente. Quando a criança aprendeu a mover um chocalho suspenso por um gancho, e aplica então sua ação motora a uma boneca pendurada, essa *generalização* é um ato de assimilação.

Embora Piaget esteja bem ciente do caráter fluido do processo de desenvolvimento, as forças propulsoras pressionam somente em uma direção – para a frente. A possibilidade de uma parada do movimento, seu atraso, sua regressão, seu "descarrilamento", nunca entram no quadro. Estas contingências são tacitamente consideradas como sendo um problema de psicologia diferencial.

Entretanto, o sistema de Piaget, diferentemente da maioria das outras escolas psicológicas, reconhece substancialmente a continuidade histórica da psique. Ele ressalta que o pensamento e o desenvolvimento intelectual evoluem não somente em conteúdo, mas também em composição, e é o esquema que serve como chave de ligação nessa expansão. O esquema tem papel análogo aos blocos tipográficos invariáveis nos itens repetitivos em um jornal. Ele assegura a continuidade da composição da psique do indivíduo, de forma que a experiência passada governa o comportamento e a adaptação. "O desenvolvimento do pensamento" – afirma Piaget (1919) – "manifesta certos sistemas distintos ou 'esquemas', cuja gênese e história podem ser traçadas, e que correspondem aos 'complexos' em psicanálise."

Acomodação e assimilação, portanto, são mecanismos psíquicos instrumentais na modificação e desenvolvimento da psique; são veículos de aprendizagem e servem para o indivíduo dominar o ambiente que o cerca; são instrumentais na mobilização de recursos, tais como padrões de ação (esquemas) adquiridos anteriormente; finalmente, eles moldam novos padrões onde e quando necessários.

Assim, Piaget foi reconhecidamente influenciado pelos "complexos" psicanalíticos ao formar o conceito de esquema, e também pelo conceito de pulsão instintual (ver nota 8, anterior). Não há correspondente exato, no modelo psicanalítico, para os mecanismos de assimilação e acomodação, uma vez que os problemas de adaptação permaneceram na periferia da teorização psicanalítica até cerca de uma década após o aparecimento da psicologia do ego (Hartmann, 1939). Entretanto, o conceito de mudanças *autoplásticas* e *aloplásticas*, formulado por Freud (1924a) e Ferenczi (1919), se acha próximo dos conceitos de assimilação e acomodação; esses termos sugerem que há muito tempo os psicanalistas estavam conscientes da importância do problema.

A profunda influência exercida pela psicanálise sobre o sistema de Piaget é visível em suas idéias sobre o pensamento e seu desenvolvimento e, por extensão, sobre o objeto. É melhor mostrar essa influência em uma apresentação de caráter histórico.

O contato de Piaget com a psicanálise

Bem no início de sua carreira, Piaget foi influenciado pela psicanálise através da literatura e de intercâmbios pessoais com analistas; essa influência é evidente em suas primeiras publicações (1919, 1923, 1933). Em 1922, por exemplo, no "International Psychoanalytical Congress", em Berlim, ele apresentou uma comunicação intitulada "Symbolic Thought and the Thought of the Child", na qual, segundo ele, "Freud estivera interessado". Nesse trabalho, Piaget sugeriu que o pensamento das crianças parece "ser o intermediário entre o pensamento simbólico e o pensamento racional" (1945, p. 170).

Esse tópico se tornaria a semente de muitas de suas idéias e trabalhos empíricos posteriores. Está presente em todas as suas noções relativas à construção que a criança faz da realidade, do espaço e tempo, do objeto, e ao desenvolvimento da linguagem que, neste contexto, é a comunicação da criança com o mundo exterior e os objetos. Tão poderoso e duradouro foi o impacto da psicanálise, que o levou a escrever, um ano após o Congresso, no Prefácio de seu primeiro livro (1923):

"Será... evidente o quanto devo à psicanálise, que em minha opinião revolucionou a psicologia do pensamento primitivo" (p. 21). Nesse texto, ele afirma: "Janet, Freud, Ferenczi, Jones, Spielrein, etc., desenvolveram várias teorias sobre a linguagem dos selvagens, imbecis, e crianças pequenas, sendo todas elas da máxima importância para uma pesquisa como a que nos propomos fazer, da mente da criança, a partir da idade de seis anos" (pp. 26 ss.).

As proposições formuladas com base neste trabalho experimental trazem a marca da influência psicanalítica, referindo-se às qualidades dos processos primários e secundários. "Os psicanalistas foram levados a distinguir dois modos fundamentalmente diferentes de pensamento: *pensamento dirigido* ou *inteligente*, e *não-dirigido*, ou como Bleuler propõe chamá-lo, pensamento *autista*... Essas duas formas de pensamento... diferem principalmente quanto à sua origem, uma sendo guiada pela crescente adaptação dos indivíduos uns aos outros, enquanto a outra permanece individual e incomunicável" (Piaget, 1923, pp. 63 ss.).

Continuando, ele retoma um tópico relacionado a este, o da ligação entre pensamentos, imagens e palavras, no domínio da representação: "A inteligência, exatamente porque passa por um processo gradual de socialização, está capacitada, através do vínculo estabelecido pela linguagem entre pensamentos e palavras, a fazer um uso crescente de conceitos; enquanto o autismo, justamente porque permanece individual, está ainda preso às imagens, à atividade orgânica, e mesmo a movimentos orgânicos. O simples fato, portanto, de alguém contar seu pensamento, de dizê-lo aos outros, ou de manter silêncio e dizê-lo somente a si próprio, deve ser de enorme importância..." (p. 64).

Não está claro se esse grupo de idéias, reminiscência de noções similares desenvolvidas por Freud anteriormente e também em seu então último livro (1923), foi exclusivamente o fruto do trabalho de Piaget com seu grupo de crianças, ou se foi igualmente inspirado pelo contato anterior com a psicanálise. A questão não diminui, de forma alguma, a originalidade e criatividade das contribuições de Piaget. Simplesmente sugere a possibilidade da influência psicanalítica e, noutro plano, salienta o fato de que Piaget, com orientação completamente diferente, com abordagem diversa, com sujeitos diferentes, com procedimentos diferentes, chegou a proposições estritamente paralelas àquelas desenvolvidas pela psicanálise.

Essa convergência de descobertas e hipóteses, sua confirmação mútua, realça-lhes o valor científico; e ganham maior objetividade por terem sido obtidas por meio de abordagens e de perspectivas diferentes.

As noções de Piaget sobre o período da infância que precede a consolidação do objeto permanente estão contidas na seguinte passagem:

"Mme. Spielrein... tentou provar que as sílabas do bebê, *mama*, pronunciadas em tantas línguas para chamar a mãe, são formadas pelos sons labiais que não passam de um prolongamento do ato de sucção. Portanto, 'mama' seria um grito de desejo, e depois uma ordem dada ao único ser capaz de satisfazer esse desejo. Mas, por outro lado, o simples chamado 'mama' tem em si um elemento aliviador: na medida em que é uma continuação do ato de sucção, produz um tipo de satisfação alucinatória. Portanto, ordem e satisfação imediata são, neste caso, quase indistinguíveis" (1923, p. 27).

O leitor reconhecerá que, embora citando Spielrein, Piaget utiliza-se da hipótese formulada por Freud de que a criança imagina a satisfação quando, na vida real, é incapaz de consegui-la. Essa hipótese e outras que lhe estão estritamente ligadas (onipotência, etc.) influenciaram indubitavelmente Piaget na formulação de seu conceito de egocentrismo na criança.

Piaget reconhece nessas passagens sua dívida para com a psicanálise. Devido ao fato de se afastar gradualmente da psicanálise, após 1933, ele não permanece informado acerca de seu progresso posterior. Desde então, sempre que ele critica a psicanálise, refere-se às tendências e à ênfase predominantes no início da década dos 30. Assim, por exemplo, ele argumenta uns vinte anos mais tarde, em suas conferências na Sorbonne (1954, p. 65), que a psicanálise subestima a motivação da criança na superação de seu narcisismo. Nisso, diz ele, há mais do que uma simples mudança na distribuição de catexia, como foi sugerido por Freud. Ele desconhece as descobertas psicanalíticas no campo da psicologia do ego, que invalidam sua crítica!

É realmente uma grande perda para o progresso da psicologia que o contato entre a psicanálise e a escola de Genebra tenha sido rompido há uns trinta anos. A perda pode ser remediada, agora, por um estudo intensivo das contribuições de Piaget; e isto é imperativo, tendo em vista que algumas das descobertas de Piaget confirmam realmente as proposições da psicologia do ego e, em muitos casos, complementam-nas.

Os três conceitos de objeto na psicologia contemporânea

O comentário sobre a superação do narcisismo fornece uma ponte natural para discutirmos o tópico final deste capítulo, o do objeto e da formação do objeto no sistema de Piaget e na teoria psicanalítica.

Três conceitos de objeto figuram na literatura psicológica contemporânea. O objeto da psicologia acadêmica, o objeto permanente de Piaget, e o objeto libidinal da psicanálise. Algumas das diferenças entre o último e o primeiro foram delineadas, de modo sucinto, num capítulo anterior (ver Capítulo 3); segue-se agora uma descrição mais completa dos três.

O objeto da psicologia acadêmica, como aparece nos inúmeros projetos de laboratório da psicologia experimental, é delimitado por coordenadas de espaço e tempo. Existente na natureza, pode ser percebido pelos mais simples recursos e é inegavelmente destituído de qualquer conteúdo psicológico. É um "apêndice" a-histórico, enquadrando-se mais em um modelo fisicalista do que no comportamento humano.

O objeto permanente de Piaget está um passo adiante. Tem uma história sensório-motora. Piaget afirma que ele é gradualmente construído na mente do indivíduo; é mais o produto de experiências sensório-motoras cumulativas do que o resultado de uma simples maturação das funções somáticas ou psíquicas do bebê. Na configuração do funcionamento somático normal e de um ambiente relativamente estável (ambos tacitamente admitidos por Piaget), a consecução do objeto está indissoluvelmente ligada à experiência, especificamente à ação motora, que contribui para o acréscimo de elementos ontogênicos na psique, sob a forma de memória. Essa aquisição (e acumulação) de elementos experimentais é concebida por Piaget como uma formação de *schemata*. Surgem simultaneamente vários *schemata*, que servem de instrumento para a orientação da criança nas quatro categorias de realidade: espaço, tempo, objeto e causalidade. A formação e a consolidação da categoria de objeto estão interligadas à cristalização das outras "categorias" fundamentais. Entretanto, uma vez estabelecido, o objeto permanente não fica mais ligado à sua história; não possui as características de interação *prévia* do indivíduo com seu ambiente, com o objeto particular ou com objetos em geral. O esquema e a dimensão de causalidade são inseparáveis do objeto permanente, e o distinguem do objeto da psicologia acadêmica. Piaget menciona ocasionalmente que o objeto permanente, como é natural, tem um componente afetivo e, em alguns casos, o autor utiliza esse fato para explicar o comportamento; entretanto, até agora ele não fez nenhuma formulação conceitual em seu sistema para esclarecer essas implicações.

O objeto libidinal contém elementos tanto do objeto acadêmico como do objeto permanente de Piaget. Na realidade mostraremos posteriormente que sua consolidação baseia-se na consecução prévia, pelo bebê, de certos aspectos do objeto permanente de Piaget. Apesar disso, um amplo abismo separa a noção de objeto libidinal das outras noções de objeto já mencionadas.

O objeto libidinal, ao contrário do objeto "acadêmico" e do objeto permanente de Piaget, provém dos objetos de percepção da criança, que se originam de sua interação repetida com o parceiro humano, isto é, com a mãe ou seu substituto. Portanto, o objeto libidinal é, desde o começo, dotado de características dinâmicas. Isso acontece porque a primeira qualidade significativa do parceiro humano é sua capacidade para responder apropriada e oportunamente, sua capacidade para *sintonizar-se* com as necessidades vitais da criança. Progressivamente, a mãe sincroniza suas funções de ajuda com as necessidades da criança, estabelece-se um "diálogo" (Spitz, 1963a, b, c, 1964) entre a criança e o-que-virá-a-ser-seu-objeto (a mãe). Disso resultará um fluxo de interações harmônicas, o qual logo se efetuará em intervalos repetidos, que serão progressivamente antecipados pela criança. Essas trocas ativam, passo a passo, funções e capacidades que emergem na criança. Simultaneamente, a interação freqüente e periódica serve para construir, na mente nascente da criança, imagens que são precipitadas de estímulos interativos, interoceptivos e proprioceptivos. Por exemplo, estímulos que alcançam sua consciência rudimentar em atividades como segurar, contatos da pele e dos lábios, sugar e engolir, experiências que aumentam a tensão ou que a aliviam.

Imagens fragmentárias do parceiro humano surgem depois, são construídas, e cristalizam-se na mente da criança. Elas atingem sua memória através de caminhos cinestésicos, epidérmicos, auditivos, e outros, mas gradualmente as impressões visuais prevalecem. Essas imagens fragmentárias devem sua própria existência ao contato íntimo entre a criança e o-que-virá-a-ser-seu-objeto. Nesse contato íntimo, pela natureza da situação, o parceiro humano expressa seus afetos, os quais por sua vez "induzem" estados afetivos similares na criança. São associados à experiência de poderosas mudanças somáticas que não podem deixar de produzir impressões na memória da criança, por terem passado através das vias proprioceptivas e interoceptivas.

Portanto, a imagem inicial do parceiro humano, do-que-virá-a-ser-objeto, é fraca, a menos que seja fortalecida por concomitantes imagens internas de afetos vivenciados. Dessa multiplicidade de estímulos interoceptivos, proprioceptivos e exteroceptivos, uma imagem global do parceiro humano, do-que-virá-a-ser o objeto libidinal, surge e é progressivamente diferenciada e cristalizada. Sugere-se que a primeira imagem do objeto deriva de impressões sensoriais exteroceptivamente mediadoras, *cuja permanência e intensidade são devidas a um conjunto de traços mnemônicos contemporâneos e complementares, de origem interoceptiva e proprioceptiva.*

A matriz do objeto libidinal é formada assim por fragmentos recordados da interação, em seu primeiro período de vida, com o parceiro humano – a mãe ou seu substituto. É uma imagem construída através de experiências nas quais o *input* sensorial, motor e elementos simbólicos ulteriores deixam conjuntamente traços de memória compostos.

Enquanto o objeto "acadêmico" e o objeto permanente são principalmente de natureza cognitiva, o objeto libidinal distingue-se por sua natureza afetiva. Está firmemente ligado à imagem que o indivíduo tem de suas experiências afetivas, geradas em seus encontros com o primeiro ser humano que o assistiu, aliviando suas necessidades físicas, emocionais e outras.

Devido a todas essas considerações, o objeto libidinal, ao contrário dos objetos "acadêmico" e permanente, desafia uma das leis da lógica clássica: ele não se mantém idêntico a si mesmo. De acordo com as necessidades emocionais mutáveis do indivíduo, de acordo com o crescimento e alteração incessantes de suas imagens das experiências afetivas, o objeto libidinal muda no decurso da vida do indivíduo.

Simplificando, pode-se dizer que o objeto libidinal é uma representação que surge e, durante toda a vida, permanece estritamente ligada às necessidades individuais, pulsões instintuais e seus derivados. As condições que governam a satisfação (ou frustração) dessas necessidades, etc., passam por mudanças à medida que a vida prossegue, e essas mudanças, conseqüentemente, transformam a natureza do objeto libidinal. O contexto determina sua acentuada qualidade subjetiva, assim como determina o fato de que ele não permanece idêntico a si mesmo com o passar do tempo. Portanto, o objeto libidinal pode ser definido somente em relação ao sujeito; ele é designado pela constelação de pulsões que o sujeito lhe dirige, pelo investimento de catexia que nele foi feito. Essa constelação é bem complexa e flutuante, a ponto de desafiar a programação de que são capazes os computadores atuais.

A comparação dos três "objetos" não é uma comparação facciosa. Nunca é demais repetir que a emergência do objeto libidinal é inconcebível sem a consecução concomitante de certos aspectos do objeto permanente. Portanto, é ingênuo afirmar que o conceito de objeto libidinal transcende ou é "superior" ao de objeto permanente, como instrumento conceitual capaz de explicar o comportamento humano. Os dois objetos complementam-se. A psicanálise até recentemente não se interessou pelas dimensões cognitivas, e seu conceito de objeto libidinal ficou como um peso morto na teorização rigorosa. Para fazer justiça à sua herança científica, a teoria psicanalítica precisa preencher esta lacuna de seu quadro conceitual.

Portanto, cabe relatar sucintamente os passos sucessivos que levaram ao objeto permanente de Piaget, por um lado, e à consecução do objeto libidinal, por outro. Visto que o conhecimento é ainda incompleto no que se refere ao momento preciso em que a criança, no seu desenvolvimento, alcança as fronteiras de sua individualidade, as referências cronológicas serão escassas e limitadas aos principais eventos.

A descoberta do não-eu

Piaget, através de suas inúmeras experiências e observações de crianças, contribuiu substancialmente para o armazenamento de fatos e dados sobre o modo como a criança, gradualmente, constrói suas noções do mundo exterior. De acordo com Piaget, para que ela consiga isto, precisa estar consciente de suas próprias respostas. Tais idéias estão baseadas em conclusões reconstrutivas e na intuição[9].

No início, diz ele, a criança não "vê", não "ouve", não "sente", etc., nada que lhe seja exterior. Seu mundo exterior é constituído de uma série de "quadros sensoriais" móveis[10], centrados em sua própria atividade. Eles carecem de estabilidade, vêm e vão, formam-se e se dissolvem; carecem de permanência, não têm espaço objetivo, e, obviamente, não há causalidade (Piaget, 1954). O quadro está muito próximo de algumas facetas do conceito psicanalítico de indiferenciação ou de não-diferenciação.

A criança vive no estágio sensório-motor: sente e apreende o mundo por meio da sua própria atividade motora, e na medida em que esta se expande e se torna organizada o mesmo ocorre com sua impressão do mundo que a cerca. Logo após o nascimento, a criança move-se, espreguiça-se, movimenta seus membros e volta então à posição inicial; ela estica e contrai seus músculos, exercita seus reflexos. Piaget afirma que a percepção primitiva é derivada desse tipo de ação motora. Gradualmente, com o aumento da experiência, os movimentos são sincronizados, movimentos diferentes são ordenados em séries, para alcançar um determinado objetivo. Os movimentos seriados são coordenados num sistema que serve para explorar o novo território.

A criança começa a fazer aquisições para seus quadros sensoriais, através dos dedos, das mãos, tocando-os. Agora, ela se torna consciente de que os quadros sensoriais que procedem de "alguma coisa exterior" coincidem com as impressões transmi-

---

9. Piaget segue aqui a tradição estabelecida por Freud e Ferenczi. Essas proposições de Piaget só receberam um certo apoio empírico quando Spitz (1957) interpretou o material reunido por von Senden (1932).

10. O termo *sensory displays* (quadros sensoriais) é usado, aqui, para traduzir a expressão *tableaux sensoriels*, de Piaget. Na literatura, essa expressão é traduzida na maioria das vezes como *sensory pictures* (imagens sensoriais), que é inapropriada e equívoca.

tidas pela ação de seus próprios músculos (ou ação motora) sobre essa "alguma coisa". Cada vez mais as duas coisas se fundem e deixam uma impressão mnemônica. Essa impressão combina-se com outras, derivadas de diferentes modalidades sensoriais. E o processo culmina na formação do objeto permanente.

A observação de Piaget indica que, antes de a criança reconhecer as "coisas", muito antes, ela tem a noção do objeto permanente, responde a estímulos e, obviamente, "lembra-se" deles. E, ainda, que o faz na ausência de qualquer reconhecimento. Piaget explica: o recém-nascido e a criança podem "relacionar-se" com um "objeto" externo sem reconhecê-lo; não se lembram de estímulos exteroceptivos ou de um conjunto de estímulos exteroceptivos, mas sim de um conjunto de estímulos proprioceptivos e interoceptivos. Nesse contexto, Piaget afirma que a criança aprende a "relacionar-se" com seu próprio dedo; isso acontece depois de, acidentalmente, ela ter colocado o dedo na boca quando teve fome e, por reflexo, ter começado a sugá-lo. É claro que a criança ainda não reconhece o dedo como parte de seu próprio corpo. Sente-o apenas como algo que pode ser movido. Da mesma forma, quando a criança vira a cabeça, na posição de amamentação (nas primeiras semanas de vida), não se trata do reconhecimento de um quadro sensorial, mas de um simples "relacionamento" com a mãe[11]. Sua explicação desses fenômenos é da maior importância:

> Examinemos... o modo pelo qual a criança redescobre o mamilo. Desde o terceiro dia (obs. 3), Laurent parece distinguir o mamilo dos tegumentos vizinhos; ele tenta mamar e não apenas sugar... é claro que não se trata... do reconhecimento de um "objeto" pela simples razão de que não há nada nos estados da consciência de um recém-nascido que possa capacitá-lo a estabelecer contrastes entre o universo exterior e o interno... nem se

----

11. Spitz (1955b) é mais específico: afirma que o fenômeno da criança "virar-se para" deriva das sensações dos órgãos do ouvido interno, que reagem a quaisquer mudanças gravitacionais.

trata de puro reconhecimento perceptivo ou de reconhecimento de imagens sensoriais (quadros) apresentadas pelo mundo exterior... Para o recém-nascido, ao contrário, só pode haver consciência de atitudes, de emoções, ou sensações de fome e de satisfação. Nem a visão, nem a audição, dão origem a percepções independentes dessas reações gerais... Quando o lactente diferencia o mamilo e o resto do peito, dedos ou outros objetos, ele não reconhece um objeto ou uma imagem sensorial (quadro), mas simplesmente redescobre um determinado complexo sensório-motor e postural (sucção e deglutição combinadas) entre outros complexos análogos, que constituem seu universo e revelam uma total falta de diferenciação entre sujeito e objeto [Piaget, 1936, pp. 36 ss.].

Esse "relacionamento" da criança com o mamilo, e depois com o dedo, gradualmente suscita um *sentir* de suas próprias reações, através da prática de reflexos e do estímulo de necessidades exteriores, bem como pela interação com o meio ambiente. No princípio, muitas funções da criança, tais como a sucção, a rotação da cabeça, ligadas aos reflexos, são preparadas (*primed*) – termo feliz, sugerido recentemente por Wolff, 1963. À medida que as necessidades (por exemplo, a sede e a fome) passam a exercer pressão, a sucção é provocada por uma estimulação apropriada dos lábios. A experiência repetida desse ciclo faz com que a criança perceba aos poucos a mudança de seus estados, de modo que as novas atividades se tornam auto-estimuladoras.

Depois que a criança se dá conta de suas próprias reações, ela começa a sentir, a apresentar e, finalmente, a reconhecer a existência de um "não-eu", aparentemente por notar que as mudanças em seus estados interiores coincidem com a presença ou ausência da mãe. Piaget (1954) admite – e aqui a influência de seu contato com a psicanálise se torna mais uma vez evidente – que o "item" decisivo no que se refere ao "não-eu" é a pessoa que cuida dele, a mãe ou seu substituto. No corpo dela, o bebê adquire as primeiras noções de espaço e ela é o primeiro objeto, um detalhe no seu "não-eu".

No primeiro capítulo de seu livro *The Construction of Reality in the Child* (1937), Piaget mostra como a criança adquire a noção de um detalhe do "não-eu", a noção de objeto, ou de que *as coisas que são permanentes têm substância e dimensões constantes*. (Piaget argumenta que "na criança, a evolução da sua noção de objeto permanente é inseparável da evolução paralela de três outras *categorias da realidade*, isto é, *espaço*, *tempo* e *causalidade*. Esta exposição não tratará dessas últimas categorias.)

No conceito de Piaget, o objeto permanente é construído "pouco a pouco" durante seis estágios de desenvolvimento (0 – 18 meses), como se segue:

Nos dois primeiros estágios (o dos reflexos e o dos primeiros hábitos), o mundo da criança é constituído de quadros sensoriais móveis e instáveis, que podem ser reconhecidos mas não têm permanência substancial de organização espacial.

No terceiro estágio (o das reações circulares secundárias), os quadros sensoriais são investidos com uma noção de permanência; como Piaget argumenta, esta se reflete no prolongamento dos movimentos da criança (de segurar, etc.) quando o quadro desaparece. Esses movimentos têm um caráter claramente passivo.

No quarto estágio da seqüência do desenvolvimento (aplicação de meios conhecidos a situações novas), a criança procura ativamente as coisas que desapareceram do seu campo visual; essa procura torna-se sistemática, mas não está ainda relacionada com o lugar do desaparecimento; a criança apenas percebe que a coisa sumiu. Ela procura a coisa num lugar especial – por exemplo, onde a encontrou escondida pela última vez.

Durante o quinto estágio, a criança dirige sua busca das coisas ao próprio local onde elas desapareceram. Entretanto, ela não leva em conta seu deslocamento fora do seu campo visual.

Finalmente, no sexto estágio, a criança procura as coisas independentemente de o deslocamento delas ser visível ou invisível. Piaget (1954) conclui que "há uma imagem de 'coisas' ausentes e seu deslocamento". O objeto permanente está estabelecido, o que Piaget explica da seguinte maneira. "É um complexo polissensorial que se pode ver, ouvir, tocar, etc., e que, do ponto de vista do sujeito, persiste na ausência de todos os contatos perceptuais."

A seqüência dos passos esboçada por Piaget, que culmina com a obtenção do objeto permanente pela criança, tem a aparência de um cálculo da estrutura de uma construção que deverá ser feita de acordo com um plano detalhado. A simples estabilidade e duração do edifício indicam que foi dada a devida consideração à força da gravidade, à tolerância de tensão, ao desgaste provocado por forças e elementos ambientais. Visto não haver partes móveis que interagem no edifício, também não há um fluxo de força dentro de suas partes estruturais. Essa analogia do edifício terminado transmite, de modo rudimentar, a concepção que Piaget tem das funções cognitivas da criança e de como elas se tornam ativas. Sua preferência pelo que é preciso, categórico, matemático, torna a mente humana um mero edifício de elementos estruturais.

Sabemos, entretanto, que a cognição sem participação afetiva é um artefato, como vimos nos capítulos anteriores. A cognição e os processos cognitivos são desencadeados e entrelaçados com processos afetivos e experiências. Essas forças psíquicas internas influenciam poderosamente a cognição, são instrumentos de seu desdobramento, e, em geral, propulsionam o desenvolvimento ontogenético tanto como o fazem as influências exteriores.

Piaget não ignora a importância dos "aspectos" afetivos do objeto permanente. Ao discutir a formação do objeto num nível concreto, ele reconhece que os elementos afetivos contribuem para a emergência do objeto, e sugere que a noção de objeto permanente está ligada, de maneira privilegiada, a relações com uma pessoa. Assim, ele afirma numa das suas conferências na Sorbonne, em 1954:

> A outra pessoa é um objeto afetivo do mais alto grau, mas é ao mesmo tempo o mais interessante objeto cognitivo... e eu res-

salto, o mais instrutivo nesse nível, a fonte da percepção... Portanto, a outra pessoa é um objeto que realiza múltiplas trocas, nas quais entram fatores cognitivos e afetivos...

Em nenhum outro lugar Piaget fala tão claramente sobre os elementos afetivos do objeto e das influências formativas das trocas com o parceiro humano.

Por isso é surpreendente notar que Piaget não considerou devidamente esse papel privilegiado do parceiro humano, em nenhuma de suas experiências decisivas relativas à obtenção do objeto permanente, mas limitou-as à manipulação de "coisas" pela criança. Agindo dessa forma, Piaget ignorou suas próprias premissas sobre a igualdade da esfera afetiva e cognitiva e seu desenvolvimento sincrônico.

Formação do objeto e relações objetais

A teoria de Piaget sobre a formação do objeto refere-se ao reconhecimento progressivo do ambiente da criança, o que é entendido como um aspecto da adaptação. Lembremo-nos de que Piaget distingue a forma inferior de adaptação biológica (homeostase) e a mais adiantada forma de adaptação psicológica – a inteligência[12].

A formação do objeto constitui um novo marco significativo no desenvolvimento da inteligência, de acordo com Piaget. Ele coloca o leitor, por assim dizer, nos sapatos da criança permitindo-lhe avançar passo a passo na estrada que conduz à formação do objeto permanente.

---

12. A inteligência "é a forma mais desenvolvida de adaptação mental... o instrumento indispensável para a interação entre o sujeito e o universo, quando o alcance da interação vai além dos contatos imediatos e momentâneos, para a obtenção de relações estáveis e de longo alcance... suas origens são indistinguíveis das origens da adaptação sensório-motora, em geral, ou mesmo das origens da própria adaptação biológica" (Piaget, 1947, p. 7).

Cria-se a impressão inevitável de que esse movimento se realiza independentemente de influências anbientais. O parceiro humano, por exemplo, aquele-que-virá-a-ser-objeto, desempenha algum papel, por insignificante que seja, nesse desdobramento? Piaget não se interessa por este problema. Mas é inadmissível que o objeto permanente seja um item pré-fabricado, um *deus ex-machina*, que é subitamente colocado no universo da criança e assume, de vez, o controle sobre suas trocas com o meio ambiente. O problema é que o objeto permanente é uma categoria geral que se adapta bem ao sistema lógico de elementos objetivos de Piaget, em vez de ser um item natural, específico, que é parte e parcela da experiência subjetiva da criança.

Quais são as proposições psicanalíticas relativas à formação do objeto? Como é formulada a interação entre o sujeito e o objeto futuro (o-que-virá-a-ser-objeto)?

As proposições psicanalíticas relacionadas ao surgimento do objeto libidinal derivam do conceito de estágios psicossexuais e das vicissitudes da distribuição de catexia. Com o advento da psicologia do ego e a concomitante ênfase sobre as relações objetais, essas proposições desenvolveram-se consideravelmente. Piaget, desconhecendo esse desenvolvimento, que se iniciou por volta de 1930, afirmou em suas conferências na Sorbonne (1954) que o conceito psicanalítico de relações objetais é limitado e incompleto, estando ligado à evolução das pulsões instinuais e aos estágios psicossexuais[13].

A crítica de Piaget está um pouco ultrapassada. De fato, uma parte considerável da psicologia psicanalítica do ego está especificamente interessada na adaptação do indivíduo ao ambiente e na repercussão disso no seu desenvolvimento mental. As relações objetais – relações com as pessoas, com a sociedade – figuram com destaque nessa abordagem. As relações obje-

---

13. Essas conferências foram repetidas, sem modificações, nos últimos anos.

tais são consideradas como indutoras de adaptação e como seu produto. A reciprocidade entre adaptação e relações objetais foi demonstrada quando, com base em estudos com grandes grupos de crianças, manifestou-se uma deficiência ou uma malformação nas suas relações objetais, prejudicando tanto o desenvolvimento físico quanto o mental (Ainsworth e outros, 1962).

A expansão da teoria psicanalítica clássica leva em consideração as trocas que ocorrem entre a criança e o parceiro humano, as quais se dão primeiro no nível do intercâmbio biológico. De acordo com essas proposições, esta interação biológica é progressivamente investida de conteúdo psicológico, de modo que o simples intercâmbio biológico é gradualmente transformado numa interação psicológica (Spitz, 1957).

Ao deslocar a ênfase do nível biopsicológico (estágios psicossexuais) para o nível psicossocial (relações objetais), a psicologia psicanalítica do ego ultrapassou o quadro conceitual de Piaget. Como se afirmou anteriormente, Piaget não está interessado na influência do ambiente sobre o crescimento mental da criança; ele considera a cognição do ambiente pelo indivíduo como um índice de crescimento mental, e exclui a possibilidade de que a parada ou desvio desse crescimento possa ser devido à natureza de suas relações interindividuais.

É certo, entretanto, que as contribuições da psicologia do ego relativas ao desenvolvimento da criança têm-se concentrado no desenvolvimento afetivo, e os progressos no conhecimento sobre o desenvolvimento cognitivo são, com poucas exceções, realizados sobretudo no domínio da teoria e da inferência.

Resta agora apresentar, lado a lado, as conclusões de Piaget e as das investigações psicanalíticas concernentes a uma área específica das realizações da criança, isto é, de sua cristalização do "objeto". Essa escolha impõe-se porque dispomos de inúmeras observações e porque entre os pesquisadores há relativo consenso sobre seu significado.

Indicadores de formação do objeto

Nas páginas precedentes tentou-se delinear o papel central do objeto no desempenho mental e no comportamento humano. Apesar do progresso dos nossos métodos de descoberta e do aperfeiçoamento da mensuração, é raro depararmos com uma afirmação, na literatura científica, que admita que todo o nosso conhecimento do mundo, que a nossa representação do universo, estejam basicamente apoiados no conhecimento dos objetos. A noção de objeto é, na verdade, a pedra fundamental de todo o procedimento científico, quer no domínio das ciências "exatas" ou "concretas", quer no das ciências do comportamento.

Piaget mostrou como emergem as facetas mecânicas dessa cognição do objeto, por quais estágios elas passam antes de se tornarem completamente operacionais. Como estava essencialmente interessado no pensamento formal e na esfera racional, foi levado a passar por alto ou a minimizar o subjetivo, o elemento humano, deste fenômeno.

Os psicanalistas investigam a formação do objeto concentrando-se nos aspectos dinâmicos desse processo. Empenharam-se em descobrir as forças subjacentes aos esforços da criança na busca de contato com o ambiente; empenharam-se em detectar fatores psíquicos que levam à formação do objeto; e, finalmente, empenharam-se em explorar a função que os elementos psíquicos continuam a ter quando a criança se engaja no intercâmbio com os objetos, seja na forma de ação, de comunicação, seja de mera ideação.

Essas duas orientações ou abordagens diferentes da formação do objeto são complementares por natureza, estando Piaget interessado no "alvo" enquanto a pesquisa psicanalítica importa-se principalmente com as forças psíquicas dirigidas para o "alvo". Conseqüentemente, cada uma das abordagens concentrou-se em aspectos específicos desse episódio do desenvolvimento.

Piaget delineou o curso do processo do desempenho cognitivo da criança, que culmina na aquisição da representação.

Referindo-se à criança, Piaget afirma que a representação ocorre *quando uma "coisa" persiste em sua mente, embora não esteja mais presente em seus sentidos*.

Pesquisadores psicanalistas trabalharam na determinação dos comportamentos correspondentes à *expansão centrífuga da catexia a partir do sujeito em direção ao percepto, ao objeto libidinal nascente*.

Também exploraram a cristalização concomitante e progressiva do objeto libidinal. Do seu ponto de vista, este desenvolvimento está ligado ao caráter mutável da relação da criança com a principal pessoa que cuida dela.

O trabalho empírico – observação e experiências com crianças – tornou possível traçar o curso da formação do objeto e suas principais demarcações. Este trabalho foi empreendido por Piaget e seus colaboradores, por psicólogos de crianças e professores, bem como por pesquisadores de orientação psicanalítica. O procedimento escolhido foi o de registrar o comportamento de uma amostra apropriada de crianças em duas situações específicas: 1) o reconhecimento, pela criança, de quadros sensoriais que prendem sua atenção quando incidem sobre seu sistema perceptivo; 2) sua reação, particularmente seu comportamento antecipatório, quando esses quadros desaparecem e a atenção da criança está dirigida para eles.

Apesar da pesquisa intensiva, ainda não se conhece suficientemente o momento cronológico preciso em que "o bebê" alcança uma determinada etapa de desenvolvimento. Devido a isso, a informação cronológica somente será citada aqui no que se refere aos principais eventos[14].

....
14. As experiências de Piaget que testam o comportamento infantil em resposta ao desaparecimento de um objeto, durante o período de 1 a 18 meses, foram repetidas recentemente, e seu alcance foi consideravelmente ampliado num estudo acadêmico, realizado por Gouin Décarie (1962). O autor pôde confirmar, de modo geral, resultados obtidos por Piaget sobre a ordem em que surgem as várias conquistas da criança.

Referindo-se à criança, Piaget afirma que durante os primeiros dois estágios "o reconhecimento (de uma 'coisa' externa) não precisa de nenhuma evocação de uma imagem mental... é suficiente que a atitude previamente adotada em relação à coisa seja novamente posta em movimento... o sujeito reconhece sua própria reação antes de reconhecer o objeto como tal" (1937, p. 6). Assim, por volta do décimo dia, a criança depois de sugar momentaneamente o acolchoado, procura "algo mais substancial", o peito. Piaget explica que a criança apenas sentiu alívio quando encontrou o mamilo e agora, quando encontra o acolchoado, percebe a ausência do lembrado alívio (1936, pp. 36 ss.).

Os observadores que têm orientação psicanalítica mencionam detalhes dessa situação não ressaltados por Piaget: a criança nem sempre procura algo mais substancial; seu "reconhecimento" ainda é tênue, depende das pressões da necessidade da criança (ver Capítulo 3). Este fenômeno é muito bem descrito por Anna Freud (1946):

> Quando a criança está sob pressão de necessidades corporais urgentes, como por exemplo a fome, estabelecem-se periodicamente conexões com o meio, as quais são afastadas após a satisfação das necessidades e o alívio da tensão. Essas ocasiões constituem a iniciação da criança em experiências de satisfação de desejo e prazer. Elas estabelecem centros de interesse aos quais a energia libidinal se liga. Uma criança bem-sucedida ao se alimentar "ama" a experiência de alimentação (amor narcisista) [p. 124].
>
> [Nove anos mais tarde, a mesma autora exprime conceitualmente sua interpretação:] a catexia libidinal mostra estar nessa época vinculada não à imagem do objeto, mas à feliz experiência de satisfação [1954a, p. 12].

Gradativamente, com a idade, a cognição da criança se amplia. Ela começa a perceber as coisas do "lado de fora", primeiramente aquelas relacionadas com a experiência de satisfação (ver Capítulo 4). Por exemplo, no início do terceiro mês, quando a linha de visão da criança encontra um rosto humano, ela acompanha seu movimento com concentrada atenção. "Nenhuma outra coisa" pode provocar este comportamento na criança nessa idade (Capítulo 3; ver também Figura 3). Spitz (1955b) explica que este interesse tem origem nas freqüentes experiências afetivas do bebê, em presença do rosto humano.

Esse progresso em relação à formação do objeto alcança um marco na reação de sorriso (ver Capítulo 5; Spitz, 1948a, 1954; Spitz e Wolf, 1946). Spitz sugere que este fenômeno introduz o estágio pré-objetal. O bebê ainda não reconhece a pessoa ou o rosto humano, mas apenas a *Gestalt*-sinal da testa, olhos e nariz, em movimento. De acordo com Spitz, quando o rosto está virado de perfil, muitas crianças parecem buscar o reaparecimento da *Gestalt* nas proximidades da orelha.

Comentando a respeito do mesmo fenômeno (desaparecimento do quadro), Piaget afirma que, de início, a criança parece magoada. Depois, ela também se envolve na procura ativa (ação motora) do quadro desaparecido. Piaget faz da *ausência de procura ativa de uma "coisa" desaparecida* um indicador de estágio. Ele afirma que ainda não é um objeto permanente. Mesmo mais tarde, quando por volta do quarto mês a criança começa a chorar quando o rosto desaparece, ela ainda não o concebe como um objeto; falta ao quadro sensorial permanência *objetiva*, ele simplesmente foi dotado de permanência subjetiva ou afetiva:

> ...é suficiente para a criança esperar pelo retorno da imagem interessante (da mãe, etc.) à qual ela atribui um tipo de permanência afetiva ou subjetiva, sem localização ou substância; a imagem desaparecida permanece, por assim dizer, "à disposição", sem ser encontrada em nenhum lugar, de um ponto de vista espacial [1937, p. 13].

Piaget faz, entre permanência afetiva e cognitiva (isto é, desempenho mnemônico), uma distinção que suscita três grandes problemas, aos quais convém dedicar uma breve discussão.

1. Em geral, Piaget entende que a aquisição da percepção e a construção da memória caminham juntas; no momento em que a criança pode "ver" (isto é, compreender adequadamente algumas características distintas de uma "coisa"), ela também pode se lembrar do que viu. Não há prova para confirmar a suposição de Piaget. As experiências sobre a reação de sorriso (Kaila, 1932; Spitz e Wolf, 1946; Ahrens, 1954; Polak, Emde, Spitz, 1964a) sugerem que há uma aquisição gradual de percepção na criança que, de maneira simplificada, se efetua em um curso semelhante ao da construção de um edifício, por métodos convencionais: primeiro, levanta-se um andaime que serve para a construção da estrutura externa, à qual se adaptam, progressivamente, as outras partes. Para verificar que é isto o que realmente acontece na percepção, nós ainda nos baseamos no reconhecimento por parte da criança (memória, sob a forma de lembrança que foi auxiliada). Mas essa necessidade não significa que haja aparecimento simultâneo de percepção e memória. Não está demonstrado que a construção gradual do percepto está moldada por uma seqüência simultânea ou idêntica no setor mnemônico. Tudo isso questiona a tese de Piaget de que há memória (permanência) *antes* de haver um percepto consolidado.

2. Essa última suposição de Piaget é, muito sintomaticamente, a explicação habitual da escolha feita pelo adulto nas experiências visuais subliminares, interpretada em termos de mecanismos de defesa (Klein, 1959). No caso da criança, obviamente não há defesa (repressão) em funcionamento para explicar sua cognição incompleta.

3. A definição de Piaget do termo "objeto", ligando-o à "representação", é infeliz e enseja mal-entendidos (veja sua definição acima). Aceita-se agora que o primeiro traço mnemônico está sob a forma de uma imagem de memória, uma simples réplica da impressão sensorial. A representação, no sentido convencional do termo, por outro lado, significa uma realização conceitual. Assim, a criança já é capaz, por exemplo, de separar, de abstrair características destacadas de inúmeros rostos,

e de uni-las em um registro quase "objetivo", uma representação "rosto" em seu sistema mnemônico, que é uma unidade categorial, uma forma elevada de reserva da memória.

A explicação teórica geral de Piaget sobre por que a criança procura a coisa desaparecida é dupla: 1) a atividade autoestimulante, iniciada pela prática dos reflexos; 2) a tendência para o estabelecimento do equilíbrio que foi perturbado pela interação com o ambiente. Neste caso particular, tal explicação pareceu-lhe inadequada. Mais precisamente: por que um equilíbrio deveria ser perturbado por um estímulo insuficientemente apreendido? A permanência afetiva foi invocada, portanto, como a causa do comportamento.

As proposições psicanalíticas habituais explicam de forma mais simples o comportamento da criança. Elas sustentam que um certo percepto configuracional (uma *Gestalt*) formado por olho, nariz, testa – em movimento – passa a ser associado pela criança à experiência de satisfação, isto é, ao alívio da tensão concentrada na boca (Spitz, 1955b; e Capítulo 3). Em outras palavras, o desaparecimento do rosto da mãe atua meramente como um detonador; o choro da criança é liberado quando a imagem mnemônica de uma experiência proprioceptiva é ativada. A influência do desaparecimento do rosto sobre o comportamento da criança é, portanto, indireta; falta-lhe a qualidade de agente causal.

A explicação psicanalítica não pára aqui. Ela acrescenta que a experiência proprioceptiva (alívio de tensão) pode deixar um traço de memória perceptível, porque a criança a investiu com catexia libidinal. O mesmo não ocorre com o estímulo exteroceptivo (a face da mãe). A falta de catexia ainda faz com que a face apareça como uma configuração global que parece fazer parte do equipamento congênito da criança (ver Capítulo 3). Em razão de não ser um item adquirido pela experiência, não tem traço de memória correspondente – pelo menos no uso atual do termo – que o ligue à aprendizagem (English e English, 1958).

As proposições psicanalíticas explicam também como acontece que, algum tempo depois, o rosto da mãe se torne um percepto e deixe um traço de memória correspondente na mente da criança. Gradualmente, a catexia foi transferida da experiência de satisfação para o fornecedor dessa satisfação (alimento que alivia a fome e reduz a tensão oral). O fornecedor é a mãe ou seu substituto (A. Freud, 1946, p. 124). Alguns anos mais tarde, A. Freud explica esse progresso em termos conceituais, com estas palavras: "Gradualmente a catexia libidinal muda da experiência de satisfação para a imagem do objeto sem o qual a satisfação não poderia ocorrer" (A. Freud, 1954a, p. 13). "Parece-me que isso ocorre por volta da metade do primeiro ano, e acontece gradativamente" (1954b, p. 59).

A teoria psicanalítica considera pois duas linhas simultâneas de progresso na criança – uma mudança da percepção proprioceptiva para o contato, e finalmente para a percepção a distância; uma mudança concomitante da catexia libidinal (o esforço para, o interesse em, a necessidade de estar próximo, de relacionar-se com) para longe de seu próprio corpo, para o corpo do parceiro humano. Assim, pode-se dizer que a teoria observa que *a cognição desloca-se centrifugamente, a partir da consciência da sensação interna por meio da periferia (zona bucal, superfície da pele) para a apreensão do ambiente*, começando pela cognição do parceiro humano. O progresso é iniciado pela transposição de catexia.

Com a aquisição gradual da coordenação sensório-motora, a criança empenha-se em uma busca mais ativa de um "objeto"[15] que desaparece diante de seus olhos. Conhecemos os detalhes desses progressos graças aos estudos meticulosos realizados por Piaget e seus colaboradores. A partir dessas observações parece que, primeiramente, a criança procurará o "objeto" somente se a busca constituir uma extensão de sua atividade sensório-motora atual: 1) ela só procurará o "objeto" desaparecido se tiver acabado de segurá-lo nas mãos; 2) ela o procurará num raio equivalente ao alcance de sua mão; 3) ela procurará um "objeto" que viu ininter-

---

15. "Objeto" significa o-que-virá-a-ser-objeto permanente.

ruptamente por algum tempo, até o momento de seu desaparecimento; 4) mais tarde, ela também procurará um "objeto" visto apenas um momento antes de ele desaparecer.

Essa busca do "objeto" desaparecido progride da procura num lugar familiar (onde o "objeto" estava antes) para a procura num lugar dentro do seu raio de visão. A esse desenvolvimento global corresponde uma expansão do espaço do berço (mencionado anteriormente no Capítulo 10). De acordo com Piaget, o reconhecimento do objeto acompanha, de perto, o reconhecimento de sua relação com o espaço.

Piaget (1937) comenta, a respeito das primeiras séries de experiências que comprovam a busca pela criança do objeto desaparecido, cujo deslocamento ela presenciou:

> [Essas experiências] mostram-nos que os princípios da permanência atribuídos às imagens [quadros sensoriais] percebidas originam-se da ação da criança em movimentos de acomodação, ... ela não continua a procurar o objeto apenas onde o viu recentemente, mas procura-o em um novo lugar. Ela antecipa a percepção de sucessivas posições do objeto em movimento e, de certa forma, leva em conta seu deslocamento. [O autor continua, acentuando o alcance dessa busca.] Ela se limita a perseguir... com os olhos ou com a mão, a trajetória delineada por movimentos de acomodação [p. 18]... o deslocamento, atribuído ao objeto, depende essencialmente da ação da criança (movimentos de acomodação que são ampliados pela visão) e a própria permanência se mantém ligada a esta ação [p. 19].

As duas psicologias do desenvolvimento, a psicanálise e a escola de Genebra, unem desse modo a origem da percepção externa às experiências percebidas proprioceptivamente. A teoria psicanalítica sustenta que a cognição do parceiro humano "apóia-se" em pulsões dinâmicas, manifestadas como processos afetivos, com catexia concomitante, resultando em atenção. Piaget e a escola de Genebra afirmam que a cognição "apóia-se" no sentido proprioceptivo da própria atividade motora da pessoa.

O progresso posterior no sentido da constituição do objeto permanente é investigado por Piaget em outras experiências, que culminam nos deslocamentos do "objeto" por trás de uma tela, e mais tarde de duas telas, isto é, em seu deslocamento invisível.

De acordo com a hipótese de Piaget (que ele não formulou exatamente assim) de que o desempenho intelectual "apóia-se" na atividade sensório-motora mal ela se desencadeia, a criança começa com a capacidade de recuperar um "objeto" que está apenas parcialmente escondido diante de seus olhos; mais tarde torna-se capaz de recuperá-lo quando estiver totalmente escondido atrás da tela. É este exemplo particular, a procura do brinquedo desaparecido, que ilustra de modo admirável como o modelo psicanalítico e o sistema teórico da École de Psychologie Génétique complementam-se na explicação do comportamento da criança.

A teoria psicanalítica afirma que a busca do brinquedo pela criança é ativada por um desejo (um interesse), mas este desejo é sustentado pela catexia positiva com a qual foi investido o brinquedo, ou melhor, a imagem endopsíquica (mental) do brinquedo.

Há uma tese tácita – e nem por isso menos crítica – subjacente a esta explicação do impulso da criança para procurar o brinquedo perdido. É a inferência lógica, raramente explicitada na literatura psicanalítica atual, de *que a emergência da imagem mnemônica baseia-se na consolidação, na constância do seu objeto de percepção correspondente*. Essa inferência é válida também para o objeto libidinal, fato que tem importantes implicações teóricas a serem tratadas posteriormente.

Entretanto, dois outros pontos levantados pela teoria psicanalítica merecem atenção imediata. Pela natureza das coisas, a procura do brinquedo pela criança será vã, pelo menos bem no início. Se ela continuar a procura, apesar de tais contratempos momentâneos, a força da catexia positiva por si só não será suficiente, embora seja uma condição necessária. Diante do fracasso – mantidas idênticas as demais condições –, a criança logo desistirá de procurar, a menos que tenha adquirido, através da experiência e da maturação, uma *capacidade de tolerar a frustração momentânea* que sofreu no seu esforço. Em outras palavras, ela precisa ter aprendido a suportar um inesperado aumento de tensão.

Seu esforço para procurar depende também da aquisição de rudimentos *de antecipação*. A antecipação do sucesso de uma satisfação iminente dá ímpeto a essa procura e muitas outras atividades (Kris, 1951, p. 97).

As proposições psicanalíticas atuais unem, desse modo, a cognição e a conação (ação) com os processos intrapsíquicos que a escola de Genebra ignora. É precisamente essa suposta capacidade de esperar que capacita a criança a exercer algum controle sobre sua pulsão instintual. Essa pulsão reprimida torna-a capaz de retardar a satisfação de suas necessidades. Assim liberada, sua exploração do ambiente, seu reconhecimento das "coisas" no mundo exterior, não sofrem mais, constantemente, a interferência da pressão de suas necessidades. Ela não está mais à mercê de mecanismos homeostáticos do *hic et nunc* discutidos anteriormente. Quando isso acontece, a criança começa a discernir os detalhes na aparência e nas ações do parceiro humano privilegiado, que é o dispensador de satisfação e de frustração. "De modo crescente", escreve A. Freud (1954b, p. 59), "a mãe é reconhecida como a fonte de prazer e desprazer, e como tal é catexiada."

A teoria psicanalítica admite que, devido à percepção inicial, apoiada na necessidade, a criança atravessa um período durante o qual constrói duas imagens da mãe. A mãe que propicia satisfação (o objeto bom) e aquela que frustra (o objeto mau). A criança investe a imagem do objeto bom com catexia libidinal, que sustenta seu desejo de estar perto da mãe, de aproximar-se dela. A imagem do objeto mau é investida com catexia agressiva, que sustenta o desejo de afastar a mãe (empurrá-la, bater nela), o desejo de interferir naquilo que a mãe porventura faça de frustrante: inversamente, a imagem do objeto mau também aparece quando a mãe frustra a criança pela desatenção. Esses impulsos, até então não reprimidos internamente, evitam a formação de imagens estáveis na memória da criança. A imagem mnemônica do objeto bom é instantaneamente dissolvida quando a criança percebe as impressões sensoriais que denotam frustração. O mesmo acontece, inversamente, em relação ao objeto mau.

A experiência e a concomitante maturação no setor sensório-motor e o progresso em outras esferas fundem-se em duas imagens mnemônicas e preparam o caminho para a formação do objeto libidinal. Quando isso acontece, entre o oitavo e o décimo mês, ocorreu uma redistribuição de catexia. Em conseqüência, a imagem mnemônica que a criança tem do objeto libidinal *transcende a impressão sensorial momentânea, não é mais dissolvida pelo percepto atual.* Se isso for verdade, segue-se que o objeto libidinal baseia-se na consolidação prévia do percepto da mãe. *Em outras palavras, a constância do objeto libidinal deve ser precedida pela formação do objeto permanente correspondente* (isto é, a imagem da mãe deve persistir na mente da criança quando a mãe está ausente).

À medida que a criança amadurecer, ela será capaz de vincular sua catexia libidinal aos objetos que estão ausentes durante períodos cada vez mais longos (A. Freud, 1952, pp. 44 ss.). O objeto libidinal foi estabelecido e baseia-se, como vimos, na imagem mnemônica e na capacidade de tolerar frustração, de antecipar satisfação.

Essa tese – de que a criança precisa cristalizar o objeto permanente antes de atingir o objeto libidinal – pode facilmente levar a erro o experimentador cuja orientação seja exclusivamente guiada pela psicologia acadêmica ou pelo sistema conceitual de Piaget. O fato de, no caso da mãe, o objeto permanente já ter sido alcançado, não significa, entretanto, que a criança tenha alcançado o estágio de objeto permanente. A teoria psicanalítica afirma – e Piaget concorda em parte com essa tese – que o parceiro humano serve como um "desbravador de caminhos" no desenvolvimento mental da criança. Portanto, pode ser que a criança não tenha atingido o objeto permanente para muitas "coisas", por volta do oitavo ao décimo mês, especialmente aquelas com que ela não consegue interagir quando as submete à manipulação.

Uma vez que a criança tenha estabelecido o objeto permanente e conseguido o objeto libidinal, ela pode livremente empenhar-se na operação mental e no pensamento. Ela agora é capaz de manipular as coisas (objetos permanentes) não só com as mãos, mas também em sua mente. Seu progresso pode ser avaliado numa série de experiências, que se aplicam, mais uma vez, ao "objeto" desaparecido[16].

1. Entre o sexto e o nono mês, o comportamento da criança mostra que ela é capaz de reconstituir na sua mente um "objeto" que é apenas parcialmente visível. Por exemplo, se em sua presença alguém, gradualmente, coloca seu brinquedo favorito sob o travesseiro, pára e deixa-o parcialmente à vista, a criança recupera o brinquedo com facilidade. Se a pessoa prossegue, até o brinquedo ficar completamente escondido diante dos olhos da criança, seu rosto assumirá uma expressão de completa perplexidade, como se o brinquedo tivesse deixado de existir, e ela não tentará remover o travesseiro. Como alega Piaget (1937, p. 43), o universo da criança é ainda formado por imagens que emergem do nada, no momento da ação, para retornar ao nada, quando a ação chega ao fim.

2. Depois do oitavo mês, a criança recuperará o brinquedo, mesmo que esteja completamente coberto, desde que ela tenha acompanhado como ocorreu no episódio anterior, a manobra do experimentador. Nesse caso, a iniciativa da criança é a extensão de uma ação já em progresso. Isto se evidencia no fato de que, se o experimentador, naquele momento, primeiro embrulha o brinquedo numa toalha e depois coloca a toalha

---

16. Deve-se observar que o desaparecimento do "objeto" já servia a Freud (1920) em suas formulações sobre o desenvolvimento psíquico da criança.

sob uma outra coberta, a criança não se empenhará em nenhuma busca do brinquedo (Piaget, 1937, p. 50).

3. Ela só se torna capaz disso (recuperação do "objeto" atrás de duas telas) no quinto estágio, por volta do décimo primeiro mês, desde que a manobra se realize na sua presença. Nesse período, afirma Piaget, o "objeto" existente na mente da criança já foi investido de uma existência própria; adquiriu substância permanente. Entretanto, a criança – embora pareça estar consciente da natureza da atividade do experimentador – ainda não procura o brinquedo (ou outro "objeto" favorito) nesse período, a menos que tenha testemunhado os detalhes do ato de esconder.

Piaget (1937) sustenta que, nesse estágio, a criança procura dentro do contexto de uma ação previamente *observada*; portanto, sua procura não é mais uma mera extensão da ação ainda em progresso (p. 77). Obviamente, ocorreu um certo grau de internalização.

4. Durante o sexto e último estágio (depois do décimo sétimo mês de vida), a criança torna-se capaz de procurar o objeto, independentemente do deslocamento, visível ou invisível, atrás de uma ou duas telas. O "objeto" torna-se agora um sistema de imagens perceptuais, dotadas de uma forma espacial constante durante todo o deslocamento seqüencial, e constitui um item que pode ser isolado no desdobramento, no tempo, de séries causais (pp. 72, 93).

No sistema de Piaget, esse desempenho – o ato de recuperar o brinquedo nessas circunstâncias complexas – assinala o advento da reversibilidade. Ele argumenta que, para realizar isso a criança tem uma imagem mnemônica do brinquedo. Ela pode fazer uma operação mental que lhe permite remover (na sua mente) as telas que escondem o brinquedo. Em outras palavras, ela pode realizar a ação precedente em sentido inverso. O brinquedo simplesmente reaparece em sua imaginação, e essa façanha capacita-a a empenhar-se na procura que não poderia ter empreendido algum tempo antes. Certamente não é um ato de mera aprendizagem ou experiência[17].

Piaget afirma que a busca pela criança do brinquedo desaparecido pode ser explicada simplesmente pelo aparecimento e aumento da estabilidade da imagem mnemônica, que ele associa sucessivamente à ação motora, ao aumento da compreensão que ela tem do espaço e, finalmente, ao aparecimento do raciocínio causal. Na noção de Piaget não cabe um elemento de motivação separado. Será que alguém pode supor que tudo o que estimula a criança a querer o brinquedo existe desde o início e é meramente expresso quando a coordenação sensório-motora permite? Não é mais provável que a volição, como outros setores da mente, mostre algum crescimento, alguma proliferação? Se assim for, quais são os estágios específicos e os processos psíquicos relacionados a tal desenvolvimento?

Essa área é ressaltada nas proposições psicanalíticas formuladas por Spitz (1953a, 1960b, 1963a). A teoria psicanalítica está interessada na dinâmica das forças intrapsíquicas nascentes na criança, que conferem energia à sua busca do brinquedo perdido. Em primeiro lugar, nota-se que o desaparecimento do brinquedo provoca uma frustração na criança, frustração indicada pela expressão de espanto no rosto. A menos que a criança possa aprender a dominar essa frustração momentânea, ela é vítima de desorganização temporária e dificilmente pode tirar vantagem da coordenação sensório-motora à sua disposição, canalizando-a para uma ação orientada para uma meta. Por isso, para agir sob tais circunstâncias (frustração), não basta ter uma imagem mnemônica (um objeto mental que não é mais um percepto), como sugere Piaget; a

---

17. Piaget fez recentemente uma distinção entre *renversabilité* (inversão simples) e *reversibility* (reversibilidade, ação reversa na mente, considerando-se o espaço, o tempo, a causalidade, e as relações complexas entre eles, o que implica operação com conceitos), que é adquirida por volta dos doze aos quatorze anos. A primeira refere-se à simples inversão de uma ação sem que a criança esteja consciente do que está fazendo. Nesse sentido, a criança que, por volta dos dezoito meses, retira o segundo travesseiro conseguiu apenas a *renversabilité*.

criança precisa também ter a capacidade de "puxá-lo", por assim dizer, para a sua área de consciência. Acontece que a existência da imagem mnemônica e sua qualidade de estar dentro da esfera da consciência não são a mesma coisa, como muitas experiências têm mostrado. O processo psíquico que completa a transposição de uma imagem mnemônica existente para o limiar da consciência está ligado às mudanças de catexia. Portanto, a criança só poderá prosseguir sua procura do brinquedo quando puder investir a "apresentação" ou imagem do objeto.

Lembraremos que a catexia é concebida como análoga a uma carga elétrica com a qual uma imagem é impregnada ou investida (Freud, 1926a). A energia dessa carga flui de pulsões instintuais mas é, de alguma forma, contida. A catexia libidinal (a necessidade de estar perto, de se aproximar de um objeto) flui da pulsão instintual sexual e é dessexualizada; a catexia agressiva (a necessidade de agarrar, remover e destruir um objeto), fluindo da pulsão agressiva é neutralizada e pode ser útil em muitas tarefas construtivas (especialmente naquelas que necessitam de autonomia e auto-afirmação).

Spitz (1953a) postulou que, no nascimento, as duas pulsões são indiferenciadas, misturadas. Por isso, é lógico que, no início, a criança não possa, por exemplo, evocar uma imagem mnemônica do brinquedo porque ela não tem catexia libidinal específica sob seu comando, mesmo se, nessa ocasião, o objeto de percepção "brinquedo" tiver adquirido constância. As duas linhas de desenvolvimento devem ser sincronizadas.

Uma vez separadas as duas pulsões, as respectivas cargas de catexia não se tornam automaticamente acessíveis à criança. Primeiro, ela deve atingir uma certa quantidade de tolerância à frustração. Na primeira experiência, a criança mostrou-se confusa, mas não pôde reprimir sua necessidade (ter o brinquedo agora – *hic et nunc*); ela ficou irritada e, portanto, não estava suficientemente tranqüila para *esperar* até que a catexia libidinal fluísse para a imagem do brinquedo. *Sua tolerância à frustração e sua capacidade para antecipar eram inadequadas.*

Mais tarde, ela poderá realizá-las e, então, a imagem mnemônica do brinquedo desaparecido será retirada da "biblioteca de sua mente" (Cobliner, 1955) pela catexia libidinal. Quando isso acontece, o "objetivo em sua mente" apóia a procura do brinquedo escondido.

Quando a criança se confronta com duas telas – isto é, quando o brinquedo é escondido diante dos seus olhos, digamos, por uma boina, e a boina por sua vez é colocada atrás de um travesseiro – exige-se dela um desempenho mais complexo. A essa altura poder-se-ia dizer que a imagem do brinquedo está investida de catexia positiva e a boina, por sua vez, está investida de catexia negativa. Nessas circunstâncias, a criança de uma certa idade desiste da procura.

Aquilo de que a criança necessita para prosseguir é explicado por Spitz num artigo inédito (1960b). A criança deve, primeiro, cindir a catexia positiva investida no brinquedo em duas partes; uma permanece com o brinquedo, a outra parte deve ser destacada e reinvestida na imagem mnemônica da boina, imagem que, como vimos, já foi investida com alguma catexia negativa. Em outras palavras, a busca só pode ser prosseguida por uma criança que possa tolerar e manter uma ao lado da outra, na mesma imagem mnemônica, as catexias positiva e negativa.

A distribuição das catexias e a capacidade de manter cargas de catexia opostas e conflitantes na mesma imagem – *tolerância à ambigüidade* – são portanto, para a criança, o pré-requisito para a solução da complexa tarefa de retomar o brinquedo atrás de duas telas de aparência diferente. Essa capacidade não marca apenas a formação do objeto permanente; é também um grande passo em direção ao reconhecimento do mundo como tal: um mundo que não é apenas bom ou mau, branco ou preto, mas um mundo que possui muitas características intermediárias, muitos tons cinzentos. A importância desse marco na vida da criança é inestimável.

A discussão do desenvolvimento psíquico, examinada neste livro, agora está completa. A escola de psicologia de Genebra não trata das anormalidades do pensamento, da cognição, etc.; mas já ficou claro, a partir do que foi dito anteriormente, que seria fácil vincular essas anormalidades às limitações predominantes nos diferentes estágios de desenvolvimento caracterizados por Piaget. O papel da especificidade do estágio, como uma ajuda tanto para o diagnóstico como para a terapia, foi mostrado em outra obra (Spitz, 1959).

A comparação das teorias de Piaget e Freud concernentes aos primeiros dois anos de vida revelou seus diferentes pontos de vista a respeito da vida humana. Piaget relaciona a origem do funcionamento mental ao deslocamento do indivíduo no ambiente objetivo. Freud afirma que o funcionamento psíquico deve seu aparecimento às relações interindividuais, por um lado, e aos derivativos dos processos internos, por outro.

Esses dois construtores de sistemas abrangem em suas teorias o andaime de todas as outras escolas de psicologia, e o alcance de seus amplos pontos de vista a respeito do funcionamento psíquico e do desenvolvimento permanece insuperado até hoje. O sistema de Freud é mais abrangente, pois inclui as esferas psíquicas situadas além das fronteiras da consciência e as que estão fora do funcionamento normal.

Conclusão

Anthony (1957) sugeriu que Freud e Piaget são, talvez, os dois últimos teóricos que dominaram o pensamento ocidental. Na nossa era democrática e igualitária, os cientistas nutrem forte aversão a serem dominados por um gênio, talvez porque, durante muitos séculos, o culto da autoridade foi realmente a ruína do progresso científico. A aversão é particularmente vigorosa nos Estados Unidos, onde está encravada na tradição e no pensamento político.

A aversão à autoridade não se aplica a Piaget, visto que ela não explica por si só a completa ausência de interesse, até há pouco tempo, por suas contribuições científicas. Mas aplica-se a Freud, que não teve melhor sorte do que Piaget. Populares e superficialmente conhecidas pela maioria do público instruído, as doutrinas que lhe atribuem constituem um tópico favorito de conversas da "hora do cafezinho". Raramente Freud é estudado no original, embora seu estilo seja bem mais acessível que o de seus exegetas; alguns o atacam por sua rigidez; outros, por mudar de ponto de vista; um terceiro grupo considera-o obsoleto; um quarto, reprova-lhe a ignorância da influência cultural e um quinto grupo repreende-o por seu exagero quanto ao papel do determinismo. Os exemplos podem continuar *ad infinitum*. O fato é que ele raramente é lido sem preconceito por aqueles que apregoam objetividade científica.

Talvez devamos considerar, como um progresso, o fato de o culto da autoridade ter sido eliminado da arena científica; mas parece que o pêndulo oscilou demais na outra direção. A expulsão das autoridades deveria ter levado a um florescimento do espírito de independência criativa, a uma busca individual de qualidade, a uma superação da cópia. Infelizmente não foi isso que aconteceu.

O que temos visto nos últimos tempos é um estreitamento de horizontes na exploração científica. O talento e o tempo concentram-se em tópicos que constituem novidade ou estão na moda, e tais tópicos são investigados *ad nauseam*; instituem-se prêmios para pesquisas de detalhes inúteis, na expectativa de que elas conduzam à revelação de grandes verdades. No entanto, apesar desta coligação de múltiplos talentos no exame de um número limitado de fenômenos, apesar da maciça concentração de tempo e equipamento, não foi alcançada nenhuma descoberta e nenhum princípio categorial foi formulado. Não foi aberta nenhuma via de acesso que prometa uma ascensão súbita a perspectivas mais elevadas. Parecemos viver de princípios enunciados no passado, e tudo o que temos feito é adaptar algum material perecível em torno das estruturas que existem há mais de uma geração. Talvez não seja exagero dizer que os trabalhos psicológicos atuais estão submersos em um mar de dados. Estes são interpretados, elegante e lucidamente, em termos de formulação *ad hoc*. Isso é ilustrado pelo comentário de T. S. Eliot: "Onde está o conhecimento que se perdeu em informação, e onde está a sabedoria que se perdeu em conhecimento?" Não há falta de talento, certamente; talvez o que esteja se perdendo seja o caráter. Do culto da autoridade mudamos para o culto da coletividade. Em vez de adquirir diversidade, caímos na conformidade.

Talvez uma forma de deter essa maré seja uma volta ponderada ao estudo dos criadores de sistemas teóricos, com o propósito expresso de reanimar o natural impulso científico de sintetizar dados, em vez de meramente colhê-los. É um longo caminho; a construção de sistemas teóricos não promete recompensas e lucros imediatos, e raramente gratifica seu criador com reconhecimento popular ou iminente. Como cientistas, precisamos aprender a reconstruir nossa tolerância à frustração.

Há mais de um século, Alexis de Tocqueville fez um comentário em seu livro *Democracy in America** que reflete perfeitamente a atual situação: "Uma falsa noção", escreveu ele, "que seja apresentada de forma clara e precisa terá mais poder do que um princípio verdadeiro, apresentado de modo obscuro e complicado."

Este capítulo é dedicado à luta por uma suspensão temporária desta regra.

---

* Trad. bras. *A democracia na América*, São Paulo, Martins Fontes, 1998.

Bibliografia

ABRAHAM, K. (1911), Notes on the Psycho-analytical Investigation and Treatment of Manic-Depressive Insanity and Allied Conditions. *Selected Papers on Psycho-Analysis.* Londres: Hogarth Press, 1927.

____ (1916), The First Pregenital Stage of the Libido, *Selected Papers on Psycho-Analysis.* Londres: Hogarth Press, 1927.

____ (1924), A Short Study of the Development of the Libido, Viewed in the Light of Mental Disorders. *Selected Papers on Psycho-Analysis.* Londres: Hogarth Press, 1927.

AHRENS, R. (1954), Beitrag zur Entwicklung des Physiognomie – und Mimikerkennens. *Z. exp. angew. Psychol.*, 2.

AINSWORTH, M. D. *et al.* (1962), *Deprivation of Maternal Care: A Reassessment of Its Effects.* Public Health Papers, 14. Genebra: World Health Organization.

AJURIAGUERRA, J., Diatkine, R. e Badaracco, G. (1956), Psychanalyse et neurobiologie. *In: Psychanalyse d'aujourd' hui.* Paris: Presses Universitaires de France.

ALARCÓN, A. G. (1929), *Dyspesie des nourrissons.* Paris: Baillieère.

____ (1943), Conceptos nuevos sobre dietética infantil. *Pediátricas de las Américas*, 1.

ANTHONY, E. J. (1956), Six applications de le théorie génétique de Piaget à la théorie et à la pratique psycho-dynamique. *Rev. Suisse Psychol. Pure Appliquée*, 15.

_____ (1957), The System Makers: Piaget and Freud. Symposium on the contribution of Current Theories to an Understanding of Child Development. *Brit. J. Med. Psychol.*, 30.

APPELL, G. e David, M. (1961), Case Notes on Monique. In: *Determinants of Infant Behavior*, ed. B. M. Foss. Londres: Methuen.

AUSUBEL, D. (1950), Negativism as a Phase of Ego Development. *Amer. J. Orthopsychiat.*, 20.

AZIMA, H. e Cramer-Azima, F. J. (1956a), Effects of Decrease in Sensory Variability on Body Scheme. *Canad. Psychiat. Assn. J.*, 1.

_____ _____ (1956b), Effects of Partial Perceptual Isolation in Mentally Disturbed Individuals. *Dis. Nerv. Syst.*, 17.

BAERENDS, G. P. (1950), Specializations in Organs and Movements with a Releasing Function. *Symp. Soc. Exp. Biol.*, 4. Cambridge University Press.

BAKWIN, H. (1938), Pure Maternal Overprotection. *J. Ped.*, 33.

_____ BALDWIN, J. M. (1940), *Dictionary of Philosophy and Psychology*. Nova York: Peter Smith.

BALINT, A. (1954), *The Early Years of Life*. Nova York: Basic Books.

BALINT, M. (1937), Early Developmental States of the Ego: Primary Object-Love. *Int. J. Psycho-Anal.*, 30, 1949.

_____ (1948), Individual Differences of Behavior in Early Infancy, and an Objective Method for Recording Them. I. Approach and the Method for Recording. II. Results and Conclusions. *J. Genet. Psychol.*, 73.

BATESON, G., Jackson, D. D., Haley J., e Weakland, J. (1956), Toward a Theory of Schizophrenia. *Behav. Sci.*, 1.

BEAUMONT, H. e Hetzer, H. (1929), Das Schauen und Greifen des Kindes: Untersuchungen über spontanen Funktionswandel und Reizauslese in der Entwicklung. *Z. Psychol.*, 113.

BELL, C. (1833), The Hand: Its Mechanism and Vital Endowments as Evincing Design. *The Bridgewater Treatises on the Power, Wisdom and Goodness of God as Manifested in the Creation*. Filadélfia: Carcy, Lea e Blanchard.

BENDER, M. B. (1952), *Disorders in Perception*. Springfield: Thomas.

BENEDEK, T. (1938), Adaptation to Reality in Early Infancy. *Psychoanal. Quart.*, 7.

_____ (1949), The Psychosomatic Implication of the Primary Unit: Mother-Child. *Amer. J. Orthopsychiat.*, 19.

_____ (1952), *Psychosexual Functions in Women.* Nova York: Ronald Press.

_____ (1956), Psychobiological Aspects of Mothering. *Amer. J. Orthopsychiat.*, 26.

BENEDICT, R. (1934), *Patterns of Culture.* Boston: Houghton, Mifflin.

BENJAMIN, J. D. (1959), Prediction and Psychopathological Theory. *In*: *Dynamic Psychopathology in Childhood*, ed. L. Jessner e E. Pavenstedt. Nova York: Grune e Stratton.

_____ (1961), Some Developmental Observations Relating to the Theory of Anxiety. *J. Amer. Psychoanal. Assn.*, 9.

BERGMAN, P. e Escalona, S. (1949), Unusual Sensitivities in Very Young Children. *The Psychoanalytic Study of the Child*, 3/4*.

BERNFELD, S. (1925), *The Psychology of the Infant.* Nova York: Brentano, 1929.

_____ (1935), The Psychoanalytic Psychology of the Young Child. *Psychoanal. Quart.*, 4.

BERNSTEIN, L. (1957), The Effects of Variations in Handling upon Learning and Retention. *J. Comp. Physiol. Psychol.*, 50.

BEXTON, W. H., Heron, W. e Scott, T. H. (1954), Effects of Decreased Variation in the Sensory Environment. *Canad. J. Psychol.*, 8.

BIBRING, E. (1947), The So-called English School of Psychoanalysis. *Psychoanal. Quart.*, 16.

BIBRING, G. L., et al. (1961), A Study of the Psychological Processes in Pregnancy and of the Earliest Mother-Child Relationship. *The Psychoanalytic Study of the Child.*, 16.

BIERENS DE HAAN, J. A. (1929), Animal Language in Its Relation to That of Man. *Proceedings of the Cambridge Philosophical Society.* Cambridge University Press.

BORNSTEIN, B. (1953), Fragment of an Analysis of an Obsessional Child. *The Psychoanalytic Study of the Child*, 8.

BOWLBY, J. (1946), *Forty-Four Juvenile Thieves.* Londres: Baillière, Tindall e Cox.

_____ (1951), *Maternal Care and Mental Health.* Genebra: World Health Organization, 2.

....

* *The Psychoanalytic Study of the Child*, atualmente 19 vols., ed. R. S. Eissler, A. Freud, H. Hartmann, M. Kris. Nova York: International Universities Press, 1945-1964.

_____ (1953), Critical Phases in the Development of Social Responses in Man. *New Biology*, 14. Londres: Penguin Books.
_____ (1960), Grief and Mourning in Infancy. *The Psychoanalytic Study of the Child*, 15.
BRAZELTON, T. B. (1962), Observations of the Neonate. *J. Amer. Acad. Child Psychiat.*, 1.
BREUER, J. e Freud, S. (1895), Studies on Hysteria. *Standard Edition*, 2*.
BRIDGER, W. N. e Reiser M. F. (1959), Psychophysiological Studies of the Neonate. *Psychosom. Med.*, 21.
BRIDGES, C. M. B. (1932), Emotional Development in Early Infancy. *Child Development,* 3.
_____ (1936), The Development of the Primary Drives in Infancy. *Child Development*, 7.
BRODY, S. (1956), *Patterns of Mothering.* Nova York: International Universities Press.
_____ (1960), Self-Rocking in Infancy. *J. Amer. Psychoanal. Assn.*, 8.
BRUNER, J. S. e Goodman, C. C. (1947), Value and Need as Organizing Factors in Perception. *J. Abn. Soc. Psychol.*, 42.
BÜHLER, C. (1928), *Kindheit und Jugend.* Leipzig: Hirzel.
_____ (1937), *The First Year of Life.* Londres: Kegan, Paul.
_____ e Hetzer, H. (1932), *Kleinkindertest.* Leipzig: Barth.
_____ _____ (1935), *Testing Children's Development from Birth to School Age.* Nova York: Farrar e Rinehart.
BÜHLER, K. (1934), *Sprachtheorie.* Jena: Fischer.
BYCHOWSKI, G. (1956), The Ego and the Introjects. *Psychoanal. Quart.*, 25.
CALHOUN, J. B. (1962), *Bodily Changes in Pain, Hunger, Fear, and Rage.* Nova York: Appleton.
_____ (1932), *The Wisdom of the Body.* Nova York: Norton.
_____ (1936), The Role of Emotion in Disease. *Ann. Int. Med.*, 9.
CAPLAN, G., ed. (1955), *Emotional Problems of Early Childhood.* Nova York: Basic Books.

....
* *The Standard Edition of the Complete Psychological Works of Sigmund Freud,* 24 vols., traduzidos e editados por James Strachey. Londres: Hogarth Press and the Institute of Psycho-Analysis, 1953.

CAPPON, D. (1961), Perceptual Organization in Infancy and Childhood. *Canad. Psychiat. Ass. J.*, 6.
CHRISTOFFEL, H. (1939), Einige fötale und frühkindliche Verhaltungsweisen. *Int. Z. Psychoanal.*, 24.
COBLINER, W. G. (1955), Intracommunication and Attitude: A Methodological Note. *J. Psychol.*, 39.
COLEMAN, R. W., Kris, E. e Provence, S. (1953), The Study of Variations of Early Parental Attitudes. *The Psychoanalytic Study of the Child*, 8.
CRAIG, W. (1918), Appetites and Aversions as Constituents of Instinct. *Biol. Bull.*, 34.
____ (1922), A Note on Darwin's Work. *The Expression of the Emotions in Man and Animals. J. Abn. Soc. Psychol.*, 16.
DARWIN, C. (1873a), *The Expression of the Emotions in Man and Animals*. Nova York: Philosophical Library, 1955.
____ (1873b), A Biographical Sketch of an Infant, *Mind*, 2.
DAVID, M. e Appell, G. (1962), Étude des facteurs de carence affective dans une pouponnière. *Psychiat. enfant.*, 4.
DEARBORN, G. V. N. (1910), *Motor Sensory Development: Observations on the First Three Years of a Child*. Baltimore: Warwick e York.
DEUTSCH, F. (1947), Analysis of Postural Behavior. *Psychoanal. Quart.*, 16.
____ (1949), Thus Speaks the Body. I. An Analysis of Postural Behavior. *Trans. N.Y. Acad. Sci.*, Series 2, XII, n.º 2.
____ (1952), Analytic Posturology. *Psychoanal. Quart.*, 21.
ENGEL, G., Reischsman, F. e Segal, H. (1956), A Study of an Infant with a Gastric Fistula. *Psychosom. Med.*, 18.
ENGLISH, H. B. e English A. C. (1958), *A Comprehensive Dictionary of Psychological and Psychoanalytical Terms*. Nova York: Longmans, Green.
ERIKSON, E. H. (1950a), *Childhood and Society*. Nova York: Norton.
____ (1950b), Growth and Crises of the Healthy Personality. In: *Identity and the Life Cycle* [*Psychological Issues*, Monogr. 1]. Nova York: International Universities Press, 1959.
ESCALONA, S. (1947), A Commentary upon Some Recent Changes in Child-Rearing Practices. *Child Development*, 20.

_____ (1953), Emotional Development in the First Year of Life. *In*: *Problems of Infancy and Childhood*, ed. M. J. E. Senn. Nova York: Josiah Macy, Jr. Foundation.
_____ (1962), The Study of Individual Differences and the Problem of State. *J. Amer. Acad. Child Psychiat.*, 1.
FANTZ, R. L. (1957), Form Preferences in Newly Hatched Chicks. *J. Comp. Physiol. Psychol.*, 50.
_____ (1958a), Depth Discrimination in Dark-Hatched Chicks. *Percept. Motor Skills*, 8.
_____ (1958b), Pattern Vision in Young Infants. *Psychol. Rec.*, 8.
_____ (1961), The Origins of Form Perception. *Sci. American*, 205.
FENICHEL, O. (1945), *The Psychoanalytic Theory of Neurosis*. Nova York: Norton.
FERENCZI, S. (1916), Stages in the Development of the Sense of Reality. *In*: *Sex in Psychoanalysis*. Nova York: Basic Books, 1950.
_____ (1919), The Phenomena of Hysterical Materialization. *In: Further Contributions to the Theory and Technique of Psycho-Analysis.* Londres: Hogarth Press, 1950.
FINKELSTEIN, H. (1938), *Säuglingskrankheiten*. Amsterdam: Elsevier.
FISCHER, L. K. (1952), Hospitalism in Six-Month-Old Infants. *Amer. J. Orthopsychiat.*, 22.
FLACH, A. (1928), Die Psychologie der Ausdrucksbewegungen. *Arch. f. d. ges. Psychol.*, 65.
FLAVELL, J. H. (1962), Historical and Bibliographical Note. *In*: *Thought in the Young Child.* Monografias da Society for Research in Child Development.
FOWLER, W. (1962), Cognitive Learning in Infancy and Childhood. *Psychol. Bull.*, 59.
FRAIBERG, S. H. e Freedman, D. A. (1963), Observations on the Development of a Congenitally Blind Child: A Contribution to the Study of Ego Formation. Trabalho apresentado na Annual Meeting of the American Psychoanalytic Association. Saint-Louis.
FREEDMAN, D. A. (1961), The Infant's Fear of Strangers and the Flight Response. *J. Child. Psychol. Psychiat.*, 2.
FREUD, A. (1936), *The Ego and the Mechanisms of Defense*. Nova York: International Universities Press, 1946.
_____ (1946), The Psychoanalytic Study of Infantile Feeding Disturbances. *The Psychoanalytic Study of the Child*, 2.

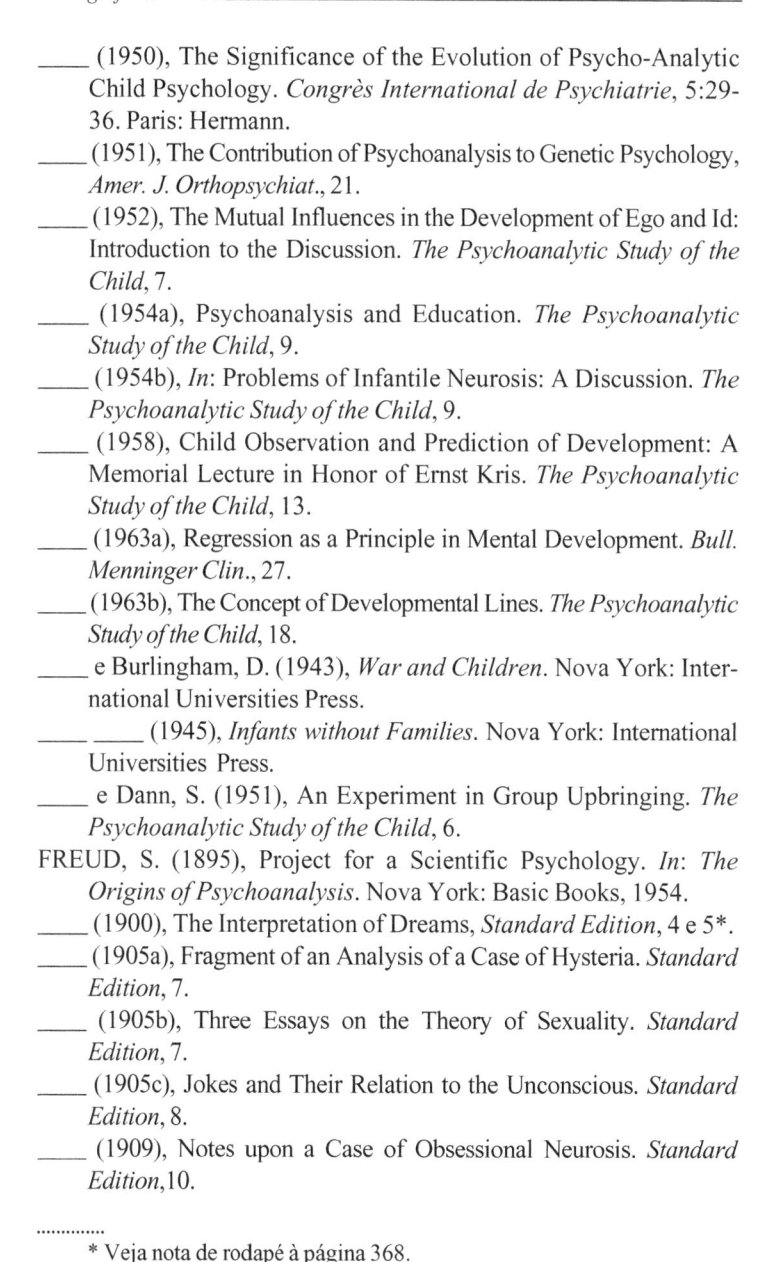

____ (1950), The Significance of the Evolution of Psycho-Analytic Child Psychology. *Congrès International de Psychiatrie*, 5:29-36. Paris: Hermann.

____ (1951), The Contribution of Psychoanalysis to Genetic Psychology, *Amer. J. Orthopsychiat.*, 21.

____ (1952), The Mutual Influences in the Development of Ego and Id: Introduction to the Discussion. *The Psychoanalytic Study of the Child*, 7.

____ (1954a), Psychoanalysis and Education. *The Psychoanalytic Study of the Child*, 9.

____ (1954b), *In*: Problems of Infantile Neurosis: A Discussion. *The Psychoanalytic Study of the Child*, 9.

____ (1958), Child Observation and Prediction of Development: A Memorial Lecture in Honor of Ernst Kris. *The Psychoanalytic Study of the Child*, 13.

____ (1963a), Regression as a Principle in Mental Development. *Bull. Menninger Clin.*, 27.

____ (1963b), The Concept of Developmental Lines. *The Psychoanalytic Study of the Child*, 18.

____ e Burlingham, D. (1943), *War and Children*. Nova York: International Universities Press.

____ ____ (1945), *Infants without Families*. Nova York: International Universities Press.

____ e Dann, S. (1951), An Experiment in Group Upbringing. *The Psychoanalytic Study of the Child*, 6.

FREUD, S. (1895), Project for a Scientific Psychology. *In*: *The Origins of Psychoanalysis*. Nova York: Basic Books, 1954.

____ (1900), The Interpretation of Dreams, *Standard Edition*, 4 e 5*.

____ (1905a), Fragment of an Analysis of a Case of Hysteria. *Standard Edition*, 7.

____ (1905b), Three Essays on the Theory of Sexuality. *Standard Edition*, 7.

____ (1905c), Jokes and Their Relation to the Unconscious. *Standard Edition*, 8.

____ (1909), Notes upon a Case of Obsessional Neurosis. *Standard Edition*, 10.

....
* Veja nota de rodapé à página 368.

____ (1910), The Antithetical Meaning of Primal Words. *Standard Edition*, 11.
____ (1911), Formulations on the Two Principles of Mental Functioning. *Standard Edition*, 12.
____ (1912), A Note on the Unconscious in Psychoanalysis. *Standard Edition*, 12.
____ (1914a), Fausse reconnaissance (*Déjà raconté*) in Psycho-Analytic Treatment. *Standard Edition*, 13.
____ (1914b), On Narcissism: An Introduction. *Standard Edition*, 14.
____ (1915a), The Unconscious. *Standard Edition*, 14.
____ (1915b), Instincts and Their Vicissitudes. *Standard Edition*, 14.
____ (1916-1917), Introductory Lectures on Psycho-Analysis. *Standard Edition*, 15 e 16.
____ (1917a), Mourning and Melancholia. *Standard Edition*, 14.
____ (1917b), A Metapsychological Supplement to the Theory of Dreams. *Standard Edition*, 14.
____ (1919), The "Uncanny". *Standard Edition*, 17.
____ (1920), Beyond the Pleasure Principle. *Standard Edition*, 18.
____ (1921), Group Psychology and the Analysis of the Ego. *Standard Edition*, 18.
____ (1922), Dreams and Telepathy. *Standard Edition*, 18.
____ (1923), The Ego and the Id. *Standard Edition*, 19.
____ (1924a), The Loss of Reality in Neurosis and Psychosis. *Standard Edition*, 19.
____ (1924b), A Short Account of Psycho-Analysis. *Standard Edition*, 19.
____ (1924c), The Economic Problem of Masochism. *Standard Edition*, 19.
____ (1925a), Negation. *Standard Edition*, 19.
____ (1925b), An Autoniographical Study. *Standard Edition*, 20.
____ (1926a), Inhibitions, Symptoms and Anxiety. *Standard Edition*, 20.
____ (1926b), The Question of Lay Analysis. *Standard Edition*, 20.
____ (1926c), Psycho-Analysis. *Standard Edition*, 20.
____ (1927), The Future of an Illusion. *Standard Edition*, 21.
____ (1930), Civilization and Its Discontents. *Standard Edition*, 21.
____ (1931), Female Sexuality, *Standard Edition*, 21.
____ (1932), Dreams and the Occult. *New Introductory Lectures on Psychoanalysis*. Nova York: Norton, 1933.

_____ (1938), Splitting of the Ego in Defensive Process. *Collected Papers*, 5. Londres: Hogarth Press, 1950.
_____ (1940), *An Outline of Psychoanalysis*. Nova York: Norton, 1949.
FURFEY, P. e Muehlenblein, J. (1929), The Validity of Infant Intelligence Tests. *J. Genet. Psychol.*, 40.
GAMPER, E. (1926), Bau und Leistung eines menschlichen Mittelhirnwesens, II. *Z. ges. Neurol. Psychiat.*, 104.
GARDNER, R., Holzman, P. S., Klein, G. S., Linton, H. e Spence, D. P. (1959). *Cognitive Control: A Study of Individual Consistencies in Cognitive Behavior [Psychological Issues*, Monogr. 4]. Nova York: International Universities Press.
_____ e Long, R. I. (1962a), Control, Defence and Centration Effect: A Study of Scanning Behavior. *Brit. J. Psychol.*, 53.
_____ _____ (1962b), Cognitive Controls of Attention and Inhibition. *Brit. J. Psychol.*, 53.
GASTAUT, H. (1958), Données actuelles sur les mécanismes physiologiques centraux de l'émotion. *Psychol. Franç.*, 3.
GENTRY, E. F. e Aldrich, C. A. (1948), Rooting Reflex in Newborn Infants. Incidence and Effect on It of Sleep. *Amer Dis. Child.*, 75.
GESELL, A. L. (1940), *The First Five Years of Life*. Nova York: Harper.
_____ (1952), *Infant Development. The Embryology of Early Human Behavior*. Nova York: Harper.
_____ (1954), The Ontogenesis of Infant Behavior. *In: Manual of Child Psychology*, ed. L. Carmichael, 2ª ed. Nova York: Wiley.
_____ e Amatruda, C. S. (1947), *Developmental Diagnosis: Normal and Abnormal Child Development.* 2ª ed. Nova York: Hoeber.
_____ e Ilg, F. L. (1937), *Feeding Behavior in Infants*. Filadélfia, Londres, Montreal: Lippincott.
_____ _____ (1949), *Child Development: An Introduction to the Study of Human Growth*. Nova York: Harper.
GIBSON, E. R. e Walk, R. D. (1960), The "Visual Cliff". *Sci. American*, 202.
GIBSON, J. (1963), The Useful Dimensions of Sensitivity. *Amer. Psychologist*, 18.
GIFFORD, S. (1960), Sleep, Time and the Early Ego: Comments on the Development of the 24-Hour Sleep-Wakefulness Pattern as a Precursor of Ego Functioning. *J. Amer. Psychoanal. Assn.*, 8.

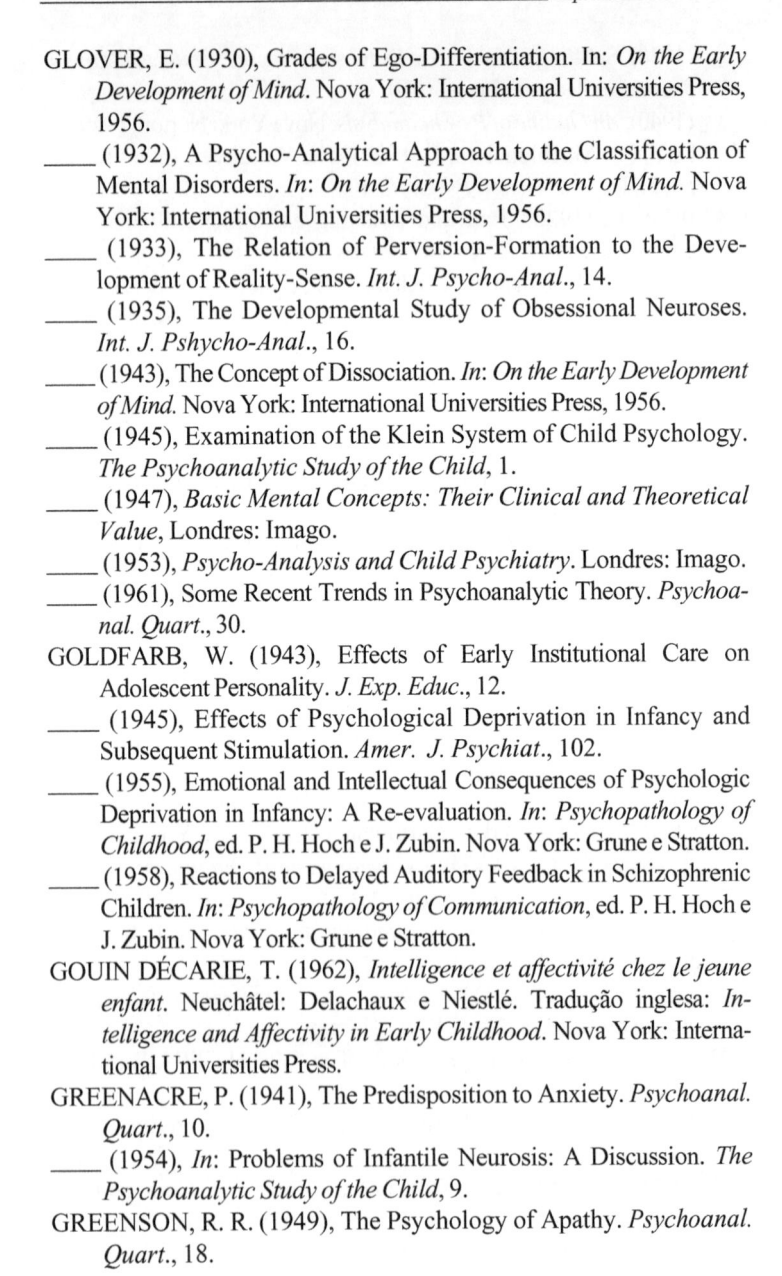

GLOVER, E. (1930), Grades of Ego-Differentiation. In: *On the Early Development of Mind*. Nova York: International Universities Press, 1956.

____ (1932), A Psycho-Analytical Approach to the Classification of Mental Disorders. *In: On the Early Development of Mind.* Nova York: International Universities Press, 1956.

____ (1933), The Relation of Perversion-Formation to the Development of Reality-Sense. *Int. J. Psycho-Anal.*, 14.

____ (1935), The Developmental Study of Obsessional Neuroses. *Int. J. Pshycho-Anal.*, 16.

____ (1943), The Concept of Dissociation. *In: On the Early Development of Mind.* Nova York: International Universities Press, 1956.

____ (1945), Examination of the Klein System of Child Psychology. *The Psychoanalytic Study of the Child*, 1.

____ (1947), *Basic Mental Concepts: Their Clinical and Theoretical Value*, Londres: Imago.

____ (1953), *Psycho-Analysis and Child Psychiatry*. Londres: Imago.

____ (1961), Some Recent Trends in Psychoanalytic Theory. *Psychoanal. Quart.*, 30.

GOLDFARB, W. (1943), Effects of Early Institutional Care on Adolescent Personality. *J. Exp. Educ.*, 12.

____ (1945), Effects of Psychological Deprivation in Infancy and Subsequent Stimulation. *Amer. J. Psychiat.*, 102.

____ (1955), Emotional and Intellectual Consequences of Psychologic Deprivation in Infancy: A Re-evaluation. *In: Psychopathology of Childhood*, ed. P. H. Hoch e J. Zubin. Nova York: Grune e Stratton.

____ (1958), Reactions to Delayed Auditory Feedback in Schizophrenic Children. *In: Psychopathology of Communication*, ed. P. H. Hoch e J. Zubin. Nova York: Grune e Stratton.

GOUIN DÉCARIE, T. (1962), *Intelligence et affectivité chez le jeune enfant*. Neuchâtel: Delachaux e Niestlé. Tradução inglesa: *Intelligence and Affectivity in Early Childhood*. Nova York: International Universities Press.

GREENACRE, P. (1941), The Predisposition to Anxiety. *Psychoanal. Quart.*, 10.

____ (1954), *In*: Problems of Infantile Neurosis: A Discussion. *The Psychoanalytic Study of the Child*, 9.

GREENSON, R. R. (1949), The Psychology of Apathy. *Psychoanal. Quart.*, 18.

GRUNEBAUM, H. (1960), Sensory Deprivation and Personality. *Amer. J. Psychiat.*, 116.
GUEX, G. (1948), Aggressivité Réactionelle dans l'Angoisse d'Abandon. *Rev. Franç. Psychanal.*, 12.
GUNTHER, M. (1955), Instinct and the Nursing Couple. *Lancet*, 1.
HALDANE, J. B. S. (1955), Animal Communication and the Origin of Human Language. *Sci. Prog.*, 43.
HAMMETT, F. S. (1922), Studies of the Thyroid Apparatus. *Endocrin.*, 6.
HARLOW, H. F. (1958), The Nature of Love. *Amer Psychologist*, 13.
____ (1959), Love in Infant Monkeys. *Sci. American*, 200.
____ (1960a), Primary Affectional Patterns in Primates. *Amer. J. Orthopsychiat.*, 30.
____ (1960b), Affectional Behavior in the Infant Monkey. *In: Central Nervous System and Behavior,* ed. M. A. B. Brazier. Nova York: Josiah Macy, Jr., Foundation.
____ (1960c), Development of the Second and Third Affectional Systems in Macaque Monkeys.
____ (1960d). The Maternal and Infantile Affectional Patterns.
____ (1960e), Nature and Development of the Affectional Systems.
____ (1962), The Heterosexual Affectional System in Monkeys. *Amer. Psychologist*, 17.
____ e Zimmerman, R. (1959), Affectional Responses in the Infant Monkey. *Science*, 130.
HARTMANN, H. (1939), *Ego Psychology and the Problem of Adaptation*. Nova York: International Universities Press, 1958.
____ (1950), Comments on the Psychoanalytic Theory of the Ego. *The Psychoanalytic Study of the Child*, 5.
____ (1952), The Mutual Influences in the Development of Ego and Id. *The Psychoanalytic Study of the Child*, 7.
____ (1953), Contribution to the Metapsychology of Schizophrenia. *The Psychoanalytic Study of the Child*, 8.
____ (1955), Notes on the Theory of Sublimation. *The Psychoanalytic Study of the Child*, 10.
____ Kris, E. e Loewenstein, R. M. (1946), Comments on the Formation of Psychic Structure. *The Psychoanalytic Study of the Child*, 2.
____ ____ ____ (1949), Notes on the Theory of Agression. *The Psychoanalytic Study of the Child*, 3/4.
HEBB, D. (1946), On the Nature of Fear. *Psychol. Rev.*, 31.

____ (1949), *The Organization of Behavior*. Nova York: Wiley.
HÉCAEN, H. e Ajuriaguerra, J. (1952), *Méconnaissances et hallucinations corporelles: Intégration et désintégration de la somatognosie*. Paris: Masson.
HERMANN, I. (1936), Sich-Anklammern – Auf-Suche-Gehen. *Int. Z. Psychoanal.*, 22.
HERON, W., Bexton, W. H. e Hebb, D. O. (1956), Visual Disturbances after Prolonged Perceptual Isolation. *Canad. J. Psychol.*, 10.
HERRING, A. (1937), An Experimental Study of the Reliability of the Buehler Baby Tests. *J. Exp. Educ.*, 6.
HESS, E. H. (1959), Imprinting: An Effect of Early Experience; Imprinting Determines Later Social Behavior in Animals. *Science,* 130.
HETZER, H. e Jenschke, M. T. (1930), Nachprüfung von Testgutachten im 2. Lebensjahr. *Z. Kinderforsch.*, 37.
____ e Reindorf, B. (1928), Sprachentwicklung und soziales Milieu. *Z. angew. Psychol.*, 29.
____ e Wislitzky, S. (1930), Experimente über Erwartung und Erinnerung beim Kleinkind. *Z. Psychol.*, 118.
____ e Wolf, K. (1928), Baby Tests. *Z. Psychol.*, 107.
HILL, A. *et al.* (1958), Virus Disease in Pregnancy and Congenital Defects. *Brit. J. Prevent. Soc. Med.*, 12.
HOFFER, W. (1949), Mouth and Ego-Integration. *The Psychoanalytic Study of the Child*, 3/4.
____ (1950), Development of the Body Ego. *The Psychoanalytic Study of the Child*, 5.
HOOKER, D. (1939), Fetal Behavior. *Res. Publ., Assn. Nerv. e Ment. Dis.*, 19.
____ (1942), Fetal Reflexes and Instinctual Processes. *Psychosom. Med.*, 4.
____ (1943), Reflex Activities in the Human Fetus. *In*: *Child Behavior and Development*, ed. R. G. Barker *et al.* Nova York: McGraw-Hill.
____ (1952), *The Prenatal Origin of Behavior*. Lawrence: University of Kansas Press.
HUBBARD, R. M. (1931), A Study of the Reliability and Validity of the Buehler Infant Scale. *J. Genet. Psychol.*, 47.
HUG-HELLMUTH, H. (1913), *A Study of the Mental Life of the Child*. Washington: Nervous and Mental Disease Monographs, 1919.

INHELDER, B. (1956), Die affektive und kognitive Entwicklung des Kindes. *Schweiz. Z. Psychol.*, 15.

____ (1962), Some Aspects of Piaget's Genetic Approach to Cognition. *In*: *Thought in the Young Child*. Monografia da Society for Research in Child Development.

ISAKOWER, O. (1938), A Contribution to the Pathopsychology of Phenomena Associated with Falling Asleep. *Int. J. Psycho-Anal.*, 29.

____ (1954), Spoken Words in Dreams. *Psychoanal. Quart.*, 23.

JACOBSON, E. (1953), The Affects and Their Pleasure-Unpleasure Qualities in Relation to Psychic Discharge Processes. *In*: *Drives, Affects, Behavior*, ed. R. M. Loewenstein. Nova York: International Universities Press.

____ (1954), The Self and the Object World. *The Psychoanalytic Study of the Child*, 9.

____ (1964), *The Self and the Object World*. Nova York: International Universities Press.

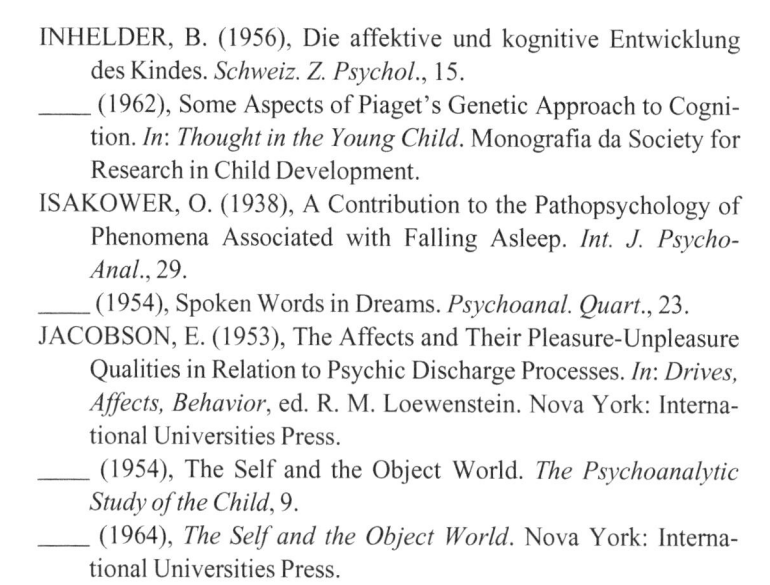

JAMES, W. T. (1952), Observations on the Behavior of Newborn Puppies. II: Summary of Movements Involved in Group Orientation. *J. Comp. Physiol. Psychol.*, 45.

____ JENSEN, K. (1932), Differential Reactions to Taste and Temperature Stimuli in Newborn Infants. *Genet. Psychol. Monogr.*, 12.

KAILA, E. (1932), Die Reaktionen des Säuglings auf das menschliche Gesicht. *Ann. Univ. Aboensis,* 17 *e Z. Psychol.*, 135.

KANNER, L. (1957), *Child Psychiatry*, 3ª ed. rev., Springfield: Thomas.

KARDINER, A. (1939), *The Individual and His Society*. Nova York: Columbia University Press.

____ (1945), The Alorese: Analysis of Alorese Culture. *In*: *The Psychological Frontiers of Society*. Nova York: Columbia University Press.

____ (1954), The Emotional Effects of Social Stress and Deprivation. II. The Road to Suspicion, Rage, Apathy and Societal Disintegration. In: *Beyond the Germ Theory*, 1ª ed., I. Galdston. Nova York: Health Education Council.

KENNARD, M. A. (1948), Myelinization of the CNS in Relation to Function. *In*: *Problems of Early Infancy*, ed. M. J. E. Senn. Nova York: Josiah Macy, Jr., Foundation.

KESTENBERG, J. S. (1956), On the Development of Maternal Feelings in Early Childhood: Observations and Reflections. *The Psychoanalytic Study of the Child*, 11.
KINSEY, A. *et al.* (1953), *Sexual Behavior in the Human Female*. Filadélfia: Saunders.
KIRMAN, B. H. (1955), Rubella as Cause of Mental Deficiency. *Lancet*, 26.
KLEIN, G. S. (1959), On Subliminal Activation. *J. Nerv. Ment. Dis.*, 128.
KÖHLER, O. (1954), Das Lächeln als angeborene Ausdrucksbewegung. *Z. menschl. Vererb. e Konstitutionslehre*, 32.
KÖHLER, W. (1925), *The Mentality of Apes*. Nova York: Harcourt, Brace.
KRIS, E. (1934), The Psychology of Caricature. *In*: *Psychoanalytic Explorations in Art*. Nova York: International Universities Press, 1952.
_____ (1951), Some Comments and Observations on Early Autoerotic Activities. *The Psychoanalytic Study of the Child*, 6.
_____ (1953), Discussion Remarks on L. S. Kubie's Paper, Modern Concepts of the Organization of the Brain. *Psychoanal. Quart.*, 22.
_____ (1955), Neutralization and Sublimation. *The Psychoanalytic Study of the Child*, 10.
KUBIE, L. S. (1953), The Distortion of the Symbolic Process in Neurosis and Psychosis. *J. Amer. Psychoanal. Assn.*, 1.
LABARRE, W. (1947), The Cultural Basis of Emotions and Gestures. *J. Pers.*, 16.
LAFORGUE, R. (1930), On the Eroticization of Anxiety. *Int. J. Psycho-Anal.*, 11.
LEBOVICI, S. (1960), La relation objectale chez l'enfant. *In*: *Psychiatrie de l'enfant*. Paris: Presses Universitaires de France.
_____ (1962), The Concept of Maternal Deprivation: A Review of Research. *In*: *Deprivation of Maternal Care: A Reassessment of Its Effects*. Genebra: World Health Organization, Publ. Health Papers, 14.
_____ *et al.* (1956), La psychanalyse des enfants. *In*: *Psychanalyse d'aujourd'hui*. Paris: Presses Universitaires de France.
_____ e McDougall, J. (1960), *Un cas de psychose infantile: étude psychanalytique*. Paris: Presses Universitaires de France.

LEITCH, M. A. (1948), A Commentary on the Oral Phase of Psychosexual Development. *Bull. Menninger Clin.*, 12.

LEVINE, M. L. e Bell, A. (1950), The Treatment of Colic in Infancy by Use of the Pacifier. *J. Ped.*, 37.

LEVINE, R., Chein, I. e Murphy, G. (1942), The Relation of the Intensity of a Need to the Amount of Perceptual Distortion. *J. Psychol.*, 13.

LEVY, D. M. (1934), Experiments on the Sucking Reflex and Social Behavior of Dogs. *Amer. J. Orthopsychiat.*, 4.

____ (1943), *Maternal Overprotection.* Nova York: Columbia University Press.

LEWIN, B. D. (1946), Sleep, the Mouth and the Dream Screen. *Psychoanal. Quart.*, 15.

____ (1948), Inferences from the Dream Screen. *Int. J. Psycho-Anal.*, 29.

____ (1950), The Psychoanalysis of Elation. Nova York: Norton.

____ (1953a), Reconsideration of the Dream Screen. *Psychoanal. Quart.*, 22.

____ (1953b), The Forgetting of Dreams. *In: Drives, Affects, Behavior*, ed. R. M. Loewenstein. Nova York: International Universities Press.

LEWIS, H. (1954), Derived Children. Londres: Oxford University Press.

LEZINE, I. (1956), Recherches sur la psychologie du premier âge. *Schweiz. Z. Psychol. e ihre Anwendungen*, 15.

LILLY, J. C. (1956), Mental Effects of Reduction of Ordinary Levels of Physical Stimuli in Intact. Healthy Persons. *Psychiat. Res. Rep.*, 5.

LIPTON, E. L., Steinschneider, A., e Richard, J. B. (1960), Autonomic Function in the Neonate. II. Physiologic Effects of Motor Restraint. *Psychosom. Med.*, 22.

LORENZ, K. (1935), Companionship in Brid Life. *In: Instinctive Behavior*. ed. e tr. C. Schiller, Nova York: International Universities Press, 1957.

____ (1950), The Comparative Method in Studying Innate Behaviour Patterns. *Sympos. Soc. Exp. Biol.*, 4. Londres: Cambridge University Press.

LOURIE, R. (1949), The Role of Rhythmic Patterns in Childhood. *Amer. J. Psychiat.*, 105.

MACFARLANE, J. W. (1953), The Uses and Predictive Limitations of Intelligence Tests in Infants and Young Children. *Bull. World Health Organ.*, 9.

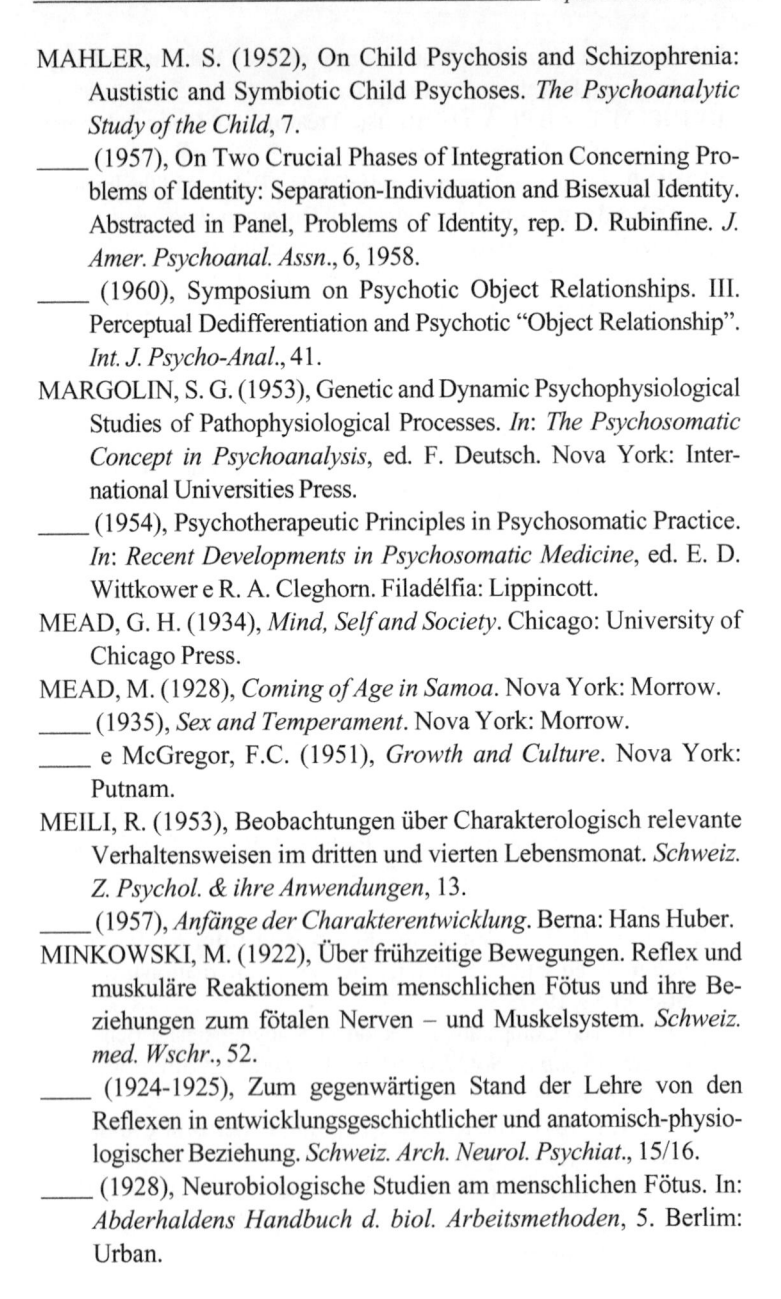

MAHLER, M. S. (1952), On Child Psychosis and Schizophrenia: Austistic and Symbiotic Child Psychoses. *The Psychoanalytic Study of the Child*, 7.

____ (1957), On Two Crucial Phases of Integration Concerning Problems of Identity: Separation-Individuation and Bisexual Identity. Abstracted in Panel, Problems of Identity, rep. D. Rubinfine. *J. Amer. Psychoanal. Assn.*, 6, 1958.

____ (1960), Symposium on Psychotic Object Relationships. III. Perceptual Dedifferentiation and Psychotic "Object Relationship". *Int. J. Psycho-Anal.*, 41.

MARGOLIN, S. G. (1953), Genetic and Dynamic Psychophysiological Studies of Pathophysiological Processes. *In: The Psychosomatic Concept in Psychoanalysis*, ed. F. Deutsch. Nova York: International Universities Press.

____ (1954), Psychotherapeutic Principles in Psychosomatic Practice. *In: Recent Developments in Psychosomatic Medicine*, ed. E. D. Wittkower e R. A. Cleghorn. Filadélfia: Lippincott.

MEAD, G. H. (1934), *Mind, Self and Society*. Chicago: University of Chicago Press.

MEAD, M. (1928), *Coming of Age in Samoa*. Nova York: Morrow.

____ (1935), *Sex and Temperament*. Nova York: Morrow.

____ e McGregor, F.C. (1951), *Growth and Culture*. Nova York: Putnam.

MEILI, R. (1953), Beobachtungen über Charakterologisch relevante Verhaltensweisen im dritten und vierten Lebensmonat. *Schweiz. Z. Psychol. & ihre Anwendungen*, 13.

____ (1957), *Anfänge der Charakterentwicklung*. Berna: Hans Huber.

MINKOWSKI, M. (1922), Über frühzeitige Bewegungen. Reflex und muskuläre Reaktionem beim menschlichen Fötus und ihre Beziehungen zum fötalen Nerven – und Muskelsystem. *Schweiz. med. Wschr.*, 52.

____ (1924-1925), Zum gegenwärtigen Stand der Lehre von den Reflexen in entwicklungsgeschichtlicher und anatomisch-physiologischer Beziehung. *Schweiz. Arch. Neurol. Psychiat.*, 15/16.

____ (1928), Neurobiologische Studien am menschlichen Fötus. In: *Abderhaldens Handbuch d. biol. Arbeitsmethoden*, 5. Berlim: Urban.

MOLTZ, H. (1960), Imprinting: Empirical Basis and Theoretical Significance. *Psychol. Bull.*, 57.

MONTAGU, M. F. A. (1950), Constitucional and Prenatal Factors in Infant and Child Health. *In*: *Problems of Infancy and Childhood*, ed. M. J. E. Senn. Nova York: Josiah Macy, Jr., Foundation.

____ (1953), The Sensory Influences of the Skin. *Texas Rep. on Biol. & Med.*, 11.

____ (1963), *Prenatal Influence*. Springfield: Thomas.

MORRIS, G. (1946), *Signs, Language and Behavior*. Nova York: Prentice-Hall.

MÜLLER, F. (1864), *Facts and Arguments for Darwin*, tr. W. S. DALLAS. Londres: Murray, 1869.

MURPHY, L. B. (1957), Psychoanalysis and Child Development. *Bull. Menninger Clin.*, 21.

NEEDHAM, J. (1931), *Chemical Embryology*. Londres: Macmillan.

NOVIKOFF, A. B. (1945), The Concept of Integrative Levels and Biology. *Science*, 101.

NUNBERG, H. (1930), The Synthetic Function of the Ego. *In*: *Practice and Theory of Psychoanalysis*. Nova York: International Universities Press, 1955.

ORSTEN, Per-Ake e Mattson, A. (1955), Hospitalization Symptoms in Children. *Acta Paediatrica*, 44.

PEIPER, A. (1951), Instinkt und angeborenes Schema beim Säugling. *Tierpsychol.*, 8.

____ e Thomas, H. (1953), Leerlaufendes Brustsuchen. *Mschr. Kinderheilk*, 101.

PIAGET, J. (1919), La psychanalyse dans ses rapports avec la psychologie de l'enfant. *Bull. Société Alfred Binet de Paris*, 20.

____ (1923), *The Language and Thought of the Child*. Nova York: Meridian Books, 1955.

____ (1933), La psychanalyse et le développement intellectuel. *Rev. Franç. Psychanal.*, 6.

____ (1936), *The Origins of Intelligence in Children*. Nova York: International Universities Press, 1952.

____ (1937), *The Construction of Reality in the Child*. Nova York: Basic Books, 1954.

____ (1942), Les trois structures foundamentales de la vie psychique: rythme, régulation et groupement. *Rev. Suisse Psychol. Pure Appliquée*, 1.

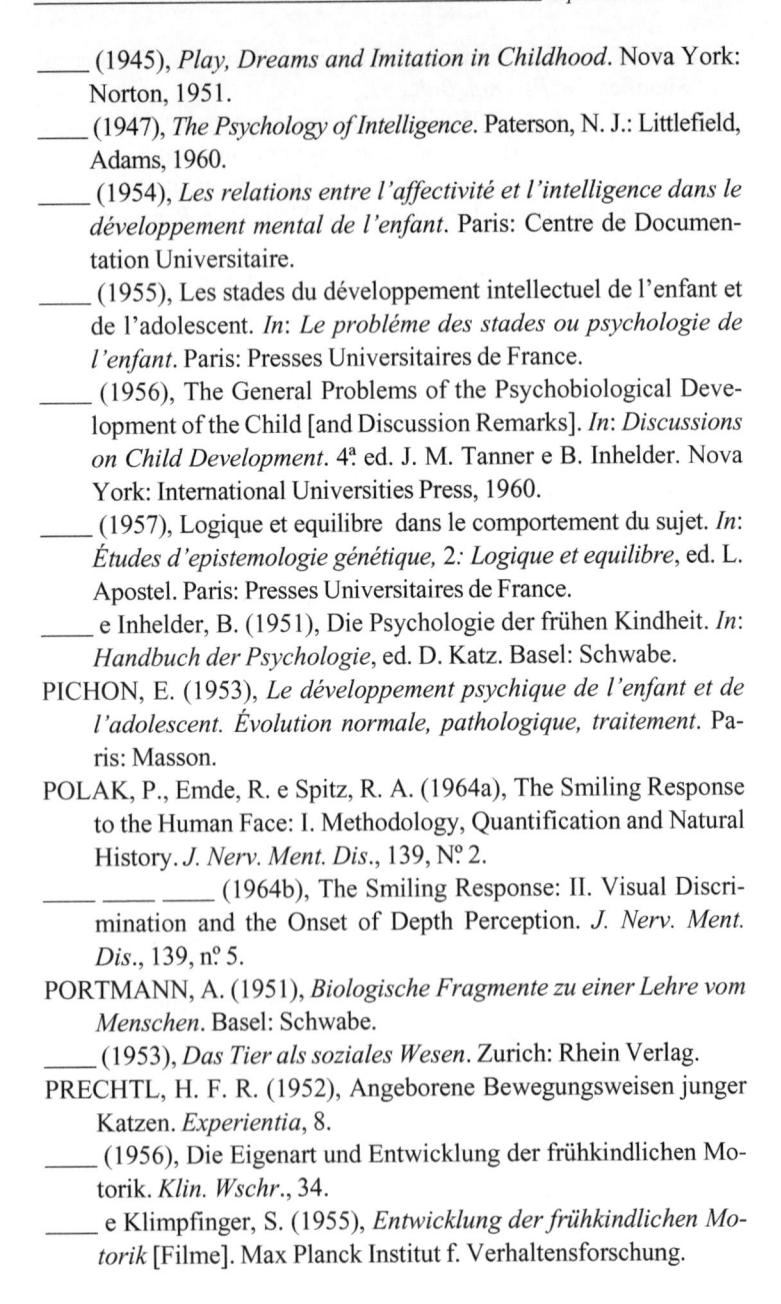

_____ (1945), *Play, Dreams and Imitation in Childhood*. Nova York: Norton, 1951.

_____ (1947), *The Psychology of Intelligence*. Paterson, N. J.: Littlefield, Adams, 1960.

_____ (1954), *Les relations entre l'affectivité et l'intelligence dans le développement mental de l'enfant*. Paris: Centre de Documentation Universitaire.

_____ (1955), Les stades du développement intellectuel de l'enfant et de l'adolescent. *In*: *Le probléme des stades ou psychologie de l'enfant*. Paris: Presses Universitaires de France.

_____ (1956), The General Problems of the Psychobiological Development of the Child [and Discussion Remarks]. *In*: *Discussions on Child Development*. 4ª ed. J. M. Tanner e B. Inhelder. Nova York: International Universities Press, 1960.

_____ (1957), Logique et equilibre dans le comportement du sujet. *In*: *Études d'epistemologie génétique, 2: Logique et equilibre*, ed. L. Apostel. Paris: Presses Universitaires de France.

_____ e Inhelder, B. (1951), Die Psychologie der frühen Kindheit. *In*: *Handbuch der Psychologie*, ed. D. Katz. Basel: Schwabe.

PICHON, E. (1953), *Le développement psychique de l'enfant et de l'adolescent. Évolution normale, pathologique, traitement*. Paris: Masson.

POLAK, P., Emde, R. e Spitz, R. A. (1964a), The Smiling Response to the Human Face: I. Methodology, Quantification and Natural History. *J. Nerv. Ment. Dis.*, 139, N.º 2.

_____ _____ _____ (1964b), The Smiling Response: II. Visual Discrimination and the Onset of Depth Perception. *J. Nerv. Ment. Dis.*, 139, n.º 5.

PORTMANN, A. (1951), *Biologische Fragmente zu einer Lehre vom Menschen*. Basel: Schwabe.

_____ (1953), *Das Tier als soziales Wesen*. Zurich: Rhein Verlag.

PRECHTL, H. F. R. (1952), Angeborene Bewegungsweisen junger Katzen. *Experientia*, 8.

_____ (1956), Die Eigenart und Entwicklung der frühkindlichen Motorik. *Klin. Wschr.*, 34.

_____ e Klimpfinger, S. (1955), *Entwicklung der frühkindlichen Motorik* [Filme]. Max Planck Institut f. Verhaltensforschung.

____ e Schleidt, W. M. (1950), Auslösende und steuernde Mechanismen des Saugaktes. *Z. vergl. Physiol.*, 32.
PUTNAM, M. C., Rank, B., Pavenstedt, E., Anderson, A. N., e Rawson, I. (1948), Case Study of an Atypical Two-and-a-Half-Year-Old. *Amer. J. Orthopsychiat.*, 18.
RANGELL, L. (1957), The Psychology of Poise, with a Special Elaboration on the Psychic Significance of the Snout or Perioral Region. *Int. J. Psycho-Anal.*, 35.
RANK, O. (1924), *The Trauma of Birth*. Nova York: Harcourt Brace, 1929.
RAPAPORT, D. (1958), *The Structure of Psychoanalytic Theory: A Systematizing Attempt* [*Psychological Issues*, Monogr. 6.]. Nova York: International Universities Press, 1960.
____ (1960a), Psychoanalysis as a Developmental Psychology. *In*: *Perspectives in Psychological Theory*, ed. B. Kaplan e S. Wapner. Nova York: International Universities Press.
____ (1960b), On the Psychoanalytic Theory of Motivation. *In*: *Nebraska Symposium on Motivation*, ed. M. R. Jones. Lincoln: University of Nebraska Press.
____ e Gill, M. (1959), The Points of View and Assumptions of Metapsychology. *Int. J. Psycho-Anal.*, 40.
REDFIELD, R. (1930), *Tepoztlan: A Mexican Village*. Chicago: University of Chicago Press.
REICHENBERG, W. (1937), The Buehler Test as an Index of Environmental Influence on Child Development. *Bull. Menninger Clin.*, 1.
RENCH, B. (1960), *Evolution above the Species Level*. Nova York: Columbia University Press.
REYNIERS, J. A. (1946-1949), Gern-Free Life Studies. *Lobund Reports*, 1 e 2.
RIBBLE, M. A. (1938), Clinical Studies of Instinctive Reactions in Newborn Babies. *Amer. J. Psychiat.*, 95.
RICHARDS, T. W. e Nelson, V. L. (1939), Abilities on Infants during the First Eighteen Months, *J. Genet. Psychol.*, 55.
RIESEN, A. H. (1947), The Development of Visual Perception in Man and Chimpanzee. *Science*, 106.
____ (1950), Arrested Vision. *Sci. American*, 183.

RIPIN, R. e Hetzer, H. (1930), A Study of the Infant's Feeding Reaction during The First Six Months of Life. *Arch. Psychol.*, 18.

RITVO, S. e Solnit, A. J. (1958), Influences of Early Mother-Child Interaction on Identification Processes. *The Psychoanalytic Study of the Child*, 13.

ROBERTSON, J. (1953), *A Two-Year-Old Goes to Hospital* [Filme]. Tavistock Child Development Research Unit, Londres.

____ (1958), *Young Children in Hospital*. Londres: Tavistock Publication.

ROBERTSON, W. O. (1961), Breast Feeding Practices. Some Implications of Regional Variations. *Ann. Publ. Health*, 51.

ROSENBLITH, W. A. (1961), *Sensory Communication*. Nova York: Wiley.

ROSENTHAL, M. J. (1952), A Psychosomatic Study of Infantile Eczema. I. The Mother-Child Relationship. *Pediatrics*. 10.

____ (1953), Neuropsychiatric Aspects of Infantile Eczema (Special References to the Role of Cutaneous Pain Receptores). *Arch. Neurol. Psychiat.*, 70.

ROSNER, A. (1959), Psychoanalysis and Modern Learning Theory. *Psychoanal. Quart.*, 28.

RUBINOW, O. e Frankl, L. (1934), Die erste Dingauffassung beim Säugling: Reaktionen auf Wahrnehmung der Flasche. *Z. Psychol.*, 133.

RUEGAMER, W. R., Bernstein, L. e Benjamin, J. D. (1954), Growth, Food Utilization and Thyroid Activity in the Albino Rat as a Function of Extra Handling. *Science*, 120.

SAND, E. A. (1962), Le régime alimentaire du nourrisson, son séverage: Étude d'um echantillon de population urbane belge. *Courrier*, 11.

SANDER, L. W. (1962), Issues in Early Mother-Child Interaction. *J. Amer. Acad. Child Psychiat.*, 1.

SANDLER, J. (1961), The Hampstead Index as an Instrument of Psycho-Analytic Research. *Int. J. Psycho-Anal.*, 42.

SANFORD, R. N. (1936), The Effects of Abstinence from Food upon Imaginal Processes: A Preliminary Experiment. *J. Psychol.*, 2.

____ (1937), The Effects of Abstinence from Food upon Imaginal Processes: A Further Experiment. *J. Psychol.*, 3.

SANTO AGOSTINHO. *Confessions*, Book XI, Chapter 26, Inquiry into the Nature of Consciousness.
SCHLEIDT, W. M. (1960), Über angeborene Verhaltensweisen des Menschen. *Therap. Berichte*, 32.
SCHUR, M. (1955), Comments on the Metapsychology of Somatization. *The Psychoanalytic Study of the Child*, 10.
____ (1958), The Ego and the Id in Anxiety. *The Psychoanalytic Study of the Child*, 13.
SCOTT, J. P., Fredricson, E. e Fuller, J. L. (1951), Experimental Exploration of the Critical Period Hypothesis. *Personality*. 1.
____ e Marston, M.V. (1950), Critical Periods Affecting the Development of Normal and Maladjustive Social Behavior of Puppies. *J. Genet. Psychol.*, 77.
SEITZ, A. (1940), Die Paarbildung bei einigen Cichliden. *Z. Tierpsychol.*, 4.
SELYE, H. (1950), *The Physiology and Pathology of Exposure to Stress*. Montreal: Acta, Inc.
____ e Fortier, C. (1950), Adaptive Reaction to Stress. *Psychosom. Med.*, 12.
SHANNON, C. E. e Weaver, W. (1949), *Mathematical Theory of Communication*. Urbana: University of Illinois Press.
SHIRLEY, M. (1931), The Sequential Method for the Study of Maturing Behavior Patterns. *Psychol. Rev.*, 38.
SILBERER, H. (1911), Symbolik des Erwachens und Schwellensymbolik überhaupt. *Jb. psychoanal & psychopath. Forsch.*, 2.
SIMMEL, G. (1908), *Soziologie: Untersuchungen über die Formen der Vergesellschaftung*. Munique-Leipzig: Duncker & Humboldt.
SIMMEL, M. L. (1961), The Absence of Phantoms for Congenitally Missing Limbs. *Amer. J. Psychol.*, 74.
SIMONSEN, K. M. (1947), *Examination of Children from Children's Homes and Day Nurseries by the Buehler-Hetzer Developmental Tests*. Copenhague: Arnold Busk.
SODDY, K. (1956), *Mental Health and Infant Development*. 2 vols., Nova York: Basic Books.
SOLOMON, P., ed. (1961), *Sensory Deprivation*. Cambridge: Harvard University Press.
SOTO, R. (1937), ¿Por qué en la casa de cuna no hay dispepsia transitoria? *Rev. Mex. de Puericultura*, 8.

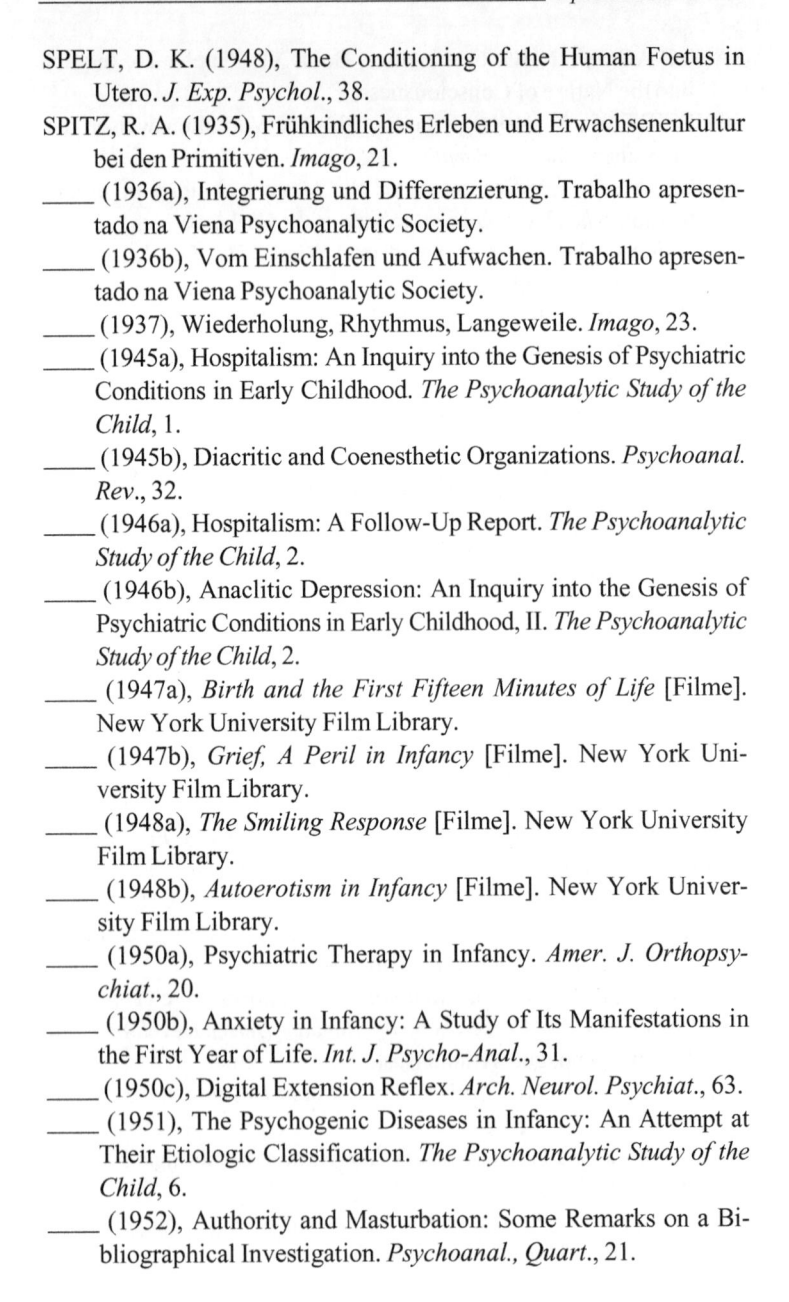

SPELT, D. K. (1948), The Conditioning of the Human Foetus in Utero. *J. Exp. Psychol.*, 38.

SPITZ, R. A. (1935), Frühkindliches Erleben und Erwachsenenkultur bei den Primitiven. *Imago*, 21.

_____ (1936a), Integrierung und Differenzierung. Trabalho apresentado na Viena Psychoanalytic Society.

_____ (1936b), Vom Einschlafen und Aufwachen. Trabalho apresentado na Viena Psychoanalytic Society.

_____ (1937), Wiederholung, Rhythmus, Langeweile. *Imago*, 23.

_____ (1945a), Hospitalism: An Inquiry into the Genesis of Psychiatric Conditions in Early Childhood. *The Psychoanalytic Study of the Child*, 1.

_____ (1945b), Diacritic and Coenesthetic Organizations. *Psychoanal. Rev.*, 32.

_____ (1946a), Hospitalism: A Follow-Up Report. *The Psychoanalytic Study of the Child*, 2.

_____ (1946b), Anaclitic Depression: An Inquiry into the Genesis of Psychiatric Conditions in Early Childhood, II. *The Psychoanalytic Study of the Child*, 2.

_____ (1947a), *Birth and the First Fifteen Minutes of Life* [Filme]. New York University Film Library.

_____ (1947b), *Grief, A Peril in Infancy* [Filme]. New York University Film Library.

_____ (1948a), *The Smiling Response* [Filme]. New York University Film Library.

_____ (1948b), *Autoerotism in Infancy* [Filme]. New York University Film Library.

_____ (1950a), Psychiatric Therapy in Infancy. *Amer. J. Orthopsychiat.*, 20.

_____ (1950b), Anxiety in Infancy: A Study of Its Manifestations in the First Year of Life. *Int. J. Psycho-Anal.*, 31.

_____ (1950c), Digital Extension Reflex. *Arch. Neurol. Psychiat.*, 63.

_____ (1951), The Psychogenic Diseases in Infancy: An Attempt at Their Etiologic Classification. *The Psychoanalytic Study of the Child*, 6.

_____ (1952), Authority and Masturbation: Some Remarks on a Bibliographical Investigation. *Psychoanal., Quart.*, 21.

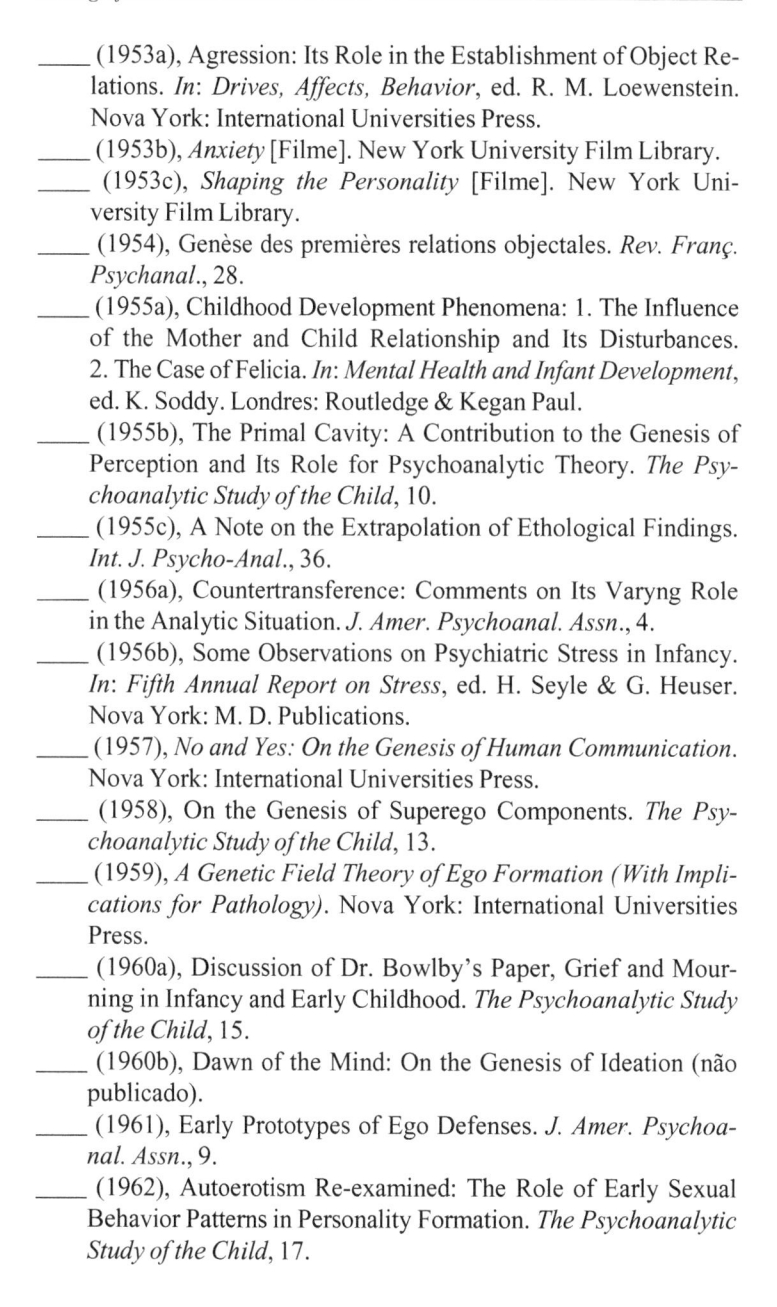

_____ (1953a), Agression: Its Role in the Establishment of Object Relations. In: *Drives, Affects, Behavior*, ed. R. M. Loewenstein. Nova York: International Universities Press.

_____ (1953b), *Anxiety* [Filme]. New York University Film Library.

_____ (1953c), *Shaping the Personality* [Filme]. New York University Film Library.

_____ (1954), Genèse des premières relations objectales. *Rev. Franç. Psychanal.*, 28.

_____ (1955a), Childhood Development Phenomena: 1. The Influence of the Mother and Child Relationship and Its Disturbances. 2. The Case of Felicia. In: *Mental Health and Infant Development*, ed. K. Soddy. Londres: Routledge & Kegan Paul.

_____ (1955b), The Primal Cavity: A Contribution to the Genesis of Perception and Its Role for Psychoanalytic Theory. *The Psychoanalytic Study of the Child*, 10.

_____ (1955c), A Note on the Extrapolation of Ethological Findings. *Int. J. Psycho-Anal.*, 36.

_____ (1956a), Countertransference: Comments on Its Varyng Role in the Analytic Situation. *J. Amer. Psychoanal. Assn.*, 4.

_____ (1956b), Some Observations on Psychiatric Stress in Infancy. In: *Fifth Annual Report on Stress*, ed. H. Seyle & G. Heuser. Nova York: M. D. Publications.

_____ (1957), *No and Yes: On the Genesis of Human Communication*. Nova York: International Universities Press.

_____ (1958), On the Genesis of Superego Components. *The Psychoanalytic Study of the Child*, 13.

_____ (1959), *A Genetic Field Theory of Ego Formation (With Implications for Pathology)*. Nova York: International Universities Press.

_____ (1960a), Discussion of Dr. Bowlby's Paper, Grief and Mourning in Infancy and Early Childhood. *The Psychoanalytic Study of the Child*, 15.

_____ (1960b), Dawn of the Mind: On the Genesis of Ideation (não publicado).

_____ (1961), Early Prototypes of Ego Defenses. *J. Amer. Psychoanal. Assn.*, 9.

_____ (1962), Autoerotism Re-examined: The Role of Early Sexual Behavior Patterns in Personality Formation. *The Psychoanalytic Study of the Child*, 17.

_____ (1963a), Ontogenesis: The Proleptic Function of Emotion. *In: The Expression of Emotions*, ed. P. H. Knapp. Nova York: International Universities Press.

_____ (1963b), Life and the Dialogue. *In: Counterpoint*, ed. H. Gaskill. Nova York: International Universities Press.

_____ (1963c), The Evolution of the Dialogue. *In: Drives, Affects, Behavior*, vol. 2, ed. M. Schur. Nova York: International Universities Press.

_____ (1964), The Derailment of Dialogue: Stimulus Overload, Action Cycles, and the Completion Gradient. *J. Amer. Psychoanal. Ass.*, 12.

_____ e Wolf, K. M. (1946), The Smiling Response. *Genet. Psychol. Monogr.*, 34.

_____ _____ (1949), Autoerotism: Some Empirical Findings and Hypotheses on Three of Its Manifestations in the First Year of Life. *The Psychoanalytic Study of the Child*, 3/4.

STENDLER, C. B. (1950), Sixty Years of Child Training Practices. *J. Ped.*, 36.

STERN, M. M. (1961), Blank Hallucionations: Remarks about Trauma and Perceptual Disturbances. *Int. J. Psycho-Anal.*, 42.

STONE, L. J. (1952), Some Problems of Filming Children's Behavior: A Discussion Based on Experience in the Production of Studies of Normal Personality Development. *Child Development*, 23.

_____ (1954), A Critique of Infant Isolation. *Child Development*, 25.

SWAN, C. (1949), Rubella in Pregnancy as Aetiological Factor in Congenital Malformation, Stillbirth, Miscarriage and Abortion. *J. Obstet. & Gyn. Brit. Emp.*, 56.

SZEKELY, L. (1954), Biological Remarks on Fears Originating in Early Childhood. *Int. J. Psycho-Anal.*, 35.

THORPE, W. H. e Zangwill, O. L. (1961), *Current Problems in Animal Behavior*. Londres: Cambridge University Press.

TILNEY, F. e Casamajor, L. (1924), Myelinogeny as Applied to the Study of Behavior. *Arch. Neurol. Psychiat.*, 12.

_____ e Kubie, L. S. (1931), Behavior and Its Relation to the Development of the Brain. *Bull. Neurol. Inst. N. Y.*, 1.

TINBERGEN, N. (1951), *The Study of Instinct*. Oxford: Clarendon Press.

U. S. Children's Bureau. (1938), *Infant Care*. Washington: U. S. Government Printing Office.

____ (1942), *Infant Care*. Washington: U. S. Government Printing Office.

VOLKELT, H. (1929), Neue Untersuchungen über due kindliche Auffassung und Wiedergabe von Formen. *Berichte über den 4. Kongress für Heilpädagogik*. Berlim: Springer.

VON FRISCH, K. (1931), *Aus dem Leben der Bienen*. Berlim: Springer.

VON HOLST, E. e Mittelstaedt, H. (1950), Das Reafferenzprinzip (Wechselwirkungen swischen Zentralnervensystem und Peripherie). *Naturwissenschaften*, 37.

VON SENDEN, M. (1932), *Space and Sight. The Perception of Space and Shape in the Congenitally Blind before and after Operation*. Londres: Methuen, 1960.

VOSBURG, R. (1960), Imagery Sequence in Sensory Deprivation. *Arch. Gen. Psychiat.*, 2.

WAELDER, R. (1936), The Problems of the Genesis of Psychical Conflict in Earliest Infancy. *Int. J. Psycho-Anal.*, 18, 1937.

____ (1960), Basic Theory of Psychoanalysis. Nova York: International Universities Press.

WALLACH, H. (1959), The Perception of Motion. *Sci. American.*, 201.

WARREN, H. C. (1935), *Dictionary of Psychology*. Londres: Allen & Unwin.

WATSON, I. B. (1928), *Psychological Care of Infant and Child*. Nova York: Norton.

WEIDEMANN, F. (1959), I. Das Kind im Heim: Untersuchungen über die Entwicklung des Heimkindes. II. Heimkind und Heimmilieu: Untersuchungen über die Ursachen der heimkindlichen Entwicklungsverzögerung. *Z. Kinderpsychiat.*, 26.

WEIL, E. e Penhu, M. (1900), Un syndrome gastrique particulier chez le nourrisson. *Lyon Méd. Gazette*, 95.

WHITING, J. W. M. (1953), *Child Training and Personality: A Cross-Cultural Study*. New Haven: Yale University Press.

WIESER, S. e Domanowsky, K. (1959), I. Zur Ontogenese und Pathologie des Schreckverhaltens. II. Schreckverhalten des Säuglings: Schreck und Moro-Reflex. *Arch. Psychiat. & Z. ges. Neurol.*, 198.

WILLIAMS, D. H. (1951), Management of Atopic Dermatitis in Children. Control of the Maternal Rejection Factor. *Arch. Dermatol. & Syphilology*, 63.
WINDLE, W. F. (1950), *Asphyxia Neonatorum*. Springfield: Thomas.
WINNICOTT, D. W. (1953), Transitional Objects and Transitional Phenomena. *Int. J. Psycho-Anal.*, 34.
WOHL, W. (1960), Developmental Studies of Perception. *Psychol. Bull.*, 57.
WOLF, M. (1935), Erprobung der Bühlerschen Entwicklungsteste and Kindern aus gehobenem sozialen Milieu. *Arch. ges. Psychol.*, 94.
WOLFF, P. H. (1959), Observations on Newborn Infants. *Psychosom. Med.*, 21.
____ (1960), *The Developmental Psychologies of Jean Piaget and Psychoanalysis* [*Psychological Issues*, Monogr. 5]. Nova York: International Universities Press.
____ (1963), Developmental and Motivational Concepts in Piaget's Sensorimotor Theory of Intelligence. *J. Amer. Acad. Child Psychiat.*, 2.
YERKES, R. M. e Yerkes, A. W. (1936), Nature and Conditions of Avoidance (Fear) Response in Chimpanzees *J. Comp. Psychol.*, 21.
ZEIGARNIK, B. (1927), Über das Behalten von erledigten und unerledigten Handlungen. *Psychol. Forsch.*, 9.
ZULLIGER, H. (1932), Zur Psychologie des Kinderspieles. *Z. Psychoanal. Päd.*, 6.